정혜불이의 최상승법문

고목 지음

금강경에는
眞理와 科學과
敎와 禪이 함께 있다

(주)도서출판 미르아이

머리글

오늘날 우리는 궁극적 진리를 알지 못한 채 '이름'과 '형상'에 집착하는 어리석음이 최극(最極)에 달한 시대를 살고 있고 그 폐해 또한 심상치 않은 양상을 보이고 있다. 이런 때에 금강경의 가르침은 그야말로 중대한 의미가 있다고 하겠다. 금강경은 지말법(枝末法)인 '이름'과 '형상' 너머 그 근본을 보도록 가르친다. 그리하여 근본인 궁극적 진리 진여의 체 · 용(體 · 用)을 깨닫도록 가르친다. 진여의 체는 공(空) 무상(無相)이지만, 그 용은 위없는 지혜와 무한한 공덕을 가지고 있어서 삼라만상을 화합시키고, 안정시키며, 모든 유정을 지복(至福)의 이상세계로 이끄는 유인력이다.

21세기 실용주의 물질문명의 정상 부근에 와 있는 인류는 자신들의 무지로 인해 자초하게 된 각가지 모순과 재앙을 겪으면서 새로운 가치관으로의 전환을 생각하지 않을 수 없게 되었고 이러한 시점에서 금강경의 철학과 사상, 그리고 지혜는 참으로 중대한 의미가 있다 하겠다.

한마디로 실용주의의 과오는 세계전체를 하나의 원리로 포괄하는 궁극적 진리에는 등을 돌린채 개체 · 국소 · 부분 단위의 형상과 이름에만 집착하여 개체 · 국소중심의 물질문명을 인간탐욕심으로 추구 · 발전시켜 왔다는 점이다.

그리하여 이 시점에서 우리에게 긴급히 요구되는 새로운 가치는 '형상과 이름' 너머 전체를 하나로 아우르는 통합의 가치체계인 것이다.

그러므로 금강경이야말로 '이름'과 '형상'에 집착한 결과 우리 스스로가 자초한 갖가지 모순과 위기를 타개해줄 대지혜의 문을 열어준다.

『금강경』은 부처님 교설의 중핵(中核)이며, 그 요지는 반야 사상이다.

부처님께서 성불하신 후, 처음 8년동안 『아함경』을 설하시고 이어서 12년 동안은 방등 계통의 경전을 설하셨다. 그 후 21년간 설하신 내용이 600부의 『대반야경』인데, 『금강경』은 이 반야경전 가운데서 가장 중심이 되는 부분이다.

『반야심경』이 반야의 체(體)를 중점적으로 설하신 경이라고 한다면, 『금강경』은 체 · 용(體用)을 함께 설하면서 동적(動的) 활용면을 시종 일관 강조한 경전이라 할 수 있다. 그러므로 『금강경』은 생활 속의 경전이라고 말할 수 있다.

부처님 교설의 참뜻이 일상생활 속의 실천에 있다는 것은 누구나 알고 있으면서도 실천면에서 가르침의 참뜻이 외면되고 있는 현실을 생각할 때, 『금강경』의 한 구절 한 구절을 소중히 받들어 행하지 않으면 안 될 것이다.

이처럼 소중한 부처님의 가르침을 바르게 실천하기 위해서는 무엇보다 경전의 참뜻을 바르게 이해하고 실천하지 않으면 안 된다. 그러나 여기에는 중요하면서도 어려운 과제가 있는데, 그것은 부처님 교설의 참뜻이 문자적 의미를 상대적 지식으로 이해하는 데에 있지 않다는 것이다.

비록 부처님께서 말과 글을 빌려서 반야바라밀을 설하셨지만, 그 진실한 뜻은 상대적 지견의 앎에 있는 것이 아니기 때문이다. 오히려 무명(無明)의 앎, 즉 양변적 지식으로부터 자유로워지지 않으면 반야 묘지(妙智)를 얻을 수가 없는 것이다.

그래서 6조 혜능 스님이 5조 홍인 스님으로부터 불법(佛法)을 전수(傳受)한 것은 불법을 몰랐기 때문이라 한 것도 앎을 벗어나 '참 성품'을 온전히 드러나게 하는 데에 불법의 참뜻이 있음을 말해 주는 것이다.

『금강경』이 이처럼 정혜불이의 실천을 강조함에 따라 자연스럽게 선(禪)과 밀접한 연관성을 갖게 된다. 조사선(祖師禪)은 반야 사상의 체험적 실천을 가장 순수하고 높은 차원에서 전개하기 때문이다.

굳이 선(禪)이라는 이름을 빌리지 않더라도 '응당 머무는 바 없이 그 마음을 낸다.'라는 『금강경』의 핵심적 요지가 바로 선(禪)이다.

흔히들 정(定)과 혜(慧)를 같이 쓰는 것은 도인(道人)들이나 하는 일쯤으로 생각하지만, 우리는 이미 정혜불이의 탈아적(脫我的) 시대를 살아가지 않으면 안 될 시기에 직면해 있다. 많은 석학(碩學)들과 미래 학자들이 그것을 예고하고 있다. 그들의 말을 빌릴 것도 없이 현재 우리는 물질문명과 개인주의의 폐단으로 인해 삶의 가치가 송두리째 흔들리고 있으며, 그러한 혼돈과 불안 속에서 우리는 지금보다 편안하고 아름다운 세계를 염원하고 있는 것이다. 이러한 현실적 문제에 직접적인 해답을 주는 것이 바로『금강경』속의 부처님의 말씀이다.

인류가 스스로 자초한 정신적, 물질적 위기는 필연적으로 반야사상에서 그 근본적인 해결 방법을 찾지 않으면 안 된다. 왜냐하면 우리는 인류의 역사를 통하여 위대한 업적이라고 믿어 의심하지 않고 의지해 왔던 과학문명과 합리주의가 인류의 행복을 보장해 줄 수 없으며 오히려 인류의 위기는 갈수록 더욱 심각해지는 양상을 뚜렷이 보여 주고 있기 때문이다. 따라서 이 시대 · 이 상황에서 금강경의 의미는 참으로 크다할 것이다.

금강경은 '이름' · '형상'에 대한 논의를 중지하라고는 하지 않는다. 다만 '이름' · '형상'이라는 「문자」와 「외형」과 「국소」를 넘어서서 <그것을 포함하고 있는 전체>와 <그것이 생겨나온 근본>과 <문자가 가리키는 참>에 대한 지혜의 안목을 열고 실천하라는 것이다. 만약 그렇지 않고 앞으로도 계속해서 모든 것을 형상과 개체중심으로만 이해하고 행동할 경우 끝내 우리는 공멸에 이르게 되고 만다.

『금강경』의 원명(原名)은『금강반야바라밀경』(구마라집 역) 또는『능단(能斷) 금강반야바라밀경』(현장 역)이라 하는데, 산스크리트어경전을 한문으로 번역한 것이다.『금강경』은『대반야경』600부 가운데에서 제577권에 해당하며, 대략 서기 150~200년경에 성립된 초기의 대승경전에 속한다. 이것을 당시 후진(後秦) 때 장안에 들어온 서역승(西域僧) 구마라집(鳩摩羅什343~413)이 서기 402년에 번역한 것이라고 한다.

이와 같이『금강경』은 한문으로 번역된 이래 수많은 선지식들이 이 경전을 연구하고 주석서를 출간하여 일일이 다 셀 수 없을 정도로 많다. 높은 안목을 지닌 고승 · 대덕과 학자들이 이미 해야 할 말을 남김 없이 말해 놓았으니, 새삼 무슨 말을 더 할 수 있으랴. 그러나 한 가지가 있다면, 비록 옛분들의 주석이 높은 견처(見處)의 말이라 해도 서로 다른 입처(立處)에서, 어떤 이는 학자의 입장에서, 또 어떤 이는 너무 아득한 곳에서 제각기 다른 말을 하다 보니 웬만한 사람은 능히 다 소화시키기가 쉽지 않다는 것이다. 그래서 이 책에서는 독자들이 보다 일목요연(一目瞭然)하게 읽을 수 있도록 기술해 보았다.

이 주석서의 서술 형식은 먼저 저자의 주석을 기술하고, 그 기술 내용을 영가(永嘉) 스님의 증도가(證道歌), 혜해(慧海) 스님의 돈오입도요문론(頓悟入道要門論), 3조 승찬(僧璨) 스님의 신심명(信心銘), 대선사들의 선어록, 6조 스님의 단경(壇經), 그 밖에 여러 경전의 말씀으로 증명하고 다시 『종용록(從容錄)』의 여러 고칙(古則)과 금강경 오가해(五家解)의 부대사(傅大士), 도천 선사(道川 禪師)의 게송으로 경전의 참뜻이 귀착하는 곳을 적실(的實)하게 밝혀 놓았다.

팔만대장경 중에 어느 경전이나 불법의 대의를 바르게 말하지 않은 것은 없지만, 그 가운데에서도 『금강경』은 불교의 참뜻을 가장 구체적 · 효과적으로 설명하고 있다. 특히 오늘날 우리가 당면하고 있는 현실을 생각해 볼 때, 『금강경』의 수지독송으로 말법시대의 위기극복이라는 시대적 요구와 본분사 구명(本分事究明)이라는 인간의 궁극적 목표를 가장 훌륭히 수행할 수 있을 것으로 믿는다.

끝으로 꼼꼼하게 원고 교정을 보아준 김말례학인과 책출판에 음으로 양으로 도움을 준 유식사상연구회 회원들께 감사의 뜻을 표한다.

처음 초판을 쓰지 십수년만에 다시 전면개정판을
「금강경 최상승해」라는 이름으로 출간하면서

불기 2554년 4월
고목 합장

금강경과 말법현대(末法現代)

영가(永嘉)스님의 증도가(證道歌) 중에서 다음 구절은 지금(말법시대) 우리가 자초해서 겪고 있는 갖가지 부정적 현상에 대해 깊이 슬퍼하는 내용이다.

'嗟 末 法 惡 時 世 하노니
차 말 법 오 시 세

衆 生 薄 福 難 調 制' 니라.
중 생 박 복 난 조 제

'말법시대를 슬퍼하고 이 시대의 가치관과 세태를 미워하노니 중생은 박복해서 6근 문두 밖으로 치달리기만 할 뿐 마음의 '안'과 '밖'을 살펴서 다스리지 못한다.'

우리는 지금 내면적 가치(內面的價値) 부재의 시대를 살고 있다. 오로지 밖으로 외향적 가치(外向的價値)를 추구하여 '보다 좋은 것을 보다 많이 소유'하기 위한 한가지 목표아래 보편적인 덕목들이 천대 받고 있는 그런 세태 속에 휩쓸려 살고 있다. 이처럼 사람들이 외향적 가치를 추구하여 일로 소유지향적인 삶을 살게 된 것은 무엇보다도 「진리로운 철학의 부재」와 「국소원리의 지식」 탓이라고 할 수 있다. 그리하여 전자는 우리의 의식 속에 진리에 부합하는 공영(共榮)의 원리를 보편적 가치로 정착 시켜 주지 못 했고, 후자는 형상과 독립개체의 중요성만을 강조함으로써 개개인에게 대립 · 충돌을 당연한 존재 방식으로 신봉하게 만들었다. '형상'과 '국소'에 대한 집착은 탐 · 진 · 치(貪 · 瞋 · 癡) 3독의 원인이 된다.

이 시대를 살고 있는 우리가 믿고 추구하는 잘못된 '최고의 가치'들은 오직 소수의 강자들만이 다툼의 방식에 의해 향유할 수 있을 뿐 다수의 패자들은 패배라는 멍애를 안고 살아가야 한다. 그리고 여기서 파생된 갖가지 불안정 요소로 인해 전체의 비효율과 낭비를 초래하고 서로가 서로를 파괴하는 결과를 빚어내는 위험하고 허망한 가치들이다.

학자나 정치가들은 불균등현상을 해소하기 위한 방법으로 '재분배' 정책을 거론하고 또 시행하고 있다. 그러나 이는 '학다리를 잘라 오리다리에 붙이는' 형상이라서 근본적인 해결책이 못 된다. 모든 다툼의 사고와 행동은 <사물과 세상에 대한 그릇된 소견>에서 비롯하였다. 여기서 탐욕과 분노와 갖가지 어리석음이 발생했고, 장구한 시간 동안 강력한 습력(習力)을 가지게 되어 이제는 이성(理性) · 윤리 · 도덕으로 이 습력을 통제할 수 없게 되었다.

근본적인 방법은 사물과 세계를 바라보는 눈을 지혜롭게 바꾸어 나가는 것뿐이다. '개체'에 연(緣)해서 '전체'를 동시에 보고, '이름'과 '형상'에 연(緣)해서 '근원적 진리'의 뜻을 동시에 이해하는 것이 곧 지혜이며, 이 지혜를 갖추는 것만이 모두가 화합하고, 번영할 수 있는 길이다.

다수의 패자들이 목전에서 고통 받는 것을 바라보면서 나 혼자 우월감을 느낀다면 이 보다 더한 어리석음은 없을 것이다.

현대의 응용과학 · 정신과학 · 사회과학 · 생명과학 등의 「국소원리」는 우리에게 물질문명의 비약적 발전을 선물해 주었지만, 동시에 우리의 사고와 행동을 지배하는 기본 방식이 됨으로써 그 결과 갖가지 부정적인 현상을 초래 하였는데 황금만능주의, 외모지상주의, 개인과 단체의 이기주의, 심화되는 양극화 현상, 올바른 가치관 교육이 실종된 공교육 · 가정교육, 토론과 상생이 실종된 적대적 당파정치, 말초적 쾌락주의, 현실도피와 인터넷 중독인구의 증가, 경직된 관료주의, 인간심성의 황폐화, 끊임없는 전쟁등이 그것이다. 모든 것을 경제논리로 인식하는 것은 잘못된 과학과 철학이 초래한 근본 병폐이다.

심지어 「진리」마저도 상품화하여 「지식보따리」 속에 억지로 구겨 담아가지고 이익생산을 위해 굴린다. 원래 진리는 객체도 실체도 아니어서 지식 속에 담아지지 않는다. 이처럼 뉴튼 이래 현대에 이르기까지 우리를 지배하고 이끌어 온 과학과 철학은 '국소', '이름', '형상'에만 집착하게 하였을 뿐 '전체' · '궁극적 진리'에 대한 진지한 사유가 없었고 이러한 무지가 우리를 공멸적 위기로 몰아가고 있는 것이다. 만약 우리가 통합과 효율과 공영의 절대적인 힘이자 원리인 근본 진리 진여의 체 · 용(體 · 用)을 바르게 알고 실천했더라면 지금의 말법위기는 오지 않았을 것이다. 한마디로 이 시대가 겪고 있는 모든 모순은 '이름'과 '형상'에만 집착하는 어리석음이 자초한 결과이다. 금강경은 '이름'과 '형상'에 집착하는 국소주의와 실체론을 파각한다. 금강경은 사물의 '이름'과 '형상'에 연(緣)하여 곧장 그 제1의(第一義)인 근본진리-진여를 설하는데 삼라만상, 두두물물(頭頭物物)이 독립적 개체로 나누어질 수 없는 것은 모두가 진여를 체로 하기 때문이다. 삼라만상이 제각기 차별적인 형상을 보이고 있다해도 모두가 진여공의 현현인바 '이름'과 '형상'을 따라 분열상을 일으킨다면 이는 범부의 무지로 인한 것이다.

아상 · 인상 · 중생상 · 수자상이 곧 분열상인데 금강경은 이것을 파각한다.

다행히 현대과학 안에서도 '국소주의', '실체사상' 등은 이미 그 입지를 잃고 있어서 금강경의 가르침은 더욱 절실하게 우리 앞에 다가온다.

20세기 후반에 들어와서 신물리학을 비롯하여 신지식분야에서는 우리의 정신세계를 그 기반에서부터 뒤바꾸어야 할 중요한 과학적 발견들이 있었다. 특히 그 중에서도 「현상세계의 근원적 본체로서의 진공」, 「비국소원리」, 「유기체적 세계관」, 「그물망 조직의 세계」, 「개체 · 부분 · 국소에 함축되어 있고, 또 표현되고 있는 전체」 등은 진리로운 철학의 기초가 되어 우리들의 의식개혁을 선도할 만한 중요한 명제들이다.

만약 이 명제들이 우리들 의식 속에 확고하게 자리 잡고 신구의 3업(身口意三業)이 이들 명제를 따른다면 지금 우리가 추구하고 있는 갖가지 외형적 가치들은 일대변혁을 겪고, 대신 새로운 내면적 가치가 자리잡게 될 것이다. 그러나 '마음안'에 있는 감정적 · 개념적인식의 요소들과 '마음밖'의 사물들은 서로 상호관계적으로 성립되어 있을 뿐만 아니라 모두 튼튼한 구조속에서 강력한 습력을 가지고 정착하여 있으므로 그 개변(改變)은 결코 쉬운 일이 아니다. 많은 시간과 노력이 필요할 것이다. 이러한 시점에서 금강경은 '지혜의 길'을 소상하게 가르치고 있다.

특히 금강경은 '명칭', '형상'과 진여공이 걸림없이 소통되는 높은 지혜를 열어주는 최상승의 법문이다. 과학과 진리와 공영의 지혜와 생활이 함께 녹아있는 법문 한구절 한구절은 실로 이시대가 나아가야 할 진로를 비추어주는 광명의 빛이라 아니할 수 없다.

끝으로 금강경의 정신에 입각해서 '행복'과 '쾌락'의 차이에 대해 언급하고자 한다. 범부는 진정한 행복의 근본인 내면적 가치－진제(眞諦)의 체(體)인 진여의 지혜와 공덕의 세목(細目)들－는 그 1분도 알지 못한 채, 단지 6근문두의 색·성·향·미·촉·법(色·聲·香·味·觸·法)을 좇으면서 그저 무상한 쾌락을 얻을 뿐이다. 그래서 요즘 사람들은 혀끝의 미각에 만족하여 '행복해요'라고 하며, 감각적·말초적 춤과 소리, 값비싸고 희소한 명품과 외제차, 큰아파트를 소유하고는 '행복해요'라고 한다. 이것은 인간의 탐욕심이 내는 쾌락의 소리이다. 무릇 무명으로 지어내는 6진경계(六塵境界)는 무상하여 진정한 행복을 구할 수가 없다. 왜냐하면 변하는 것에는 참이 없기 때문이다.

그러므로 '행복'은 '참다운 이치'를 깨달아 그 지혜와 공덕의 빛으로 사물을 비출때 느끼게 되는 밝고, 맑고, 편안함이다. 이것은 일진본체(一眞本體) 진여가 갈무리하고 있는 '본래 항상하는 이치(本常理)'라서 진정한 행복의 바탕이고 영원히 불변하는 진리이다. 우리는 이것을 열반락(涅槃樂)이라 한다.

'본상리'는 존재의 극치를 이루게 되는 '궁극적 진리'이며 여기서 '소유를 지향하는 삶의 방식'과 그 바탕인 4상(四相)은 무명(無明)의 심의식이 일으킨 허망상이기 때문에 폐기된다.

중생세계는 혹(惑－번뇌)과 업(業)과 고(苦)의 3도(三道)이다.

혹 · 업 · 고 3도는 중생세계의 번뇌와 괴로움의 인과관계, 그리고 이 길을 따라 중생이 번뇌로 업을 지어 고통이 예약되고, 예약된 고통이 현실로 전개되는 길을 보여준다.

괴로움의 원인인 혹(惑)은 중생이 무지하여 진리를 알지 못하고 무명(無明)으로 일으킨 번뇌망상을 말하는데 중생의 고통은 이 무명번뇌가 이끌어 발생시킨 것이다. 그리하여 중생은 혹 · 업 · 고의 틀 속에서 끝없이 번뇌를 일으켜 업을 짓고 그 과보로 괴로움을 받으면서 고해(苦海)를 떠돌고 있는 것이다.

이처럼 중생의 혹 · 업 · 고 3도는 중생 자신들이 일으킨 무명번뇌의 나쁜 에너지 운동이 그 반동으로 초래하는 위험하고, 고통스럽고, 불완전하고, 무엇보다도 허망한 세계이다.

앞에서 <나쁜 에너지 파동>이라한 것은 무명번뇌의 에너지 운동이 <진리의 에너지운동(진여자성의 역학원리)>에 역행 · 충돌하는 것을 말한다. 이러한 무명번뇌의 혹(惑)과 업(業)이 최고조에 달한 때가 말법현대이며, 그 과보가 가장 두려운 것이다.

한편 중생의 심신(心身)이 의지하고 있는 진여본체의 세계는 여여한 그대로 완전무결하여 눈꼽만큼도 흠결(欠缺)이 없는 불국토이고 지복(至福)의 세계이다.

지금 비록 어리석은 생각을 일으켜 3도 속에 있으나 그 마음바탕에는 진여자성과 정토가 이미 갖추어져 있어서 3계 6도의 어느 시공간에 가더라도 즉시 불국토를 실현할 수 있는 것이다.

중생들이 제각기 자기 참성품의 자성토(自性土) 속으로 진입하기만 하면 곧 바로 지복의 세계가 펼쳐지게 되는 것이다.

금강경은 그러한 진리와 가르침과 수행법을 우리에게 명료하고 적실하게 말해주고 있다.

금강경과 진리와 현대과학

모름지기 올바른 철학사상과 가치관, 그리고 이상적인 인류문명의 형태는 최고가치인 진리에 부합해야 하고 또 그 진리는 과학적 입증으로 뒷받침하는 것이 필요하다.

물론 과학이 고도로 발달한 현대에서도 진리를 충분히 설명할 수 없는 것이 사실이지만 그럼에도 불구하고 현대물리학은 '완전한 대칭성(어느 시공간에서도 불변하는 영원한 진리)'을 가진 중요한 몇가지 주제들을 제공해 주고 있어서 우리는 <진리의 큰 그림>을 개략적으로 나마 스케치할 수 있게 되었다.

특히 현대물리학의 주요발견들은 올바른 철학사상과 가치관의 정립, 그리고 새로운 문명건설에 중요한 조언을 주고 있다.

이러한 관점에서 우리는 우주적 진리를 알기 위해서 먼저 우주 삼라만상의 '궁극적 실재(Ultimate Reality)'의 체 · 용을 알아야 한다.

금강경의 종지(宗旨)는 공사상(空思想)인데 일체만법(一切萬法)의 궁극적 진실은 공(空)으로서 무상(無相-무형상)이고 무아(無我-무실체)이다. 또 그 작용방식은 우주삼라만상을 통일적으로 포괄하는 견성상(見性常-진여공은 언제나 우주삼라만상 모두를 동시에 보고 알며 또 개개 사물에 상응할 때도 전체적인 비전과 계획으로 작용하는 불가사의한 지혜)인데 이로 인해 일중일체(一中一切), 일미진중함시방(一微塵中含十方)의 인다라망세계가 전개된다. 현대물리학은 이러한 금강경의 공사상을 잘 설명해 주고 있는 것이다.

위대한 업적을 남긴 현대물리학자들은 우리에게 다음과 같은 주제들을 알려 주었다.

아인슈타인 · 슈뢰딩거 등 저명한 학자들은 '모든 사물의 근본(본질)은 진공이다' 라고 공언한다.

'사물은 진공의 국면이다.' 라고 말함으로써 현상세계의 궁극적 진실이 진공임을 천명하였다.

이렇게 볼때 이들 현대물리학자들이 말하고 있는 '공' 은 진실불허(眞實不虛)의 공인 진공묘유의 공인 것을 알 수 있다. 이 『유 · 무 초월의 도리』, 『금강경의 공사상』을 저들이 말하고 있다는 사실은 참으로 감명 깊은 일이 아닐 수 없다.

궁극적 진실인 진공은 <동일한 하나의 체(體)>와 <동일한 하나의 전일원리(全一原理)>로 삼라만상을 통합적으로 포괄하는 절대적인 힘과 최고원리의 본체이다. 하느님, 비로자나부처님 같은 궁극자이다.

모든 존재들을 자신의 성품에 동화(同化)시키고자 하는 거부할 수 없는 힘과 향상 정신의 본체이다.

궁극적 진실 진공은 체 · 용(體 · 用)의 양면을 가지고 있다. '체' 는 몸으로, 그리고 '용' 은 힘과 원리로 사물속에 작용한다. 따라서 단순한 물질성 사물에도 그 속에는 우주심의 어떤 의미가 있는 것이다.

우리가 육안으로 거칠게 분별하는 '형상' 을 그 실재차원에서 알게되면, 다시 말해서 우리가 사물의 '실재모습'을 알게 되면 자연히 세상을 보는 눈이 달라지게 된다.

그러나 만약 궁극적 진실 진공과 그것의 현실적 전개인 실재(입자/파동)의 체 · 용을 알지 못하면

- 지말법(枝末法)인 형상을 근본으로 삼아 갖가지 차별상을 일으키게 되고
- 이기주의 · 국소(局所)주의에 빠져 나와 타자 · 타소를 분열시키고
- 척타입기(蹠他立己-남을 밟고 그 위에 자기를 세움)를 기본 행동방식으로 하여 대립 · 충돌을 일 삼는다.
- 국소주의는 국소효률 · 국소성과를 얻는다 해도 결국 전체적인 분열 · 낭비 · 비효률을 초래하여 유기체 전체즉 국가전체로는 큰 손실과 해악이 된다.
- 그리하여 자연 · 타자 · 타소 · 타계층 · 타문화 · 타종교를 파괴하고 그 해악이 자신에게 되돌아와 전체가 공멸적 위기를 맞게 된다.
- 신(神)과 종교도 진리에 부합하는 올바른 이해의 바탕위에서 올바른 신앙생활을 하지 않으면 오히려 분열과 충돌의 원인이 되어 유기체 세계 전체를 불안하게 하고 비효율 · 파괴를 초래한다.

궁극적 진실 진공은 <하나임>과 <하나임을 실현하는 힘과 원리>의 당체이다. 그러므로 우주 만유의 근본인 진공의 몸과 정신에는 독립개체니, 독립부분이니 하는 것은 원천적으로 있을 수가 없다.

일체만법을 <하나됨>으로 이끌어가는 거부할 수 없는 절대력이자, 지혜 · 법칙 · 원리인 것이다.

그리하여 각각의 개체들이 스스로는 어떻게 인식하던간에 그 개체심의 기저에서 우주심은 비국소원리(非局所原理), 전일원리

(全一原理)를 행하고 있는 것이다. 물론 이 상호내포적(相互內包的) 운동의 궁극적 본체는 당연히 진공이다.

이처럼 궁극적 진실 진공은 '실재'인 입자/파동으로 전개되어 자신의 체 · 용으로 현상계 삼라만상을 하나의 통합원리의 <그물망 조직>속에 운용하고 있는 것이다.

이것은 우리들의 가치관과 문명전환에 중요한 계기를 부여하고 있다.

인간은 육안으로 형상을 분별하여 나와 너, 인간과 자연을 분열시키고 '자기'를 '타소'와 차단시킨 체 척타입기(蹠他立己)의 방식으로 일관해 왔으나 이제 이것은 아무런 정당성을 가질 수 없게 되었고 오히려 인간의 이러한 가치관과 행동 방식이 인다라망 유기체 세계 전체에 얼마나 비효율과 위해(危害)를 끼치고 있는지 깊이 생각하고 반성하게 한다.

유기체 세계관은 현상세계 두두물물(頭頭物物)에 대해 범할 수 없는 경외심을 갖게 하며 인간관계에 있어서도 갖가지 다양성들이 제각기 자기를 넘어 통섭(統攝)하면서 잔리로운 공동의 가치를 중심으로 공영해야 한다고 하는 새로운 세계관을 갖게 한다.

현대물리학자들은 놀랍게도 '공(空)'에 이어 '무아(無我-무실체)사상'을 말해 준다.

궁극적 진실이 현실적 사물로 전개할 때 그 기본은 '실재(Reality)'이다. 그리고 이 '실재'들이 이렇게 저렇게 모여서 다양한 분자와 분자 구조물을 이룬 것이 공기, 물, 흙, 불, 나무 등이고 나아가 생명체가 되는 것이다.

그런데 이들 '실재'는 입자/파동의 양면성을 가지고 있고, 게다가 자신의 정해진 모습이 없다는 것이다.

닐스 보어는 '이상 야릇한 양자의 세계'를 말하면서 <불확정성의 원리>를 발표하였다. 그리고 많은 과학자들은 이들 '실재'들로 이루어진 원자세계의 '불확정성이야말로 실제로 자연의 본질'이라는데 동의하였다.

<불확정성의 원리>는 기본적으로 두가지 요점을 말하고 있다.

첫째 '실재'는 실체가 없는 마치 허깨비와 같은 것이라는 점, 실체가 있는 것은 자신의 '위치'와 '운동량'을 가지고 있어야 하는데 '실재'는 그렇지가 않다는 것이다.

둘째 '실재'는 관찰자가 관찰방식을 결정했을 때만 거기에 응하여 '위치'나 '운동량' 중 하나를 보여 준다는 것 만약 관찰자가 관찰을 행하지 않을 때는 자신의 모습을 보여 주지 못한다.

그리하여 <불확정성의 원리>는 일체 사물에 실체가 없다는 것, 그리고 모든 객관적 현상은 자체로 존재하는 것이 아니라 관찰자와 관계적으로만 존재한다는 것을 보여주고 있다.

아인슈타인을 비롯하여 몇몇 과학자들은 실험으로 <비국소원리>를 발견하였으며, 하이젠베르크, 데이비드 보옴 등은 <부분과 전체>의 관계에서 전체는 쪼개어 질 수 없으며 각 부분에는 언제나 전체가 함축되어 있다고 말한다. 양자이론은 이처럼 쪼개어지지 않는 전체를 말해 준다.

제프리츄우는 '우주는 상호 연결된 사건의 역동적 그물이다.'라고 하면서 관측자도 그 속에 포함되므로 주체·객체 구도의 2분법은 원천적으로 성립될 수 없음을 말한다.

사실상 하나의 인다라망조직 거대 유기체인 이 세계는 주체·객체를 모두 한꺼번에 포섭하고 있는 <전체로서만 살아있는 유기체>이기 때문에 사물을 대상적으로 인식해서는 안되며 <관찰

자 자신까지 포함된 전체로서의 유기체가 됨>을 실현해야 하는 것이다.

각 개체의 운동이 이처럼 상호내포적인 전체적 의미를 가지게 됨에 따라 <부분속에 접혀진 전체 질서> <부분속에 함축된 전체>, 나아가서 <각각의 개체가 자기가 있는 시공간에서 자기 분수대로 수용하고 표현하는 전체세계>가 가시적 명제로 등장하게 된다.

이렇게 볼때 우리 앞에 놓여진 미래학의 화두(話頭)는 통섭(統攝)이 될 수밖에 없다. 타자 · 타소를 잘 알아야 하며, 자기를 넘어서서 소통하지 않으면 안된다. 그리고 이러한 소통의 중심이 되는 가치는 진리에 부합해야 한다.

이렇게 했을 때 그 결과는 인간 · 자연 속의 모든 분야와 계층의 모든 다양성들이 화합적 통합을 이루고 최고의 효율속에 공존공영의 이상세계를 실현할 수 있게 되는 것이다.

과학 특히 양자물리학의 발전은 과학과 종교가 서로 대화하고 서로 상대를 설명해 줄 수 있는 기회를 제공해 주었다.

이제 객관세계에서 대상적인 절대자로 군림하던 신의 시대는 갔다. 그만큼 과학은 우리에게 신에 대한 유용한 정보를 제공해 줌으로써 이제 우리는 '거짓 신'을 서슴치 않고 부정할 수 있게 된 것이다.

그리하여 '창조자'란 물리법칙을 초월해 있는 절대자 하느님, 자연법칙을 무시하고 세상에 작용하는 초자연적인 행위자가 아니라 물리법칙 속에서 작용하는 절대적 힘과 원리로 규정된 것이다.

하나님은 초자연력의 하느님에서 물리법칙을 타고 나타나는 자연력의 하느님이 된 것이다.

궁극적 진실 진공의 현실적 발생과 전개가 이른바 창조인데 창조는 최초의 초보적인 물질창조에서 더 나아가 복합적인 구조의 <자기촉진적으로 자기조직하고 자기갱신하는 체계>를 만들게 된다. 이것은 우주심위에 <개채지향성을 가진 개체심이 중첩된 형태>로서 생명체를 의미한다.

창조된 생명체는 기본적으로 궁극적 진실의 체 · 용을 근본바탕으로 하되 그 바탕 위에 <자기결정하는 신구의(身口意)> 체계를 가진다. 즉 개체의 자기결정에 대해 진공의 용(用) 즉 우주적 원리가 기저에서 복합적으로 작용하게 된다. 비유해서 말하면 부모가 지식의 의견을 수용하되, 부모의 원칙과 법도와 원대한 목표를 가지고 그때 그때 가장 지혜롭게 상응하는 형상이다. 이러한 진공의 상응 방식은 반드시 개체 생명 스스로가 자각에 의해 지혜를 얻고 스스로 자신을 완성함으로써 이상세계의 지복(至福)을 성취하도록 유인하는 것이지, 스스로의 자각이 없는 자에게 무상으로 지혜와 평화와 복덕을 주지는 않는다는 것을 의미한다.

현대과학 특히 현대물리학은 앞으로 더욱 발전하여 언젠가는 우리에게 진리의 체 · 용에 대해 더 소상하게 말해주게 될 것이다. 그러나 그렇다 해도 우리에게는 여전히 수행이 필요하다.

왜냐하면 인간은 장구한 시간에 걸쳐서 진리에 무지한 채로 윤회를 거듭해왔고 그동안 진리에 역행하는 갖가지 감정적 느낌과 개념적 느낌의 요소들을 마음속에 기르고 강화시켜 온 결과 이제는 그 습력을 어찌해 볼 수 없는 지경에 이르고 말았다. 그리하여 이러한 상태에서는 진리를 머리로 이해한다고 해서 곧 바로 진리와 합일하여 진리를 행동으로 실천할 수는 없는 일이다.

무엇보다도 진리는 말로 온전히 나타낼 수 없고 그것을 듣고 이해하는 것도 온전할 수가 없다.

진리를 말해주고, 또 그 말을 듣고 진리를 이해하는 것은 그저 달을 비슷하게 가리키는 손가락이고, 그 손가락을 바라보는 것일 뿐이어서 진리 자체와는 거리가 먼 것이다.

그리하여 진리는 제각기 스스로 자기안에서 직접 내증(內證)해야 하는 수행이 필요한 것이다. 수행없이는 이 위대한 진리도 온전히 우리 것이 될 수 없다.

금강경에는 현대과학과 진리와 수행이 빠짐없이 들어있다. 가르침은 교(敎)이고, 수행은 선(禪)인데 금강경에는 '교'와 '선'이 온전히 담겨 있다.

따라서 21세기의 현 시점에서 미래를 바라보고 있는 우리에게 금강경은 실로 '무가진보(無價珍寶)'이다.

금강경의 가르침 따라 수행함으로서 우리는 진리와 합일하여 지복의 이상세계를 실현할 수가 있는 것이다.

차 례

제2부 주석편

제 1 부

경 전 편
經 典 篇

1. 법회가 열린 연유

이와 같이 내가 들었다. 한때 부처님께서는 사위국 기수급고독원에서 큰 비구들 천이백오십 인과 함께 계셨다. 그때 세존께서는 식사하실 때인지라 옷을 입고 발우를 가지고 사위대성으로 들어가 탁발을 하시는데, 그 성안에서 차례로 걸식하신 뒤, 본래 처소로 돌아오셔서 식사를 끝내고 옷과 발우를 거두고 발을 씻고 나서 자리를 펴고 앉으셨다.

법회인유분 제일
法會因由分 第一

여시아문 일시불재 사위국 기수급고독원 여대비구중
如是我聞 一時佛在 舍衛國 祇樹給孤獨園 與大比丘衆

천이백오십인구 이시세존 식시 착의지발 입사위대성
千二百五十人俱 爾時世尊 食時 着衣持鉢 入舍衛大城

걸식어기성중 차제걸이 환지본처 반사흘 수의발세족
乞食於其城中 次第乞已 還至本處 飯食訖 收衣鉢洗足

이 부좌이좌
已 敷座而坐

2. 선현이 청법하다

그때 장로 수보리가 대중 가운데 있다가 자리에서 일어나 오른쪽 어깨를 드러내고, 오른쪽 무릎을 땅에 꿇고 합장공경하며 부처님께 말씀드렸다.

"희유하옵니다. 세존이시여, 여래께서는 모든 보살들을 잘 호념하시며, 모든 보살들에게 잘 부촉하십니다.

세존이시여, 선남자 선여인이 아뇩다라삼먁삼보리심을 내면 마땅히 어떻게 머무르며, 어떻게 그 마음을 항복시켜야 하오리까?"

부처님께서 말씀하셨다.

"훌륭하고, 훌륭하다. 수보리여, 네가 말한 바와 같이 여래는 모든 보살들을 잘 호념하고, 모든 보살들을 잘 부촉하느니라. 너는 이제 자세히 들어라. 마땅히 너를 위해 설하리라. 선남자 선여인이 아뇩다라삼먁삼보리심을 내면, 마땅히 이와 같이 머무르며 이와 같이 그 마음을 항복시켜야 하느니라."

"그러하옵니다. 세존이시여, 원하옵건대 기쁘게 듣고자 하옵니다."

선현기청분 제이
善現起請分 第二

시 장로 수보리 재대중중 즉종좌기 편단우견우슬착지
時 長老 須菩提 在大衆中 卽從座起 偏袒右肩右膝着地

합장공경 이백불언 희유세존 여래 선호념제보살 선부
合掌恭敬 而白佛言 希有世尊 如來 善護念諸菩薩 善付

촉제보살 세존 선남자 선여인 발아뇩다라삼먁삼보리심
囑諸菩薩 世尊 善男子 善女人 發阿耨多羅三藐三菩提心

응운하주 운하항복기심
應云何住 云何降伏其心

불언 선재선재 수보리 여여소설 여래 선호념제보살 선
佛言 善哉善哉 須菩提 如汝所設 如來 善護念諸菩薩 善

부촉제보살 여금제청 당위여설 선남자선여인 발아뇩다
付囑諸菩薩 汝今諦聽 當爲汝設 善男子善女人 發阿耨多

라삼먁삼보리심 응여시주여시항복기심 유연세존 원요
羅三藐三菩提心 應如是住如是降伏其心 唯然世尊 願樂

욕문
欲聞

3. 대승의 바른 종지

부처님께서 수보리에게 이르셨다.

"모든 보살마하살은 마땅히 이와 같이 그 마음을 항복시켜야 하느니라. 있는 바 일체 중생의 부류인 혹은 난생, 혹은 태생, 혹은 습생, 혹은 화생, 혹은 유색, 혹은 무색, 혹은 유상, 혹은 무상, 혹은 비유상, 비무상을 내가 모두 무여열반에 들게 해서 멸도하리라. 이와 같이 한없고, 수없고, 끝없는 중생을 제도하지만, 실로 어떤 중생도 제도를 얻는 자가 없느니라.

무슨 까닭인가? 수보리여, 만약 보살이 아상 · 인상 · 중생상 · 수자상이 있으면 곧 보살이 아니기 때문이니라."

대승정종분 제삼
大乘正宗分 第三

불고 수보리 제보살마하살 응여시항복기심 소유일체중생
佛告 須菩提 諸菩薩摩訶薩 應如是降伏其心 所有一切衆生

지류 약난생 약태생 약습생 약화생 약유색 약무색 약유
之類 若卵生 若胎生 若濕生 若化生 若有色 若無色 若有

상 약무상 약비유상 비무상 아개영입 무여열반 이멸도지
想 若無想 若非有想 非無想 我皆令入 無餘涅槃 而滅度之

여시멸도 무량무수무변중생 실무중생 득멸도자 하이고
如是滅度 無量無數無邊衆生 實無衆生 得滅度者 何以故

수보리 약보살 유아상 인상 중생상 수자상 즉비보살
須菩提 若菩薩 有我相 人相 衆生相 壽者相 卽非菩薩

4. 오묘한 행은 머무름이 없다

“또한 수보리여, 보살은 법에 응당 머무는 바 없이 보시를 행할지니, 이른바 색에 머물지 않는 보시이며, 소리 · 냄새 · 맛 · 촉감 · 마음의 경계에 머물지 않는 보시이니라.

수보리여, 보살은 마땅히 이와 같이 보시하여 상에 머물지 말지니라.

무슨 까닭인가? 만약 보살이 상에 머물지 않고 보시하면, 그 복덕은 헤아릴 수가 없기 때문이니라.

수보리여, 어떻게 생각하느냐? 동쪽의 허공을 생각으로 헤아릴 수 있겠느냐?”

“없습니다. 세존이시여.”

“수보리여, 남 · 서 · 북방과 네 간방, 상 · 하 허공을 생각으로 헤아릴 수 있겠느냐?”

“없습니다. 세존이시여.”

“수보리여, 보살이 상에 머물지 않고 행하는 보시의 복덕 또한 이와 같아서 생각으로 헤아릴 수 없느니라.

수보리여, 보살은 다만 마땅히 가르친 바대로만 머물지니라."

묘행무주분 제사
妙行無住分 第四

부차 수보리 보살 어법 응무소주 행어보시 소위 부주색
復次 須菩提 菩薩 於法 應無所住 行於布施 所謂 不住色

보시 부주성향미촉법보시 수보리 보살응여시보시 부주
布施 不住聲香味觸法布施 須菩提 菩薩應如是布施 不住

어상 하이고 약보살 부주상보시 기복덕 불가사량 수보리
於相 何以故 若菩薩 不住相布施 其福德 不可思量 須菩提

어의운하 동방허공 가사량부 불야세존 수보리 남서북방
於意云何 東方虛空 可思量不 不也世尊 須菩提 南西北方

사유상하허공 가사량부 불야세존 수보리 보살무주상보시
四維上下虛空 可思量不 不也世尊 須菩提 菩薩無住相布施

복덕 역부여시 불가사량 수보리 보살단응여소교주
福德 亦復如是 不可思量 須菩提 菩薩但應如所敎住

5. 이법 그대로 실답게 봄

"수보리여, 어떻게 생각하느냐? 몸의 모양으로 여래를 볼 수 있겠느냐?"

"없습니다. 세존이시여, 몸의 모양으로는 여래를 볼 수 없습니다. 왜냐하면 여래께서 설하신 바 몸의 모양은 곧 몸의 모양이 아니옵기 때문입니다."

부처님께서 수보리에게 이르셨다.

"모든 있는 바의 형상은 다 허망한 것이니라. 만약 모든 형상이 형상 아님을 보면 곧 여래를 보리라."

여리실견분 제오
如理實見分 第五

수보리 어의운하 가이신상 견여래부 불야세존 불가이
須菩提 於意云何 可以身相 見如來不 不也世尊 不可以

신상 득견여래 하이고 여래소설신상 즉비신상 불고 수
身相 得見如來 何以故 如來所說身相 卽非身相 佛告 須

보리 범소유상 개시허망 약견제상비상 즉견여래
菩提 凡所有相 皆是虛妄 若見諸相非相 卽見如來

6. 바른 믿음은 희유하다

수보리가 부처님께 여쭈었다.

"세존이시여, 두루 중생들이 이와 같은 말씀과 글귀를 듣고 실다운 믿음을 내겠나이까?"

부처님께서 수보리에게 이르셨다.

"그런 말을 하지 말아라. 여래가 멸한 후, 후 오백 세에 계를 지니고 복을 닦는 자가 있어서, 이 글귀에 능히 신심을 내어 이것으로 실다움을 삼으리라. 마땅히 알지니, 이 사람은 한 부처님, 두 부처님, 세 · 네 · 다섯 부처님에게서 선근을 심었을 뿐만 아니라, 이미 한량없는 천만 부처님 계신 곳에서 모두 선근을 심어서 이 글귀를 듣고는 이에 한 생각에 깨끗한 믿음을 내게 되는 사람이니라.

수보리여, 여래는 다 알고 다 보나니, 이 모든 중생들은 이와 같이 한량없는 복덕을 얻느니라.

무슨 까닭인가? 이 모든 중생들은 다시는 아상 · 인상 · 중생상 · 수자상이 없으며, 법의 상도 없고, 법의 상 아님도 또한 없기 때문이니라.

무슨 까닭인가? 이 모든 중생들이 만약 마음에 상을 취하면, 곧 아 · 인 · 중생 · 수자에 집착하게 되며, 만약 법의 상을 취하면, 곧 아 · 인 · 중생 · 수자에 집착하는 것이기 때문이니라.

무슨 까닭인가? 만약 법의 상 아님을 취하면, 곧 아 · 인 · 중생 · 수자에 집착하는 것이기 때문이니라. 이러한 까닭에 응당 법을 취하지 말 것이며, 법 아님도 취하지 말지니라. 이런 뜻인 까닭에 여래가 항상 설하시되 '너희들 비구들은 나의 설법을 뗏목의 비유와 같이 알지니, 법도 오히려 마땅히 버려야 하거늘, 하물며 법 아닌 것에 있어서랴.' 한 것이다."

정신희유분 제육
正信希有分 第六

수보리 백불언 세존 파유중생 득문여시언설장구 생실신
須菩提 白佛言 世尊 頗有衆生 得聞如是言說章句 生實信

부 불고 수보리 막작시설 여래멸후 후오백세 유지계수
不 佛告 須菩提 莫作是說 如來滅後 後五百歲 有持戒修

복자어차장구 능생신심 이차위실 당지 시인불어 일불
福者於此章句 能生信心 以此爲實 當知 是人不於 一佛

이불 삼사오불 이종선근 이어무량천만불소 종제선근 문
二佛 三四五佛 而種善根 已於無量千萬佛所 種諸善根 聞

시장구 내지일념 생정신자 수보리 여래 실지실견 시제중
是章句 乃至一念 生淨信者 須菩提 如來 悉知悉見 是諸衆

생 득여시무량복덕 하이고 시제중생 무부아상 인상 중생
生 得如是無量福德 何以故 是諸衆生 無復我相 人相 衆生

상 수자상 무법상 역무비법상 하이고 시제중생 약심취상
相 壽者相 無法相 亦無非法相 何以故 是諸衆生 若心取相

즉위착아인중생수자 약취법상 즉착아인중생수자 하이고
卽爲着我人衆生壽者 若取法相 卽着我人衆生壽者 何以故

약취비법상 즉착아인중생수자 시고 불응취법불응취비법
若取非法相 卽着我人衆生壽者 是故 不應取法不應取非法

이시의고 여래상설 여등비구 지아설법 여벌유자 법상응
以是義故 如來常說 汝等比丘 知我說法 如筏喩者 法尙應

사 하황비법
捨 何況非法

7. 얻을 것도 없고 설한 것도 없다

"수보리여, 어떻게 생각하느냐? 여래가 아뇩다라삼먁삼보리를 얻었느냐? 여래가 설한 바 법이 있느냐?"

수보리가 말씀드렸다.

"제가 부처님께서 설하신 바의 뜻을 알기로는 아뇩다라삼먁삼보리라고 이름할 정해진 법이 없으며, 여래께서 설하실 만한 정해진 법 또한 없나이다. 왜냐하면 여래께서 설하신 바 법은 모두 취할 수가 없고, 설할 수가 없으며, 법이 아니고, 법 아님도 아니기 때문이옵니다. 그 까닭이 무엇인가 하면 일체 성현은 다 무위법으로써 차별이 있기 때문이옵니다."

무득무설분 제칠
無得無說分 第七

수보리 어의운하 여래 득아뇩다라삼먁삼보리야 여래유
須菩提 於意云何 如來 得阿耨多羅三藐三菩提耶 如來有

소설법야 수보리언 여아해불소설의 무유정법명아뇩다라
所說法耶 須菩提言 如我解佛所說義 無有定法名阿耨多羅

삼먁삼보리 역무유정법여래가설 하이고 여래소설법 개불
三藐三菩提 亦無有定法如來可說 何以故 如來所說法 皆不

가취 불가설 비법 비비법 소이자하 일체현성 개이무위
可取 不可說 非法 非非法 所以者何 一切賢聖 皆以無爲

법 이유차별
法 而有差別

8. 법에 의지하여 내다

"수보리여, 어떻게 생각하느냐? 만약 어떤 사람이 삼천 대천 세계를 가득 채운 칠보로 보시한다면, 이 사람이 얻는 바 복덕이 얼마나 많다 하겠느냐?"

수보리가 말씀드렸다.

"매우 많습니다. 세존이시여, 왜냐하면 이 복덕은 곧 복덕의 성품이 아니기 때문이며, 그러므로 여래께서 복덕이 많다고 설하셨습니다."

"만약 또 어떤 사람이 이 경 가운데서 받아 지니고, 이에 사구게 등을 남을 위해 말해 주면, 그 복이 저것보다 수승하리라.

무슨 까닭인가? 수보리여, 모든 부처와 모든 부처의 아뇩다라삼먁삼보리법이 모두 이 경으로부터 나오기 때문이니라.

수보리여, 이른바 불법이라는 것은 곧 불법이 아니니라."

의법출생분 제팔
依法出生分 第八

수보리 어의운하 약인만삼천대천세계 칠보이용보시 시인
須菩提 於意云河 若人滿三千大千世界 七寶以用布施 是人

소득복덕영위다부 수보리언 심다세존 하이고 시복덕 즉
所得福德寧爲多不 須菩提言 甚多世尊 何以故 是福德 卽

비복덕성 시고여래설복덕다 약부유인 어차경중 수지내
非福德性 是故如來說福德多 若復有人 於此經中 受持乃

지 사구게등 위타인설 기복승피 하이고 수보리 일체제불
至 四句偈等 爲他人說 其福勝彼 何以故 須菩提 一切諸佛

급제불 아뇩다라삼먁삼보리법 개종차경출 수보리 소위불
及諸佛 阿耨多羅三藐三菩提法 皆從此經出 須菩提 所謂佛

법자 즉비불법
法者 卽非佛法

9. 절대의 상은 상이 없다

"수보리여, 어떻게 생각하느냐? 수다원이 능히 '내가 수다원과를 얻었다.'는 이런 생각을 하겠느냐?"

수보리가 말씀드렸다.

"아니옵니다. 세존이시여, 왜냐하면 수다원은 입류(入流)라고 이름하지만, 들어간 바가 없으며, 빛 · 소리 · 냄새 · 맛 · 촉감 · 마음의 경계에 들어가지 아니함을 이름하여 수다원이라 하기 때문입니다."

"수보리여, 어떻게 생각하느냐? 사다함이 능히 '내가 사다함과를 얻었다.'는 생각을 하겠느냐?"

수보리가 말씀드렸다.

"아니옵니다. 세존이시여, 왜냐하면 사다함은 한 번 왕래함[一往來]이라고 이름하지만 실은 왕래가 없으니, 이것을 이름하여 사다함이라 하기 때문입니다."

"수보리여, 어떻게 생각하느냐? 아나함이 능히 '내가 아나함과를 얻었다.'는 이런 생각을 하겠느냐?"

수보리가 말씀드렸다.

"아니옵니다. 세존이시여, 왜냐하면 아나함은 불래(不來)라고 이름하지만, 실은 오지 않음이 없으니, 이것을 이름하여 아나함이라 하기 때문입니다."

"수보리여, 어떻게 생각하느냐? 아라한이 능히 '내가 아라한과를 얻었다.'는 생각을 하겠느냐?"

수보리가 말씀드렸다.

"아니옵니다. 세존이시여, 왜냐하면 실로 어떤 법도 없음을 이름하여 아라한이라고 하기 때문입니다.

세존이시여, 만약 아라한이 '내가 아라한도를 얻었다.'고 이런 생각을 한다면, 곧 아 · 인 · 중생 · 수자상에 집착한 것이 되옵니다.

세존이시여, 부처님께서는 제가 무쟁삼매를 얻은 사람 가운데서 제일이니, 이는 제일 가는 이욕아라한이라고 말씀하셨으나, 저는 '나는 이욕아라한이다.'라는 이런 생각을 하지 않사옵니다.

세존이시여, 제가 만약 '내가 아라한도를 얻었다.'고 이런 생각을 한다면, 세존께서 '수보리는 아란나행을 즐기는 자'라고 말씀하시지 않으셨을 것인즉, 수보리가 실로 행하는 바가 없으므로 '수보리는 아란나행을 즐긴다.'라고 하셨습니다."

일상무상분 제구
一相無相分 第九

수보리 어의운하 수다원 능작시념아득수다원과부
須菩提 於意云何 須陀洹 能作是念我得須陀洹果不

수보리언 불야세존 하이고 수다원 명위입류이무소입
須菩提言 不也世尊 何以故 須陀洹 名爲入流而無所入

불입색 · 성 · 향 · 미 · 촉 · 법 시명수다원
不入色 · 聲 · 香 · 味 · 觸 · 法 是名須陀洹

수보리 어의운하 사다함 능작시념 아득사다함과부
須菩提 於意云何 斯陀含 能作是念 我得斯陀含果不

수보리언 불야세존 하이고 사다함 명일왕래 이실무왕래
須菩提言 不也世尊 何以故 斯陀含 名一往來 而實無往來

시명사다함
是名斯陀含

수보리 어의운하 아나함 능작시념 아득아나함과부
須菩提 於意云何 阿那含 能作是念 我得阿那含果不

수보리언 불야세존 하이고 아나함 명위불래 이실무불래
須菩提言 不也世尊 何以故 阿那含 名爲不來 而實無不來

시고명아나함
是故名阿那含

수보리 어의운하 아라한 능작시념 아득아라한도부
須菩提 於意云何 阿羅漢 能作是念 我得阿羅漢道不

수보리언 불야세존 하이고 실무유법 명아라한 세존 약
須菩提言 不也世尊 何以故 實無有法 名阿羅漢 世尊 若

아라한 작시념 아득아라한도 즉위착아 · 인 · 중생 · 수자
阿羅漢 作是念 我得阿羅漢道 卽爲着我 · 人 · 衆生 · 壽者

세존 불설아득 무쟁삼매 인중최위제일 시제일이욕아라한
世尊 佛說我得 無諍三昧 人中最爲第一 是第一離欲阿羅漢

세존 아부작시념 아시이욕아라한 세존 아약작시념 아득
世尊 我不作是念 我是離欲阿羅漢 世尊 我若作是念 我得

아라한도 세존 즉불설수보리 시요아란나행자 이수보리
阿羅漢道 世尊 卽不說須菩提 是樂阿蘭那行者 以須菩提

실무소행 이명수보리 시요아란나행
實無所行 而名須菩提 是樂阿蘭那行

10. 정토를 장엄함

부처님께서 수보리에게 이르셨다.

"어떻게 생각하느냐? 여래가 옛날 연등부처님 처소에서 있으면서 얻은 바 법이 있느냐?"

"아니옵니다. 세존이시여, 여래께서는 연등부처님 처소에 계시면서 실로 얻은 바 법이 없습니다."

"수보리여, 어떻게 생각하느냐? 보살이 불토를 장엄하느냐?"

"아니옵니다. 세존이시여, 왜냐하면 불토를 장엄한다는 것은 곧 장엄이 아니고, 그 이름이 장엄이기 때문입니다."

"그러므로 수보리여, 모든 보살마하살은 응당 이와 같이 청정한 마음을 낼 것이니, 마땅히 색에 머물러 마음을 내지 말 것이며, 마땅히 소리 · 맛 · 촉감 · 마음의 경계에 머물러 마음을 내지 말 것이며, 응당 머무는 바 없이 그 마음을 낼 지니라.

수보리여, 비유컨대 어떤 사람의 몸이 수미산왕 같다면, 어떻게 생각하느냐? 그 몸이 크다 하겠느냐?"

수보리가 말씀드렸다.

"매우 크옵니다. 세존이시여, 왜냐하면 부처님께서 설하신 것은 몸이 아니고, 그 이름이 큰 몸이기 때문입니다."

장엄정토분 제십
莊嚴淨土分 第十

불고 수보리 어의운하 여래석재 연등불소 어법 유소득
佛告 須菩提 於意云何 如來昔在 燃燈佛所 於法 有所得

부 불야세존 여래재연등불소 어법실무소득 수보리 어의
不 不也世尊 如來在燃燈佛所 於法實無所得 須菩提 於意

운하 보살장엄불토부 불야세존 하이고 장엄불토자 즉비
云何 菩薩莊嚴佛土不 不也世尊 何以故 莊嚴佛土者 卽非

장엄 시명장엄 시고 수보리 제보살마하살 응여시생청정
莊嚴 是名莊嚴 是故 須菩提 諸菩薩摩訶薩 應如是生淸淨

심 불응주색생심 불응주성·향·미·촉·법생심 응무소
心 不應住色生心 不應住聲·香·味·觸·法生心 應無所

주 이생기심 수보리 비여유인 신여수미산왕 어의운하 시
住 而生其心 須菩提 譬如有人 身如須彌山王 於意云何 是

신위대부 수보리언 심대세존 하이고 불설비신 시명대신
身爲大不 須菩提言 甚大世尊 何以故 佛說非身 是名大身

11. 무위의 복이 수승함

"수보리여, 항하에 있는 모래 숫자와 같은 그러한 모래 수만큼의 항하를 어떻게 생각하느냐? 이 모든 항하의 모래가 얼마나 많다고 하겠느냐?"

수보리가 말씀드렸다.

"매우 많습니다. 세존이시여, 단지 모든 항하만이라도 오히려 많아서 셀 수 없는데, 하물며 그 모래 수이겠습니까?"

"수보리여, 내가 이제 진실한 말로 너에게 이르노니, 만약 어떤 선남자 선여인이 칠보로써 저 항하의 모래 수만큼의 삼천 대천세계에 가득 채워서 이것으로 보시한다면 얻을 복이 많겠느냐?"

수보리가 말씀드렸다,

"매우 많습니다. 세존이시여."

부처님께서 수보리에게 이르셨다.

"만약 선남자 선여인이 이 경 가운데에서 혹은 사구게 등을 받아 지니고 남을 위해서 말해 주면, 이 복덕이 앞의 복덕보다 수승하리라."

무위복승분 제십일
無爲福勝分 第十一

수보리 여항하중 소유사수 여시사등항하 어의운하 시제
須菩提 如恒河中 所有沙數 如是沙等恒河 於意云何 是諸

항하사 영위다부 수보리언 심다세존 단제항하 상다무수
恒河沙 寧爲多不 須菩提言 甚多世尊 但諸恒河 尙多無數

하황기사 수보리 아금실언고여 약유선남자선여인 이칠
何況其沙 須菩提 我今實言告汝 若有善男子善女人 以七

보만이소 항하사수 삼천대천세계 이용보시 득복다부 수
寶滿爾所 恒河沙數 三千大千世界 以用布施 得福多不 須

보리언 심다세존 불고 수보리 약선남자선여인 어차경중
菩提言 甚多世尊 佛告 須菩提 若善男子善女人 於此經中

내지수지 사구게등 위타인설 이차복덕 승전복덕
乃至受持 四句偈等 爲他人說 而此福德 勝前福德

12. 바른 가르침을 존중함

"그리고 또 수보리여, 어디서든지 이 경 혹은 사구게 등을 설하면 마땅히 알지니, 이곳은 모든 세간의 천 · 인 · 아수라가 모두 응당 공양하기를 부처님 탑묘같이 하리니, 하물며 어떤 사람이 남김없이 능히 받아 지니고 읽고 외움에 있어서랴.

수보리여, 마땅히 알지니, 이 사람은 가장 높고 제일 희유한 법을 성취하리라. 만약 이 경전이 있는 곳이면, 곧 부처님과 존중받는 제자가 있는 것이 되느니라."

존중정교분 제십이
尊重正敎分 第十二

부차 수보리 수설시경 내지사구게등 당지차처일체세간
復次 須菩提 隨說是經 乃至四句偈等 當知此處一切世間

천 · 인 · 아수라 개응공양 여불탑묘 하황유인진능수지독
天 · 人 · 阿修羅 皆應供養 如佛塔廟 何況有人盡能受持讀

송 수보리 당지 시인성취 최상제일 희유지법 약시경전
誦 須菩提 當知 是人成就 最上第一 希有之法 若是經典

소재지처 즉위유불 약존중제자
所在之處 卽爲有佛 若尊重弟子

13. 법대로 받아 지님

그때에 수보리가 부처님께 여쭈었다.

"세존이시여, 마땅히 이 경을 무엇이라 이름하며, 저희들이 어떻게 받들어 지니오리까?"

부처님께서 수보리에게 이르셨다.

"이 경을 금강반야바라밀이라 이름하니, 이 이름으로 너희들은 마땅히 받들어 지닐지니라.

그 까닭이 무엇인가? 수보리여, 부처가 설한 반야바라밀은 곧 반야바라밀이 아니고, 그 이름이 반야바라밀이니라.

수보리여, 어떻게 생각하느냐? 여래가 설한 바 법이 있느냐?"

수보리가 부처님께 말씀드렸다.

"세존이시여, 여래께서는 설하신 바가 없습니다."

"수보리여, 어떻게 생각하느냐? 삼천 대천 세계에 있는 먼지를 많다 하겠느냐?"

"매우 많습니다. 세존이시여."

"수보리여, 모든 먼지를 여래는 먼지가 아니라고 설하나니, 그 이름이 먼지이며, 여래는 세계를 세계가 아니라고 설하나니, 그 이름이 세계이니라.

수보리여, 어떻게 생각하느냐? 32상으로 여래를 볼 수 있겠느냐?"

"없습니다. 세존이시여, 32상으로는 여래를 볼 수 없습니다. 왜냐하면 여래께서 설하신 32상은 곧 상이 아니고, 그 이름이 32상이기 때문입니다."

"수보리여, 만약 어떤 선남자 선여인이 항하의 모래와 같은 몸과 목숨으로 보시하고, 만약 또 어떤 사람은 이 경 가운데에서 혹은 사구게 등을 받아 지니고 남을 위해서 말해 준다면, 그 복이 매우 많으리라."

여법수지분 제십삼
如法受持分 第十三

이시 수보리 백불언 세존 당하명차경 아등운하봉지
爾時 須菩提 白佛言 世尊 當何名此經 我等云何奉持

불고 수보리 시경명위금강반야바라밀 이시명자 여당
佛告 須菩提 是經名爲金剛般若波羅蜜 以是名字 汝當

봉지 소이자하 수보리 불설반야바라밀 즉비반야바라밀
奉持 所以者何 須菩提 佛說般若波羅蜜 則非般若波羅蜜

시명반야바라밀
是名般若波羅蜜

수보리 어의운하 여래유소설법부 수보리 백불언 세존
須菩提 於意云何 如來有所說法不 須菩提 白佛言 世尊

여래무소설
如來無所說

수보리 어의운하 삼천대천세계 소유미진 시위다부 수
須菩提 於意云何 三千大千世界 所有微塵 是爲多不 須

보리언 심다세존 수보리 제미진 여래설비미진 시명미진
菩提言 甚多世尊 須菩提 諸微塵 如來說非微塵 是名微塵

여래설세계 비세계시명세계 수보리 어의운하 가이삼십
如來說世界 非世界是名世界 須菩提 於意云何 可以三十

이상. 견여래부 불야세존
二相. 見如來不 不也世尊

불가이삼십이상득견여래 하이고 여래설삼십이상 즉시
不可以三十二相得見如來 何以故 如來說三十二相 卽是

비상 시명삼십이상
非相 是名三十二相

수보리 약유선남자 선여인 이항하사등신명보시 약부유인
須菩提 若有善男子 善女人 以恒河沙等身命布施 若復有人

어차경중 내지수지 사구게등 위타인설 기복심다
於此經中 乃至受持 四句偈等 爲他人說 其福甚多

14. 상을 떠난 맑고 고요한 경지

이때에 수보리는 이 경을 설하심을 듣고, 그 뜻의 귀착처를 깊이 깨닫고서, 눈물을 흘리고 슬피 울며 부처님께 말씀드렸다.

"희유하옵니다. 세존이시여, 부처님께서 설하신 이와 같은 깊고 깊은 경전은 제가 옛적부터 얻은 바 지혜의 안목으로도 일찍이 이와 같은 경을 들어본 적이 없나이다.

세존이시여, 만약 또 어떤 사람이 이 경을 듣고 믿는 마음이 청정하면 곧 실상을 내리니, 이 사람은 제일 희유한 공덕을 성취하였음을 마땅히 알겠나이다.

세존이시여, 이 실상이라는 것은 곧 상이 아닌 바, 그러므로 여래께서 실상이라 이름한다고 설하셨습니다.

세존이시여, 제가 지금 이와 같은 경전을 듣고서 믿고 이해하여 받아 지니는 것은 족히 어렵지 않다 하겠사오나, 만약 장차 올 세상, 후 오백 세에 그 어떤 중생이 이 경을 듣고서 믿고 이해하여 받아 지닌다면, 이 사람은 곧 제일 희유할 것이옵니다.

왜냐하면 이 사람은 아상 · 인상 · 중생상 · 수자상이 없기 때문입니다. 그 까닭이 무엇인가 하면, 아상은 곧 상이 아니며, 인상 · 중생상 · 수자상도 곧 상이 아니기 때문입니다. 왜냐하면 일체의 모든 상을 떠난 것을 곧 모든 부처님이라 이름하기 때문이옵니다."

부처님께서 수보리에게 이르셨다.

"그러하다, 그러하다. 만약 또 어떤 사람이 이 경을 듣고 놀라지 않고, 두려워하지 않고, 겁내지 않는다면, 마땅히 알지니라. 이 사람은 매우 희유한 사람이니라.

무슨 까닭인가? 수보리여, 여래가 설하는 제일바라밀은 곧 제일바라밀이 아니고, 그 이름이 제일바라밀이기 때문이니라.

수보리여, 인욕바라밀을 여래는 인욕바라밀이 아니라고 설하나니, 그 이름이 인욕바라밀이니라.

무슨 까닭인가? 수보리여, 내가 옛날 가리왕에게 몸을 찢기고 잘리었으나, 나는 그때 아상이 없었고, 인상도 없었으며, 중생상도 없었고, 수자상도 없었기 때문이니라.

무슨 까닭인가? 내가 옛적에 마디마디 사지가 갈라질 때, 만약 아상 · 인상 · 중생상 · 수자상이 있었다면, 응당 성내고 원망함을 내었을 것이니라.

수보리여, 또 과거 오백 세에 인욕선인을 이루었던 것을 생각해 보니, 그 세상에서도 아상이 없었고, 인상도 없었으며, 중생상도 없었고, 수자상도 없었느니라.

그러므로 수보리여, 보살은 마땅히 일체의 상을 떠나서 아뇩다라삼먁삼보리심을 낼지니, 마땅히 색에 머물러 마음을 내지 말며, 마땅히 소리 · 냄새 · 맛 · 촉감 · 마음의 경계에 머물러 마음을 내지 말며, 응당 머무는 바 없는 마음을 낼지니라. 만약 마음에 머무름이 있으면, 곧 머무름이 아님이 되느니라. 그러므로 부처님이 보살의 마음은 마땅히 색에 머무르지 않고, 보시해야 한다고 설하느니라.

수보리여, 보살은 일체 중생의 이익을 위해서 마땅히 이와 같이 보시할지니라. 여래가 설한 일체의 모든 상은 곧 상이 아니고, 또 일체 중생은 곧 중생이 아니라고 설하느니라.

수보리여, 여래는 참다운 말을 하는 자이며, 실다운 말을 하는 자이며, 여여하게 말하는 자이며, 속이는 말을 하지 않는 자이며, 다른 말을 하지 않는 자이니라.

수보리여, 여래가 얻은 바 법, 이 법은 실도 없고 허도 없느니라.

수보리여, 만약 보살이 마음을 법에 머물러서 보시를 행하면, 마치 사람이 암흑 속에 들어가서 곧 보는 바가 없는 것과 같느니라. 만약 보살이 마음을 법에 머물지 않고 보시를 행하면, 마치 사람이 눈이 있고 햇빛이 밝게 비추어서 온갖 사물을 보는 것과 같느니라.

수보리여, 장차 오는 세상에서 만약 어떤 선남자 선여인이 능히 이 경을 받아 지녀서 읽고 외운다면, 여래가 부처의 지혜로써 이 사람을 다 알고 이 사람을 다 보게 되어, 모두가 한량없고 끝 없는 공덕을 성취하게 되느니라."

이상적멸분 제십사
離相寂滅分 第十四

이시 수보리 문설시경 심해의취 체루비읍 이백불언
爾時 須菩提 聞說是經 深解義趣 涕淚悲泣 而白佛言

희유세존 불설여시심심경전 아종석래 소득혜안미증득문
希有世尊 佛說如是甚深經典 我從昔來 所得慧眼未曾得聞

여시지경
如是之經

세존 약부유인 득문시경 신심청정 즉생실상 당지시인성
世尊 若復有人 得聞是經 信心淸淨 則生實相 當知是人成

취제일희유공덕 세존 시실상자 즉시비상 시고여래 설명
就第一希有功德 世尊 是實相者 卽是非相 是故如來 說名

실상 세존 아금득문 여시경전 신해수지 부족위난
實相 世尊 我今得聞 如是經典 信解受持 不足爲難

약당래세 후오백세 기유중생 득문시경 신해수지 시인즉
若當來世 後五百歲 其有衆生 得聞是經 信解受持 是人卽

위제일희유 하이고 차인무아상 · 무인상 · 무중생상 · 무수자
爲第一希有 何以故 此人無我相 · 無人相 · 無衆生相 · 無壽者

상 소이자하 아상즉시비상 인상 · 중생상 · 수자상 즉시
相 所以者何 我相卽是非相 人相 · 衆生相 · 壽者相 卽是

비상 하이고 이일체제상 즉명제불
非相 何以故 離一切諸相 卽名諸佛

불고 수보리 여시여시 약부유인 득문시경 불경불포불외
佛告 須菩提 如是如是 若復有人 得聞是經 不驚不怖不畏

당지 시인심위희유 하이고 수보리 여래설제일바라밀 즉
當知 是人甚爲希有 何以故 須菩提 如來說第一波羅蜜 卽

비제일바라밀 시명제일바라밀 수보리 인욕바라밀 여래
非第一波羅蜜 是名第一波羅蜜 須菩提 忍辱波羅蜜 如來

설비인욕바라밀 시명인욕바라밀
說非忍辱波羅蜜 是名忍辱波羅蜜

하이고 수보리 여아석위 가리왕 할절신체 아어이시 무
何以故 須菩提 如我昔爲 歌利王 割截身體 我於爾時 無

아상 · 무인상 · 무중생상 · 무수자상 하이고 아어왕석 절
我相 · 無人相 · 無衆生相 · 無壽者相 何以故 我於往昔 節

절지해시 약유아상 · 인상 · 중생상 · 수자상 응생진한
節支解時 若有我相 · 人相 · 衆生相 · 壽者相 應生嗔恨

수보리 우념과거 어오백세 작인욕선인 어이소세 무아상
須菩提 又念過去 於五百世 作忍辱仙人 於爾所世 無我相

· 무인상 · 무중생상 · 무수자상 시고 수보리 보살응리일
· 無人相 · 無衆生相 · 無壽者相 是故 須菩提 菩薩應離一

체상 발아뇩다라삼먁삼보리심 불응주색생심 불응주성 ·
切相 發阿耨多羅三藐三菩提心 不應住色生心 不應住聲 ·

향 · 미 · 촉 · 법생심 응생무소주심 약심유주 즉위비주
香 · 味 · 觸 · 法生心 應生無所住心 若心有住 則爲非住

시고불설 보살심불응주색보시 수보리 보살 위이익일체
是故佛說 菩薩心不應住色布施 須菩提 菩薩 爲利益一切

중생 응여시보시 여래설일체제상즉시비상 우설일체중생
衆生 應如是布施 如來說一切諸相卽是非相 又說一切衆生

즉비중생 수보리 여래시진어자 실어자 여어자 불광어자
卽非衆生 須菩提 如來是眞語者 實語者 如語者 不誑語者

불이어자
不異語者

수보리 여래소득법 차법무실무허 수보리 약보살 심주어
須菩提 如來所得法 此法無實無虛 須菩提 若菩薩 心住於

법이행보시 여인입암 즉무소견 약보살심부 주법이행보
法而行布施 如人入闇 卽無所見 若菩薩心不 住法而行布

시 여인유목 일광명조견종 종색 수보리 당래지세 약유
施 如人有目 日光明照見種 種色 須菩提 當來之世 若有

선남자 선여인 능어차경 수지독송 즉위여래 이불지혜
善男子 善女人 能於此經 受持讀誦 卽爲如來 以佛智慧

실지시인 실견시인 개득성취 무량무변공덕
悉知是人 悉見是人 皆得成就 無量無邊功德

15. 경을 지니는 공덕

"수보리여, 만약 어떤 선남자 선여인이 아침에 항하의 모래 수와 같은 몸으로 보시하고, 낮에 다시 항하의 모래 수와 같은 몸으로 보시하고, 저녁에도 역시 항하의 모래 수와 같은 몸으로 보시하여, 이와 같이 한량없는 백천만억겁 동안 몸으로 보시하고, 만약 또 어떤 사람은 이 경전을 듣고 믿는 마음이 거역하지 않으면, 그 복이 저것보다 수승하거늘, 하물며 사경하고, 받아 지니고, 읽고 외우며, 남을 위해 해설해 줌에 있어서랴.

수보리여, 요약해서 말하자면, 이 경은 생각할 수 없고, 헤아릴 수 없는 끝없는 공덕이 있나니, 여래는 대승을 발한 자를 위해서 설하며, 최상승을 발한 자를 위해서 설하느니라.

만약 어떤 사람이 능히 받아 지녀서 읽고 외우며, 널리 사람들을 위해 말해 준다면, 여래는 이 사람을 다 알고, 이 사람을 다 보나니, 모두가 헤아릴 수 없고, 말할 수 없으며, 끝이 없는 불가사의 공덕을 성취하리니, 이러한 사람은 곧 여래의 아뇩다라삼먁삼보리를 짊어짐이 되느니라.

무슨 까닭인가? 수보리여, 만약 작은 법을 즐기는 자는 아견·인견·중생견·수자견에 집착하나니, 곧 이 경을 능히 듣고 받아서 읽고 외우며, 남을 위해서 해설해 줄 수 없기 때문이니라.

수보리여, 어느 곳이나 만약 이 경이 있으면, 일체 세간의 천·인·아수라가 응당 공양할 바이니, 마땅히 알지니라. 이곳은 곧 탑이 있는 곳이 되나니, 모두 마땅히 공경하며 예배하고, 둘러싸고 돌면서 모든 꽃과 향을 그 곳에 뿌리느니라."

지경공덕분 제십오
持經功德分 第十五

수보리 약유선남자 선여인 초일분 이항하사등신보시
須菩提 若有善男子 善女人 初日分 以恒河沙等身布施

중일분 부이항하사등신보시 후일분 역이항하사등신보시
中日分 復以恒河沙等身布施 後日分 亦以恒河沙等身布施

여시무량백천만억겁 이신 보시 약부유인 문차경전 신심
如是無量百千萬億劫 以身 布施 若復有人 聞此經典 信心

불역 기복승피 하황서사 수지독송 위인해설 수보리 이
不逆 其福勝彼 何況書寫 受持讀誦 爲人解說 須菩提 以

요언지 시경유불가사의 불가칭량무변공덕 여래 위발대
要言之 是經有不可思議 不可稱量無邊功德 如來 爲發大

승자설 위발최상승자설 약유인 능수지독송 광위인설 여
乘者說 爲發最上乘者說 若有人 能受持讀誦 廣爲人說 如

래실지시인 실견시인 개득성취 불가량불가칭무유변불가
來悉知是人 悉見是人 皆得成就 不可量不可稱無有邊不可

사의공덕 여시인등 즉위하담여래아뇩다라삼먁삼보리
思議功德 如是人等 卽爲荷擔如來阿耨多羅三藐三菩提

하이고 수보리 약요소법자 착아견·인견·중생견·수자
何以故 須菩提 若樂小法者 着我見·人見·衆生見·壽者

견 즉어차경 불능청수독송 위인해설, 수보리 재재처처
見 卽於此經 不能聽受讀誦 爲人解說, 須菩提 在在處處

약유차경 일체세간·천·인·아수라 소응공양 당지차처
若有此經 一切世間·天·人·阿修羅 所應供養 當知此處

즉위시탑 개응공경 작례위요 이제화향 이산기처
卽爲是塔 皆應恭敬 作禮圍繞 以諸華香 而散其處

16. 능히 업장을 맑게 함

"그리고 수보리여, 선남자 선여인이 이 경을 받아 지니고 읽고 외우는데, 만약 사람들이 천대하게 되면, 이 사람은 전생의 죄업이 있어서 마땅히 악도에 떨어질 것이지만, 금생의 사람들이 천대하기 때문에 전생의 죄업이 곧 소멸되고 마땅히 아뇩다라삼먁삼보리를 얻으리라.

수보리여, 내가 과거 한량없는 아승지겁을 생각해 보니, 연등부처님 이전에도 팔백사천만억 나유타의 모든 부처님을 만나서 모두 다 공양하고 받들어 섬기면서 헛되이 지냄이 없었느니라.

만약 또 어떤 사람이 이후 말세에 능히 이 경을 받아 지녀서 읽고 외우면, 그 얻는 바 공덕은 내가 모든 부처님께 공양한 공덕으로는 백분의 일도 미치지 못하며, 천만억분 내지 수량의 비유로는 능히 미칠 수가 없는 바이니라.

수보리여, 만약 선남자 선여인이 이후 말세에 이 경을 받아 지니며, 읽고 외워서 얻는 바 공덕을 내가 만약 구체적으로 말한다면, 혹 어떤 사람은 듣고 마음이 곧 미친 듯이 어지러워 여우같이 의심하며 믿지 않을 것이니라.

수보리여, 마땅히 알지니, 이 경의 뜻은 불가사의하고 그 과보 또한 불가사의하느니라."

능정업장분 제십륙
能淨業障分 第十六

부차 수보리 선남자 선여인 수지독송차경 약위인경천 시
復次 須菩提 善男子 善女人 受持讀誦此經 若爲人輕賤 是

인선세죄업응타악도 이금세인경천고 선세죄업즉위소멸
人先世罪業應墮惡道 以今世人輕賤故 先世罪業卽爲消滅

당득아뇩다라삼먁삼보리 수보리 아념과거무량아승지겁
當得阿耨多羅三藐三菩提 須菩提 我念過去無量阿僧祇劫

어연등불전 득치팔백사천만억나유타제불 실개공양승사
於燃燈佛前 得値八百四千萬億那由他諸佛 悉皆供養承事

무공과자 약부유인어후말세 능수지독송차경 소득공덕 어
無空過者 若復有人於後末世 能受持讀誦此經 所得功德 於

아소공양 제불공덕 백분불급일 천만억분내지산수비유 소
我所供養 諸佛功德 百分不及一 千萬億分乃至算數譬喩 所

불능급 수보리 약선남자 선여인 어후말세 유수지독송차
不能及 須菩提 若善男子 善女人 於後末世 有受持讀誦此

경 소득공덕 아약구설자 혹유인문심즉광란호의불신
經 所得功德 我若具說者 或有人聞心卽狂亂狐疑不信

수보리 당지 시경의 불가사의 과보역불가사의
須菩提 當知 是經義 不可思議 果報亦不可思議

17. 끝내 실체가 없다

그때 수보리가 부처님께 말씀드렸다.

"세존이시여, 선남자 선여인이 아뇩다라삼먁삼보리심을 내면 마땅히 마음을 어떻게 머물며, 그 마음을 어떻게 항복시켜야 하오리까?"

부처님께서 수보리에게 이르셨다.

"선남자 선여인이 아뇩다라삼먁삼보리심을 발한 자는 마땅히 이와 같이 마음을 낼지니, '나는 마땅히 일체 중생을 제도하리라. 일체 중생을 제도하고 나면 한 중생도 실로 제도된 자가 없도다.'

무슨 까닭인가? 수보리여, 만약 보살이 아상 · 인상 · 중생상 · 수자상이 있으면 보살이 아니기 때문이니라.

그 까닭이 무엇인가? 수보리여, 실로 법이 있어서 아뇩다라삼먁삼보리심을 낸 것이 아니기 때문이니라.

수보리여, 어떻게 생각하느냐? 여래가 연등부처님 처소에서 법이 있어 아뇩다라삼먁삼보리를 얻었느냐?"

"아니옵니다. 세존이시여, 제가 부처님께서 설하신 바 뜻을 이해하기로는 부처님께서 연등부처님 처소에 법이 있어서 아뇩다라삼먁삼보리를 얻은 것이 아니옵니다."

부처님께서 말씀하셨다.

"그러하다, 그러하다. 수보리여, 실로 법이 있어서 여래가 아뇩다라삼먁삼보리를 얻은 것이 아니니라.

수보리여, 만약 법이 있어서 여래가 아뇩다라삼먁삼보리를 얻었다면, 연등부처님께서 곧 나에게 수기를 주시면서 '너는 내세에 마땅히 부처를 이룰 것이니, 이름을 석가모니라 하리라.' 고 하시지 않았을 것이니, 실로 법이 있어서 삼먁삼보리를 얻은 것이 아니니라.

그런 까닭에 연등부처님께서 나에게 수기를 주시면서 이렇게 '너는 내세에 마땅히 부처를 이룰 것이니, 이름을 석가모니라고 하리라.' 고 하셨느니라.

무슨 까닭인가? 여래란, 곧 모든 법이 여여하다는 뜻이기 때문이니라. 만약 어떤 사람이 '여래가 아뇩다라삼먁삼보리를 얻었다.' 라고 말한다면 수보리여, 실로 법이 있어서 부처님이 아뇩다라삼먁삼보리를 얻은 것이 아니니라.

수보리여, 여래가 얻은 바의 아뇩다라삼먁삼보리는 이 가운데에 실도 없고 허도 없느니라. 그러므로 여래가 설하기를 '일체법이 다 불법' 이라고 하였느니라.

수보리여, 말한 바 일체법이란 곧 일체법이 아니니, 그러므로 일체법이라고 이름하느니라.

수보리여, 비유하자면 사람의 몸이 장대하다고 하는 것과 같느니라."

"세존이시여, 여래께서 사람의 몸이 장대하다고 설하신 것은 곧 장대한 몸이 아니라, 그 이름이 장대한 몸이옵니다."

"수보리여, 보살도 또한 이와 같나니, 만약 '내가 마땅히 무량한 중생을 제도하리라.' 고 이렇게 말한다면, 곧 보살이라고 이름하지 않느니라.

무슨 까닭인가? 수보리여, 실로 보살이라고 이름할 법이 없기 때문이니라. 그러므로 부처님이 '일체법은 아도 없고, 인도 없고, 중생도 없고, 수자도 없다.' 고 설하시느니라.

수보리여, 만약 보살이 '내가 마땅히 불국토를 장엄하리라.' 고 이렇게 말한다면, 이는 보살이라고 이름하지 않느니라.

무슨 까닭인가? 여래가 불국토를 장엄한다고 말한 것은 곧 장엄이 아니고, 그 이름이 장엄이기 때문이니라.

수보리여, 만약 보살이 무아의 법을 통달한 자이면, 여래는 보살을 참다운 보살이라고 이름하느니라."

구경무아분 제십칠
究境無我分 第十七

이시 수보리 백불언 세존 선남자 선여인 발아뇩다라삼먁
爾時 須菩提 白佛言 世尊 善男子 善女人 發阿耨多羅三藐

삼보리심 운하응주 운하항복기심 불고 수보리 선남자
三菩提心 云何應住 云何降伏其心 佛告 須菩提 善男子

선여인 발아뇩다라삼먁삼보리심자 당생여시심 아응멸도
善女人 發阿耨多羅三藐三菩提心者 當生如是心 我應滅道

일체중생 멸도일체중생이이무유일중생 실멸도자 하이고
一切衆生 滅度一切衆生已而無有一衆生 實滅度者 何以故

수보리 약보살 유아상 · 인상 · 중생상 · 수자상 즉비보살
須菩提 若菩薩 有我相 · 人相 · 衆生相 · 壽者相 卽非菩薩

소이자하 수보리 실무유법 발아뇩다라삼먁삼보리심자
所以者何 須菩提 實無有法 發阿耨多羅三藐三菩提心者

수보리 어의운하 여래어연등불소 유법득아뇩다라삼먁삼
須菩提 於意云何 如來於燃燈佛所 有法得阿耨多羅三藐三

보리부 불야 세존 여아해불소설의 불어연등불소 무유법
菩提不 不也 世尊 如我解佛所說義 佛於燃燈佛所 無有法

득아뇩다라삼먁삼보리 불언 여시여시 수보리 실무유법
得阿耨多羅三藐三菩提 佛言 如是如是 須菩提 實無有法

여래득아뇩다라삼먁삼보리 수보리 약유법 여래득아뇩다
如來得阿耨多羅三藐三菩提 須菩提 若有法 如來得阿耨多

라삼먁삼보리자 연등불즉 불여아수기 여어내세 당득작불
羅三藐三菩提者 燃燈佛卽 佛與我授記 汝於來世 當得作佛

호석가모니 이실무유법득 아뇩다라삼먁삼보리 시고
號釋迦牟尼 以實無有法得 阿耨多羅三藐三菩提 是故

연등불 여아수기작시언 여어내세당득작불 호석가모니 하
燃燈佛 與我受記作是言 汝於來世當得作佛 號釋迦牟尼 何

이고 여래자 즉제법여의 약유인언 여래득아뇩다라삼먁삼
以故 如來者 卽諸法如義 若有人言 如來得阿耨多羅三藐三

보리. 수보리 실무유법불득아뇩다라삼먁삼보리 수보리 여
菩提. 須菩提 實無有法佛得阿耨多羅三藐三菩提 須菩提 如

래소득아뇩다라삼먁삼보리 어시중무실무허 시고 여래설
來所得阿耨多羅三藐三菩提 於是中無實無虛 是故 如來說

일체법 개시불법 수보리 소언일체법자 즉비일체법 시고
一切法 皆是佛法 須菩提 所言一切法者 卽非一切法 是故

명일체법 수보리 비여인신장대 수보리언 세존 여래설인
名一切法 須菩提 譬如人身長大 須菩提言 世尊 如來說人

신장대 즉위비대신 시명대신 수보리 보살역여시 약작시
身長大 卽爲非大身 是名大身 須菩提 菩薩亦如是 若作是

언 아당멸도 무량중생 즉불명보살 하이고 수보리 실무
言 我當滅度 無量衆生 卽不名菩薩 何以故 須菩提 實無

유법 명위보살 시고 불설일체법 무아무인무중생무수자
有法 名爲菩薩 是故 佛說一切法 無我無人無衆生無壽者

수보리 약보살 작시언 아당장엄불토 시불명보살
須菩提 若菩薩 作是言 我當莊嚴佛土 是不名菩薩

하이고 여래설장엄불토자 즉비장엄 시명장엄 수보리 약
何以故 如來說莊嚴佛土者 卽非莊嚴 是名莊嚴 須菩提 若

보살 통달무아법자 여래설명진시보살
菩薩 通達無我法者 如來說名眞是菩薩

18. 한 몸으로 같게 봄

"수보리여, 어떻게 생각하느냐? 여래는 육안(肉眼)이 있느냐?"

"그러하옵니다. 세존이시여, 여래께서는 육안이 있사옵니다."

"수보리여, 어떻게 생각하느냐? 여래는 천안(天眼)이 있느냐?"

"그러하옵니다. 세존이시여, 여래께서는 천안이 있사옵니다."

"수보리여, 어떻게 생각하느냐? 여래는 혜안(慧眼)이 있느냐?"

"그러하옵니다. 세존이시여, 여래께서는 혜안이 있사옵니다."

"수보리여, 어떻게 생각하느냐? 여래는 법안(法眼)이 있느냐?"

"그러하옵니다. 세존이시여, 여래께서는 법안이 있사옵니다."

"수보리여, 어떻게 생각하느냐? 여래는 불안(佛眼)이 있느냐?"

"그러하옵니다. 세존이시여, 여래께서는 불안이 있사옵니다."

"수보리여, 어떻게 생각하느냐? 항하 가운데 있는 모래를 모래라 부처님이 설하였느냐?"

"그러하옵니다. 세존이시여, 여래께서는 이 모래를 설하셨습니다."

"수보리여, 어떻게 생각하느냐? 하나의 항하에 있는 모래와 같은, 이와 같은 모래 숫자만큼의 항하가 있고, 이 모든 항하에 있는 모래 숫자만큼 부처님 세계라면, 이와 같은 것은 얼마나 많다 하겠느냐?"

"매우 많사옵니다. 세존이시여."

부처님께서 수보리에게 이르셨다.

"저 국토 가운데 있는 중생들의 갖가지 종류의 마음을 여래는 다 아느니라. 무슨 까닭인가? 여래가 설한 모든 마음이란 모두가 마음이 아니고, 그 이름이 마음이기 때문이니라. 그 까닭은 무엇인가?

수보리여, 과거의 마음은 얻을 수가 없고, 현재의 마음도 얻을 수가 없으며, 미래의 마음도 얻을 수가 없기 때문이니라."

일체동관분 제십팔
一體同觀分 第十八

수보리 어의운하 여래유육안부 여시세존 여래유육안
須菩提 於意云何 如來有肉眼不 如是世尊 如來有肉眼

수보리 어의운하 여래유천안부 여시세존 여래유천안
須菩提 於意云何 如來有天眼不 如是世尊 如來有天眼

수보리 어의운하 여래유혜안부 여시세존 여래유혜안
須菩提 於意云何 如來有慧眼不 如是世尊 如來有慧眼

수보리 어의운하 여래유법안부 여시세존 여래유법안
須菩提 於意云何 如來有法眼不 如是世尊 如來有法眼

수보리 어의운하 여래유불안부 여시세존 여래유불안
須菩提 於意云何 如來有佛眼不 如是世尊 如來有佛眼

수보리 어의운하 여항하중소유사 불설시사부 여시세
須菩提 於意云何 如恒河中所有沙 佛說是沙不 如是世

존 여래설시사 수보리 어의운하 여일항하중소유사
尊 如來說是沙 須菩提 於意云何 如一恒河中所有沙

유여시사등항하 시제항하 소유사수 불세계
有如是沙等恒河 是諸恒河 所有沙數 佛世界

여시영위다부 심다세존
如是寧爲多不 甚多世尊

불고 수보리 이소국토중 소유중생 약간종심 여래실지
佛故 須菩提 爾所國土中 所有衆生 若干種心 如來悉知

하이고 여래설제심 개위비심 시명위심 소이자하 수보
何以故 如來說諸心 皆爲非心 是名爲心 所以者何 須菩

리 과거심불가득 현재심불가득 미래심불가득
提 過去心不可得 現在心不可得 未來心不可得

19. 법계를 두루 교화하다

"수보리여, 어떻게 생각하느냐? 만약 어떤 사람이 삼천 대천 세계를 가득 채운 칠보로써 보시한다면, 이 사람은 이 인연으로 얻는 복이 많겠느냐?"

"그러하옵니다. 세존이시여, 이 사람은 이 인연으로 얻는 복이 매우 많사옵니다."

"수보리여, 만약 복덕이 실다움이 있다면, 여래는 복덕을 얻음이 많다고 설하지 않을 것이니, 복덕이 없는 까닭에 여래는 복덕을 얻음이 많다고 설하느니라."

법계통화분 제십구
法界通化分 第十九

수보리 어의운하 약유인 만삼천대천세계 칠보 이용보시
須菩提 於意云何 若有人 滿三千大千世界 七寶 以用布施

시인이시인연 득복다불 여시세존 차인이시인연 득복심
是人以是因緣 得福多不 如是世尊 此人以是因緣 得福甚

다 수보리 약복덕유실 여래불설 득복덕다 이복덕무고
多 須菩提 若福德有實 如來不說 得福德多 以福德無故

여래설 득복덕다
如來說 得福德多

20. 색도 떠나고 상도 떠난다

"수보리여, 어떻게 생각하느냐? 부처를 구족한 색신으로 볼 수 있겠느냐?"

"아니옵니다. 세존이시여, 여래는 마땅히 구족한 색신으로는 볼 수 없나이다. 왜냐하면 여래께서 설하신 구족색신은 곧 구족색신이 아니고, 그 이름이 구족색신이기 때문입니다."

"수보리여, 어떻게 생각하느냐? 여래는 구족한 여러 가지 상으로써 볼 수 있겠느냐?"

"아니옵니다. 세존이시여, 여래는 마땅히 구족한 여러 가지 상으로써 볼 수 없나이다. 왜냐하면 여래께서 설하신 여러 가지 상의 구족은 곧 구족이 아니고, 그 이름이 여러 가지 상의 구족이기 때문입니다."

이색이상분 제이십
離色離相分 第二十

수보리 어의운하 불가이구족색신견불 불야세존 여래불응
須菩提 於意云何 佛可以具足色身見不 不也世尊 如來不應

이구족색신견 하이고 여래설 구족색신 즉비구족색신
以具足色身見 何以故 如來說 具足色身 卽非具足色身

시명구족색신 수보리 어의운하 여래가이구족 제상견부
是名具足色身 須菩提 於意云何 如來可以具足 諸相見不

불야세존 여래불응이구족제상견 하이고 여래설 제상구
不也世尊 如來不應以具足諸相見 何以故 如來說 諸相具

족 즉비구족 시명제상구족
足 卽非具足 是名諸相具足

21. 설함이 없는 설법

"수보리여, 너는 여래가 '내가 마땅히 설할 바의 법이 있다.'는 이런 생각을 한다고 말하지 말라. 이런 생각을 하지 말지니. 무슨 까닭인가? 만약 사람이 '여래는 설하는 바의 법이 있다.'고 말한다면, 곧 부처님을 비방하는 것이 되고, 내가 설한 바를 능히 알지 못했기 때문이니라.

수보리여, 설법이란 설할 법이 없음이니, 이것을 설법이라 이름하느니라."

그때에 혜명(慧命) 수보리가 부처님께 여쭈었다.

"세존이시여, 두루 중생들이 미래세에 이 법을 설하심을 듣고 믿는 마음을 내겠나이까?"

부처님께서 말씀하셨다.

"수보리여, 저들은 중생이 아니며, 중생 아님도 아니니라. 무슨 까닭인가? 수보리여, 중생, 중생이라는 것을 여래는 중생이 아니라고 설하나니, 그 이름이 중생이기 때문이니라."

비설소설분 제이십일
非說所說分 第二十一

수보리 여물위여래작시념 아당유소설법 막작시념 하이고
須菩提 汝勿謂如來作是念 我當有所說法 莫作是念 何以故

약인언여래유소설법 즉위방불 불능해아소설고 수보리
若人言如來有所說法 卽爲謗佛 不能解我所說故 須菩提

설법자 무법가설 시명설법 이시 혜명수보리 백불언 세존
說法者 無法可說 是名說法 爾時 慧命須菩提 白佛言 世尊

파유중생 어미래세 문설시법 생신심부 불언 수보리 피비
頗有衆生 於未來世 聞說是法 生信心不 佛言 須菩提 彼非

중생 비불중생 하이고 수보리 중생 중생자 여래설비중생
衆生 非不衆生 何以故 須菩提 衆生 衆生者 如來說非衆生

시명중생
是名衆生

22. 얻을 법이 없다

수보리가 부처님께 여쭈었다.

"세존이시여, 부처님께서 얻으신 아뇩다라삼먁삼보리는 얻은 바가 없는 것이옵니까?"

부처님께서 말씀하셨다.

"그러하다, 그러하다. 수보리여, 나는 아뇩다라삼먁삼보리에 내지 작은 법도 얻을 것이 없었으니, 이것을 아뇩다라삼먁삼보리라 이름하느니라."

무법가득분 제이십이
無法可得分 第二十二

수보리 백불언 세존 불득아뇩다라삼먁삼보리 위무소득야
須菩提 白佛言 世尊 佛得阿耨多羅三藐三菩提 爲無所得耶

불언 여시여시 수보리 아어아뇩다라삼먁삼보리 내지
佛言 如是如是 須菩提 我於阿耨多羅三藐三菩提 乃至

무유소법가득 시명아뇩다라삼먁삼보리
無有少法可得 是名 阿耨多羅三藐三菩提

23. 청정한 마음으로 선을 행함

"그리고 수보리여, 이 법은 평등하여 높고 낮음이 없으니, 이것을 이름하여 아뇩다라삼먁삼보리라 하느니라. 아(我)도 없고, 인(人)도 없고, 중생(衆生)도 없고, 수자(壽者)도 없이하여 일체 선법을 닦으면, 곧 아뇩다라삼먁삼보리를 얻느니라.

수보리여, 이른바 선법이란 여래가 설하기를 곧 선법이 아니고, 그 이름을 선법이라고 하느니라."

정심행선분 제이십삼
淨心行善分 第二十三

부차수보리 시법평등 무유고하 시명아뇩다라삼먁삼보리
復次須菩提 是法平等 無有高下 是名阿耨多羅三藐三菩提

이무아무인 무중생 무수자 수일체선법 즉득아뇩다라삼먁
以無我無人 無衆生 無壽者 修一切善法 卽得阿耨多羅三藐

삼보리 수보리 소언선법자 여래설즉비선법 시명선법
三菩提 須菩提 所言善法者 如來說卽非善法 是名善法

24. 복덕과 지혜가 비할 바 없다

"수보리여, 만약 삼천 대천 세계 가운데 있는 모든 수미산왕과 같은 칠보 무더기를 어떤 사람이 가지고 보시하고, 다른 사람은 이 반야바라밀경 혹은 사구게 등을 받아 지니고, 읽고 외우면서 남을 위해 말해 준다면, 앞의 복덕은 백분의 일에도 미치지 못하고, 백천만억분 내지 수량의 비유로도 미칠 수가 없느니라."

복지무비분 제이십사
福智無比分 第二十四

수보리 약삼천대천세계중 소유제수미산왕여시등칠보취
須菩提 若三千大千世界中 所有諸須彌山王如是等七寶聚

유인지용 보시 약인이차반야바라밀경 내지사구게등 수지
有人持用 布施 若人以此般若波羅密經 乃至四句偈等 受持

독송 위타인설 어전복덕백분불급일 백천만억분 내지산수
讀誦 爲他人說 於前福德百分不及一 百千萬億分 乃至算數

비유 소불능급
譬喩 所不能及

25. 교화하되 교화하는 바가 없다

"수보리여, 어떻게 생각하느냐? 너희들은 여래가 '내가 마땅히 중생을 제도한다.'는 이런 생각을 한다고 말하지 말라.

수보리여, 이런 생각을 하지 말라. 무슨 까닭인가? 실로 여래가 제도할 중생이 없기 때문이니라. 만약 여래가 제도할 중생이 있다면, 여래는 곧 아 · 인 · 중생 · 수자상이 있음이니라.

수보리여, 여래가 '아(我)가 있다.'고 설하는 것은 곧 '아(我)가 있음'이 아니지만, 범부들은 이것을 '아(我)가 있다.'고 여기느니라.

수보리여, 범부라는 것을 여래는 곧 범부가 아니라고 설하나니, 그 이름이 범부이니라."

화무소화분 제이십오
化無所化分 第二十五

수보리 어의운하 여등물위 여래작시념 아당도중생 수보
須菩提 於意云何 汝等勿謂 如來作是念 我當度衆生 須菩

리 막작시념 하이고 실무유중생 여래도자 약유중생 여래
提 莫作是念 何以故 實無有衆生 如來度者 若有衆生 如來

도자 여래즉유아인 중생수자 수보리 여래설 유아자 즉비
度者 如來卽有我人 衆生壽者 須菩提 如來說 有我者 卽非

유아 이범부지인 이위유아 수보리 범부자 여래설즉비
有我 而凡夫之人 以爲有我 須菩提 凡夫者 如來說卽非

범부 시명범부
凡夫 是名凡夫

26. 법신은 상이 아니다

"수보리여, 어떻게 생각하느냐? 가히 32상으로써 여래를 볼 수 있겠느냐?"

수보리가 말씀드렸다.

"그러하옵니다, 그러하옵니다. 32상으로써 여래를 볼 수 있사옵니다."

부처님께서 말씀하셨다.

"수보리여, 만약 32상으로써 여래를 본다면 전륜성왕도 곧 여래이리라."

수보리가 부처님께 말씀드렸다.

"세존이시여, 제가 부처님께서 설하신 바 뜻을 알기로는 마땅히 32상으로는 여래를 볼 수 없나이다."

이때에 세존께서는 게송으로 말씀하셨다.

만약 색으로 나를 보거나
음성으로 나를 구한다면

이 사람은 사도를 행함이니
여래를 볼 수 없으리라

법신비상분 제이십육
法身非相分 第二十六

수보리 어의운하 가이삼십이상 관여래부 수보리언 여시
須菩提 於意云何 可以三十二相 觀如來不 須菩提言 如是

여시 이삼십이상 관여래 불언 수보리 약이삼십이상 관
如是 以三十二相 觀如來 佛言 須菩提 若以三十二相 觀

여래자 전륜성왕 즉시여래 수보리 백불언 세존 여아해불
如來者 轉輪聖王 卽時如來 須菩提 白佛言 世尊 如我解佛

소설의 불응이삼십이상관여래 이시 세존 이설게언
所說義 不應以三十二相 觀如來 爾時 世尊 而說偈言

약이색견아
若以色見我

이음성구아
以音聲求我

시인행사도
是人行邪道

불능견여래
不能見如來

27. 끊어짐도 아니고 멸함도 아니다

"수보리여, 네가 만약 '여래는 상을 구족하지 아니한 까닭에 아뇩다라삼먁삼보리를 얻었다.'는 이런 생각을 한다면, 수보리여, 이런 생각을 하지 말아라. 여래는 상을 구족하지 아니한 까닭에 아뇩다라삼먁삼보리를 얻은 것이 아니니라.

수보리여, 만약 '아뇩다라삼먁삼보리심을 낸 자는 모든 법의 단멸을 설한다.'고 이렇게 생각한다면 이런 생각을 하지 말아라.

무슨 까닭인가? 아뇩다라삼먁삼보리심을 낸 자는 법에 대해서 단멸상을 설하는 것이 아니기 때문이니라."

무단무멸분 제이십칠
無斷無滅分 第二十七

수보리 여약작시념 여래불이구족상고 득아뇩다라삼먁삼
須菩提 汝若作是念 如來不以具足相故 得阿耨多羅三藐三

보리 수보리 막작시념 여래불이구족상고 득아뇩다라삼먁
菩提 須菩提 莫作是念 如來不以具足相故 得阿耨多羅三藐

삼보리 수보리 여약작시념 발아뇩다라삼먁삼보리심자
三菩提 須菩提 如若作是念 發阿耨多羅三藐三菩提心者

설제법단멸상 막작시념 하이고 발아뇩다라삼먁삼보리심
說諸法斷滅相 莫作是念 何以故 發阿耨多羅三藐三菩提心

자 어법불설 단멸상
者 於法不說 斷滅相

28. 받지도 아니하고 탐하지도 아니한다

"수보리여, 만약 보살이 항하의 모래 수만큼의 세계를 가득채운 칠보로 보시하고, 만약 또 어떤 사람은 일체법이 무아(無我)임을 알아서 인(忍)을 성취하였다면, 이 보살이 앞의 보살이 얻는 공덕보다 수승하리라.

무슨 까닭인가? 수보리여, 이러한 모든 보살은 복덕을 받지 않기 때문이니라."

수보리가 부처님께 여쭈었다.

"세존이시여, 어찌하여 보살은 복덕을 받지 않나이까?"

"수보리여, 보살이 복덕을 짓는 것은 마땅히 탐내어 집착해서가 아니니, 그러므로 복덕을 받지 않는다고 설하느니라."

불수불탐분 제이십팔
不受不貪分 第二十八

수보리 약보살 이만항하사등세계 칠보 지용보시약부유인
須菩提 若菩薩 以滿恒河沙等世界 七寶 持用布施若復有人

지일체법무아득성어인 차보살 승전보살 소득공덕 하이고
知一切法無我得成於忍 此菩薩 勝前菩薩 所得功德 何以故

수보리 이제보살 불수복덕고 수보리 백불언 세존 운하보
須菩提 以諸菩薩 不受福德故 須菩提 白佛言 世尊 云何菩

살 불수복덕 수보리 보살소작복덕 불응탐착 시고설 불수
薩 不受福德 須菩提 菩薩所作福德 不應貪著 是故說 不受

복덕
福德

29. 위의가 고요함

"수보리여, 만약 어떤 사람이 여래가 온다거나, 간다거나, 앉는다거나, 눕는다고 한다면, 이 사람은 내가 설한 바의 뜻을 알지 못한 것이니라.

무슨 까닭인가? 여래란 비롯하여 온 바도 없으며, 또한 가는 바도 없기 때문에 여래라고 이름하느니라."

위의적정분 제이십구
威儀寂靜分 第二十九

수보리 약유인언 여래약래 약거 약좌 약와시인불해 아소
須菩提 若有人言 如來若來 若去 若坐 若臥是人不解 我所

설의 하이고 여래자 무소종래 역무소거 고명여래
說義 何以故 如來者 無所從來 亦無所去 故名如來

30. 하나로 된 진리의 상

"수보리여, 만약 선남자 선여인이 삼천 대천 세계를 부수어 미세한 먼지로 만든다면 어떻게 생각하느냐? 이 미세한 먼지들이 얼마나 많다고 하겠느냐?"

"매우 많습니다. 세존이시여, 왜냐하면 만약 이 미세한 먼지들이 실로 있는 것이라면, 부처님께서 곧 이 미세한 먼지들이라고 설하시지 않으셨을 것이기 때문입니다. 까닭이 무엇인가 하면 부처님께서 설하신 미세한 먼지들은 곧 미세한 먼지들이 아니고, 그 이름이 미세한 먼지들이기 때문입니다.

세존이시여, 여래께서 설하신 바 삼천 대천 세계는 곧 세계가 아니고, 그 이름이 세계입니다. 왜냐하면 만약 세계가 실로 있는 것이라면 곧 일합상(一合相)이니, 여래께서 설하신 일합상은 곧 일합상이 아니고, 그 이름이 일합상이기 때문입니다."

"수보리여, 일합상이란 곧 설할 수 없는 것인데, 다만 범부들이 그 일을 애탐하여 집착하느니라."

일합이상분 제삼십
一合理相分 第三十

수보리 약선남자 선여인 이삼천대천세계쇄위미진 어의운
須菩提 若善男子 善女人 以三千大千世界碎爲微塵 於意云

하 시미진중 영위다부 수보리언 심다세존 하이고 약시
何 是微塵衆 寧爲多不 須菩提言 甚多世尊 何以故 若是

미진중 실유자 불즉불설 시미진중 소이자하 불설미진중
微塵衆 實有者 佛卽不說 是微塵衆 所以者何 佛說微塵衆

즉비미진중 시명미진중 세존 여래소설 삼천대천세계 즉
卽非微塵衆 是名微塵衆 世尊 如來所說 三千大千世界 卽

비세계 시명세계 하이고 약세계 실유자 즉시일합상
非世界 是名世界 何以故 若世界 實有者 卽是一合相

여래설 일합상 즉비일합상 시명일합상 수보리 일합상자
如來說 一合相 卽非一合相 是名一合相 須菩提 一合相者

즉시불가설 단범부지인 탐착기사
卽是不可說 但凡夫之人 貪著其事

31. 지견을 내지 아니함

"수보리여, 만약 사람이 말하기를 '부처님이 아견 · 인견 · 중생견 · 수자견을 설하였다.' 고 한다면 수보리여, 어떻게 생각하느냐? 이 사람은 내가 설한 바의 뜻을 아느냐?"

"아니옵니다. 세존이시여, 이 사람은 여래께서 설하신 바 뜻을 알지 못하였습니다. 왜냐하면 세존께서 설하신 아견 · 인견 · 중생견 · 수자견은 곧 아견 · 인견 · 중생견 · 수자견이 아니고, 그 이름이 아견 · 인견 · 중생견 · 수자견이기 때문이옵니다."

"수보리여. 아뇩다라삼먁삼보리심을 낸 자는 일체의 법에 마땅히 이와 같이 알고, 이와 같이 보며, 이와 같이 믿고 이해하여 법상을 내지 않아야 하느니라. 수보리여, 이른바 법상이란 여래가 설하기를 곧 법상이 아니고, 그 이름이 법상이라 하느니라."

지견불생분 제삼십일
知見不生分 第三十一

수보리 약인언 불설아견 인견 중생견 수자견 수보리
須菩提 若人言 佛說我見 人見 衆生見 壽者見 須菩提

어의운하 시인해아소설의부 불야세존 시인불해여래소설
於意云何 是人解我所說義不 不也世尊 是人不解如來所說

의. 하이고 세존설아견 인견 중생견 수자견 즉비아견 인
義. 何以故 世尊說我見 人見 衆生見 壽者見 卽非我見 人

견 중생견 수자견 시명아견 인견 중생견 수자견 수보리
見 衆生見 壽者見 是名我見 人見 衆生見 壽者見 須菩提

발아뇩다라삼먁삼보리심자 어일체법 응여시지 여시견 여
發阿耨多羅三藐三菩提心者 於一切法 應如是知 如是見 如

시신해 부생법상 수보리 소언법상자 여래설즉비법상 시
是信解 不生法相 須菩提 所言法相者 如來說卽非法相 是

명법상
名法相

32. 응신 · 화신은 참이 아니다

"수보리여, 만약 어떤 사람이 무량 아승지 세계를 가득 채운 칠보를 가지고 보시하고, 또 어떤 선남자 선여인으로서 보살심을 낸 자가 이 경을 지니거나 혹은 사구게 등을 받아 지니고, 읽고 외우며 남을 위해 연설하면, 그 복이 저것보다 수승하리라.

어떻게 남을 위해 연설하는가? 상을 취하지 않으며, 여여하여 움직이지 않느니라. 무슨 까닭인가?

> 일체의 함이 있는 법은
> 꿈 · 환상 · 물거품 · 그림자 같으며
> 이슬 같고 또한 번갯불 같으니
> 마땅히 이와 같이 관할지니라.

부처님께서 이 경을 설하여 마치시니, 장로 수보리와 모든 비구 · 비구니 · 우바새 · 우바이 · 일체 세간의 천 · 인 · 아수라가 부처님께서 설하신 바를 듣고, 모두 크게 기뻐하며 믿고 받아 지니며 받들어 행하니라.

응화비진분 제삼십이
應化非眞分 第三十二

수보리 약유인 만무량아승지세계 칠보지용보시 약유선
須菩提 若有人 滿無量阿僧祇世界 七寶持用布施 若有善

남자 선여인 발보살심자 지어차경 내지사구게등 수지독
男子 善女人 發菩薩心者 持於此經 乃至四句偈等 受持讀

송 위인연설 기복승피 운하위인연설 불취어상 여여부동
誦 爲人演說 其福勝彼 云何爲人演說 不取於相 如如不動

하이고
何以故

일체유위법
一切有爲法

여몽환포영
如夢幻泡影

여로역여전
如露亦如電

응작여시관
應作如是觀

불설시경이 장로 수보리 급제비구 비구니 우바새 우바이
佛說是經已 長老 須菩提 及諸比丘 比丘尼 優婆塞 優婆夷

일체세간 천 · 인 · 아수라 문불소설 개대환희 신수봉행
一切世間 天 · 人 · 阿修羅 聞佛所說 皆大歡喜 信受奉行

제 2 부

주 석 편
註 釋 篇

1. 법회가 열린 연유[法會因由分]

본문

이와 같이 내가 들었다. 한때 부처님께서는 사위국 기수급고독원에서 큰 비구들 천이백오십 인과 함께 계셨다.

여시아문 일시불재 사위국 기수급고독원 여대비구중
如是我聞 一時佛在 舍衛國 祇樹給孤獨園 與大比丘衆

천이백오십인구
千二百五十人俱

낱말의 뜻

· 사위국(舍衛國) : 중인도 코살라국의 도성으로서 부처님이 계실 때는 파사익왕 · 유리왕이 살았다. 섬 남쪽에 기원정사가 있었다. 지금의 콘다주의 세트 마헷트로 판명되었다.

· 기수급고독원(祇樹給孤獨園) : 기원정사가 있는 곳으로 사위

성 남쪽에 있다. 본래 파사익왕의 태자 기타(祇陀) 소유의 동산이었는데, 급고독 장자가 이 땅을 사서 부처님께 희사하고 태자는 그 숲을 바쳤으므로 두 사람의 이름을 따서 부름.

본문 주해

'이와 같이 내가 들었다.'는 아난 존자(阿難尊者)의 말이다.

이 경전에서 언급되고 있는 모든 내용을 부처님으로부터 직접 들었다는 뜻이다.

부처님이 열반하실 때, 아난 존자가 여쭈었다.

"경전의 첫머리를 어떻게 시작해야 하옵니까?"

"여시아문(如是我聞)으로 시작하고, 그 다음에는 장소를 나타내어라."

경전을 쓸 때는 쓰는 사람이 자기 생각대로 쓰는 것이 아니고, 반드시 부처님의 말씀을 들은 그대로 써야 함을 강조한 말이다.

천이백오십 인이란 상징적인 숫자이다. 부처님이 성도하시고 나서 최초로 다섯 비구를 교화하시고 이어서 야사장자(耶舍長子)의 일족 등 오십여 명, 그 이후 가섭 삼 형제와 그의 추종자 일천 명을 제도하시고, 다시 사리불(舍利佛)과 목건련(目犍連) 및 그들의 추종자 이백 명을 제도하셨으니, 큰 숫자를 추려서 천이백오십 인이라 한 것이지, 사실 다른 대중들도 함께 있었으나 구태여 나타내지 않았다.

여기서 우리는 세존과 아난 존자 두 분이 모두 깨달은 성인임을 기억하지 않으면 안 된다. 세존께서 열반하신 후, 아난 존자가 가섭존자에게 물었다.

"세존께서 금란가사(金襴袈裟)를 전하신 것 외에 따로 법을 전하셨습니까?"

"아난아, 저 문 앞에 있는 찰간(刹竿)대를 넘어뜨려 버려라."

이 말을 듣고 아난은 드디어 깨치게 되었는데, 이 대화에서 우리는 부처님 교설의 참뜻이 문자에도 있지않고, 얻을 바가 있다고 생각하는 분별심에도 있지 않음을 알 수 있다.

'내가 들었다.'의 '나'는 범부의 '나'가 아니다. 범부의 '나'는 무명(無明)의 분별심으로 일어나는 선(善)·악(惡), 범(凡)·성(聖) 등의 상대적 경계에 집착하지만, 아난 존자가 '나'라고 한 것은 범부의 망정이 다하여 본연과 하나된 '나'이다. 이 '나'는 인법(人法)이 모두 공하여 법계가 진여 본체로 돌아간 경지이다. 일체의 법이 공적(空寂)하고 일진본체(一眞本體)만이 원만하게 밝은 진여대용(眞如大用 : 진여의 큰 작용을 쓰는 경지)의 '나'이다.

'듣는다[聞]'라는 말은 설법을 듣는 것인데, 설법을 듣는다는 것은 부처님의 형상을 부처님이라 여기지 않으며, 부처님의 음성을 부처님의 소리라고 하지 않으며, 부처님의 설법을 문자와 개념으로 헤아려 법의 상을 떠올려 듣지 않으며, 그렇게 떠올린 법의 상에 집착하여 부처님의 설법을 얻는 바가 있다고 하지 않는 것을 '듣는다'라고 한다.

'듣는다'의 참뜻은 실상무상의 부처님 진체(眞體)를 보고, 그 진신(眞身)이 설하는 설법을 듣는 바도 없고, 얻는 바도 없이 듣는 것을 말한다. 이는 선정심(禪定心)으로 듣는 설법이다.

세존께서 '설한 바가 없는 것'은 만법의 궁극적 진실을 깨달아 참자기인 진여본체로 돌아가서 거기에 안주하기 때문에 하되, 함이 없다. 아난 존자가 '듣는 바가 없는 것'도 마찬가지이다. 이때의 세존의 설법과 아난 존자의 청법은 진여본체의 설함과 들음이어서 마음에 무명이 없으니 말에도 양반(兩般)으로 갈라진 무명의 설법이 없다. 여기에는 아 · 법(我 · 法)이 갈라진 2분법이 발생하지 않는다.

한때 부처님께서는 '사위국 기수급고독원에 계셨다.' 라고 했는데, 성인들의 분상(分上)에서 본다면 그 곳은 어디인가?

옛분이 해설하기를 '만약 한결같이 집안에만 앉아 있으면, 끝없이 초월해 가야 할 향상도상(向上途上 : 진여본체가 일체 중생을 한없이 아우르며 성불할 때까지 끝없이 이끌어 가는 노정)의 일이 잘못되고, 그렇다고 한결같이 도상(途上)에만 있으면 집안의 일이 소원해지니, 반드시 집안에 있으면서도 도중(途中)의 일을 이지러지게 하지 말며, 도중에 있으면서도 집안 일에 어둡지 않는 것이 중요하다.' 고 하였다.

집안의 일이란 곧 '정(定)' 이니, 모든 상을 떠나서 무엇에도 얽매임이 없는 본래의 마음자리이다. 이 본래의 마음자리에 계신 것이다. 상(相)으로 보면 시간과 공간이 생기고, 시간과 공간에서 보면 이천오백 년 전으로 돌아가, 사위국 남쪽 기원정사에 석가모니가 앉아 계셨지만, 기실 세존께서는 일찍이 진여자성 자리에서 한 발짝도 옮기신 일이 없으셨으니 이천오백년도 기원정사와 석가모니도 지말법일 뿐이다.

'부처님께서 기원정사에 계셨다.' 라는 말의 참뜻은 정(定)중의 '혜(慧)' 를 말한다. 형상 가운데 형상이 없고, 가고 오는 가운데 가고 옴이 없이 우주 법계 어느 곳에도 항상 상주변만(常住遍滿: 두루 가득히 항상 머묾)함을 말한다. 그러므로 옛분이 이르기를

'도량을 알고자 하는가? 눈 닿는 곳 마다 옛 도량 아님이 없다.' 고 하였고, 제석은 풀 한 포기를 땅에 꽂고 나서 '도량을 다 지었습니다.' 하고 부처님께 아뢰었다.

도천 선사의 다음 게송은 진로(塵勞) 속에서 허우적거리는 범부의 세계를 잘 묘사하고 있다. 본분에서 보는 가련한 범부의 모습이다.

홀로 앉아 향로에 향 한 줄기 사르고
부처님 말씀 두어 줄을 외운다
가련하구나 거마객들이여
문 밖에서 남에게 맡겨 분망하도다

獨坐一爐香　독좌일로향
金文誦兩行　금문송양행
可憐車馬客　가련거마객
門外任他忙　문외임타망

부처님 가르침[金文]의 참뜻은 글귀에 있는 것이 아니다. 경의 참뜻을 알지 못하면 문 밖의 경계에 정신을 뺏겨 참자기를 등지게 되니 가련한 거마객일 수밖에 없다.

비구란 걸사(乞士)를 말한다. 위로는 부처님께 법을 빌어 얻고, 아래로는 세상 사람들에게 밥을 빌어 얻는다. 부처님께 법을 빌 때는 법상(法相)의 출처인 무명의 분별심을 바쳐야 하고, 세상 사람들에게 밥을 빌 때는 아만(我慢)을 바쳐야 한다. 부처와 중생, 선과 악 중에서 간택하여 부처와 선을 좋아하고, 중생과 악을 싫어한다면, 올바른 비구가 아니다. 비구의 안목이 이와 같이 올바르고 깊으면 큰 비구라고 한다.

본문

그때 세존께서는 식사하실 때인지라 옷을 입고 발우를 가지고 사위대성으로 들어가 탁발을 하시는데, 그 성안에서 차례로 걸식하신 뒤 본래 처소로 돌아오셔서 식사를 끝내고 옷과 발우를 거두고 발을 씻고 나서 자리를 펴고 앉으셨다.

이시세존 식시 착의지발 입사위대성 걸식어기성중
爾時世尊 食時 着衣持鉢 入舍衛大城 乞食於其城中

차제걸이 환지본처 반사흘 수의발세족이 부좌이좌
次第乞已 還至本處 飯食訖 收衣鉢洗足已 敷座而坐

본문 주해

'세존'이란 일체 세간의 존중을 받으며, 그 지혜와 복덕이 무궁무진함을 뜻한다. '옷을 입고 발우를 지니는 것'은 교화할 때 위의(威儀)를 갖추는 것이고, '탁발'은 걸식인데, 아만을 버리고 방일(放逸)하지 않으며 수범(垂範)함으로써 중생을 교화하여 이익 되게 함이며, '차례로'는 법의 평등을 보인 것이니, 빈부와 선악과 호오(好惡)를 가리지 않고 일여(一如)하게 베풀어 보이심이다.

세존께서 이와 같은 거동을 보이신 것은 진신(眞身)이 형상도 없고, 가고 옴도 없는 청정한 법신 자리에서 온갖 지혜 작용을 보이신 것이다. 이것은 곧 모든 번뇌망상에서 초탈한 해탈 본체의 반야 묘용이다. 분주하게 움직이면서도 항상 고요하니, 그러므로 필히 움직임 속에서 고요한 본체를 보지 않으면 안 된다. 이것을 보기 위해서는 반야묘지가 나야 한다.

신심명에서 말했다.

> 놓아 버리면 저절로 본연 그대로이니, 본체에는 가거나 머무름이 없도다
> 성품에 맡기면 도에 합하나니 소요 자재하여 번뇌가 끊어지리라.
>
> **放之自然 體無去住** 방지자연 체무거주
> **任性合道 逍遙絶惱** 임성합도 소요절뇌

놓아 버려서 집착하지 아니하면 상을 취하지 아니하고, 상을 취하지 아니하면 분별이 끊어진 마음자리에서 반야가 저절로 나오게 되는 것이다. 눈에 보이고, 귀에 들리고, 손 끝에 닿는 것마다 그리고 그것을 보고, 듣고, 느끼는 그 모든 것이 반야 아닌 것이 없으나, 문제는 금생의 이 몸과 마음으로 반야를 행하는 주인이 되는 일이 중요하다. 이것은 스스로 깨쳐야 하는 것이며, 이것이 이 경의 종지(宗旨)이다. 세존께서 나타내 보이시는 모든 거동과 말씀이 오직 이 한 가지 일을 위하심이다.

지자 선사(知者禪師)의 다음 게송이 그것을 잘 말해 준다.

> 법신은 본래 먹는 일이 없고
> 응신 · 화신 또한 그러하지만

길이 인천(人天)의 복을 위해서
자비로 복전을 지으셨도다
옷을 거두심은 수고로운 생각을 쉼이요
발을 씻으심은 속세의 인연을 떠나심이라
3공의 이치를 증명하시고자
가부좌하시고 선정에 드심을 보이셨도다

'자리를 펴고 앉으셨다.' 라는 것은 거동을 거두시고, 법신진체(眞體)에 앉으셔서 적멸(寂滅)하심을 말한다.

어떤 스님이 운문(雲門) 스님에게 물었다.
"어떤 것이 부처님의 일대시교(一代時敎)입니까?"
"마주하여 한 번 설하심이니라."
"눈앞에 마주한 상황도 아니고, 눈앞에 마주한 일도 아닐 때는 어떠합니까?"
"뒤바꾸어서 한 번 설하심이니라."

학인이 세존께서 49년간 사람들에게 말씀하신 가르침이란 무엇이냐고 물었을 때, 운문 스님이 '마주하여 한 번 설하심이니라.' 고 한 뜻은 무엇일까?

부처님의 체는 일진본체(一眞本體)이다.

부처님의 금시인(今時人)은 이 일진체로 합일하여 두 가지가 없는 심신(心身)이다. 부처님의 말과 생각과 행동은 형상도 없고 작위(作爲)도 없다. 무념 · 무주의 청정무구한 진공이 인연 따라 상응하고 있는 것이다. 만약 부처님이 중생의 상을 보고 설법할 법이 있어 설법하며, '중생을 제도한다.' 라고 하면 이것은 부처님을 욕되게 하는 말이다. 부처님은 대상이 있을 때도 설하시지만, 대상이 없을 때도 설하신다. 시간의 전후나 대상의 유무에 구속되지 않는다.

부처님의 형상과 교설 어디에도 천착(穿鑿)할 곳이 없다. 부처님의 일대장교(藏教)는 범부의 가려진 곳을 걷어 주고, 막힌 곳을 뚫어 주어 밖을 향한 양변의 분별심을 여의고 청정 부동하는 자기의 진체 비로자나 법신 부처를 깨달아 알게 해 주는 것 하나밖에 없다.

학인이 일대시교를 물었을 때, 이미 그는 '상황에 맞추어 설해줌' 이라는 답을 예측하고 있었다. 이 학인은 그러한 알음알이의 법상을 지니고 있었다. 그러나 학인이 알음알이로 이해한 것은 운문 스님의 답변과 비록 글귀로는 같다 해도 하늘과 땅만큼 서로 다르다. 왜냐하면 학인은 그것을 의근(意根) 아래 헤아려서 안 것이고, 운문 스님의 말은 분별이 끊어진 곳에서 하는 말이기 때문이다.

다시 학인이 '눈앞에 닥친 상황이 아닐 때는 어떠합니까?' 하고 묻자 운문 스님은 '전후(前後)를 바꾸어서 한 번 말씀하심이니라.' 하였다. 운문 스님의 답변은 상에 매달려 있는 학인의 망상분별을 깨뜨려 주는 말이다. 범부는 시간적인 '전후' 와 공간적인 '대상' 등 지말법을 근본으로 착각하여 집착하지만 부처님은 '전후' 와 '대상' 에 돈착(頓著−탐착) 하지 않고 언제나 보고, 듣고, 안다.

그러나 학인은 생각하기를 부처님의 설법은 중생의 형상을 보고 마주하여 '설할 바 있는 법' 을 설한다고 여긴다.

운문 스님은 이러한 중생의 착각을 깨드려 준다. 즉 실상무상의 법신 부처님은 견성상(見性常)이다. 대상이 있거나 대상이 없거나, 스스로 보고 스스로 안다. 한눈에 우주법계 속을 샅샅이 살펴보고, 한순간에 우주법계 속의 모든 일을 낱낱이 알아 버린다. '뒤바꾸어서 한 번 설하심이니라.'는 답변으로 상(相)에 얽매여 있는 학인의 집착을 파각한다. 부처님의 설법은 '전후(前後)'나 '대상'에 얽매이는 그런 설법이 아니다.

무상(無相)을 떠나 형상을 빌려 '설할 때도 설함 없음[說時默]'을 보이는가 하면, 형상을 떠나 무상(無相)에서 '설함 없을 때도 설함[默時說]'을 행한다.

그러나 청정무구(無垢) 본체의 분상(分上)에서 본다면, 운문스님의 아득한 말도 군더더기일 수밖에 없으니, 다만 가려진 자를 위한 자비일 뿐이다.

설두(雪竇) 스님이 게송으로 말했다.

> 뒤바꾸어서 한 번 설하심이여
> 한덩어리 절개를 쪼개어서
> 생사를 같이하는 그대 위해 결단해 주노라
> 8만 4천 중생은 봉황의 깃털이 아니고
> 33인의 조사는 범굴에 들어갔으니
> 별나고 별남이여
> 일렁일렁 반짝반짝 물 속의 달이로다

'뒤바꾸어서 한 번 설하심'은 마치 본분의 일을 뚝 잘라서 건네는 것과 같다.

영산회상에서 8만 4천 성중(聖衆)은 세존의 지극한 뜻을 알지 못했으나, 33인의 조사들은 호랑이 굴에 들어가는 솜씨가 있어 이 일을 서로 이어왔다. 별나고도 별난 일이 아닐 수 없다. 마치 일렁일렁 반짝반짝 물 속의 달과 같아서, 만약 언구에서 벗어나지 못하고 형상에 집착한다면 본분사를 밝힐 기약이 없다.

법과 법 아님을 모두 벗어나서 자유자재하면 영산회상에서 가섭이 세존의 꽃 한송이를 보고 홀로 웃는 뜻을 알게 된다. 일렁거리고 반짝이는 것의 정체를 알게 된다.

2. 선현이 청법하다[善現起請分]

본문

그때 장로 수보리가 대중 가운데 있다가 자리에서 일어나 오른쪽 어깨를 드러내고, 오른쪽 무릎을 땅에 꿇고 합장공경하며 부처님께 말씀드렸다.

"희유하옵니다. 세존이시여, 여래께서는 모든 보살들을 잘 호념하시며, 모든 보살들에게 잘 부촉하십니다."

시 장로 수보리 재대중중 즉종좌기 편단우견우슬착지
時 長老 須菩提 在大衆中 卽從座起 偏袒右肩右膝着地

합장공경 이백불언 희유세존 여래 선호념제보살 선부
合掌恭敬 而白佛言 希有世尊 如來 善護念諸菩薩 善付

촉제보살
囑諸菩薩

낱말의 뜻

· 장로(長老) : 학덕이 높고 불도에 들어온 지 오래 되어 대중의 존경을 받는 이 또는 연로한 스님에 대한 존칭

장로 외에도 구수(具壽), 혜명(慧命), 대덕(大德), 존자(尊者)라는 말들이 있는데 같은 뜻으로 쓰인다.

· 수보리(須菩提) : 세존의 10대 제자 중의 한 사람으로서 공(空)의 이치를 가장 먼저 깨달았고, 무쟁제일(無諍第一)이라고 불린다. 그가 태어날 때 주변의 사물들이 모두 텅 비었다고 해서 순여따[舜若多]라고도 하는데, 선현(善現), 선길(善吉), 공생(空生) 등으로도 불린다.

· 편단우견(偏袒右見) : 오른쪽 어깨를 드러내는 것인데, 존경심을 나타내는 예법이다.

· 우슬착지(右膝着地) : 오른쪽 무릎을 땅에 대고 왼쪽 무릎은 세우고 예배하는 인도식 예법.

· 호념(護念) : 항상 불보살을 염(念)하면서 선행을 닦으면 불보살, 천신들이 온갖 장애로부터 보호해 준다는 것, 천친(天親)의 논(論)에서 선호념을 해설하되 근기가 무르익은 보살을 좇아서 설하게 하고, 지혜의 힘을 주어서 성취하게 하며, 교화의 힘을 주어 중생을 포섭하고 제도하게 하는 것이라 함.

· 부촉(付囑) : 부(付)는 물건을 주는 것. 촉(囑)은 일을 부탁하는 것.

일반적으로 부처님이 교법을 잘 전할 것을 분부하는 뜻으로 쓴다. 천친의 논에서는 선부촉을 해설하되 아직 근기가 미숙한 보살을 좇아서 설함이니, 혹시 물러나서 잃을 것이 두려워 지혜로운 사람에게 분부하는 것이다.

· 보살(菩薩) : 깨달음을 추구하는 중생. 문수, 관음, 보현 등은 특별히 대력(大力) 보살이라고 하는 데, 이미 깨달음의 경지까지 도달했으나, 중생 교화를 위해 되돌아나온 보살들이다.

본문 주해

수보리는 공생(空生)이라고도 하고, 선현(善現)이라고도 한다. 공한 자성이 만법을 출생해 내기 때문에 공생이라고 한다. 일체법이 적멸한 청정본체에 머무름 없이 머물면서, 온갖 인연에 상응하여 선법(善法)을 내어 모든 중생을 이익 되게 하니 선현이라고 한다.

진여자성에서 나타난 오온(五蘊)이 곧 수보리이고, 만행(萬行)이 길하고 상서로우니 선길(善吉)이라고도 한다.

이 수보리가 부처님의 참모습을 보고 '희유하옵니다.' 하였으니, 어떻다는 말인가? 무슨 도리를 보고 하는 말인가?

양기(楊岐) 스님이 이르되, "황면노자(黃面老子 : 세존)가 저절로 가련생(可憐生)이 되었구나. 수보리로부터 '희유하옵니다.'라는 말을 들음으로 인하여 그 자리에서 얼음이 녹고, 기왓장이 풀리듯이 흔적도 없이 사라져 버렸으니, 이 노인의 이 말은 단지 학인들로 하여금 겁(劫) 밖을 향해서 알아차리게 하는구나."

과연 일체 만법에 붙잡을 것이 없음을 철견(徹見)하여, 살바야

(薩婆若 : 총해만유의 참모습을 보는 지혜) 지혜를 얻은 수보리가 부처님을 향해서 '희유하옵니다.' 라고 하였으니, 형상 없는 세존의 실상을 보고 하는 말이다. 형상을 통하여 형상 아님을 보고, 형상 아님이 형상으로 나타난 것을 보는 것이다. 이 수보리의 말 한 마디에 세존은 흔적도 없이 사라지고 만 것이다.

증도가(證道歌)에서 말했다.

꿈속에선 분명히 6도가 있더니
깨친 후엔 공이고 공이어서 대천 세계가 없도다

夢裏明明有六趣 몽리명명유육취
覺後空空無大天 각후공공무대천

또

법신을 깨달으니 한 물건도 없어라
본원의 자성이 천진불일세

法身覺了無一物 법신각료무일물
本源自性千眞佛 본원자성천진불

법은 다른 법이 없고 다만 이 하나의 진여자성일 뿐이며 이 또한 궁극적 경지에서는 합일하여 하나가 될 뿐 그것은 나와 따로 있는 대상도 아니고, 실체도 아니고, 형상이 있는 것도 아닌데 심의식이 망령되게 애착함으로써 부처의 상과 온갖 법이 따라서 일어나게 되는 것이다.

여래란 진여공이 여여(如如)하게 왔다는 뜻이다. 참성품이 능히 곳을 따라 나타난 것이다, 본래 진여자성은 부동하여 가고 옴이 없으나, 그 성품을 바꿈이 없이 일체 사물에 상응하여 나타내지 않음이 없으니, 그것은 진여자성의 성품이 본래 그러하기 때문이다. 그러므로 여래는 청정 부동하는 진여본체를 조금도 염오시키지 않은 채로, 본체의 자비 공덕에 충만하여 여여하게 오신 것이다.

선호념이란 부처님께서 잘 보살피시는 것이며, 선부촉은 부처님께서 잘 분부하시는 것을 말한다.

부처님께서 선호념하시는 그 지극한 뜻은 두 가지 생각이 없는 자성 자리를 잠시도 잊지않게 하는 것을 말한다. 이것은 곧 반야바라밀인데, 무명에서 일어난 선 · 악 · 호 · 오의 분별심을 떠나 일체 만법의 실상을 보는 것을 말한다. 6근 문두의 망념을 차단하고, 망념에 물들지 않은 청정한 마음을 잠시도 잊지않게 하는 것. 이것이 곧 부처님께서 모든 보살들을 잘 호념하시는 것이다.

선부촉이란 일심(一心)을 지키는 것이다. 일심은 만법의 근원이다. 만법이 비롯하기도 하고 귀납하기도 하는 일진본체(一眞本體), 진여자성이다. 보살들로 하여금 잠시라도 망상을 일으켜 일심을 흐리지 않게 하는 것이 곧 선부촉이다. 한결같이 앞생각과 뒷생각을 청정하게 이어가는 것이니, 청정하다는 것은 모든 것을 내려 놓은 무소득의 공심(空心)을 말한다.

신심명의 다음 구절이 그것을 말하고 있다.

> 세간의 인연도 좇아가지 말 것이며 공의 진리에도 머물지 말지니, 한가지로 마음을 가지런히 하면 사라져서 저절로 다하리라
>
> **莫逐有緣 勿住空忍** 막축유연 물주공인
> **一種平懷 泯然自盡** 일종평회 민연자진

본문

세존이시여, 선남자 선여인이 아뇩다라삼먁삼보리심을 내면 마땅히 어떻게 머무르며, 어떻게 그 마음을 항복시켜야 하오리까?

부처님께서 말씀하셨다.

"훌륭하고, 훌륭하다. 수보리여, 네가 말한 바와 같이 여래는 모든 보살들을 잘 호념하고, 모든 보살들을 잘 부촉하느니라. 너는 이제 자세히 들어라. 마땅히 너를 위해 설하리라. 선남자 선여인이 아뇩다라삼먁삼보리심을 내면 마땅히 이와 같이 머무르며, 이와 같이 그 마음을 항복시켜야 하느니라."

"그러하옵니다. 세존이시여, 원하옵건대 기쁘게 듣고자 하옵니다."

세존 선남자 선여인 발아뇩다라삼먁삼보리심
世尊 善男子 善女人 發阿耨多羅三藐三菩提心

응운하주 운하항복기심
應云何住 云何降伏其心

불언 선재선재 수보리 여여소설 여래 선호념제보살 선
佛言 善哉善哉 須菩提 如汝所說 如來 善護念諸菩薩 善

부촉제보살 여금제청 당위여설 선남자선여인 발아뇩다
付囑諸菩薩 汝今諦聽 當爲汝說 善男子善女人 發阿耨多

라삼먁삼보리심 응여시주여시항복기심 유연세존 원요욕문
羅三藐三菩提心 應如是住如是降伏其心 唯然世尊 願樂欲聞

낱말의 뜻

· 선남자 선여인(善男子 善女人) : 전세에 선을 닦은 선인(善因)이 있어서 금세에 불법을 믿고 행하며 공덕을 짓는 남녀.

· 아뇩다라삼먁삼보리(阿耨多羅三藐三菩提) : 무상정등정각(無上正等正覺 : 위없는 바른 깨달음), 또는 무상정변지(無上正遍知 : 위없이 바르고 두루한 지혜)

본문 주해

아뇩다라삼먁삼보리는 진여자성을 여실히 깨달은 크고 바른 깨달음을 말하며, 보리심은 이 진여자성을 깨닫고자 하는 구도심(求道心)을 말한다.

위로는 모든 부처님으로부터 아래로는 꿈틀거리는 미물에 이르기까지 진여자성이 곧 존재의 실상이고, 일체 만유에 평등하여 더하거나 덜함이 조금도 없다.

그러나 무명으로 인하여 중생의 마음이 바른 자리에 머물지 못하고, 6근이 6진(六塵)에 집착하여 헤어나지 못하니, 자신의 진여자성을 깨닫지 못하게 되고, 이로부터 재앙과 고통을 당하면서 생사에 부침(浮沈)하게 된다.

이리하여 수보리가 묻기를 해탈을 얻고자 보리심을 낸 자는 어떤 진리의 법에 마음을 안주(安住)해야 하며, 치열하게 상교(相交)하는 심의식은 또 어떻게 항복시켜야 하느냐고 질문을 한 것이다.

수보리가 비록 이렇게 질문하였으나, 스스로는 이미 일체법이 공한 모습을 요달(了達)하여, 머물 곳도 없고 항복시킬 마음 또한 허깨비일 뿐임을 훤히 보지만, 이와 같이 물어본 것은 마음이 가리어진 중생을 위해서 대신한 것이다. 이 질문은 한 마디로 말해서 반야바라밀을 어떻게 실천해야 하느냐 하는 것과 다름없는데, 도천 선사의 다음 게송은 나와 사물 속에서 은밀히 작용하고 있는 반야의 역용을 잘 나타내고 있다.

너는 기쁘지만 나는 기쁘지 아니하고
그대는 슬프지만 나는 슬프지 아니하다
기러기는 북쪽 변방으로 날아갈 것을 생각하고
제비는 옛 둥지로 돌아올 것을 생각하도다
가을 달 봄 꽃의 한없는 뜻은
제각기 다만 스스로 알지니

你喜我不喜 니희아불희
君悲我不悲 군비아불비
鴈思飛塞北 안사비새북
燕憶舊巢歸 연억구소귀
秋月春花無限意 추월춘화문한의
箇中只許自家知 개중지허자가지

범부는 자기 속에 본래인과 금시인이 서로 등을 돌리고 있는 형상이다. 이 게송은 첫 두줄에서 진여자성 자리의 본래인과 금생의 금시인(今時人)을 상정(想定)하여 부동청정한 본래인과 경계에 반연하여 울고 웃는 금시의 심신(心身)을 대비시키고 있다. 게송의 그 다음 부분은 참자기로 돌아가고자 하는 향상의 일로를 보여 주고 있다. 기실 첫 두 줄에서 금시인이 기뻐하고 슬퍼하는 것도 반야이다. 그것이 반야인 줄 깨닫는 순간, 기쁨과 슬픔을 벗어난 지복의 반야 본체에 안주하게 된다. 기뻐하고 슬퍼하는 마음을 자기로 삼는 것은 마치 몸을 두고 옷으로 자기를 삼는 것과 같으니, 깨달을 실(實)을 잃게 되는 것이다.

몸과 마음을 움직이는 근본체는 진여자성이다. 이 참성품에는 무명이 없어서, 범부와 성인, 선과 악, 미(美)와 추(醜) 같은 양변이 없으며, 일체 만법이 하나의 진여본체이고, 그 용(用)이 광명을 쏟는 지극한 복덕의 경계이다. 반야바라밀은 이 체·용으로 인연 따라 상응하는 것을 말하며, 이것만이 아뇩다라삼먁삼보리를 성취하는 첩경이다. 불법의 대종은 이 반야이며, 반야말고 따로 불법이 말하는 것은 없다. 게송에서 '제각기 다만 스스로 알지니'라고 한 것도 6근을 차단하여 망념을 쉬고 반야를 깨달을 것을 말하고 있다.

부처님께서 수보리에게 '훌륭하다'라고 하신 것은 수보리의 바른 안목을 칭찬하신 것이다. 수보리가 부처님께 '희유하옵니다.' 라고 했을 때, 그리고 다시 '선호념, 선부촉하십니다.' 라고 했을 때, 이미 부처님께서는 수보리가 훌륭하게 반야바라밀을 행하고 있음을 보신 것이다. 수보리가 붙잡을 것 없는 법의 실상을 보고, 그와 같이 말할 수 있었기 때문이다. 두가지 변을 벗어난 중도 지혜를 원만하게 갖추고 있는 수보리를 기쁜 마음으로 칭찬하신 것이다.

부처님께서 수보리에게 '너는 이제 자세히 들어라.'고 하신 것은 귀로 듣되 소리의 경계를 분별심으로 헤아리지 말며, 일심으로 만법의 진체, 그 당체를 깨달아야 한다는 뜻이다. 이 또한 반야바라밀을 강조하신 것이니, 마음을 내려놓아 법상(法相)을 떨치지 못하면, 해탈본체인 진여자성을 깨달을 수가 없기 때문이다. 그러므로 '잘 들어라.' 고 하는 말은 무명의 번뇌망상을 여윈 마음으로 반아바야밀을 하라는 말이다.

'마땅히 이와 같이 머무르며' 라고 하는 것은 마음과 경계가 모두 없는 본래의 마음자리에 머무는 것을 말한다. 본래의 마음자리는 주체와 객체가 없고 생멸이 없다. 마음을 공하게 하면 경계가 사라지고, 마음과 경계는 하나의 진여공으로 돌아간다. 기멸(起滅)하는 심식(心識)으로 대상을 취하기 때문에 법상이 생기고, 이로부터 온갖 차별상이 생겨 죽고 살게 되는 것이니, 일체법은 모두 자성에 묻은 오물의 그림자가 나타난 것이다. 범부는 이 그림자를 취해서 진실한 것으로 여긴다. 마음이 공하면 불국정토에 앉게 되고, 마음이 망상으로 어지러우면 악마의 세계 속에서 헤매게 되는 것이다.

'이와 같이 그 마음을 항복시킨다.' 고 하는 것은 마음을 공하게 하면 마침내 법의 실상인 진여자성을 보게 되고, 법의 실상을 보게 되면 붙잡을 것이 없음을 알게 되고, 붙잡을 것이 없음을 알게 되면, 집착 하는 마음이 나지 않아서 망상이 끊어지니, 이것이 곧 반야의 지혜이다. 반야야말로 범부의 망념을 끊는 금강보검이다. 망념을 그치고, 마음을 공하게 하여 나아가면, 마침내 자기의 참인 진여와 그 자성을 깨닫게 되어, 생사고뇌에서 벗어나 지극한 복락의 경지에서 우주의 모든 시공간이 내집이고, 우주 삼라만상이 모두 내 식구가 되는 것이니, 이것이 반야바라밀이다.

도천 선사가 송하였다.

손은 일곱 다리는 여덟
귀신 얼굴에 도깨비 얼굴
몽둥이로 쳐도 열리지 않고
칼로 잘라도 끊어지지 않으니
염부제에서 뛰고 배회하기를 몇천 번이었지만
두두물물이 공왕(空王)의 궁궐을 떠나지 않았네

七手八脚	칠수팔각
神頭鬼面	신두귀면
棒打不開	봉타불개
刀割不斷	절할부단
閻浮踔躑幾千廻	염부초척기천회
頭頭不離空王殿	두두불리공왕전

이 게송은 진여자성의 체(體)와 용(用)을 묘사하고 있다. 첫 두 줄은 생각으로 헤아릴 수 없는 법신본체를 말하며, 그 다음 두줄은 불생불멸, 상주불변의 형상 없는 법신을 말한다. 그 다음은 무상(無相)의 본체 법신이 중생의 근기따라 우주법계 속에 가없이 상응하고 있는 지혜작용을 말한다. 비록 중생들이 어리석은 생각을 일으켜 6도에 수없이 윤회하지만, 진여는 잠시도 중생을 떠난 적이 없다.

마지막 줄은 눈에 보이고 귀에 들리는, 그리고 이 금시의 몸과 마음 속에서 움직이고 있는 견문각지 등 일체법이 모두 법신의 일, 즉 공(空)의 장(場)에서 움직이고 있는 모습임을 말하고 있다.

범부의 망상은 색안경과 같은 것이다. 빨간 색안경을 끼고 세상을 보면 세상이 온통 빨갛게 보인다. 그러나 세상이 본래 빨간 것은 아니다. 그리고 그 차별상을 짓는 범부의 분별은 다만 색안경과 같은 것이어서 분별심이 제 힘으로 분별하는 것이 아니다. 분별심은 진여자성에 얼룩진 염오(染汚)의 때자국일 뿐, 제 스스로는 꼼짝도 할 수 없다. 분별심이 움직이는 것은 곧 진여자성이 때자국에 상응하여 움직이는 진여자성의 작용이다. 반야바라밀은 색안경을 벗고 맨눈으로 세상을 바르게 보는 것을 말한다. 반야바라밀은 색안경이 제 스스로 볼 수 없음을 아는 것을 말한다. 그리하여 반야바라밀은 일체법의 진체(眞體)가 공상(空相)인 것을 보아 붙잡을 것이 없음을 깨닫고, 무소득심이 되어 행하는 것을 말한다.

신심명에서 말했다.

한 마음도 나지 않으면 만법에 허물이 없느니라
하나의 공이 곧 양단이어서 삼라만상을 머금었도다
一心不生 萬法無咎 일심불생 만법무구
一空同兩 齊含萬象 일공동양 재함만상

6근이 6경에 반연하지 아니하여 마음이 청정부동하면, 이것이 곧 본래의 마음자리인 진여자성에 돌아간 것이고, 이 청정한 마음이 일심으로 상속하면 자연히 진여자성의 큰 작용이 일어나게 되는 것이다.

범부의 세계는 있음과 없음의 양변적 의식의 세계이고, 부처의 세계는 있음과 없음의 양변적 사고 이전의 일원적(一元的) 본래지(本來智)의 세계이다. 더 정확히 말하자면 그 '일원적 진리' 자체가 곧 부처로서 이것은 대상적으로 존재하는 것이 아니라 내 마음의 참성품 그 자체이다. 따라서 진리를 대상화하여 양변속의 일로 전락시켜서는 안된다.

작가 선지식이 해야 할 일은 범부를 얽어매고 있는 모든 집착과 언어 갈등을 벗겨 주어 본분의 일로 나아가게 해주는 것이다.

앙산 스님이 계를 받고 나서 중읍(中邑) 스님에게 인사드리는 거동을 살펴보자.

중읍 스님이 앙산이 오는 것을 보고 선상(禪床)위에서 손뼉을 치며 '화상(和尙)!' 하자 앙산은 곧 동쪽에 섰다가 다시 서쪽에 서고 또 다시 가운데에 선 연후에 수계(受戒) 인사를 하고 뒤로 물러나 시립(侍立)하였다.

수계(受戒)란 이 경을 받아 지니는 것이고, 이 경을 받아 지니는 것은 언어 문자와 생각을 벗어난 곳에서 자성을 행하는 것이니, 앙산이 보여 준 것이 바로 그것이다.

신풍(新豊) 스님이 말했다.

"불조의 말씀과 가르침을 숙생(宿生)의 원수처럼 보아야 비로서 속임을 당하지 않고, 불조의 참뜻을 깨닫게 된다."

그때 어떤 스님이 용아(龍牙) 스님에게 물었다.

"불조께서 사람을 속이려는 마음이 있었습니까?"

"그대는 말해 보라. 강과 호수가 사람을 가로막으려는 마음이 있느냐?"

강과 호수가 사람을 가로막으려는 마음은 없지만, 사람들이 스스로 건너지 못하는 까닭에 강과 호수가 가로막은 것이 되었으니, 강과 호수가 사람을 가로막는다고 말할 수 없다. 조사와 부처가 비록 사람을 속이려는 마음이 없었지만, 사람 스스로 뚫지 못하여 조사와 부처가 사람을 속인 것이 되었느니라. 그러나 부처와 조사가 사람을 속이지 않았다고 말할 수는 없다.

만약 불조의 가르침을 꿰뚫어 뛰어넘으면, 이 사람은 곧 불조를 뛰어넘은 것이다. 모름지기 불조의 뜻을 체득해야만, 바야흐로 향상(向上)의 옛사람과 같아질 것이며, 꿰뚫지 못하면 비록 부처를 배우고 조사를 배운다 해도 만겁(萬劫)토록 얻을 날이 없을 것이다.

"어떻게 해야 불조의 속임을 당하지 않겠습니까?"

"반드시 스스로 깨쳐야 하느니라. '이 자리'는 반드시 이와 같이 해야 비로소 얻을 수 있느니라."

이와같이 불조의 가르침을 양변밖에서 스스로 체득하는 자만이 대신주(大神呪)를 얻게 되는 것이다.

부처님이 궁극적인 진리 그 자체를 나타내 보인다면, 설법이라는 형식으로 대중을 모아 놓고 설하지 않을 것이다. 곧장 입을 다물어야 할 것이다. 왜냐하면 진리 그 당체에는 법과 법 아님도 없기 때문이다. 일체법이 적멸한 가운데 청정본체의 참 성품이 행해지고 있다. 그러나 이것을 말해 주지 않을 수 없고, 중생의 근기에 맞추어서 설명해 주지 않을 수가 없다. 이것은 청정본체의 분상에서는 거짓일 수밖에 없는 것이다.

3. 대승의 바른 종지[大乘正宗分]

본문

부처님께서 수보리에게 이르셨다.

"모든 보살마하살은 마땅히 이와 같이 그 마음을 항복시켜야 하느니라. 있는 바 일체 중생의 부류인 혹은 난생, 혹은 태생, 혹은 습생, 혹은 화생, 혹은 유색, 혹은 무색, 혹은 유상, 혹은 무상, 혹은 비유상, 비무상을 내가 모두 무여열반에 들게 해서 멸도하리라."

불고 수보리 제보살마하살 응여시항복기심 소유일체중생
佛告 須菩提 諸菩薩摩訶薩 應如是降伏其心 所有一切衆生

지류 약난생 약태생 약습생 약화생 약유색 약무색 약유
之類 若卵生 若胎生 若濕生 若化生 若有色 若無色 若有

상 약무상 약비유상 비무상 아개영입 무여열반 이멸도지
想 若無想 若非有想 非無想 我皆令入 無餘涅槃 而滅度之

낱말의 뜻

· 마하살(摩訶薩) : 보살의 미칭. 보살은 위로는 깨달음을 추구하고, 아래로는 중생을 교화하는 자리이타(自利利他)의 큰 원(願)과 행(行)이 있으므로 마하살이라 한다.

· 사생(四生) : 생물이 생겨나는 네 가지 형태. 태생은 모태에서 태어나는 것으로 사람이나 짐승 등. 난생은 알에서 태어나는 것으로 새 등. 습생은 습기에서 태어나는 것으로 벌 등. 화생은 스스로 업력에 의하여 갑자기 화성(化成)하는 것. 제천(諸天) · 지옥의 중유(中有 : 死後 다음생을 받을 때까지의 그 중간 기간의 영혼신인 中陰身) 등.

· 유색(有色) : 색계천(色界天)을 말함. 욕계(欲界), 무색계(無色界)와 함께 3계 중의 한 세계. 욕망이 없고 정묘(淨妙)한 물질만 존재하는 세계로서 4선천(四禪天)으로 이루어짐.

· 무색(無色) :무색계천(無色界天). 욕망과 물질을 초월한 고도의 정신적 세계. 공무변처(空無邊處). 식무변처(識無邊處). 무소유처(無所有處). 비상비비상처(非想非非想處)의 4단계로 이루어짐. 공무변처는 이 세계가 가없는 공이라는 견해를 가진 자가 태어나는 곳. 식무변처는 이 세계가 무변한 식이라고 생각하는 자가 태어나는 세계. 무소유처는 마음으로 인식할 바의 소연(所緣)이 없는 것을 아는 마음으로 태어나는 세상. 비상비비상처는 유정의 세계 중 가장 높은 수준의 세상으로서 유정천(有頂千) 이라고도 하는데, 생각이

있는 것도 아니고 없는 것도 아니어서 아직 미세한 생각이 남아 있으므로 이곳에 태어난다. 외도들은 이곳을 열반처라고 하지만, 아직 생사를 벗어나지 못한 곳이다.

· 유상(有想) · 무상(無想) : 유상은 공무변처와 식무변처. 무상은 무소유처. 비유상 · 비무상은 비상비비상처를 말한다.

· 무여열반(無餘涅槃) : 육체와 심의식 등 생존의 제약과 장애를 초월하여 완전히 자유롭고 안락해진 상태.
일체의 번뇌를 소멸하여 미래의 생사고뇌의 원인을 완전히 소멸했다 하더라도 과거에 지은 업의 과보인 현재의 색신(色身)을 지니고 있으므로 이것을 유여(有餘)열반이라고 한다. 무여열반은 색신의 수명이 다하여 회신멸지(灰身滅止)하면 다시금 생을 받지 않게 됨은 말한다. 그러나 대승 불교에서는 깨달음 이후에도 향상로 위에서 가없이 하화중생(下化衆生)하는 이타행을 중시하여 다시 태어나지 않는 것을 완전한 열반이라고 하는 해석에서 나아가, 태어나더라도 태어나지 않은 도리에 철저한 자성열반, 무소주열반을 강조한다.

본문 주해

사생(四生)은 삼계(三界) 중 욕계 중생이며, 유색은 유색계, 무색은 무색계로서 삼계는 세계 속의 모든 중생을 남김없이 수용한다.

유상, 무상, 비유상 · 비무상은 무색계 중생으로서 고도의 정신세계를 살고 있는 부류들이다.

중생이란 자신의 참바탕을 알지 못하여, 자신의 근본을 망각한 채 무명으로 탐진치악견(貪瞋癡惡見)등 번뇌를 일으키고 이 번뇌로 자신의 18계(6근 · 6경 · 6진)를 만들어 전도망상의 세계를 살아가는 부류를 말한다. 마치 잠시도 쉬지 않고 공기를 마시면서도 공기가 있는지도 알지 못하고, 항상 자기 코만 애지중지하는 것과 같다. 그리하여 자신의 몸과 마음을 나라고 하면서 이것을 중심으로 하여 선 · 악이니, 범 · 성이니 하며 취하기도 하고 버리기도 하면서, 마음이 경계를 좇아 낱낱이 분별하니 한없는 번뇌망상이 염염(念念)이 상속하여 그칠 날이 없고, 이로 말미암아 고통과 슬픔 속에서 생사에 떴다 잠겼다 하는 것이다.

부대사(傅大士)가 이르기를 공생(空生)이 처음 여쭙자 선서(善逝)께서 근기에 맞게 응대하셨으니, 먼저 어떻게 머무를 것인지를 대답하시고, 다음에 '이와 같이 수행하라.' 하고 교시하셨다.

태생 · 난생 · 습생 · 화생을 모두 자비와 지혜로 섭수하되, 만약 중생견(衆生見 : 실유로서 중생이 있다고 생각하는 견해)을 일으킨다면 도리어 상(相)에 집착하여 구하는 것과 같다.

상(相)에도 가지가지가 있지만 크게 나누어 보면 다음과 같다.

'혹은 유색'이라는 것은 이른바 범부가 유(有)에 집착하는 마음이니 망령된 견해로 시비하여 무상(無相)의 도리에 계합하지 못한다.

'혹은 무색'이라는 것은 공상(空相)에 집착하여 복덕을 닦지 않는 것이며, '혹은 유상'이라는 것은 눈으로 보고 귀로 듣는 것을 좇아서 망상을 일으키니, 입으로는 부처의 행을 말하나 마음은 부처의 행에 의지하지 않는 것이다.

'혹은 무상'이라는 것은 좌선하여 망상을 제거하였지만, 도리어 목석과 같아서 자비와 지혜의 방편을 수습하지 않는다.

'혹은 비유상'이라는 것은 경(經)에서 이르기를 '유·무를 모두 버리고 말과 침묵도 쌍으로 잊었지만, 취하거나 버림 그리고 증오하고 사랑하는 마음이 있어서 중도를 깨닫지 못한 것이다.'라고 하였다.

'비무상'이라는 것은 진리에 집착하여 구하는 마음이 있음을 말한다고 하였다.

임제(臨濟) 스님이 이르기를

"범부에도 들어가고 성인에도 들어가며 염오(染汚)에도 들어가고 청정에도 들어가서 처처(處處)에 모든 국토를 나타내지만, 모두가 제법이 공한 상(相)이니, 이것을 참되고 바른 견해라 이름한다. 그대가 만약 성인을 좋아하고 범부를 싫어한다면 생사의 바다 속에서 부침하리라."

세계 속에 고통이 본래 있는 것이 아니지만, 중생들이 공연히 애탐하고 집착하는 마음을 내어 이로 말미암아 재앙과 고통을 자초한 것이다. 부처님께서 중생의 고통이 너무 크고 끝이 없어서 남김없이 제도하여, 모두 편안하고 복락된 열반을 얻게 하시고자 하신 것이니, 그 요결이 곧 '이와 같이 그 마음을 항복시켜야 하느니라.'에 있는 것이다. 이는 곧 상(相)을 떠나게 하는 것이며, 상을 떠나는 것이 곧 마음을 바르게 항복시키는 것이다.

6조(六朝)가 이르셨다.

"앞생각이 청정하고 뒷생각도 청정한 것을 보살이라고 한다. 생각 생각에 퇴굴(退屈)하지 아니하여 비록 세상 먼지 속에 있으나, 마음은 항상 청정함을 마하살이라 한다. 또 자비희사(慈悲喜捨 : 자애하고, 가여히 여기며, 함께 기뻐하고 愛憎親怨이 없는 평등심)의 갖가지 방편으로 중생을 교화하며 인도하는 것을 보살이라 한다. 교화하는 주체와 교화받는 대상에 마음이 집착함이 없는 것을 마하살이라고 하며, 일체 중생을 공경함이 곧 그 마음을 항복시키는 것이다. 참[眞]에 처함을 '변하지 않음'이라 하고, 여(如)에 부합함을 '다르지 않음'이라 하니, 모든 경계를 만나되 마음에 변함과 달라짐이 없는 것을 일컬어 진여(眞如)라고 한다. 또 밖으로 거짓이 없음을 일컬어 진(眞)이라 하고, 안으로 어지럽지 않음을 일컬어 여(如)라 하며, 생각 생각이 다름이 없는 것을 일컬어 시(是)라 한다."

6조께서 말씀하신 것도 결국 전념과 후념이 일심(一心) 상속하여 어떤 경계를 만나더라도 6근 문두가 항상 고요해야 함을 말하고 있다.

이것이 곧 '마음을 항복시키는 것'인데 억지로 마음을 써서 그렇게 되는 것이 아니고, 일체법이 공한 모습을 보아 얻는 것이 없는 반야무소득심이 되면 저절로 그렇게 되는 것이다.

이것이 보리로 나아가 열반을 얻는 길이다. 열반의 공덕과 지혜에 대해서 증도가는 다음과 같이 묘사하고 있다.

> 값으로 칠 수 없는 진보(珍寶)를 써도써도 다함이 없으니
> 중생을 이익되게 때를 따라 응하여서 끝내 아낌이 없어라
> **無價珍用無盡** 무가진용무진
> **利物應時終不恡** 이물응시종불린

> 세 부처몸 · 네 가지 부처 지혜는 본체 가운데 원만하고

여덟 가지 해탈 · 여섯 가지 신통은 마음 바탕의 도장[印]이로다

三身四智體中圓 삼신사지체중원
八解六通心地印 팔해육통심지인

본문

"이와 같이 한없고 수없고 끝없는 중생을 제도하지만, 실은 어떤 중생도 제도를 얻는 자가 없느니라. 무슨 까닭인가? 수보리여, 만약 보살이 아상 · 인상 · 중생상 · 수자상이 있으면, 곧 보살이 아니기 때문이니라."

여시멸도 무량무수무변중생 실무중생 득멸도자 하이고
如是滅度 無量無數無邊衆生 實無衆生 得滅度者 何以故

수보리 약보살 유아상 인상 중생상 수자상 즉비보살
須菩提 若菩薩 有我相 人相 衆生相 壽者相 卽非菩薩

낱말의 뜻

· 아상(我相) · 인상(人相) · 중생상(衆生相) · 수자상(壽者相) : 아상은 인연의 화합물인 '나'의 실아(實我)가 있다고 믿고, 또 내 것이 있는 줄로 생각하는 것. 인상은 '나'는 사람이라서 축생이나 지옥 중생과는 다르다고 생각하는 것. 중생상은 관념에 지나지 않는 중생이라는 것을 실다운 것으로 착각하여 상을 짓는 것. 수자상은 수명이 있다고 생각하고, 또 오래 살고 싶어하는 생각.

본문 주해

부처님께서 수많은 중생을 제도하지만, 아무도 제도된 자가 없다는 것은 무슨 뜻일까? 그것은 부처님은 상을 취하지 않기 때문이다. 진여본체에 안주하는 부처님의 마음은 네 가지 상이 없고, 우주 속의 모든 존재가 진여본체로 같은 한 몸이니 제도하는 나도 없고, 제도받는 중생도 없다.

중생이라고 하지만 그 근본은 진여이니 스스로 원만하게 구족하여 조금도 부족함이 없고, 중생인 그대로 부처님과 조금도 다름이 없다. 고통을 당하면서 울고불고하더라도 그것은 번뇌망상의 인과속에서 다시 번뇌망상을 일으키는 것일 뿐, 진여본체의 분상(分上)에서는 어떠한 결손(缺損)도 없다. 참자기를 알지 못하고, 형상에 속아서 애탐하고 집착하는 마음을 일으킨 까닭에 나와 축생과 중생살이와 수명의 상을 취하게 된 것이며, 이 모두는 염심이 지어낸 허깨비, 그림자에 불과한 거짓이다. 이 법계 속에 진여본체를 떠나서 존재하는 것은 아무것도 없으며, 따라서 열반의 복락을 벗어난 것은 없다. 있는 그대로가 모두 해탈본체이다.

승약눌(僧若訥)이 이르기를

아상이라는 것은 자기의 6식(六識 : 눈 · 귀 · 코 · 혀 · 몸 · 마음으로 인식하는 작용)으로 생각 생각을 이어서 끊어짐이 없고, 이 가운데서 아(我)에 집착하니 이러한 견해는 곧 안으로 헤아린 것이다.

인상이라는 것은 6도(六道)의 바깥 경계를 모두 일컬어 인(人)이라 하면서 이 모든 경계에서 낱낱이 헤아려 집착하여 우열을 분별하므로 그것이 있고 이것이 있게 되는 것이니, 이 견해는 밖을 좇아서 세우는 것이다.

중생상이라는 것은 이전의 식심(識心)으로 인하여 최초로 부모에게 의탁하고, 계속해서 색 · 수 · 상 · 행(몸과 정신)의 사음(四陰)을 지니고 헤아리는 것이다.

수자상이라는 것은 나의 한 생애 동안 목숨이 끊어지지 않는다고 헤아리는 바, 그러므로 수자상이라 한다.

또 옛분이 이르기를

탐(貪 : 애탐), 진(嗔 : 성냄), 치(癡 : 어리석음), 애(愛 : 사랑함)를 네가지 악업이라고 한다. '탐'은 곧 자기를 위해 불공정하게 헤아리는 것이니, 이것이 아상을 가진 것이다. '진'은 곧 너를 분별하는 것이니, 이것이 인상이 있는 것이다. '치'는 곧 완고하고, 거만하고, 불손한 것이니, 이것이 곧 중생상이다. '애'는 곧 분수 없이 오래 살기를 바라는 것이니, 이것이 곧 수자상이다.

여래께서 중생을 제도하시고도 공덕으로 여기지 않으셨으니, 얻을 것이 없음을 깨달아 그 네 가지 상이 모두 없어졌기 때문이다.

증도가에서 말했다.

> 법의 재물을 손실하고 공덕을 없애 버림은
> 범부의 심의식에 말미암지 않음이 없도다
> **損法財滅功德** 손법재멸공덕
> **莫不由斯心意識** 막불유사심의식

본래 원만하여 부족함이 없는 해탈본체를 부질없이 애탐 · 집착하는 염심으로 가려버리고 고통을 자초하니, 참으로 안타까운 일이 아닐 수 없다. 가장 수승한 지혜와 복덕을 없애 버리는 것은 범부의 탐착하는 마음 때문인 것이다.

범부들은 모든 상에 집착함으로써 무위의 이치에 도달하지 못하여 아(我)와 인(人)을 없애지 못한다. 중생이 중생인 것은 바로 이것 때문이다. 범부가 이 경의 뜻을 믿고 받아 지니면서 반야바라밀을 행하여 자기의 자성을 깨달으면, 비로소 부처님께서 4가지 상이 없음을 알게 된다. 생사와 열반이 본래 평등하고 부처도 없고 중생도 없고 제도함도 없는 이미 완전무결하게 완성되어 있는 청정무구의 일진본체를 얻게 되는 것이다.

『법화경』에 이르기를

'보살은 마음에 취하거나 버림이 없어서, 마치 큰 달이 원만하고 적정(寂靜 : 맑고 고요해서 망념이 없음)한 것과 같지만, 중생은 열반 무상(無相)의 진리를 미혹하여 생사의 상이 있는 몸이라고 여긴다.' 라고 하였다.

중생은 예외 없이 모두 업의 인연으로 생겨난다. 업의 인연을 떠나서 생겨나는 중생이란 없다. 이것을 다른 말로 표현하면, 중생은 모두 애탐하고 집착하는 심의식을 인(因)으로 하여 그 과보로 생겨난다는 뜻이다. 그리하여 악한 염심은 추하고 고통스러운 세계에 태어나고, 선한 염심은 복락이 많은 세계에 태어난다. 그렇게 태어나서 많고 적은 차이는 있지만, 고통과 슬픔을 당하면서 생사에 윤회하게 된다. 그러므로 업과 6도와 중생과 생사가 본래 있는 것이 아니고, 탐착하는 마음이 불러온 가법(假法)이고 임시적인 세계임을 알 수 있다. 6도란 탐착 등의 염심이 자심(自心) 진여에 얼룩질 때 전개되는 무상(無常) 생멸법인 것이다. 마치 따뜻한 햇살이 비치고 있을 때 구름이 지나가며 햇살을 가리면 잠시 어둡고 추워지는 것과 같다. 그러나 그렇다 해도 구름 뒤에 태양은 변함없이 원래 그대로 있는 것이다.

문수보살이 세존께 여쭈었다.

"실로 어떤 중생도 제도를 얻은 자가 없다는 것은 어떤 것이옵니까?"

세존께서 말씀하셨다.

"자성은 본래 청정하여 남도 없고 멸함도 없느니라. 그러므로 어떤 중생도 제도를 얻음이 없으며, 도달할 열반도 없으니, 이것이 다 돌아갈 바 중생의 자성일 뿐이니라."

『화엄경』에서 말했다.

사람들이 삼세의 모든 부처님을 분명히 알고자 한다면
마땅히 법계의 성품(곧 진여자성)을 관할지니,
만법은 오직 마음이 조작한 것이니라.

若人欲了知三世一切佛 약인욕요지삼세일체불
應觀法界性一切唯心造 응관법계성일체유심조

도천 선사가 게송을 읊었다.

당당한 대도는 결리적 거림없이 분명하도다
사람사람이 본래부터 갖추어 낱낱이 원만하게 완성되었지만
다만 한 생각 어긋남으로 인하여 온갖 차별상이 나타났도다

堂堂大道 赤赤分明 당당대도 적적분명
人人本具 箇箇圓成 인인본구 개개원성
祗因差一念 現出萬般形 지인차일념 현출만반형

이 게송에 대한 설명을 임제 스님의 말로 대신한다.

"오온으로 된 몸의 밭 안에 무위진인(無位眞人 : 무엇에도 의지하지 않는 참사람)이 있어서 당당하게 나타나는데, 어찌하여 깨닫지 못하는가? 다만 모든 시간 가운데서 간절하게 끊어짐이 없게 하면 눈에 닿는 것마다 다 이것이니라. 다만 마음이 생기면 지혜가 막히고 생각이 변하면 체가 달라지나니, 그 까닭으로 삼계에 윤회하면서 가지가지 고통을 받게 되느니라.

감히 여러분들에게 묻노니 눈에 닿는 것마다 다 이것인데, 이것이 무엇인가? 낱낱의 산하(山河)가 간격과 장애가 없고 첩첩한 누각은 때맞추어 열린다."

첩첩한 누각이란, 말과 생각의 길이 끊어져 헤아릴 수조차 없는 '이것'을 말한다. 바람이 부니 숲이 너울거리고 계곡물이 바위에 부딪치니 쏴 소리가 난다. 한로(寒露)가 지나 산빛이 붉게 물들자, 도토리 줍는 다람쥐는 쉴 새가 없구나. 성내면서 핏발 선 이(李)가의 눈에 분명한 이것, 이것이 무엇인가?

눈앞에 전개되는 천변만화(千變萬化)는 다 이것이 때맞추어 응현하는 모습이다.

덕산원명(德山圓明) 대사가 시중하였다.

"다한 곳에 이르면 당장에 삼세의 모든 부처님들도 입을 벽에다 건다. 오직 한 사람이 깔깔대며 크게 웃나니, 만약 이 사람을 알면 공부하는 일을 끝낸다."

원명 대사의 휘는 연밀(緣密)인데, 운문의 문도 가운데서 이 스님의 문중이 가장 번성했다고 한다. 운문 3구[函盖乾坤(함개건곤), 截斷衆流(절단중류), 隨波逐浪(수파축랑)]도 이 스님의 창

설이라고 한다. 『함개건곤』은 '하늘과 땅을 덮고 담는 구절'이라는 뜻으로 일체만법은 진리의 나타남이라는 것, 『절단중류』는 '모든 흐름을 끊어 버리는 구절'이라는 뜻으로 현묘한 이치를 알고자 한다면 모든 흐름을 끊어야 한다는 것, 『수파축랑』은 '파도를 따르고 물결을 쫓는 구절이라는 뜻으로 병을 따라 약을 주고 상황에 맞게 진맥을 한다는 것으로 원명대사는 이 3구로 학인들을 가르치고 단련하였다.

'다한 곳에 이른다.'는 것은 말과 생각이 다하여 반야바라밀이 지극한 경지에까지 도달한 것을 말한다. 마음에 무명소생의 애탐과 집착이 없기 때문에 말을 들어도, 사물을 보아도 상을 일으키지 않는다. 그러므로 일체만법을 있는 그대로 두고 보며, 본래의 소리 그대로를 듣는다. 사물을 선 · 악, 미 · 추의 두 변으로 갈라놓고 취하거나 버리는 일이 없다. 이러한 무소득심에서 현발(顯發)하는 것이 본래인이다. 일체 만법의 진체이자 자기의 근본인 진여자성이 그대로 청정한 마음을 통해서 나오게 되는 것이다. 이 마음이 참자기인 줄 깨달으면, 공부를 끝내게 된다. 우주 속의 모든 일들이 오직 이 진체가 분주하게 움직이는 모습이다. 분주하게 움직이지만 손톱만큼도 움직인 바가 없다. 왜냐하면 그 체(體)는 형상이 없기 때문이며, 그 성품은 한 생각도 없기 때문이다. 형상도 없고 생각도 없지만, 오묘한 본래지혜로 신통묘용을 처처에서 간단(間斷)없이 나타내고 있다. 『금강경』의 종취는 오직 이 하나의 일을 깨닫는 데 있다.

4. 오묘한 행은 머무름이 없다[妙行無住分]

본문

"또한 수보리여, 보살은 법에 응당 머무는 바 없이 보시를 행할지니, 이른바 색에 머물지 않는 보시이며, 소리 · 냄새 · 맛 · 촉감 · 마음의 경계에 머물지 않는 보시이니라.

수보리여, 보살은 마땅히 이와 같이 보시하여 상에 머물지 말지니라."

부차 수보리 보살 어법 응무소주 행어보시 소위 부주색
復次 須菩提 菩薩 於法 應無所住 行於布施 所謂 不住色

보시 부주성향미촉법보시 수보리 보살응여시보시 부주어상
布施 不住聲香味觸法布施 須菩提 菩薩應如是布施 不住於相

낱말의 뜻

· 법(法) : 일체의 사태 및 존재를 가리키는 의미, 또는 그것을

인식하는 교리 · 규범 · 도리 등을 말한다. 그러나 여기서는 물질적 사물 또는 심의식의 경계 등 모든 존재법을 의미한다.

본문 주해

아뇩다라삼먁삼보리심을 일으킨 모든 보살이 반드시 머물러서 의지해야 할 법이 있으니, 그것은 곧 무엇에도 응당 머무는 바가 없이 행해야 하는 법이다. 머무는 바 없이 생각하고, 머무는 바 없이 행하는 것이 곧 반야바라밀이며, 깨달음으로 나아가는 오직 하나의 길이다.

이 '머무는 바 없는 행'에 대해서 조주(趙州) 스님은 '부처님이 계신 곳은 머물지 말고 급히 지나가라.' 하였고, 임제 스님은 '부처를 만나면 부처를 죽이고, 조사를 만나면 조사를 죽여라.' 고까지 무시무시한 말을 하였으며, 운문(雲門) 스님은 세존께서 태어나시자마자 손가락으로 하늘과 땅을 가리키면서 천상천하 유아독존(天上天下唯我獨尊)이라고 하신 것에 대해 '당시에 내가 그 자리에 있었더라면, 몽둥이로 쳐죽여 개에게 주었을 것이다.' 라는 불손을 극한 말을 했으니, 이분들이야 말로 부처님의 가르침을 받들어 행하는 모범을 보이신 것으로 실로 부처님의 은혜에 극진히 보답한 참보살들이라 할 것이다.

불법의 정수는 『금강경』이고, 『금강경』의 근본 뜻은 곧 이 오묘한 행에 있으니 '응당 머무는 바 없는 행'이 바로 불법의 골수라 하겠다.

색 · 소리 · 냄새 · 맛 · 촉감 · 마음의 경계는 눈 · 귀 · 코 · 혀 · 몸 · 마음의 6가지 감각 기관의 인식 대상으로서 참다운 보살은 6

근 경계의 어떠한 상에도 집착하지 않는다. 좋고 나쁨도, 선함과 악함도, 이익과 손해도, 부처와 중생도, 나아가 어떠한 법상에도 집착하지 아니하고, 사물에서 훤칠히 벗어나 있으면서 인연따라 행한다. 이것이 바로 머무는 바 없는 행이다. 부처님을 가장 존경하는 방법이 이것이다. 이것이 바르게 머무는 법이다.

그러면 이와같이 '머무는 바 없는 행'을 해야 하는 까닭은 무엇인가? 태초에 중생이 처음 태어나 최초의 한 생각을 일으킨 이래로 지금의 심신에 이르도록 진제를 알지 못한채 무명 소생의 탐진치악견(貪瞋癡惡見)등 번뇌를 증장하여 제8식 가운데 갖가지 무거운 습기를 뿌리 내리고 6근 문두에서 경계를 대할때 마다 이 습력이 현행하여 갖가지 악업을 지으니 이로 말미암아 6도 중생의 슬픔과 고통이 막심하므로 부처님께서 대지혜의 문을 열어 고통의 원인을 제거해 주시고자 한 구절 가장 요긴한 말씀을 하셨으니 '바르게 머무는 법'이 곧 그것이다.

한 스님이 대주혜해(大珠慧海) 스님에게 물었다.

"마음이 어떤 곳에 머물러야 바르게 머무는 것입니까?"

"머무는 곳이 없는 데에 머무는 것이 바로 머무는 것이니라."

"어떤 것이 머무는 곳이 없는 것입니까?"

"일체처에 머물지 아니함이 곧 머무는 곳이 없는 데에 머무는 것이니라."

"어떤 것이 일체처에 머물지 아니하는 것입니까?"

"일체처에 머물지 않는다는 것은 선악 · 유무 · 내외 · 중간에 머물지 아니하며, 공에도 머물지 아니하며, 공 아님에도 머물지 아니하며, 선정(禪定)에도 머물지 아니하며, 선정 아님에도 머물지 아니함이 일체처에 머물지 아니함이니, 다만 일체처에 머물지 아니하는 것이 곧 바르게 머무는 것이니라. 이와 같이 하는 것을 곧 '머무름이 없는 마음'이라고 하니, '머무름이 없는 마음이 부처의 마음[佛心]'이니라."

마땅히 상이 없는 마음[無相心]으로 보시한다는 것은 보시를 행하는 주체로서의 마음도 없고, 보시되는 객체로서의 물건도 보지 않으며, 보시를 받는 사람도 분별하지 아니하는 것이 상에 머무르지 않는 보시이다.

옛분의 게송에 이런 것이 있다.

마음을 써서 밖으로 구하지 말라
그 가운데 소식은 유래(由來)가 있나니
달마가 서쪽에서 온 뜻을 말하라 하면
다만 구지(俱胝) 화상 손가락 끝에 있네

'그 가운데 소식'이란 진여본체의 소식이다. 불법의 참뜻은 그 가운데 소식을 깨닫는 일이다.

그 소식이 구지 화상의 손가락 끝에서 광명을 쏟고 있다.

구지 화상은 누가 와서 불법을 물으면 항상 아무 말도 없이 손가락 하나를 세워 보였는데, 천화(遷化)하면서 '스승인 천룡(天龍)스님으로부터 일지두(一指頭)를 얻어 평생을 쓰고도 다 못 썼다.'고 하였다. 스님이 세워 보이는 손가락 끝의 광명은 말과 생각을 벗어나, 어디에도 머무름이 없는 진여본체의 소식이다. 실상무상(實相無相)의 반야묘지가 빛나고 있는 것이다. 그것의 유래는 곧 진여본체이다.

증도가에서 말했다.

상(相)에 머무는 보시는 천상의 복을 생하지만
도리어 위를 향해 쏜 화살과 같아서
힘이 다한 화살은 되돌아 떨어져서
내생을 불러 얻음이 뜻과 같지 않으리니
어찌 함이 없는 실상문에
한번 뛰어넘어 곧바로 여래 자리에 들어감만 하리오

住相布施 生天福 주상보시 생천복
猶如仰箭射虛空 유여앙전사허공
勢力盡箭還墜 세력진전환추
招得來生不如意 초득내생불여의
爭似無爲實相門 쟁사무위실상문
一超直入如來地 일초직입여래지

범부의 눈은 형색에 집착하고, 귀는 소리에 집착하고, 코는 냄새에 집착하고, 혀는 맛에 집착하고, 몸은 매끄럽고 부드러운 촉감에 집착하고, 마음은 마음의 경계에 집착하여 취사 선택하는데, 이것은 곧 상에 머무는 것으로서 그 밑바탕에는 무명이 자리 잡고 있다.

그것이 선이든 악이든 머무는 것은 업을 짓는 것이고, 이로 말미암아 과보를 받아 6도에 윤회하게 되는 바, 여래의 무상(無相) 교법을 받아 지니면서, 머무름이 없는 반야바라밀을 행하여 단번에 여래 자리에 뛰어오름만 하겠는가?

일체법의 실상을 보아 얻을 것이 없음을 깨닫고 무소득심이 되면 곧 반야바라밀이며, 이로써 온 우주를 거느리고 이끄는 큰 일의 성취가 이루어지는 것이다.

'머무름이 없는 보시'는 반야의 지혜로 일체법이 공한 것을 비추어 보는 것이다. 도대체 붙잡을 것이라고는 티끌만큼도 없어서, 공에도 유에도 머무름이 없다. 취해야 할 공 또한 공이어서 취할 것이 없고, 버려야 할 유 또한 공해서 버릴 것이 없으니, 공과 유는 그대로 평등한 하나의 체이다. 이렇게 붙잡을 것 없는 텅 빈 공에서 항사(恒沙)묘용이 가없이 인연 따라 나오는 것이다.

중도란 색과 공을 모두 집착하지 않는 것을 말한다. 중도란 중도마저도 집착하지 않으므로 중도라 한다. 머무름이 없는 행은 곧 중도행이고 반야바라밀이며, 머무름이 없다는 그것에 마저도 머물지 않는 초월의 길이다. 보아도 집착하지 않고, 들어도 집착하지 않는 것이 머무름이 없는 반야바라밀이다. 어떤 스님이 대주혜해 스님께 물었다.

"어떤 것이 보는 바가 없는 것입니까?"

"만약 남자나 여자 그리고 일체 색상을 보되, 그 가운데에 사랑과 미움을 일으키지 아니하여 보지 못함과 같은 것이, 곧 보는 바가 없는 것이다."

"일체 색상을 대할 때는 곧 본다고 하니, 일체 색상을 대하지 않을 때도 또한 본다고 할 수 있겠습니까?"

"보느니라."

"물건을 대할 때는 설령 보는 것이 있다고 하더라도 물건을 대하지 않을 때는 어떻게 해서 보는 것이 있습니까?"

"지금 내가 본다고 하는 것은 물건을 대하거나 물건을 대하지 않거나를 논하지 않는다. 왜냐하면 본다고 하는 그 성품은 영원한 까닭에 물건이 있을 때도 보고, 물건이 없을 때도 또한 보는 것이다. 그런 까닭에 물건에는 본래 스스로 가고 옴이 있으나 본다는 성품에는 가고 옴이 없음을 알지니, 다른 모든 감각 기관도 또한 이와 같으니라."

선사가 학인에게 묻기를

"지금 누가 너를 낱낱이 보고 있는데 누구인지 알겠느냐?"

학인이 고개를 돌려 이리저리 살펴보고 나서

"아무도 보는 이가 없습니다."

"쉿! 빨리 찾아내지 못하다가는 크게 후회하리라."

학인은 6근이 6경에 연하여 6진을 일으키는 범부의 양변인식 체계이다. 그러나 일진본체의 견(見)과 지(知)는 전혀 다르다.

진여자성은 나거나 멸함도 없고, 가고 옴도 없어서 항상 본래 그대로 맑고 고요한 가운데 대상이 있어도 보고 대상이 없어도 본다. 진여자성의 본래적 지혜와 정신은 사물과 상응할 때 항상 지도(至道)를 지향하는 향상의 유인력으로 작용한다. 그것이 일향으로 흐르고 있는 모습은 나에게도 나타나고, 우주 속의 모든 사물에서도 끊어짐 없이 나타나고 있다. 보고, 듣고, 웃고, 울고. 성내고, 다소곳해지고, 악담하고, 자비로워지고 하는 것들이 모두 진여자성이 인연 따라 상응하는 모습이고, 목전에 생멸 변천하는 모든 사물의 천변만화 역시 진여자성의 모습이다.

이러한 천태만상도 완전무결한 조화와 질서 속에서 움직이고 있으니, 다름 아닌 진여자성이 스스로 보고 스스로 알며, 조화롭게 지혜작용을 하기 때문이다. 무엇에도 집착함이 없는 공, 진여본체가 머무는 바 없이 행하는 모습이다. 보살이 상에 집착하지 아니함은, 곧 이 진여본체에 돌아가고자 함이며, 부처님의 교설 또한 진여자성 자리에 돌아가도록 간곡히 가르치시는 것이다. 그곳이 바로 생사고뇌가 없는 대자유의 복락(福樂) 세계이며, 하는 일마다 지혜신통과 자비공덕이 넘쳐서 자신과 일체 중생을 유익되게 하는 부처 자리이기 때문이다.

증도가의 다음 구절도 그것을 말하고 있다.

이미 능히 이 여의주를 알았으니
나와 남을 이롭게 하여 끝내 다함이 없도다
旣能解此 如意珠 기능해차 여의주
自利利他 終不竭 자리이타 종불갈

본문

"무슨 까닭인가? 만약 보살이 상에 머물지 않고 보시하면, 그 복덕은 헤아릴 수가 없기 때문이니라."

"수보리여, 어떻게 생각하느냐? 동쪽의 허공을 생각으로 헤아릴 수 있겠느냐?"

"없습니다. 세존이시여."

"수보리여, 남 · 서 · 북방과 네 간방과 상 · 하 허공을 생각으로 헤아릴 수 있겠느냐?"

"없습니다. 세존이시여."

"수보리여, 보살이 상에 머물지 않고 행하는 보시의 복덕 또한 이와 같아서 생각으로 헤아릴 수 없느니라."

하이고 약보살 부주상보시 기복덕 불가사량 수보리 어의운하
何以故 若菩薩 不住相布施 其福德 不可思量 須菩提 於意云何

동방허공 가사량부 불야세존 수보리 남서북방 사유상하허공
東方虛空 可思量不 不也世尊 須菩提 南西北方 四維上下虛空

가사량부 불야세존 수보리 보살무주상보시복덕 역부여시
可思量不 不也世尊 須菩提 菩薩無住相布施福德 亦復如是

불가사량
不可思量

낱말의 뜻

· 동 · 서 · 남 · 북 · 사유 · 상 · 하(東西南北四維上下) : 사유는 동서남북 사이사이의 간방(間方)을 말한다. 동서남북 4방과 그 사방을 잇는 4간방, 그리고 상하를 포함해서 시방(十方)이니, 우주의 모든 공간을 통틀어 말한다.

본문 주해

'상에 머물지 않음'은 곧 반야바라밀이다. 상에 머물지 않기 때문에 반야가 되고 바라밀이 되며, 여기서 한량없는 복덕이 나오는 것이다. 그 복덕을 사람의 생각으로는 헤아릴 수 가 없지만, 단편적으로나마 정리해 본다.

첫째, 온전히 '상에 머물지 않으면' 모든 행이 반야묘행(妙行)이어서 낱낱의 행이 자비롭고, 낱낱의 행이 공덕이 넘치고, 낱낱의 행이 바라밀이고, 낱낱의 행이 해탈이어서 자신과 일체 중생에게 한량없는 복이 되고 공덕이 된다.

둘째, '상에 머물지 않으면' 고통과 생사같은 악법도 전환시켜, 일체법을 선법(善法)으로 만들어 버린다. 재앙 · 슬픔 · 고통 · 죽음 등 일체의 악법(惡法)이 사라지고, 고통과 생사가 없는 지복(至福) 세계에 안주하게 된다.

셋째, '상에 머물지 않으면' 땅이 만물을 받쳐 주고, 하늘이 우주를 덮어 주는 지혜와 신통이 자기가 하는 일이 된다.

넷째, '상에 머물지 않으면' 이 우주 속의 모든 삼라만상, 일체 만유를 자신의 것으로 하고, 이 우주 속의 모든 일들을 자신의 향상사(向上事 : 궁극적 경지를 향하여 일체 중생을 끌고감)로 하여, 우주법계를 불사(佛事)로 장엄한다.

다섯째, '상에 머물지 않으면' 다시는 업을 짓지 않으며 혹 · 업 · 고(惑 · 業 · 苦)의 3도를 벗어난다.

여섯째, '상에 머물지 않으면' 수승한 뜻을 내어 3계6도의 어느 곳이든 마음대로 왕래하면서 큰 뜻을 펼칠 수 있게 된다.

'상에 머무르지 않음'은 곧 무념인데, 어떤 것이 바른 무념일까?

한 스님이 대주혜해 스님에게 물었다.

"무념이란 어떤 생각이 없음을 뜻합니까?"

"무념이란 삿된 생각이 없음이요, 바른 생각이 없다는 것이 아니니라."

"어떤 것이 삿된 생각이며, 어떤 것이 바른 생각입니까?"

"있음[有]을 생각하고, 없음[無]을 생각하는 것이 삿된 생각이요, 있음과 없음을 생각하지 않는 것이 바른 생각이니라. 선을 생각하고 악을 생각함이 삿된 생각이며, 선과 악을 생각하지 않는 것이 바른 생각이니라. 괴로움과 즐거움, 생겨남과 없어짐, 취함과 버림, 원망함과 친근함, 미워함과 사랑함을 생각하는 것이 삿된 생각이요, 괴로움과 즐거움 등을 생각하지 않는 것이 바른 생각이니라."

선이라는 것도 절대적 선은 자성의 선이다. 자성은 행하는 것마다 선이어서 악이라는 것이 없다. 자성에는 양변이라는 것이 없다. 이에 비해 범부의 선은 상대적 선이다. 진여자성을 깨달아 쓰지 못하고 무명의 심의식으로 모든 것을 양변으로 갈라놓고 취사선택한다. 따라서 범부의 선은 참도 올바름도 아니다. 범부의 선은 그 반대쪽에 악을 생기게 한다.

또 물었다.

"아뇩다라삼먁삼보리의 문은 어디로부터 들어갑니까?"

"단바라밀(檀波羅密)로부터 들어가느니라."

"어떤 인연을 단바라밀이라고 합니까?"

"단(檀)이란 보시를 말하느니라."

"무슨 물건을 보시하는 것입니까?"

"두 가지 성품을 보시하는 것이니라."

"어떤 것이 두 가지 성품입니까?"

"선과 악의 성품을 보시하여 버리는 것이며, 있음과 없음의 성품, 사랑함과 미워함의 성품, 공(空)과 공 아님[不空]의 성품, 정(定)과 정 아님[不定]의 성품, 깨끗함과 깨끗하지 아니함의 성품을 전부 보시하여 버리면, 두 가지 성품이 공함을 얻느니라. 만약 두 가지 성품이 공함을 얻을 때에 또한 두 가지 성품이 공하다는 생각을 짓지 아니하며, 또 보시한다는 생각도 짓지 아니하면, 이것이 곧 진실한 보시바라밀을 실행하는 것이니, 만 가지 인연이 함께 끊어진다고 하느니라. 만 가지 인연이 함께 끊어진다 함은 곧 일체법의 성품이 공하다는 것이니, 법의 성품이 공하다는 것은 곧 일체처에 무심함이 이것이니라. 만약 일체처에 무심함을 얻었을 때는 곧 하나의 상(相)도 얻을 수가 없느니라.

무슨 까닭인가? 자성이 공한 까닭에 하나의 상도 얻을 수 없느니라. 하나의 상도 얻을 수 없다는 것은 곧 실상(實相)이니, 실상이라는 것은 곧 여래의 묘한 색신의 모양(相)이니라. 『금강경』에 이르기를 '일체의 상을 떠나는 것을 곧 모든 부처님이라 이름한다.' 고 하였느니라."

하루 종일 앉거나, 서거나, 말하거나, 침묵하거나, 사물을 보거나, 보지 않거나, 듣거나, 듣지 않거나 간에 사물을 생각하여 헤아리지 말며, 오직 무념인 이 마음만을 생각하여 결코 양변에 떨어지지 않는 것을 '상에 머물지 않음' 이라고 한다.

'무념인 이 마음만을 생각한다.' 는 것은 양변 속을 헤아리며, 헤매는 생각이 없어서 앞생각도 청정하고 뒷생각도 청정하여 일심이 한결같이 청정하게 이어지는 것을 말한다. 그리하여 하루 중에 순탄한 경계를 만나거나 거슬리는 경계를 만나거나 간에 마음이 항상 편안하고 부동하여 만 가지 경계에도 뒤집혀서 구르지 않는 것이다. 누가 나를 험담하고 비방하여도 거기에 반연하지 아니하며, 청정한 일심이 흐트러짐이 없는 것이다. 이것이 상에 머물지 않음이고 무념인 마음만을 생각함이고, 반야바라밀이어서 헤아릴 수 없는 무량한 복덕이 끝없이 솟아나는 신묘한 마음 바탕인 것이다.

대체로 범부들이 행하는 보시는 상에 머무르면서, 보시의 공덕과 그 공덕의 대가로 복을 구하는 수단으로 보시를 한다. 그러나 이러한 보시는 복이 없지는 않으나 항상 고통과 슬픔이 번갈아서 닥쳐온다. 왜냐하면 '상에 머무는 보시'는 생사 속에서 업을 짓는 일이기 때문이다.

본문

"수보리여, 보살은 다만 마땅히 가르친 바대로만 머물지니라."

수보리 보살단응여소교주
須菩提 菩薩但應如所教住

본문 주해

'가르친 바대로만 머물지니라.'라고 한 것은 머무는 바가 없음을 말씀하신 것이다. 그러나 머무는 바가 없음에 집착한다면, 이 또한 올바른 머무름이 아니다.

마음이 진실로 공하여서 머무는 바 없음마저도 없어야 한다. 마음이 참으로 진공(眞空)이 되면, 상(相)에도 집착하지 않고, 공(空)에도 집착하지 않으며, 집착하지 않는다는 상 또한 짓지 아니하며, 마치 허공과 같이 무엇에도 걸림 없이 되는 것이다. 이것이 부처님께서 말씀하신 '가르친 바대로만 머물 곳'이다. '가르친 바대로 머문다.'라는 것은 무심에 눌러앉아서 부동하라는 것이 아니다. 마음이 청정하되 그 청정부동한 근본 위에서 온갖 인연에 상응하여 분주하게 움직이는 것이다. 그러므로 옛분이 이르기를 '무심(무주)을 도(道)라고 이르지 말라. 무심도 오히려 한 겹 관문이 남아 있느니라.'고 하였다. 머무름이 없는 가운데서 큰 작용[大用]을 일으켜서 만 가지 행으로 자비공덕을 원만하게 베풀어야 한다. 이렇게 해야 부처님께서 '가르친 바대로만 머물지니라.' 고 하신 말씀을 원만하게 성취한 것이 된다.

이 경지에 대해서 옛분이 이르기를

'여기에 이르러서는(머무름이 없는 마음으로 걸림 없이 행하는 경지) 보고, 듣고, 느끼고, 아는 작용이 본래대로 받아 쓰는 가풍(진여자성의 작용을 금시인의 것으로 받아 씀)이며, 형색과 냄새와 맛과 촉감도 원래 (진여자성이) 노니는 도량이니라.' 고 하였다.

또 상에 머물러 보시하는 것은 머무름이 없는 대도(大道)를 어김이니, 단지 유루(有漏 : 생사속의 번뇌)의 과보가 감응할 뿐이어서 끝없는 큰 이익을 잃어버림이 마치 저 해와 달이 단지 교대로 밝게 할 수 있을 뿐, 낮과 밤을 두루 통할 수 없는 것과 같다 하였다.

부처님께서 문수사리에게 이르셨다.

"마땅히 어떻게 반야바라밀에 머물러야 하느냐?"

"법에 머무르지 않는 것을 반야바라밀에 머무른다고 하옵니다."

"어찌하여 법에 머무르지 않는 것을 반야바라밀에 머무른다고 이름하느냐?"

"상(相)에 머무름이 없는 것이 곧 반야바라밀에 머무르는 것이기 때문이옵니다."

이 머무름의 법이 전부다. 머무르지 아니함도 없고, 머무는 바도 없는 뜻인 것이다.

경에 이르기를 '여래께서 설하신 법은 모두 머무름이 없음을 따른다' 하였다. 그러므로 일체 성현은 모두 머무름이 없는 곳으로부터 비롯하신 것이다.

옛분의 게송을 읊는다.

단(檀)바라밀에 힘써 참되고 항상하는 진리에 계합(契合)하니
복이 허공과 같아 헤아리기 어려워라
그림자 없는 나무 꽃이 가득 만발하였으니
그를 따라 꽃을 꺽어 법중왕(法中王)께 바치도다

엄양 존자(嚴陽尊者)가 조주 스님에게 물었다.
"한 물건도 가지고 오지 않았을 때는 어떠합니까?"
"놓아 버려라."
"한 물건도 가져오지 않았는데, 무엇을 놓아 버립니까?"
"그러면 짊어지고 가거라."

어떤 스님이 보자(報慈)스님에게 묻기를 '망정이 생기면 지혜가 막히고, 상(相)이 변하면 체(體)가 달라집니다. 망정이 생기지 않으면 어떠합니까?' 라고 하였는데, 위의 공안이 이 질문과 같은 뜻이다.

엄양이 '한 물건도 가져오지 않았다.' 는 것은 마음 속에 단 한 가지도 지키는 것이 없다는 말이다. 마음 속에 한 티끌도 남아 있는 것이 없으니, 이것이야말로 청정일심으로 돌아간 것이 아니냐는 뜻이다. 그러나 이것은 하나만 알고 둘은 모르는 것이다. '한 물건도 가져오지 않았다.' 고 인식하는 것이 또 하나의 지킴인 것을 모른 것이다. '가져옴' 도 버려야 하고 '가져오지 않았음' 마저 버리지 않으면 안 된다. '유' 를 버리는 대신 '무' 를 쥔다면 이것은 달라진 것이 없다.

위의 공안에 대해 황룡(黃龍) 스님이 게송을 지었다.

한 물건도 가져오지 않았음이여
양 어깨에 짊어지고 일어서지 못하도다
말 끝에 문득 잘못을 깨달으니
마음 속은 무한한 기쁨이로다
독과 악을 이미 잊어버리고
뱀과 범을 친구로 하도다
요요한 천백 년이여 맑은 바람 아직 끝나지 않았도다

엄양 존자는 다니는 곳마다 항상 뱀 한 마리와 범 한 마리를 데리고 다녔다. 한번 잘못을 깨달아 '가져오지 않았음' 마저 버리고 양변을 훤칠히 벗어나서 자용진성(自用眞性)하니, 일체 시중의 사위의(四威儀)가 모두 진신(眞身)의 움직임이어서, 그 뜻을 감히 헤아릴 수 없다.

5. 이법(理法) 그대로 실답게 봄[如理實見分]

본문

"수보리여, 어떻게 생각하느냐? 몸의 모양으로 여래를 볼 수 있겠느냐?"

"없습니다. 세존이시여, 몸의 모양으로는 여래를 볼 수 없습니다. 왜냐하면 여래께서 설하신 바 몸의 모양은 곧 몸의 모양이 아니옵기 때문입니다."

수보리 어의운하 가이신상 견여래부 불야세존 불가이신상
須菩提 於意云何 可以身相 見如來不 不也世尊 不可以身相

득견여래 하이고 여래소설신상 즉비신상
得見如來 何以故 如來所說身相 卽非身相

본문 주해

모든 형상 있는 것은 변하지 않는 것이 없다. 무쇠도 변하고 태산도 변한다. 상에는 정해진 상이 없기 때문에 마침내 무너져서 흩어지게 되는 것이다. 몸도 마찬가지다. 늙고 병들어서 한줌의 재가 되어 허공에 흩어지니, 상은 상으로서 불변하는 실체가 없기 때문이다.

그러면 형상이란 무엇인가?

그것은 진여자성, 즉 공의 모습이다. 공이 인연에 응해 현실사태로 전개되어 있는 모습이 형상이다. 일념도 불생이고 실상무상인 공이 불가사의한 지혜를 작용하고 있는 모습이 곧 현상 세계의 모든 사물이다. 분노하는 마음이 오면 성난 모습으로, 자비로운 마음이 오면 자애로운 모습으로 나타낸다. 몸이 죽어 없어진 탐 · 진 · 치의 제8식이 오면 그것에 맞는 몸을 다시 만들어 주고, 보리심을 일으킨 상근기가 오면 보리도를 깨닫게 해준다.

현전에서 끊어짐 없이 움직이면서 변화해 가는 삼라만상이, 모두 진여가 오묘한 지혜작용을 자신의 질서 법칙에 따라 호리의 차이도 없이 운행하고 있는 모습이다.

우주 속에 있는 모든 형상 있는 것과 형상 없는 것, 목숨 있는 것과 목숨 없는 것, 움직이는 것과 움직이지 않는 것, 과거 · 현재 · 미래와 시방의 모든 것들이 진여를 '체(體)'로하고 있지 않은 것은 단 하나도 없다. 모두가 생각도 없고, 머무름도 없고, 형상도 없고, 작위(作爲)도 없는 진여가 인연 따라 응해 주면서 향상로(向上路)를 가고 있는 모습이다. 진여본체 한 몸이 우주 속 가득히 항하사 신통묘용을 나타내고 있는 것이다.

범부는 색신(色身)의 형상만 볼 뿐, 그 형상이 곧 진여, 법신(法身)인 것을 보지 못한다. 형상으로 여래를 볼 뿐, 여래의 참모습인 진여공을 보지 못하니, 이것은 바르게 보는 것이 아니다. 수보리가 '몸의 모양으로는 여래를 볼 수 없습니다.'라고 한 것이 바로 그 뜻이다.

증도가에서 말했다.

> 모양도 없고 공도 없고 공 아님도 없으니
> 바로 이것이 여래의 진실한 모습이로다
> **無相無空無不空** 무상무공무불공
> **卽是如來眞實相** 즉시여래진실상

형상도 떠나고 공도 떠나고 형상 없음마저도 떠나서 훤칠히 벗어나 있는 진공(眞空)인 것이다. 여래가 원만성실하여 한 티끌 흠결도 없는 것은 그체가 진공이라 무엇에도 걸림이 없기 때문이며, 이 공한 가운데에서 항사묘용이 나오는 것이다. 이처럼 완전하고, 무한하고, 영원한 것은 공이 아니면 안된다.

범부가 형상으로 여래를 보는 것은, 곧 상을 취함이 있기 때문인데, 아상(我相)과 법상(法相)에 집착한 결과이다. 마음이 무심이 되지 못하면 바르게 머무르는 것이 아니며, 바르게 머무르지 못하면 삿되게 본다. 여래를 형상으로 보면 그것이 곧 삿되게 보는 것이다. 참으로 바르게 머무는 자는 형상으로 끝나지 않고, 형상을 통하여 실상을 볼 수 있어서 색신 그대로 법신인 줄 안다. 그러므로 옛분이 이르기를 '색신이 이대로 법신이니 색신을 떠나서 따로이 법신을 구하지 말라.' 하였다. 그러므로 말하기를 바로 지금 가고, 머물고, 앉고 눕는 것을 향해서 간파해야 비로소 얻을 것이니, 매일 쓰는 것을 떠나서 달리 법신을 구한다면, 바로 귀신굴 속에서 살아갈 궁리를 하는 것이다.

도천 선사의 송을 읊는다.

몸이 바다 가운데 있으면서 물을 찾지 말고
매일 산마루를 오르면서 산을 찾지 말라
꾀꼬리 울음과 제비 지저귐이 다 비슷하니
앞도 삼이고 뒤도 삼(前三與後三 : 한 스님이 문수사리에게 '이곳의 불법은 어떠합니까?' 하고 묻자 문수사리가 대답한 화두)임을 묻지 말지니라

身在海中休覓水 신재해중휴멱수
日行嶺上莫尋山 일행영상막심산
鶯吟燕語皆相似 앵음연어개상사
莫問前三與後三 막문전삼여후삼

황벽 선사의 말씀대로 '무릇 도를 배우는 사람이 만약 요결을 알고자 한다면, 오직 마음 위에 한 물건도 붙이지 말지니라.' 라고 한 것과 같이 무심이 한결같아져서 부처님의 가르치심대로 바른 곳에 머물러 반야바라밀을 행하면, 여래의 형상 너머 실상무상을 보게 되고, 앞의 게송에서 말한 대로 이 몸 이대로 현전의 온갖 사물이 있는 그대로 해탈본체인 진여 실상을 보게 되어, 비로소 전삼삼 후삼삼의 문수 화두를 깨닫게 되는 것이다. 이미 모든 것은 본래부터 완성되어 있으되, 그것을 보지 못하는 것은 범부가 상을 버리지 못하여 반야바라밀을 하지 못하기 때문이며, 그리하여 바른 곳에 머물지 못하고 있는 것이다.

본문

부처님께서 수보리에게 이르셨다,

"모든 있는 바의 형상은 다 허망한 것이니라. 만약 모든 형상이 형상 아님을 보면 곧 여래를 보리라."

불고 수보리 범소유상 개시허망 약견제상비상 즉견여래
佛告 須菩提 凡所有相 皆是虛妄 若見諸相非相 卽見如來

본문 주해

비단 부처님의 색신 뿐만 아니라 무릇 형상 있는 것은 모두가 진실이 아니다. 만약 형상을 보되 그 형상이 허망하여 붙잡을 것이 없음을 알면, 이것이 바르게 보는 것이다. 여래를 형상으로 본다 함은 마음의 분별심이 상을 취한 것이어서, 마치 도적이 집안일을 좌지우지하고 주인은 깜깜한 뒤주 속에 갇힌 채로 태평스럽게 잠에 떨어진 형상이다.

몸의 형상을 보이신 것은 곧 몸의 형상이 없음을 보이신 것이다. 부처님의 참뜻은 모든 상이 허망한 것임을 깨달아 형상에 집착하지 않으며, 형상 없음에도 집착하지 않기를 바란 것이니, '형상 아님'의 참뜻은 바로 여기에 있는 것이다. 형상이 있고 없음 둘다 없어야 진여자성 자리에서 한 맛으로 항상 나타나게 되는 참된 반야바라밀이다.

도천 선사가 송을 읊는다.

> 상이 있음과 구함이 있음은 모두 허망한 것이며
> 형상이 없음과 봄[見]이 없음은 편고(偏枯)에 떨어짐이니

당당하고 조밀(稠密)하여 언제 일찍이 끊어진 적이 있었던가
한 줄기 차디찬 빛이 태허(太虛)를 비추는구나

有相有求俱是妄 유상유구구시망
無形無見墮偏枯 무형무견타편고
堂堂密密何曾間 당당밀밀하증간
一道寒光爍太虛 일도한광삭태허

있음과 없음을 모두 벗어나 붙잡을 것이 없음을 깨달으면, 눈에 닿고 귀에 들리는 것마다 잠시도 법신을 떠나 본 적이 없다.

'한 줄기 차디찬 빛'은 양변을 떠난 반야의 지혜이다. 혼탁하고 뜨거운 번뇌가 없는 진여본체의 광명이다. 이 광명이 우주의 근원에서 비추고 있다.

어떤 스님이 투자(投子) 스님에게 물었다.

"모든 소리가 부처님의 소리라고 하는데, 그렇습니까?"

"그렇지."

"스님은 방귀뀌는 소리 하지 마십시오."

투자 스님이 바로 후려치자

다시 학승이 물었다.

"거친 말과 자세한 말이 모두 제1의제(第一義諦)로 귀결한다는데 그렇습니까?"

"그렇지."

"스님을 한 마리 노새라고 불러도 되겠습니까?"

투자 스님은 또 후려쳤다.

이 학인은 제법실상(諸法實相)의 이치를 가지고 스님을 시험하려고 한다. 본래 일체법은 그대로 진여본체의 모습이다. 그러나 이것은 반야바라밀이 지극한 경지에 이르러 스스로 체득하는 이치인 것이지. 뜻으로 헤아려 이해해서는 맞지 않다.

투자 스님이 후려친 것은 학인의 알음알이를 후려친 것이다. 알음알이가 남아 있는 한 실상을 볼 수 없다.

두두물물(頭頭物物)이 그대로 실상임을 보기 위해서는 법과 법 아님을 모두 벗어나서 설사 부처라 해도 돌아볼 줄 모르는 청정무심이 아니면 안 된다.

6. 바른 믿음은 희유하다[正信希有分]

본문

수보리가 부처님께 여쭈었다.

"세존이시여, 두루 중생들이 이와 같은 말씀과 글귀를 듣고 실다운 믿음을 내겠나이까?"

부처님께서 수보리에게 이르셨다.

"그런 말을 하지 말아라. 여래가 멸한 후, 후 오백 세에 계를 지니고 복을 닦는 자가 있어서, 이 글귀에 능히 신심을 내어 이것으로 실다움을 삼으리라. 마땅히 알지니, 이 사람은 한 부처님, 두 부처님, 세 · 네 · 다섯 부처님에게서 선근을 심었을 뿐만 아니라, 이미 한량없는 천만 부처님 계신 곳에서 모든 선근을 심어서, 이 글귀를 듣고는 이에 한 생각에 깨끗한 믿음을 내게 되는 사람이니라.

수보리여, 여래는 다 알고 다 보나니, 이 모든 중생들은 이와 같이 한량없는 복덕을 얻느니라."

수보리 백불언 세존 파유중생 득문여시언설장구 생실신부
須菩提 白佛言 世尊 頗有衆生 得聞如是言說章句 生實信不

불고 수보리 막작시설 여래멸후 후오백세 유지계수복자어차
佛告 須菩提 莫作是說 如來滅後 後五百歲 有持戒修福者於此

장구 능생신심 이차위실 당지 시인불어 일불이불삼사오불
章句 能生信心 以此爲實 當知 是人不於 一佛二佛三四五佛

이종선근 이어무량천만불소 종제선근 문시장구 내지일념
而種善根 已於無量千萬佛所 種諸善根 聞是章句 乃至一念

생정신자 수보리 여래 실지실견 시제중생 득여시무량복덕
生淨信者 須菩提 如來 悉知悉見 是諸衆生 得如是無量福德

낱말의 뜻

· 후 오백 세(後五百歲) : 부처님께서 열반하신 후, 5백 년씩 다섯으로 끊어서 제1기는 해탈견고(解脫堅固)라 하여 깨달음을 얻는 이가 많고, 제2기는 선정(禪定)견고라 하여 선정을 보전하는 이가 많다. 제3기는 다문(多聞)견고라 하여 불법을 열심히 듣고, 제4기는 조사(造寺)견고라 하여 절을 짓고 탑을 세우는 일을 열심히 하며, 제5기는 투쟁(鬪諍)견고라 하여 자기의 주의 주장만을 고집하여 서로 다툰다. 후 오백 세는 제5기 오백 년을 말하는 것으로 이 오백 년 설은 대집경(大集經)에 있다.

일반적으로는 정법(正法), 상법(像法), 말법(末法) 시대로 구분해서 말하는데, 정법 시대는 불멸(佛滅) 후 오백 년간은 교(敎) · 행(行)이 충실하여 해탈이 있지만, 다음의 오백 년

인 상법 시대는 교와 행이 있되 해탈이 없고, 그 이후는 말법 시대로서 부처님의 교설만 있을 뿐, 실천도 없고 해탈도 없어서 법멸(法滅) 시대가 도래한다고 한다.

본문 주해

수보리가 부처님께 여쭌 것은 세존께서 처음 성도하시고 나서 걱정하셨던 그대로이다. 그래서 수보리는 '이 법은 참으로 미묘하고 알기 어려우니, 근기가 약하고 의심이 많은 중생들이 어떻게 믿을 수 있겠습니까?' 하고 여쭈어 본 것이다.

오로지 눈에 보이고 귀에 들리는 것에 집착하여, 그것을 좇아다니며 붙들려고 하는 중생들에게 이처럼 깊고 은밀한 이치는 참으로 믿고 받아들이기가 어려운 것이다.

중생들은 자신들이 다생(多生)에 걸쳐 스스로 증장시키면서 걸머지고 온 탐진치악견 등의 무명번뇌와 색 · 성 · 향 · 미 · 촉상의 5욕(五欲)의 맛과 습(習)에 속박되어 그것을 애탐 · 집착하면서 살아왔다. 또 저들이 몸담아 살고있는 세상의 질서와 제도와 체제와 교육과 가치기준도 5욕과 습(習)을 강화시켜서 소유의 확대증가를 부추긴다. 말법시대의 시세(時勢)가 이처럼 『소유와 5욕』을 중심가치로 하고 있는 이 지경에 무소득 · 무소유의 진여자성을 절대가치 · 참가치로 권장하는 것이 과연 설득력이 있는 일인가?

그러나 부처님 멸도 후, 후 오백 세에도 이미 오래 전부터 수많은 부처님 처소에서 마음을 항복시키며 무상(無相)의 법을 닦아온 자가 있으리니, 이런 사람은 한 마디만 듣고도 곧 신심을 내게 되는 것이다. 이는 오래 전부터 삼독심(三毒心)을 녹이며 선근(善根)을 심어온 까닭이다. '선근을 심는다.'는 것은 청정한 마음을 성취하기 위한 행을 말한다. 이른바 부처님의 교법을 믿고 따르며, 항상 잊지 않고 실천하여 누생에 쌓아온 탐 · 진 · 치 · 악견 등 마음의 독소를 제거하고, 가리어진 불성을 밝게 드러내고자 하는 것이다. 그리하여 온갖 악한 생각과 행동을 하지 아니하며, 여러 가지 선행을 하면서 그 뜻을 맑게 하는 것이니, 이는 애탐과 집착을 끊음으로써 상을 취하지 아니하고, 양변을 벗어나서 무소득의 반야혜안(慧眼)을 얻어 공을 깨닫고, 청정자성으로 돌아가기 위한 실천인 것이다. 어렵고 힘든 자들을 위해서 자비를 베풀고 스스로 인욕하면서, 악담과 비방을 듣더라도 원망하지 않고 더 나아가 그들을 교화하고, 계율을 지켜 살생하지 않고 속이지 않으며, 스스로 채찍하면서 방일하지 않는다. 이 모든 선한 마음 종자를 선 · 악, 미 · 추의 차별을 벗어난 반야 평등심으로 성숙시키면서 수많은 부처님 처소에서 오래도록 수행한 결과 마침내 청정심을 성취하게 되는 것이다.

'선근을 심는다.'는 것은 간단히 말해서 이 경에서 말하는 부처님 교설의 참뜻을 받들어 여섯 가지 바라밀을 힘껏 수행하는 것이다. 곧 보시 · 지계 · 인욕 · 정진 · 선정 · 지혜바라밀이다. 이 가운데에서 지혜바라밀이 이 경의 부처님 교설의 중심 덕목인데, 무엇에도 집착함이 없는 평등무이(平等無二)의 마음으로 나머지 다섯 가지 바라밀을 행한다. 이것이 자신을 위해서는 선근을 심는 수행이요, 또한 남을 이익 되게 하는 것이다.

'계를 지니고 복을 닦는 자'란 청정한 마음을 지니는 것을 말하며, 이 청정한 마음이 한량없는 복덕의 근본이다. 청정한 마음이란 상을 취하지 아니하며 바른 곳에 머무르는 마음인데, 곧 무주(無住)의 마음이다. 일체법에 머물지 아니하고, 머물지 않는다는 마음에도 머물지 않는다. 인공(人空)과 법공(法空)을 깨달아 붙잡을 것이라고는 한터럭도 없는 무소득심이 곧 청정한 마음이다. '계를 지니고 복을 닦는 자'란 청정한 마음을 닦는 자인데, 곧 반야바라밀을 행하는 자이다. 이런 사람이 부처님 멸도 후, 후 오백세에도 있다는 것이 부처님의 말씀이다.

6조께서 말했다.

'신심이란 반야바라밀이 능히 일체 번뇌를 제거할 수 있음을 믿으며, 반야바라밀이 능히 일체의 출세간 공덕을 성취할 수 있음을 믿으며, 반야바라밀이 능히 일체의 모든 부처님을 출생시킬 수 있음을 믿으며, 자기 몸 가운데 불성이 본래 청정하고 더러움에 물듦이 없어서 모든 부처님의 성품과 더불어 평등하여 두 가지가 없음을 믿으며, 6도 중생이 본래 형상이 없음을 믿으며, 일체 중생이 모두 능히 성불할 것을 믿으니, 이것을 깨끗한 신심이라 이름하느니라.'고 하였다.

'이에 한 생각에 깨끗한 믿음을 낸다.'는 것은 이미 수많은 부처님 처소에서 심오한 법을 많이 듣고 수행하여 취사 간택하는 마음이 없어져서 붙잡을 것이 없다는 이치를 알아 한 마디를 듣고도 금방 깨달아 버리며, 의심을 일으키지 않는 바, 오랜 과거에서부터 수승한 수행의 인(因)이 있었기 때문이다.

'여래는 다 알고 다 본다.'라는 말에 대해서 무착(無着)이 이르기를 '일체의 가고 머물면서 동작하는 가운데에서, 그 마음의 사온(四蘊 : 감수 · 표상 · 의지 · 분별의 정신 작용)을 알고, 그 의지하는 색신을 보나니, 그러므로 이러한 것 등은 선지식이 파악한 것을 나타내는 것이다. 논(論)에 이르기를 '만약 견[見]을 설하지 않으면, 혹 여래가 비지(比智 : 분별지)로 안다고 말할 것이며, 만약 지[知]를 설하지 않으면 혹시 여래가 육안(肉眼)으로 본다 할 것이므로 잠시 두 가지를 말함이니라.' 하였다.

무착의 이 설명은 심신 가운데에서 움직이고 있는 것 등이 모두 진여자성이 움직이는 모습임을 철증한 대오(大悟)의 경지를 말한다. 범부는 다만 분별심으로 낱낱의 경계에 집착하여 상을 취하기도 하고 버리기도 하지만, 깨달은 자는 그것이 모두 맑고 고요한 청정자성이어서 울고 웃을 일이 없다. 항상 청정자성이 오묘한 지혜로 나와 일체 사물에 있으니, 편안함과 원만함을 벗어나는 일이 없다. 항상 지복의 안온경지에서 무량한 자비공덕을 불가사의한 지혜로 쏟아내는 것이다.

이 진여자성으로 돌아간 자는 우주 속의 모든 지혜와 복덕을 자기 것으로 누리는 바, 그 복덕은 말로 할 수 없고 한량도 없다.

본문

"무슨 까닭인가? 이 모든 중생들은 다시는 아상 · 인상 · 중생상 · 수자상이 없으며, 법의 상도 없고, 법의 상 아님도 또한 없기 때문이니라.

무슨 까닭인가? 이 모든 중생들이 만약 마음에 상을 취하면, 곧 아 · 인 · 중생 · 수자에 집착하게 되며, 만약 법의 상을 취하면, 곧 아 · 인 · 중생 · 수자에 집착하는 것이기 때문이니라.

무슨 까닭인가? 만약 법의 상 아님을 취하면, 곧 아 · 인 · 중생 · 수자에 집착하는 것이기 때문이니라. 이러한 까닭에 응당 법을 취하지 말 것이며, 법 아님도 취하지 말지니라."

하이고 시제중생 무부아상 인상 중생상 수자상 무법상
何以故 是諸衆生 無復我相 人相 衆生相 壽者相 無法相

역무비법상 하이고 시제중생 약심취상 즉위착아인중생수자
亦無非法相 何以故 是諸衆生 若心取相 卽爲着我人衆生壽者

약취법상 즉착아인중생수자 하이고 약취비법상 즉착아인
若取法相 卽着我人衆生壽者 何以故 若取非法相 卽着我人

중생수자 시고 불응취법불응취비법
衆生壽者 是故 不應取法不應取非法

본문 주해

경에 이르기를 '마음이 생기면 갖가지 법이 생기고, 마음이 멸하면 법도 따라서 멸한다.' 고 한 바와 같이 법의 상은 마음이 경계에 반연함으로써 생기게 되는 것이다.

법의 상은 유(有)에 집착하여 상을 취한 것이고, 법의 상 아님은 무(無)에 집착하여 상의 버림을 취한 것이니, 법상을 취함도 잘못이고 비법상을 취함도 잘못이다. 그러므로 부처님께서 법의 상도 없고 법의 상 아님도 없다고 하신 것이다. '법의 상이 없다.' 하신 것은 법상에 집착하는 마음을 버리게 한 것이고, '법의 상 아님도 없다.' 고 하신 것은 비법상에 집착하는 마음 또한 버리게 한 것이다.

범부는 자신의 몸과 마음에 집착하여 아상(我相)을 짓고 아상이 있음으로 해서 애탐과 집착이 생기고 대상을 계교 분별하여 취사 선택하니, 이것이 곧 인상(人相)이 생김이다. 그리하여 온갖 차별상 속에서 생사우비고뇌(生死憂悲苦惱)를 받으면서 살아가는데, 이것이 중생상(衆生相)이다. 수자상(壽者相)이란 한번 태어난 목숨이 적어도 일정 기간 동안은 지속된다고 생각하는 것이다.

법상을 취하거나 비법상을 취함이 모두 '나'를 실유(實有)라고 착각하는 아견(我見)에 이어서 일어난 망상들 이며, 일체법 또한 무아인 진공(眞空)의 가법(假法)으로서 아무런 실체도 없다는 것을 알지 못하는 것이다.

도천 선사가 게송을 읊었다.

법상과 비법상이여
주먹을 펴면 다시 손바닥이 되도다
뜬구름 푸른 창공에 흩어지니
만리 하늘이 한 모습이로다

法相非法相 법상비법상
開拳復成掌 개권부성장
浮雲散碧空 부운산벽공
萬里天一樣 만리천일양

법상을 버리고 비법상을 취하면, 이는 주먹을 펴서 손바닥으로 변하게 한 것과 다름이 없으니, 바르게 머문다는 것은 손마저 떠나는 일이다. 애탐과 집착을 떨쳐 버리면 만리 하늘이 한 모습일 뿐이어서 진여자성, 청정본심밖에 다른 것이 없다.

신심명에서 말했다.

있음을 버리면 있음에 빠지고, 공을 따르면 공을 등지느니라.
마음을 가지고 마음을 쓰니 어찌 크게 잘못됨이 아니랴.

遣有沒有 從空背空 견유몰유 종공배공
將心用心 豈非大錯 장심용심 기비대착

온전하게 진공을 얻으려면 마음을 모두 내려놓아야 함에도 범부는 마음을 써서 공을 얻으려고 한다. 이것은 크게 잘못된 일이다. 앞에서 법상을 버리는 대신 비법상을 취하는 것 역시 마음을 가지고 마음을 써서 비법상을 취한 형국이니 결코 바른 법을 얻을 수가 없다.

4대 5음이 어디로부터 왔는지 그것이 비롯된 근원은 어디에 있는지 또 이 몸과 마음은 누구의 힘과 지혜를 입어 움직이는지를 알지 못한 채 오직 형상을 취하여 자기의 몸이라 여기고, 자기의 마음이라고 여기며, 6진 경계를 진실한 것이라고 믿는다. 몸과 마음은 본래 원만하고 영통(靈通)한 것이지만, 이처럼 참바탕을 외면해 버리고 분별심이 만든 허망경계에 정신을 빼겨 버리면 본래의 참자기는 드러나지 못한 채 덮혀 버리고 만다.

이처럼 자기의 진실인 원만한 체(體)와 영통한 용(用)이 번뇌장(煩惱障)과 소지장(所知障)의 장애를 받아 나타나지 못하다가 이 경을 듣고 문득 깨치면 본래부터 자기 속에 일대사가 완성되어 있었음을 알게 된다.

당장 상념을 끊고 분별을 쉬면 저절로 부처님이 현전하지만 범부는 이것을 알지 못하고 부질없이 '나'가 없는 곳에 '나'를 세워 스스로 부처를 등지고, 고통의 바다 속으로 뛰어들어 어리석은 중생이 되는 것이다.

진여법계는 확연탕활(廓然蕩豁)하여 도무지 걸리적거리는 것이 없는 곳이다. 거기에 무슨 법상이니 비법상이니 하는 것이 있을 것인가? 텅 빈 진공이 오묘하게 작용하여 묘하게 있음을 보이되, 본체는 형상도 없고 생각도 없고, 없다는 것마저도 없다. 그렇게 청정 부동한 근본에서 모르는 것 없이 절묘하게 처처(處處)에서 나타나며 만법을 「이 하나」로 귀일시키는 불사(佛事)를 잠시도 쉬지 않는다.

밀사백(密師伯)이 동산(洞山)과 함께 길을 가다가 흰 토끼가 면전에서 달려 지나가자 밀사백이 말했다.

"날쌔구나."

동산이 말했다.

"어떻습니까?"

"마치 백의(白衣)가 재상의 벼슬을 배수(拜受)한 것 같다."

"대단하신 분이 그런 말을 하십니까?"

"그대는 어떠한가?"

"누대(累代)의 높은 벼슬이 잠시 사이에 몰락했습니다."

밀사백은 신산승밀(神山僧密) 선사이다. 밀사백이 '마치 백의가 재상의 벼슬을 배수한 것 같다.' 한 것은 한 마리 흰 토끼로 발현된 일진본체를 말한다. 토끼의 형상에는 실상무상의 진공이 나타나 있음을 말한 것이다. 그러나 문제는 그와 같은 의리(義理)를 일으킨 데 있다. 진실로 그와 같은 이치를 볼 때는 그러한 앎이 개입되지 않는다. 알음알이가 끼어들었다 하면 벌써 빗나간 것이다.

어느 날 밀사백과 동산이 길을 가다가 물을 건너게 되었는데, 동산이 물었다.

"물을 건너는 일이 어떠합니까?"

"다리를 적시지 않는다."

"대단하신 분이 그런 말을 하십니까?"

"그대는 어떠한가?"

"다리가 젖지 않습니다."

동산스님이 '대단하신 분이 그런 말을 하십니까?' 한 것은 밀사백의 '다리를 적시지 않는다'는 말에 알음알이가 있어서 무념 · 무상의 진여본체를 여여하게 시행하지 못했다고 꼬집는 말이다.

'다리를 적시지 않는다'와 '다리가 젖지 않는다'는 어떤 차이가 있을까? 이전의 공안에서 '누대에 걸친 높은 벼슬이 잠시 사이에 몰락했다.'는 것은 사람마다 빠짐없이 본래부터 본분사는 완성되어 있어서 진여자성은 부족함이 없고 더럽혀짐도 없고 훼손되는 일도 없지만, 범부가 상을 취하여 아 · 인, 유 · 무, 부처 · 중생, 법 · 비법을 분별하고 간택하기 때문에 깨닫지 못한다는 것을 지적한 말이다. 본래 부처이지만 한 생각 아 · 인의 상을 짓고 애탐과 집착을 일으키니 이로부터 몰락하여 중생으로 떨어진 것이다.

본문

"이런 뜻인 까닭에 여래가 항상 설하시되 '너희들 비구들은 나의 설법을 뗏목의 비유와 같이 알지니, 법도 오히려 마땅히 버려야 하거늘, 하물며 법 아닌 것에 있어서랴.' 한 것이다."

이시의고 여래상설 여등비구 지아설법 여벌유자 법상응사
以是義故 如來常說 汝等比丘 知我說法 如筏喩者 法尙應捨

하황비법
何況非法

본문 주해

범부가 범부인 것은 무명으로 분별하는 의식을 자기의 마음으로 삼아 상을 지어 취사선택 하면서 살아가기 때문이다.

부처님의 교설은 이러한 범부의 의식을 향해서 말하지 않을 수가 없다. 궁극적인 이치는 말과 생각이 없지만, 이것을 말을 빌려 설명하지 않을 수 없으므로 부득이 임시로 법상과 비법상을 세운다. 이것이 뗏목이다. 강을 건너고 나면 뗏목을 버리듯이, 온갖 법상이 모두 자기 분별심인 줄 알아 상에 집착하지 않게 되면, 법상과 비법상을 모두 버리게 되는 것이다.

진여자성을 깨닫지 못했을 때는 부처님의 법이 없어서는 안 된다. 그러나 부처님의 법을 받들고 수행하여 진여자성을 깨닫게 되면 나도 없고 너도 없는 일진본체(一眞本體) 진여자성일 뿐이며, 그 진여자성도 무념(無念)이고, 무주(無住)이고, 무상(無相)이어서 법을 취사하는 나도 없고, 취사할 법도 없고, 없다는 생각마저 떠난 공적한 본체에서 오묘하게 나타나니, 곧 진공(眞空)의 묘유(妙有)이다.

참으로 진여자성의 경지를 알고자 한다면 안으로는 마음을 비워 허공과 같이 하고, 밖으로는 한 법도 보지 않아야 비로소 상응하게 되는 바, 그러므로 '법도 마땅히 버려야 하거늘, 하물며 법 아닌 것에 있어서랴.' 하신 것이다.

옛분들의 게송으로 종지를 설명한다.

부대사(傅大士)가 게송으로 말했다.

강을 건너감에 모름지기 뗏목을 써야 하나
언덕에 닿으면 배는 소용이 없나니
인(人) 법(法)에 실체가 없음을 알면
진리를 깨달았음이라
어찌 통발[筌 : 방편전]을 수고롭게 하랴
중도(中道)에도 오히려 빠지게 되나니
누가 양변에서 논하는가
유와 무에서 만약 하나를 취한다면
곧 마음밭이 더럽혀지리라

渡河須用筏 도하수용벌
到岸不須船 도안불수선
人法知無我 인법지무아
悟理詎勞筌 오리거로전
中流仍被溺 중류잉피익
誰論在二邊 수론재이변
有無如取一 유무여취일

卽被汚心田 즉피오심전

이어 도천 선사의 게송을 읊는다.

종일 바쁘고 바쁘지만
어떤 일도 방해롭지가 않다.
해탈도 구하지 않고
천당도 즐기지 않나니
다만 능히 한 생각에 무념으로 돌아가면
높은 걸음 비로정상을 가도다
終日忙忙 종일망망
那事無妨 나사무방
不求解脫 불구해탈
不樂天堂 불락천당
但能一念歸無念 단능일념귀무념
高步毘盧頂上行 고보비로정상행

부대사의 게송은 붙잡을 것이 없는 무소득심의 반야바라밀을 말하는 바, 양변은 말할 것도 없고 중도에도 머물지 않아야 비로소 올바른 머무름인 것을 말하고 있다.

도천 선사의 게송은 분주하게 움직이지만, 마음은 청정부동하여 조금도 방해롭지 않은 것을 말하는 바, 청정부동한 마음은 진공이며, 분주함은 묘유이다. 진공이 곧 묘유이니, 분주함이 곧 청정함이라서 비록 몸이 아무리 분주해도, 마음은 맑고 고요하여 움직임이 없다.

비로정상이란 비로자나(毘盧遮那)의 정수리 위이며, 부처님의 진신(眞身)이다. 마음이 자심진여를 깨달아 비로자나의 용(用)을 행하는 것을 말한다.

7. 얻을 것도 없고 설한 것도 없다[無得無說分]

본문

"수보리여, 어떻게 생각하느냐? 여래가 아뇩다라삼먁삼보리를 얻었느냐? 여래가 설한 바 법이 있느냐?"

수보리가 말씀드렸다.

"제가 부처님께서 설하신 바의 뜻을 알기로는 아뇩다라삼먁삼보리라고 이름할 정해진 법이 없으며, 여래께서 설하실 만한 정해진 법 또한 없나이다. 왜냐하면 여래께서 설하신 바 법은 모두 취할 수 없고, 설할 수 없으며, 법이 아니고, 법 아님도 아니기 때문이옵니다."

수보리 어의운하 여래 득아뇩다라삼먁삼보리야 여래유
須菩提 於意云何 如來 得阿耨多羅三藐三菩堤耶 如來有

소설법야 수보리언 여아해불소설의 무유정법명아뇩다라
所說法耶 須菩提言 如我解佛所說義 無有定法名阿耨多羅

삼먁삼보리 역무유정법여래가설 하이고 여래소설법 개불
三藐三菩提 亦無有定法如來可說 何以故 如來所說法 皆不

가취 불가설 비법 비비법
可取 不可說 非法 非非法

본문 주해

범부의 세계는 번뇌망상의 세계이고, 번뇌망상의 세계는 무명에서 비롯한 거짓의 세계이고, 이 양변적 거짓의 세계에는 아뇩다라삼먁삼보리라고 할 법이 있다.

양변적 앎의 세계란 모든 사물을 <2변적>으로 인식하는 말과 문자의 세계이다. 사물의 진실을 아는 것이 아니라, 무명으로 형상을 분별하여 말과 문자로 생각하고 말과 문자로 파악하는 것을 말한다. 사람의 장식(藏識-제8아뢰야식)속에는 이미 사물에 대한 미망(迷妄)의 정보가 수록되어 있어서, 사물을 대할 때마다 이 정보를 끄집어 내어 2분법 구조의 지식으로 이해하는 것이다. 일찌기 중생의 마음은 진리를 깨달은 적이 없었고, 그 마음이 지어낸 문자 또한 진리를 깨달은 적이 없었다. 이처럼 무지한 심의식과 문자가 어떻게 진리를 생각할 수 있고, 말할 수 있겠는가? 아뇩다라삼먁삼보리라는 법은 바로 말이고 문자일 뿐, 부처님의 참뜻은 글귀에 있는 것이 아니다. 문자도 참이 아니고, 그 문자가 매개하는 뜻도 지식을 넘어서 무명을 여읜 지혜로 알아야 한다.

부처님께서 이처럼 진실이 아닌 말과 글자를 쓰시는 까닭은 말과 글로써 말과 글을 버리도록 범부를 가르치시는 것이니, 만약 그 뜻을 알지 못하고 법상이니 비법상이니 아뇩다라삼먁삼보리니 하면서 상을 지어 문자에 집착한다면, 부처님과 상응할 날이 없게 되는 것이다. 열반은 2변적 앎을 초탈한 진여자성의 참 성품과 본래지 · 자연지(本來智 · 自然智)의 경지이고, 이 속에는 한 글자도 없고 한 모양도 없어서 아뇩다라삼먁삼보리라고 할 법 또한 있을 수가 없다.

증도가에서 말했다.

> 이름과 형상을 분별하여 쉴 줄을 모르며
> 바다에 들어가 모래알을 세느라 공연히 스스로를
> 피곤하게 하도다.
> **分別名相不知休** 분별명상부지휴
> **入海算沙徒自困** 입해산사도자곤

부처님께서 말씀하신 아뇩다라삼먁삼보리의 참뜻은 우주 속의 온갖 차별적인 모습을 낱낱이 빠짐없이 잘 보되, 그 차별상들의 본질인 청정부동하는 진여자성을 분명하게 보는, 바르고 원만한 부처의 지혜를 말한다. 이 깨달은 지혜는 말과 글자를 분별하면서 거기에 집착하는 한, 결코 얻을 수 없는 경지이다. 깨달음의 당체(當體)는 온 우주 법계가 오직 이 하나의 진여자성 바다이며 일체 사물이 차별 없는 평등무이(平等無二)의 한 몸으로 여기서는 '나' 라는 존재가 별개로 있는 것이 아니다.

신심명에서 말하였다.

> 진여의 법계에는 남도 없고 나도 없어라
> **眞如法界 無他無自** 진여법계 무타무자

진여법계는 이미 생각을 끊고서 도달한 경지이다. 진여법계는 생각을 지닌 채로는 결코 도달할 수 없는 곳이다. 이미 생각을 끊고 도달한 곳이 진여법계이니, 다시 무슨 생각이 있을 것이며, 어찌 일물(一物)인들 있을 것인가.

그 경지에 대해서 신심명이 말한다.

> 허허로이 밝아 스스로 비추나니 애써서 마음을 쓰지 않도다
> 생각으로 헤아릴 곳이 아니니 의식과 망정으로는 측량하기 어렵도다
> **虛名自照 不勞心力**　허명자조 불로심력
> **非思量處 識情難測**　비사량처 식정난측

어리석은 범부들이 부질없이 분별심을 움직여서 상을 취하고 말과 생각에 의지하여 그 속을 헤매고 다녀 보아야 모두가 업을 짓는 일이 될 뿐, 본분사(本分事)와는 전혀 상관 없는 일이다.

요결은 말과 생각을 끊고 상대적 인식분별을 벗어나서 양변에 머물지 않고 중도에도 머물지 않으면, 부처와 상응하게 되어 통하지 않는 곳이 없게 된다.

그러므로 증도가에서 말했다.

> 마음거울 밝게 비추어 걸림이 없으니
> 확연히 항사세계를 두루 밝게 사무치도다
> **心鏡明鑑無碍**　심경명감무애
> **廓然瑩徹周沙界**　확연영철주사계

'취할 수가 없다[不可取].'를 무착(無着)이 설하되 바르게 듣는 때라 하였는데, 이는 바르게 듣는 자는 취할 것이 없음을 알기 때문이다. 또 '설할 수가 없다[不可說].'는 바르게 설할 때를 말한다고 한 바 이는 궁극적 경지는 말과 생각 이전 이어서 설할 수 없음을 뜻한다. 또 '법이 아니다[非法].' 라고 한 것은 분별하기 때문이며, '법 아님도 아니다[非非法].' 한 것은 법에 아(我 : 실체)가 없기 때문이다. 즉 법의 실체가 공하여 '아니다' 했지만, 또한 묘공이어서 '아님도 아니다' 한 것이다.

논(論)에서 말하였다. 저 법과 법 아님은 진여에 의지하여 뜻을 설명한 것이니 '법이 아니다[非法].'는 일체법이 체(體)에 상이 없기 때문이고, '법 아님도 아니다[非非法].' 한 것은 진여에는 독립적인 실체는 없고 실상(實相)은 있기 때문이다.

요컨대 아뇩다라삼보리법을 말한 것은 깨닫지 못한 범부에게는 건너야 할 강이 있어서 뗏목이 필요한 것과 같고, '법이 아니다[非法].'라고 한 것은 깨달으면 뗏목은 없으니 법이 아니라고 한 것이다. 그러나 기실 깨달은 진여자성의 경지에서는 법과 법 아님 모두가 없으니 '법 아님도 아니다.' 한 것이다.

도천 선사가 게송으로 말했다.

이렇게 해도 아니 되고
이렇게 하지 않아도 아니 되니
탁 트인 넓은 허공에
새는 날지만 자취가 없구나 쯧쯧!
기륜(機輪)을 휘어잡아 뒤집어 거꾸로 돌리니
남북동서를 멋대로 왕래하도다

恁麻也不得	임마야부득
不恁麻也不得	불임마야 부득
廓落太虛空	확락태허공
鳥飛無影迹咄	조비무영적돌
撥轉機輪却倒廻	발전기륜각도회
南北東西任往來	남북동서임왕래

이렇게 함도 이렇게 하지 않음도 양변 속의 일이다. 양변을 벗어나니 곧 조도(鳥道)여서 분주하게 다녀도 자취가 없다.

해도 함이 없어서 자취가 남지 않을 수밖에 없다. 기틀의 바퀴를 거꾸로도 돌리니 마구니의 말을 집어삼켜도 부처의 말이 되어 나오고, 독(毒)을 삼켜도 꿀이 되어 나온다.

약산(藥山) 스님이 오랫동안 법좌에 오르지 않자 원주(院主)가 사뢰었다.

"대중들이 오랫동안 가르침을 기다리고 있사오니, 청컨대 스님께서 대중들을 위해 설법해 주십시오."

약산이 종을 치게 해서 잠시 후 대중들이 모이자 스님은 법좌에 올라가 한참 동안 묵묵히 있다가 말없이 법좌에서 내려와 곧바로 방장으로 돌아가 버렸다. 원주가 따라가서 물었다.

"스님께서 아까는 대중을 위해서 설법해 주시겠다고 허락하시고서 어찌하여 한 말씀도 내리시지 않으십니까?"

"경(經)에는 경사(經師)가 있고 논(論)에는 논사(論師)가 있는데, 어찌하여 노승을 괴이하게 여기느냐?"

약산 스님이 법좌에 올라가서 한참 양구(良久)하다가 그냥 내려와 버린 것이야말로 참다운 법을 보인 것이다. 원수는 말과 언구가 불법인 것으로 알고 있으니 잘못이 크지 않을 수 없다. 말과 생각이 끊어진 본지의 풍광을 생각으로 헤아려서 알려고 해본들 옳은 도리가 아니다. 혜홍각범(慧洪覺範)이 이르기를 '한 암자에서 벽력 같은 혓바닥을 깊이 갈무리하노니 삼라만상이 제각기 분수 따라 설법하게 하라.' 하였다. 말과 생각은 심의식의 소산(所產)으로 본분에는 그와 같은 심의식이 없다. 그러므로 말했다 하면 어긋나고, 한 생각이라도 일으켰다 하면, 천 리 만 리로 멀어진다. 삼라만상이 제각기 보여 주는 낱낱이야말로 진여본체의 진실한 설법이다. 사람의 말이 진실한 설법이기 위해서는 중생심으로 하는 설법이어서는 틀려 버린다. 번뇌장과 소지장을 말끔히 없앤 말이어야 진실한 설법이다. 일체지(一切智)를 철저히 깨친 지혜로 행하는 설법이어야 진실한 설법이다. 그러므로 이 설법은 설함이 없는 설법이며, 설할 법도 없는 설법이며, 설하는 자도 설함을 듣는 중생도 없는 설법이다. 일체의 상을 떠난 진공이 하는 설법이니 자연 그러한 것이다. 오직 이것이야 말로 '진실' 자체가 스스로 '진리'를 말하는 '진정한 설법'이다.

증도가에 '설할 때도 설함이 없고 설하지 않을 때도 설함이여, 크게 베푸는 문을 열어 옹색함이 없도다.'라고 한 바와 같이 무심 가운데에서 온갖 지혜묘용과 자비공덕을 가없이 베푸는 것이다.

중생들의 병이 가지가지인 까닭에 부득이 부처님께서 방편을 베풀어 이렇게 저렇게 설명하신 것이다. 어떤 외도가 세존께 묻기를 '말 있음으로 묻지 않고 말 없음으로도 묻지 않습니다.'고 하자 세존께서는 묵묵히 양구하셨다. 그러자 외도는 절을 올리고 말했다. '세존께서 대자대비하셔서 제 미혹의 구름을 제거해 주시고, 저로 하여금 도(道)에 들어가도록 하셨습니다.' 약산 스님이 법좌에 올라 한 마디 말도 없이 묵묵히 양구한 것이야말로 곧바른 법을 보인 것이었으나, 오히려 원주는 스님이 한 마디도 하지 않은 것을 괴이하게 여겼으니, 이는 허망한 상을 지어 거짓 법을 좇아다니는 어리석은 범부의 모습을 보여준 것이다.

본문

"그 까닭이 무엇인가 하면 일체 성현은 다 무위법으로써 차별이 있기 때문이옵니다."

소이자하 일체현성 개이무위법 이유차별
所以者何 一切賢聖 皆以無爲法 而有差別

낱말의 뜻

· 무위법(無爲法) : 유위(有爲)의 상대어. 생멸변화를 여읜 상주절대(常住絶對)의 법. 본래는 열반의 이명(異名)이었지만, 뒤에 여러 종류의 무위를 세웠다. 유부(有部) 등의 3무위(三無爲), 유식종의 6무위(六無爲) 등이 있다. 그러나 모두가 하나의 진여자성을 설명하는 방법에 따라 세운 것일 뿐, 여러 가지 무위법이 따로따로인 것은 아니다. 무위법은 유위법을 떠나서 따로 있는 것이 아니고, 일체법의 보편적 진실로서 현상세계의 원동력이자 운동 원리이다. 그러므로 모든 유위법의 본질은 무위법이다. 범부는 유위인 현상적 측

면밖에 보지 못하지만, 성인은 무위인 현상계의 본질까지도 본다.

본문 주해

'일체 성현이 다 무위법으로서 차별이 있다.' 고 하는 것은 비록 3승(三乘)의 현성(賢聖)이 견해의 깊고 얕음에 있어서 서로 차별은 있으나, 모두가 무위(無爲 : 진여자성)의 근본 위에서 차별을 보인 것이니, 진실로 말한다면 그 차별 있는 것마저 차별 없는 무위인 것이다.

옛분이 말했다.

'일체 현성의 증득한 바 법이 다 무위로써 차별이 있으나, 이 차별은 곧 무위라. 중간과 양변을 멀리 벗어났음이로다. 이러한즉 한 맛 무위법이 성문(聲聞)에게 있으면 4제(四諦)라 하고, 연각(緣覺)에게 있으면 12인연법(十二因緣法)이라 하며, 보살에게 있으면 6바라밀이라 하나니, 6바라밀, 12인연법과 4제가 낱낱이 취할 것도 없고 설할 수도 없음이로다.'

그러므로 논(論)에 이르기를, '모든 성현이 다만 진여의 청정함에 의지하여 그 이름을 얻었다.' 하였는 바, 그 차별적인 이름이야 어떻든 모두 무위여서 취하여 얻은 법도 없고 가히 설할 법도 없는 것이다.

옛분이 게송으로 말했다.

> 한 가지 금으로 갖가지 그릇을 만듦은
> 모두가 장인(匠人)의 지혜로 비롯하였으니

하필이면 비야성(毘耶城)에서
사람마다 불이법문(不二法門)을 설하랴

온갖 형상의 그릇이 모두 금으로 만들어진 것이어서 금을 떠나지 않았다. 진여자성의 오묘한 지혜작용이 나타난 것이 우주 속의 온갖 차별상이다. 비야성은 유마힐이 있던 곳이다. 문수보살 이하 수많은 보살중(菩薩衆)이 유마힐의 질문에 답하여 불이법문(세상의 모든 차별상들이 모두 진여자성 한 바탕인 진리)을 말하였으나, 목전에서 눈에 닿고 귀에 들리는 모든 차별상이 그대로 무위진여의 모습이다. 무엇을 설할 것이 있느냐, 마음만 쉬면 그대로 만법이 무위로 돌아가니, 그러므로 신심명에서 말한다.

양단(兩段 : 차별)을 알고자 하는가, 원래 하나의 공,
진여자성 이니라.
欲知兩段 元是一空 욕지양단 원시일공

이 공이 우주만상의 차별을 모두 전개하고 있는 것이다. 차별상은 진여자성의 지혜이고, 거기에는 일진본체의 향상의 정신이 담겨있는 것이다. 이것을 오염된 마음으로 분별하니 거기에서 생사고뇌가 생기고, 혼탁한 세계가 이숙(異熟)한 것이다.

원래 한 가지인 진여자성은 온갖 인연에 따라 가지가지 차별상을 내지만, 이 또한 아득한 극처(極處)를 지향해 가는 원대한 향상로 상의 한 시공간 점이다. 부디 사물에서 일진본체와 그 '용(用)'을 보아야 한다.

8. 법에 의지하여 나타내다[依法出生分]

본문

"수보리여, 어떻게 생각하느냐? 만약 어떤 사람이 삼천 대천 세계를 가득 채운 칠보로 보시한다면, 이 사람이 얻는 바 복덕이 얼마나 많다 하겠느냐?"

수보리가 말씀드렸다.

"매우 많습니다. 세존이시여, 왜냐하면 이 복덕은 곧 복덕의 성품이 아니기 때문이며, 그러므로 여래께서 복덕이 많다고 설하셨습니다."

수보리 어의운하 약인만삼천대천세계 칠보이용보시 시인
須菩提 於意運河 若人滿三千大千世界 七寶以用布施 是人

소득복덕영위다부 수보리언 심다세존 하이고 시복덕 즉
所得福德寧爲多不 須菩提言 甚多世尊 何以故 是福德 卽

비복덕성 시고여래설복덕다
非福德性 是故如來說福德多

낱말의 뜻

· 삼천대천세계(三千大千世界) : 수미산을 중심으로 그 주위에 4주(四洲 : 남쪽은 염부제, 동쪽은 불바제, 서쪽은 구야니, 북쪽은 울단월)가 있고, 그 바깥에 9산(九山)과 8해(八海)가 있는데, 이것이 소세계로서 우리가 사는 세상이다. 위로는 색계의 초선천(初禪天)에서부터 아래로는 지하의 풍륜(風輪)까지 포함된다. 이러한 세계 천 개가 소천세계이고, 이 소천세계(小川世界) 천 개가 중천(中天)세계, 중천세계 천 개가 대천세계이다. 삼천 대천 세계란 우리가 사는 세계를 천 배하고, 그 소천세계를 다시 천 배하고, 다시 그 중천세계를 천 배한 큰 세계라는 뜻이다. 그러므로 하나의 대천세계를 뜻하는 것이다.

· 칠보(七寶) : 일곱 가지 보물 ① 금 ② 은 ③ 유리(瑠璃 : 청색의 옥) ④ 파리(頗梨 : 수정) ⑤ 차거(車渠 : 무게 수십관의 대합 조개로서 갈면 백옥같이 됨) ⑥ 적진주(赤眞珠) ⑦ 마노(碼碯 : 깊은 녹색의 옥)

본문 주해

삼천대천세계를 가득 채운 칠보를 보시하여 얻는 복덕은 어떤 것인가? 보시하는 사람이 상을 취하여 대천세계를 가득 채운 칠보로 보시함을 인식하고 그 인연의 공덕으로 복을 많이 받을 것으로 헤아린다면, 이는 낱낱이 상을 취하여 형상에 집착한 것으로 유(有)에 떨어진 것이다. 유(有)에 떨어진 복덕은 곧 생사 속의 복덕이어서, 증감(增減)과 생멸(生滅)이 있으니, 머지않아 복덕이 다하면 이번에는 재앙과 고통이 번갈아 찾아온다. 그리하여 비록 삼천 대천 세계를 가득히 채운 칠보로써 보시하여 큰 복덕을 얻는다 하더라도, 생사고뇌에서 한 발짝도 벗어날 수 없다. 그러므로 유위의 복짓기는 3생의 원수라 한 것이다.

마음에 능소(能所 : 主觀, 客觀)가 있으면 이것은 상에 머무는 보시라 모두가 업이 될 뿐이니, 가고 오는 뜬구름 같은 복을 붙들어 본들 수중에 남는 것이 무엇이 있을 것인가? 마음에 주체와 객체, 나와 남, 부분과 전체, 유와 무, 시(是)와 비(非), 생과 사가 분열하고 대립 · 충돌하게 되는 것은 <온 우주 법계가 하나의 일진본체>인 궁극적 진리를 알지 못한 채 개개의 사물을 형상따라 분열하고 그 차별상에 집착하기 때문이며 이렇게 분별된 내용을 주체 · 객체/주어 · 술어 · 목적어 구조의 언어문자로 나타내기 때문이다. 사실 언어문자는 중생의 무명심(無明心) 따라 형성 발전되어 왔으므로 진리에 부합하지 못하는 것은 당연하다 하겠다.

그리하여 이 모든 신구의(身口意)가 진리의 역학운동과 충돌하는 것이 업(業)이고 그 충돌로 생긴 충돌파장을 되돌려 받는 것이 업의 과보인 것이다. 그러므로 수보리가 세존께 아뢰기를 상에 머무는 보시의 복덕은 허깨비와 같아서 복덕의 성품이 아니라고 한 것이다.

증도가에서 말했다.

> 근원을 바로 끊음이 부처님이 인가하신 바요
> 잎 따고 가지 찾음은 내가 할 일 아니로다

直截根源佛所印　　직절근원불소인
摘葉尋枝我不能　　적엽심지아불능

잎 따고 가지 찾는 것은 상에 머물러서 행하는 보시이다. 어리석은 유루(有漏 : 번뇌)의 업은 부처님께서 가르치신 참뜻이 아니라는 것이다. 모름지기 나무를 쓰러뜨리고자 한다면 밑둥치를 잘라야 할 것이다. 잎 따고 가지쳐서 언제 나무를 쓰러뜨릴 날이 올 것인가. 참다운 복덕의 성품도 이와 같아서 아 · 인, 유 · 무, 시 · 비의 두 변을 없애서 번뇌의 흐름을 끊고, 상에 머무름 없이 행하는 보시어야 한다. 수보리가 '매우 많습니다.' 하고 대답한 것은 이른바 상에 집착한 복덕을 말한 것이니 그러므로 '복덕의 성품이 아닙니다.' 한 것이다. 진실로 크고 변함이 없는 복덕은 자성복덕이다. 상을 떠나 두 가지가 없는 청정자성으로 행하는 보시여야 그 복덕이 한량없고 끝이 없는 것이다. 생사고뇌를 떠나 지극한 복덕을 변함없이 누리는 곳은 진여자성의 힘과 공덕과 지혜밖에 없다.

6조께서 말했다.

'삼천 대천 세계의 칠보를 가지고 보시하면 복을 얻음이 비록 많으나 자성에는 하나도 이익이 없나니, 마하반야바라밀다에 의지하고 수행하여 모든 유(有)에 떨어지지 않으면, 이것을 복덕성이라 이름하느니라. 마음에 능소(能所)가 있으면 복덕성이 아니요, 능소심이 멸해야 이것을 곧 복덕성이라 이름하느니라.'

여래께서 '복덕이 많다.' 고 하신 것은 상에 머무는 보시로서 증감, 생멸의 복덕을 말씀한 것이다. 증감하고 생멸하는 복덕이라면, 그것을 어찌 진실한 복덕이라 할 수 있을 것이냐는 말씀이다. 옛분이 이르기를 '자성을 미혹한다면, 복을 어찌 건질 수가 있겠느냐?' 고 한 것도 같은 말이다.

도천 선사가 송을 읊었다.

보물로 삼천 대천 세계를 가득 채워도
복의 인연은 응당 인천(人天)을 떠나지 않으니
만약 복덕이 원래 성품이 없음을 알면
풍광(風光)을 사는 데 돈을 쓰지 않으리

寶滿三千及大千 보만삼천급대천
福緣應不離人天 복록응불리인천
若知福德元無性 약지복덕원무성
買得風光不用錢 매득풍광불용전

주상보시(住相布施)는 그것으로 얻는 복덕이 생사 속의 것이기 때문에 머물러 있지 않으며, 보시의 업력(業力)이 다하면, 다시 슬픔과 고통을 받지 않을 수가 없다. 그래서 생사를 막아 주지도 못하고 재앙과 슬픔도 없애 주지 못한다. 오직 요결은 반야바라밀이니 생각을 벗어나서 양변을 떨쳐 버리고, 떨쳐 버렸다는 상마저 짓지 않으면 진여자성이 본래 갈무리하고 있는 무한복덕을 한꺼번에 성취할 수 있다. 그런데 무엇 때문에 낱낱이 상에 머물러 마음을 쉬지 못하고 거짓 복덕을 좇아 다닐 것인가?

위 게송 가운데에서 '풍광'은 본지풍광(本地風光 : 진여자성의 경지)을 말하며, 게송의 뜻은 일체법의 성품이 공함을 깨달아 진여자성을 성취하는 것을 말하고 있다. 이는 곧 반야바라밀을 말한 것이다.

본문

"만약 또 어떤 사람이 이 경 가운데서 받아 지니고 이에 사구게 등을 남을 위해 말해 주면, 그 복이 저것보다 수승하리라.

무슨 까닭인가? 수보리여, 모든 부처와 모든 부처의 아뇩다라삼먁삼보리법이 모두 이 경으로부터 나오기 때문이니라."

약부유인 어차경중 수지내지 사구게등 위타인설 기복승피
若復有人 於此經中 受持乃至 四句偈等 爲他人說 其福勝彼

하이고 수보리 일체제불 급제불 아뇩다라삼먁삼보리법
何以故 須菩提 一切諸佛 及諸佛 阿耨多羅三藐三菩提法

개종차경출
皆從此經出

낱말의 뜻

· 사구게(四句偈) : 경의 근본 뜻을 4구의 게송으로 나타낸 것을 일컫는다. 보통 8언 4구(八言四句)로 구성된다. 본래 4구의 뜻은 존재에 관한 4가지 분류 논법으로서, 사물의 본연 상태를 4가지 범주로 나누어서 설명함. 1. 유(有) 2. 무(無) 3. 역유역무(亦有亦無 : 있기도 하고, 없기도 함) 4. 비유비무(非有非無 : 있음도 아니고, 없음도 아님). 제1구와 제2구는 단(單), 제3구를 구(俱), 제4구를 비(非)라 하여, 단단구비(單單俱非)라 한다.

본문 주해

'사구게 등을 남을 위해 설해 준다.' 함은 곧 반야바라밀을 말한다. 사구게는 경의 종지이고, 그것은 곧 반야바라밀이기 때문이다.

경에서 말하는 부처님 교설의 참뜻을 깨달아, 머무는 바가 없는 무주행(無住行)을 행하면, 그것은 곧 진여자성 본지의 지혜작용이라 낱낱이 지혜롭고 오묘하며 신령스러워서 통하지 않는 곳이 없다. 언제나 한 마디 말과 한 가지 행동마다 진여자성의 무량복덕과 지혜를 그대로 쏟아 내니 금시의 몸과 마음이 조금도 장애가 되지 않는다. 자성바다의 복덕은 많다 · 적다의 양이 아니다. 양을 벗어나 있기 때문에 써도써도 줄지 않는 복덕이다. '쓴다.'라는 말은 줄어든다는 뜻이지만, 자성에는 증감이 없어서 써도써도 다함이 없어 한량이 없다. '사구게를 설해 준다.'는 것은 이 진여자성에 바르게 머무는 것이니, 어찌 뜬구름 같은 주상보시와 비교할 수 있겠는가?

'이 경을 받아 지닌다.' 하는 것도 기실 새삼스럽게 받아 지니는 것이 아니다. 이 경의 참뜻은 진여자성이다. 위로는 부처님으로부터 시작해서 땅 위를 기어 다니는 개미 한 마리까지 불성을 떠나 있는 사물이 없기 때문이다. 본래부터 모두가 이 경을 지니고 있다. 그러나 금시의 몸과 마음을 자기로 착각하여 남과 구분하면서부터 참자기를 망각하였기에 부득이 부처님께서 사람들에게 이 경을 받아 지닐 것을 다시 말씀하신 것이다. 그리하여 '이 경을 받아 지닌다.'는 것은 말과 문자, 그리고 생각이 모두 번뇌망상일 뿐 진실이 아님을 깨달아, 유 · 무, 법 · 비법을 모두 벗어나서 어디에도 집착하지 않는 청정한 일심을 한결같이 지속하는 것이니, 이것이 곧 '이 경을 받아 지니는 것' 이고 반야바라밀이다.

천친(天親) 보살이 도솔궁에 올라가서 미륵 보살께 거듭 가르침을 청하였다.

"어떤 것이 4구게입니까?"

"아상이 없고, 인상이 없고, 중생상이 없고, 수자상이 없는 것이니라."

이 경과 4구게의 참뜻은 미륵 보살 말씀의 참뜻을 좇아 직하에 광대심오한 반야혜안을 얻어 일체법이 붙잡을 것이 없는 실상무상임을 깨닫고, 무소득의 마음으로 언제나 걸림 없이 반야바라밀을 행하는 데 있다.

부대사가 송을 읊었다.

삼천세계를 가득채울 만큼의
재물을 가지고 복밭을 짓더라도
오직 유루(有漏)의 업이 될 뿐이니
끝내 인천(人天)을 벗어나지 못하도다
경을 지니고 사구를 취하면
성인과 더불어 좋은 인연 만드니
무위(無爲)의 바다에 들고자 하면
모름지기 반야선을 타야 하리라

寶滿三千界 보만삼천계
齎持作福田 재지작복전
唯成有漏業 유성유루업
終不離人天 종불리인천
持經取四句 지경취사구

與聖作良緣 여성작양연
欲入無爲海 욕입무위해
須乘般若船 수승반야선

경의 종지는 일체법에 실체가 없음이다. 이것을 알면 마음에 아무런 집착과 애탐이 없어서 마치 허공과 같이 훤칠하고 청정하게 된다. 이것이 곧 일심으로 통하는 길이다. 일심은 부처님의 마음이라 이로부터 진여자성의 신통묘용과 무량한 뜻과 지고한 정신을 마음껏 쓰게 되는 것이다.

부처님 일대장교(一代藏敎)의 참뜻이 모두 사구게 속에 있는데, 그것은 곧 마하반야바라밀이다. 모든 부처님은 이 마하반야로부터 나오시고 삼세제불이 모두 이 반야바라밀을 수행하여 성불하신 것이다. 아뇩다라삼먁삼보리를 얻으신 것은 오직 반야바라밀에 의지하셨기 때문이다.

요컨대 경전과 사구게란 글귀를 말하는 것이 아니고, 글귀의 참뜻이 귀착하는 곳에 있기 때문에 가르침의 참뜻을 행하는 것이 아뇩다라삼먁삼보리법이고, 모든 부처님도 이로부터 나오셨음을 말한 것이다.

부처님께서 '불법(佛法)이라는 것은 곧 불법이 아니다.' 하신 것은, 불법을 말과 생각에 의지해서 지식으로 풀이해 법상을 짓는 범부의 분별심을 향하여 하신 말씀이다. 참불법은 불법이라고 하는 문자와 생각 속에 있는 것이 아니고, 청정한 마음 가운데서 깨달은 진리를 말한 것이다. 말과 글의 불법은 길을 안내하는 이정표(里程表)일 뿐, 일진본체의 풍광 그 자체가 아니다.

수행자들을 위해서 바르고 빠르게 목적지에 도달할 수 있도록 도움을 주는 방편일 뿐, 이정표를 붙들고 있다고 해서 목적지에 도착할 수 있는 것이 아니다. 불법을 듣고 바른 길을 알았으면, 바로 이정표가 지시하는 데로 올바르게 부지런히 가야 하는 것이다.

본문

"수보리여, 이른바 불법이라는 것은 곧 불법이 아니니라."

수보리 소위불법자 즉비불법
須菩提 所謂佛法者 卽非佛法

본문 주해

불법의 참뜻은 말과 생각에 있지 않다. 말은 곧 문자이고, 문자는 문자일 뿐 사물의 진실이 아니다. 뿐만 아니라 문자라는 것도 무명의 정(情)과 무명의 개념요소로 범부의 인식을 매개하고 있다. 그리하여 말과 생각 속에는 사물의 진실이 없다. 말과 생각은 진실과는 전혀 동일하지가 않다. 그러나 사람들은 무엇이든지 말과 생각 속에서 구하여 성취하려고 한다. 말과 생각이 허구임을 알지 못하기 때문이다. 이러한 전도된 망상은 장구한 시간에 걸쳐서 습관화되어 왔기 때문에 의심하지 않고 말과 생각을 좇아다니며 갖가지 차별상을 만들어 낸다.

말과 생각을 진실한 것이라 믿고, 사물의 차별상에 속는다는 것은 곧 하나의 진리인 진여자성을 알지 못한 것이다. 이 마하반야를 알지 못함으로 해서 갖가지 차별상에 집착하고, 취사 선택을 하게 된 것이다. 진여자성은 총해만유(總該萬有)의 근본이다. 우주 속의 모든 물체와 모든 형상이 진여자성을 몸으로 하지 않는 것이 없다. 생사도 없고 거래(去來)도 없어서 청정부동하고 상주불변하는 몸이지만 범부들은 그것을 망각한 채, 그 몸이 나타내는 현상적 측면만을 보면서 속고 있는 것이다. 마치 가면을 쓴 사람을 보면서 가면을 그 사람의 본래 얼굴이라고 착각하는 것과 같다. 가면의 표정은 찡그리고 있지만, 가면 뒤 그 사람의 본래 얼굴은 고요하고 편안한데도 범부들은 그것을 보지 못한다.

그리하여 사물에 속고, 그 어리석음으로 갖가지 허망한 짓을 하니 범부의 신구의(身口意)는 한가지도 진리에 부합하지 못한다.

설두(雪竇) 스님이 말했다.

"어떤 사람이 이 경전을 받아 지니려 한다면, 그 받아 지녀야 할 바는 자기의 본지풍광(本地風光)이며 본래 면목이다."

그러므로 어떤 학인이 황룡회당(黃龍晦堂)에게

"어떤 것이 금강경의 4구게입니까?"

"질문이 벌써 잘못됐는데도 모르는구나." 하였다.

『금강경』의 참뜻은 자기의 근본인 진여자성을 깨닫는 일이고, 이 일은 말과 생각에서 벗어나 무념 · 무주(無住)의 마음이 되지 않으면 안 된다.

사람마다 자기 마음바탕에 이 일이 이미 완성되어 있으나, 무명으로 말미암아 애탐과 집착을 일으켜 상에 머물고 얻을 바가 있음을 생각하기 때문에 알지 못한다. 설사 그것이 부처라 해도, 그것이 마하반야바라밀이라 해도, 그것에 애착을 가지고 붙잡으려 하면 어긋난다. 4구게는 마하반야바라밀이고, 마하반야바라밀은 어디에도 머물지 않는 초탈한 마음이다. 4구게를 지닌다는 것은 머무는 바 없는 마음을 지니는 것을 말한다. 그랬을 때 자연히 본래의 참자기가 현전(現前)하니 곧 자기 속의 부처인 진여이다.

옛사람의 말에 '사람마다 한 권의 경전이 있다.' 또 '손에 경전을 들지 않고서도 항상 이 경전을 굴린다.'고 한 것은 바로 자기 속에 이미 깨달아 있는 진여자성을 말하는 것이다. 가고 서고 말하고 생각하고 성낼 때도 항상 이것을 쓰고, 잘 때도 같이 자고 가만히 있을 때도 함께 있으면서 무량겁 과거생부터 미래의 영겁(永劫)까지 일찍이 떨어져 있은 적도 없고 영원히 떨어지지 않을 것임에도 이것을 알지 못한다. 왜 알지 못하는가? 잠시도 쉬지 못하고 번뇌망상을 일으켜 밖으로 치달리는 심식으로 말미암아 가려진 것이다. 범부는 자기 마음 속의 애탐과 집착만을 대상에서 볼 수 있을 뿐, 진리를 보지 못한다.

마음의 집착을 제거하여 무소득심이 될 때만 청정무구의 자성을 보게 된다.

방거사(龐居士)가 『금강경』을 강의하는 좌주(座主)에게 물었다.

"저에게 질문이 있는데, 물어도 되겠습니까?"

"의심이 있으면 물어 보시오."

"경전에 아상도 인상도 없다 했는데, 아상 · 인상이 없다면 누가 강의하고 누가 듣습니까?"

좌주가 대답을 하지 못하고 있다가 이렇게 말했다.

"저는 글귀를 따라 의미를 이해할 뿐, 이 뜻은 모르겠소."

이에 방거사가 송을 지었다.

나도 없고 남도 없는데
어찌 가까움과 성김인들 있으랴
그대에게 좌주노릇 그만두라 권하노니

어찌 바로 참을 구함만 하랴
금강반야의 성품은
밖으로 하나의 티끌마저 끊나니
'여시아문' 에서 '신수봉행' 까지가
모두 임시로 붙인 이름일 뿐이네

9. 절대의 상은 상이 없다[一相無相分]

본문

"수보리여, 어떻게 생각하느냐? 수다원이 능히 '내가 수다원과를 얻었다.'는 이런 생각을 하겠느냐?"

수보리가 말씀드렸다.

"아니옵니다. 세존이시여, 왜냐하면 수다원은 입류(入流)라고 이름하지만, 들어간 바가 없으며, 빛 · 소리 · 냄새 · 맛 · 촉감 · 마음의 경계에 들어가지 아니함을 이름하여 수다원이라 하기 때문입니다."

"수보리여, 어떻게 생각하느냐? 사다함이 능히 '내가 사다함과를 얻었다.'는 생각을 하겠느냐?"

수보리가 말씀드렸다.

"아니옵니다. 세존이시여, 왜냐하면 사다함은 한 번 왕래[一往來]함이라고 이름하지만 실은 왕래가 없으니, 이것을 이름하여 사다함이라 하기 때문입니다."

"수보리여, 어떻게 생각하느냐? 아나함이 능히 '내가 아나함과를 얻었다.'는 이런 생각을 하겠느냐?"

수보리가 말씀드렸다.

"아니옵니다. 세존이시여, 왜냐하면 아나함은 불래(不來)라고 이름하지만, 실은 오지 않음이 없으니, 이것을 이름하여 아나함이라 하기 때문입니다."

"수보리여, 어떻게 생각하느냐? 아라한이 능히 '내가 아라한과를 얻었다.'는 생각을 하겠느냐?"

수보리가 말씀드렸다.

"아니옵니다. 세존이시여, 왜냐하면 실로 어떤 법도 없음을 이름하여 아라한이라고 하기 때문입니다."

수보리 어의운하 수다원 능작시념아득수다원과부
須菩提 於意云何 須陀洹 能作是念我得須陀洹果不

수보리언 불야세존 하이고 수다원 명위입류이무소입
須菩提言 不也世尊 何以故 須陀洹 名爲入流而無所入

불입색 · 성 · 향 · 미 · 촉 · 법 시명수다원 수보리 어의운하
不入色 · 聲 · 香 · 味 · 觸 · 法 是名須陀洹 須菩提 於意云何

사다함 능작시념 아득사다함과부 수보리언 불야세존 하이고
斯陀含 能作是念 我得斯陀含果不 須菩提言 不也世尊 何以故

사다함 명일왕래 이실무왕래 시명사다함 수보리 어의운하
斯陀含 名一往來 而實無往來 是名斯陀含 須菩提 於意云何

아나함 능작시념 아득아나함과부 수보리언 불야세존 하이고
阿那含 能作是念 我得阿那含果不 須菩提言 不也世尊 何以故

아나함 명위불래 이실무불래 시고명아나함 수보리 어의운하
阿那含 名爲不來 而實無不來 是故名阿那含 須菩提 於意云何

아라한 능작시념 아득아라한도부 수보리언 불야세존 하이고
阿羅漢 能作是念 我得阿羅漢道不 須菩提言 不也世尊 何以故

실무유법 명아라한
實無有法 名阿羅漢

낱말의 뜻

· 수다원(須陀洹) : 성문(聲聞) 4과(四果)의 하나. 무루도(無漏道)에 처음으로 들어간 지위이므로 예류(預流)라고도 한다.

· 사다함(斯陀含) : 성문 4과의 두번째 지위로서, 일래(一來)라고도 한다. 일래란 한 번 온다는 뜻인데, 한 번만 더 천상이나 인간 세상에 환생하여 궁극적 진리를 깨닫고, 이후는 윤회가 멈추는 것을 말한다.

· 아나함(阿那含) : 불래(不來) 또는 불환(不還)이라고 번역하며, 성문 4과의 세번째 지위. 불래란 욕계(欲界 : 六道)에서 죽은 후 색계(色界) 또는 무색계(無色界)에 난 후 깨달을 뿐, 천상이나 인간계 같은 욕계에는 오지 않는다.

· 아라한(阿羅漢) : 성문 4과의 최고 지위로 모든 것을 다 배워서 다시 더 배워야 할 일법(一法)도 존재하지 않기 때문에 무학(無學)이라고도 하며, 배움이 끊어진 무루도(無漏道) 완성의 경지이다. 소승 불교 최고의 깨달음이지만 넓은 의미로 해석할 때는 소승 · 대승을 통틀어 최고의 깨달음을 얻은 자를 가리키는 말이며, 여래의 열 가지 명호 중 하나이기도 하다.

본문 주해

수다원 · 사다함 · 아나함 · 아라한은 모두가 이름이다. 범부는 이름을 듣고 앎으로 헤아리고 분별하여 이해한다. 앎이란 곧 무명의 지식인데 이것은 제법의 실상을 나타낼 수 없다. 설사 수다원을 아무리 잘 풀이하여 말할 수 있고, 아라한을 아무리 생각으로 잘 이해할 수 있다 한들 모두 수다원과 아라한의 참실상과 무슨 관계가 있을 것인가?

수다원 내지 아라한은 모두가 진여자성을 밝힌 정도에 따라 붙인 이름인데 무명의 지식으로는 수다원과 아라한의 진실을 알 수가 없는 것이다.

수다원의 실상을 알기 위해서는 수다원이라는 이름에 머물지 않고 그 근본인 진여까지 깨달아야 하는 것이다. 이 진여실상위에서 수다원의 차별을 볼 수 있어야 하는 것이다. 부처님께서 수다원이라고 말씀하신 것은 곧 그것을 말씀하신 것이다.

수다원을 말씀하셔서 말과 생각의 수다원을 버리게 하여 참수다원을 알게 하고, 아라한이라고 말씀하셔서 말과 생각의 아라한을 버리게 한 다음, 아라한의 실상을 깨닫게 하시고자 한 것이다.

『대반야경』에 이르기를 '반야바라밀다를 수행할 때는 예류과에도 집착하지 아니하며 일래과, 불환과, 아라한과에도 집착하지 않아야 하며, 또 네 나한이 이러한 과(果)를 얻는 것을 보아도 소득심을 두지 말아야 한다. 지금 우리 부처님께서는 사람들이 네 나한이 무념을 종(宗 : 근본)으로 함을 알지 못하고, 오히려 소득심을 기를까 두려워하신 까닭에 네 가지 질문을 설정하시고, 이것으로 과를 얻고, 도를 얻는다는 생각을 짓겠느냐' 고 하신 것이다.

그러므로 네 가지 성인의 경지는 중생심을 버려서 얻는 것이지

유심(有心)과 작위(作爲)로 얻는 것이 아니다. 생각을 모두 잊고 미세한 근본무명까지 뿌리뽑아 버린 것이 아라한이고, 거친 번뇌망상은 제거하였으나 아직 참무심이 되지 못한 것이 수다원, 사다함, 아나함이다.

네 가지 성인의 경지를 다시 한 번 설명한다면,

첫째, 수다원은 거칠고 업이 중한 번뇌는 끊었으나, 미세한 번뇌망상은 아직 남아 있는 성인의 첫 단계이다. 그리하여 일곱 번 천상이나 인간 세상에 왕래하면서 그 사이에 깨달음을 얻어 영원히 법계에 돌아간다. 수보리가 세존께 '입류(入流)라고 이름하지만, 들어간 바가 없다.' 고 한 것은 들어갈 나한도 없고, 들어간 경지도 없는 무상(無相)의 진여자성을 일컫는 것인 바, 입류란 아직도 망상이 남아 있으므로 들어가는 일이 있지만, 청정본체의 분상(分上)에는 가고 옴이 없음을 말한다.

'빛 · 소리 · 냄새 · 맛 · 촉감 · 마음의 경계에 들어가지 않는다.' 고한 것도 그와 같은 것이 없는 청정본체의 풍광(風光)을 말한 것이다.

둘째, 사다함이란 일왕래(一往來)인데 죽어서 천상에 나고, 다시 인간 세상에 한 번만 태어났다가 여기서 위없는 깨달음을 얻게 되는 것이다. 이 또한 미세한 번뇌가 조금 남아 있어서 한 번 왕래함이 있는 것이다. 요컨대 왕래란 소득심으로 상을 볼 때만 생기는 분별상인 동시에 과보의 세계이다.

셋째, 아나함은 불래(不來), 불환(不還)인데, 인간 세상 즉 욕계(欲界) 6도(六道)로 오지 않음을 말한다. 이것은 욕망을 완전히 끊었음을 말한다. 그리하여 어떤 경계를 대하여도 욕망이 생기지 아니하니, 마음은 무소득심이 되어 가도 감이 없고, 와도 옴이 없으며, 오지 않음도 없는 것이다. 아나함은 진여자성에 가깝게 귀일(歸一)해 있다. 그러나 아직도 미세한 번뇌가 남아 있으므로 무학에는 이르지 못한 상태이다.

넷째, 아라한이란 모든 상을 남김없이 멸하고, 모든 생(生)을 다 끝내어서 참무심으로 청정부동하는 진여자성에 온전하게 계합하였음을 말한다. 일체 만법이 적멸(寂滅)하여 온 법계가 다만 하나의 진여본체일 뿐이고, 이 진여본체마저 인식하지 않아 마지막 한 법마저 없는 가운데, 온갖 사물과 사귄다. 그러므로 수보리가 '실로 어떤 법도 없음을 아라한이라 한다.'고 한 것이다. 마음이 마치 허공과 같아 만법을 보아도 한 법도 취하지 아니하므로 단멸할 법도 남아 있지 않다. 그저 진여자성이 되어 자성의 지혜와 신통묘용을 쓰면서, 자성의 자비공덕을 저절로 베풀 뿐이다.

이와 같이 일체 만법은 앞생각과 뒷생각 사이에 있다. 3계도 그 속에 있고 6도도 그 속에 있으며, 나한 4과도 그 사이에 있다. 앞생각과 뒷생각이 무심으로 한결같아서 일심이 상속하여 진여법계가 그 속에서 드러나면, 이것이 곧 아라한과이다. 한 번 멸진된 번뇌가 다시 일어나지 않으면 이것은 곧 아나함이다.

사다함은 경계를 대하여 한 번 일어났던 번뇌를 한 번 멸하여, 즉 전념과 후념이 한 번 생멸 속에 왕래하였다가, 다시는 두 번 왕래하지 않는 것을 말한다. 이것은 앞생각 속에서 법이 생겨남을 보고, 그것이 곧 자기 마음의 집착인 것을 알아 바로 멸해 버리므로, 법의 생멸(生滅)이 더 이상 없는 것이다.

수다원은 6근 문두에 경계를 대했을 때, 수차례 법의 생멸을 반복한 후에 끊어 버리는 것인데, 이제 겨우 성인의 부류에 들어가서 거친 번뇌만 끊었기 때문이다.

이처럼 세계 속의 일체 만법이 모두 전념과 후념 사이에서 기멸(起滅)하는 것이니, 불법이 마음법인 소이(所以)가 여기에 있는 것이다.

본문

"세존이시여, 만약 아라한이 '내가 아라한도를 얻었다' 고 이런 생각을 한다면, 곧 아 · 인 · 중생 · 수자상에 집착한 것이 되옵니다.

세존이시여, 부처님께서는 제가 무쟁삼매를 얻은 사람 가운데서 제일이니, 이는 제일 가는 이욕아라한이라고 말씀하셨으나, 저는 '나는 이욕아라한이다.' 라는 이런 생각을 하지 않사옵니다.

세존이시여, 제가 만약 '내가 아라한도를 얻었다.' 고 이런 생각을 한다면, 세존께서 '수보리는 아란나행을 즐기는 자' 라고 말씀하시지 않으셨을 것인즉, 수보리가 실로 행하는 바가 없으므로 '수보리는 아란나행을 즐긴다.' 라고 하셨습니다."

세존 약아라한 작시념 아득아라한도 즉위착아 · 인 · 중생 · 수자
世尊 若阿羅漢 作是念 我得阿羅漢道 卽爲着我 · 人 · 衆生 · 壽者

세존 불설아득 무쟁삼매 인중최위제일 시제일이욕아라한
世尊 佛說我得 無諍三昧 人中最爲第一 是第一離欲阿羅漢

세존 아부작시념 아시이욕아라한 세존 아약작시념 아득
世尊 我不作是念 我是離欲阿羅漢 世尊 我若作是念 我得

아라한도 세존 즉불설수보리 시요아란나행자 이수보리
阿羅漢道 世尊 卽不說須菩提 是樂阿蘭那行者 以須菩提

실무소행 이명수보리 시요아란나행
實無所行 而名須菩提 是樂阿蘭那行

낱말의 뜻

· 무쟁삼매(無諍三昧) : 무쟁은 아란나(阿蘭那)로 쓴다. 쟁(諍)은 다툰다는 뜻인데, 아상을 일으킴으로써 모든 사물과 대립 충돌하게 되는 것을 말한다. 무쟁삼매는 아상을 없애서 모든 사물과 다투는 일이 없는 선정을 말한다. 이 무쟁은 자신이 사물을 대할 때, 다투는 마음을 일으키지 않을 뿐만 아니라, 다른 사물로 하여금 자신에게 투쟁심을 일으키지도 않게 하는 바, 부처님과 아라한만이 지니는 높은 덕력(德力)이다.

· 아란나(阿蘭那) : 사원(寺院)을 가리키는 말이다. 나아가서 마음이 청정하여 일체 사물과 다툼이 없는 것을 뜻한다.

본문 주해

만약 아라한이 아라한도를 얻었다는 생각이 있다면, 이는 도를 얻은 자가 얻을 도를 본 것이며, 상을 일으킨 것이어서 아라한이 아니다. 아라한은 모든 번뇌가 다하여 망상이 생기지 않는다. 아(我)도 공이고 법(法)도 공이어서 일체법이 붙잡을 것이 없다. 무위(無爲)의 체를 증득하여, 진여자성에 귀일(歸一) 하였으니, 거기에 무슨 얻었다는 생각이 있을 것인가.

무쟁이란 마음이 청정공적하여 경계를 마주하여도 역순취사(逆順取捨)의 생각이 없다.

삼매는 정수(正受)인데, 정(正)은 마음이 바른 곳에 머무르는 것을 말하고, 수(受)는 비추어 보는 작용인데, 곧 무심에서 나오는 진여자성의 지혜작용이다.

옛분이 말했다.

'유(有)쪽에서 움직이는 바가 되지 아니하니 6근·6경·6진 가운데 자취가 없고, 무(無)쪽에서 고요한 바도 되지 않으니 이쪽 저쪽에 응함에 이지러짐이 없도다.

응하여 이지러짐이 없음이여 달이 찬 못에 떨어지고, 자취가 없음이여 구름이 골짜기 어귀로 가로 걸치도다. 잡아 고요하게 함[把定]이 옳으냐, 놓아 행하게 함[放行]이 옳으냐, 잡아 고요하게 함도 놓아 행하게 함도 모두 옳지 않으니 한 번 쓸어 삼천 리 밖으로 내다 버리도다.'

움직이되 항상 고요하니 자취가 없다. 고요하면서도 항상 움직인다. 고요함과 움직임이 다른 것이 아니니, 고요함이 나타난 것이 움직임이고 움직임의 본래 성품이 고요함이다. 그러므로 움직임 속에서 필히 고요한 본체를 보아야 한다. 그것을 보지 못하는 것은 형상을 대하여 양변 속에서 취사하는 범부의 집착 때문이다.

구름이 산마루에 가로 걸치고, 달이 찬 못에 떨어짐이 모두 분명한 하나의 일이고, 그 맛이다.

본체의 청정부동함도, 묘용의 움직임도 모두 알지 못하니 비로소 온전하게 법신 분상(分上)의 일을 행하게 된다.

증도가에서 말했다.

> 마음은 6근이요 법은 6진이니
> 두 가지는 거울 위의 때와 같음이라
> 때를 모두 지워 없애야 비로소 빛이 나타나리니

마음과 법이 모두 없어진 성품이라사 곧 참되도다

心是根法是塵 심시근법시진
兩種猶如鏡上痕 양종유여경상흔
痕垢盡除光始現 혼구진제광시현
心法雙亡性卽眞 심법쌍망성즉진

6진은 6근 문두에서 마음이 쉬지 못하기 때문에 기멸(起滅)하는 망령된 상(相)들이다. 마음을 쉬면 법은 자연히 고요해져서 본래의 자기 모습으로 돌아가고, 이때는 법의 실상을 보게 된다. 경의 종지는 마음을 쉬어 법의 실상을 보는 것이다. 반야바라밀이 바로 그것이다.

이욕아라한이란 욕심을 떠난 것을 말한다. 욕심을 떠났다는 것은 애탐과 집착이 없어서 4상을 떠난 것이다. 4상을 떠난 마음에는 능소(能所)가 없어서 욕심을 떠났다는 생각도 없고, 아라한도를 이루었다는 생각도 없다. 만약 '나는 이욕아라한이다.' 라는 생각이 조금이라도 있으면, 이것은 마음에 생멸이 있어서 진여본체와 상응하지 못한 것이므로 이욕아라한이라고 할 수 없다.

수보리는 4상을 여의고, 아공과 법공을 깨닫고, 그 깨달은 살바야 일체지로 만법의 실상을 밝게 보아 한 법도 없음을 알기 때문에 '나는 이욕아라한이다.' 라고 생각하지 않는 것이다.

'아란나행을 즐긴다.' 라는 것은 마음이 바르게 머무는 것을 말한다. 마음에 좋아하거나 싫어함이 없어서 자연히 사물과 다투지 않는다.

'즐긴다.' 는 법을 취하여 즐기는 것이 아니고 취하거나 버릴 것이 없는 청정자성에서 안온(安穩)하는 것을 말하는 것으로, 곧 무심 · 무소득의 반야바라밀을 뜻한다.

하루 종일 분주하게 가고 와도 한 발짝도 옮기지 않았고 하루종일 설해도 한마디도 설한 바가 없으니 바로 부처님의 경지이다.

아공과 법공을 깨닫는다고 그것으로 다 된 것이 아니다. 공에 침잠(沈潛)하여 있다면 죽은 고목일 수밖에 없다. 그러므로 세상 속에 뛰어들어 뭇 중생을 이익 되게 하므로 무쟁은 곧 반야바라밀인 것이다. 반야바라밀은 자신과 남을 두루 이익 되게 하기 때문이다.

옛분이 게송을 읊는다.

과위(果位)의 성문(聲聞)은 혼자 몸만 바르게 하니
고요히 항상 움직이지 아니함은 본래 참[眞]이 아니라.
마음을 돌이켜 문득 여래 바다에 들어가서
자비의 배를 거꾸로 몰아 건너는 사람을 맞아야 하리

진실한 반야바라밀은 고요한 곳에서 몸과 마음을 부동하는 것이 아니고, 모든 사물과 사귀면서도 청정부동한 마음에 머무는 것이다. 이것이 곧 위로는 깨달음을 구하고, 아래로는 중생구제하는 일을 한꺼번에 행하는 것이다.

만송(萬松) 스님이 시중(示衆)하였다.

"운거(雲居)는 계주(戒珠)인 사리(舍利)를 신빙하지 않았고,

구봉(九峰)은 앉아서 벗어나거나 서서 죽는 것을 사랑하지 않았고, 우두(牛頭)는 온갖 새들이 꽃을 물어 오기를 바라지 않았고,

황벽(黃檗)은 잔[杯]을 띄워 물을 건너가는 것을 부러워하지 않았다. 자, 말해 보라. 달리 뛰어난 곳이 있는가?"

구봉이 석상(石霜) 스님 회상에서 시자 일을 맡아 보는데, 석상 스님이 입적하고 나자 대중이 수좌에게 청하여 주지 일을 잇게

하려고 하였으나, 구봉이 긍정치 않고 말하기를 "제가 물어 보아서 만약 선사(先師)의 뜻을 알았으면, 선사에게 하던 대로 시봉하겠습니다."

하고는 이어 물었다.

"선사께서 이르시기를 '쉬고, 쉬어라.', '한 생각이 만년 가게 하라.', '찬재 고목 같게 하라.', '한 가닥 흰 비단같이 하라.'고 하셨는데 말해 보시오. 어떤 쪽의 일을 밝힌 것인지."

수좌가 말했다. "본색 쪽의 일[一色邊事]을 밝힌 것이다." 구봉이 이르기를 "그렇다면 선사의 뜻을 알지 못한 것이요."

수좌가 말했다. "그대가 나를 긍정하지 않지만, 향을 가져와서 떠날 차비를 하는 것이야 어찌하겠는가?" 하고 수좌가 향을 사르며 말하기를 "내가 만약 선사의 뜻을 알지 못했다면 향 연기가 솟는 동안 탈거(脫去)하지 못하리라." 하고 말을 끝내고서 곧바로 앉은 채 입적했다.

구봉이 이에 그의 등을 쓰다듬으면서 말했다. "앉아서 벗어나고, 서서 죽는 일이 없지는 않으나, 스승의 뜻은 꿈에도 보지 못하였소."

수좌가 비록 앉아서 탈거하는 모습을 보여주었으나, 아깝게도 본지(本地)의 대용(大用)을 직접 시행하지 못하고 말로만 본분의 일을 거론했다.

경의 참뜻을 바르게 지니지 못하면, 수승한 상을 지어 그것을 구경으로 삼는 일이 비일비재하다.

원오극근(園悟克勤) 스님이 고(杲) 상인에게 법어를 내렸다. '한 무리의 여우 같은 종족들이 자신은 꿈에도 조사의 도를 본 적이 없으면서 망령되게 달마의 법을 전한다고 태식법(胎息法 : 道

家의 호흡법)을 권하고 법을 전해서 미혹한 중생을 구제한다.' 고 한다. 또 나아가서 옛날에 오래 장수하신 혜안(慧安) 국사나 조주 스님 같은 종사를 끌어와서 모두 이 기법(氣法)을 썼다 하고 나아가서 초조(初祖) 달마의 외짝 신, 보화(普化)의 빈 관(棺)도 모두 몸과 정신을 묘하게 하는 이 술법의 영험으로 온몸이 탈거하였다고 한다. 이 말을 듣고 사람들은 자기 몸뚱이를 몹시 사랑하다가 납월 30일 죽을 때가 되어서야 두려워한 나머지 창황(愴惶)히 진리로 돌아가는 법을 다투어 구한다.

그래서 섣달 그믐날에 그림자를 바라보고 주인공을 불러서 날과 달[日月]을 점치고, 해골을 두드려 소리를 듣고 옥지(玉池 : 뜻, 정신, 말)를 징험하고 눈빛을 살펴보는 것으로 생사를 벗어나는 법으로 여기니, 참으로 세상을 속이고 거짓으로 과굴(窠窟 : 짐승의 집과 굴)을 만들어 훌륭한 사람들의 비웃음을 사도다.'

경의 참뜻을 증도가에서 말했다.

> 다만 마음 가운데에서 때묻은 옷을 스스로 벗는 것일 뿐
> 누가 밖을 향해서 정진을 과시할 건가
> **但自懷中解垢衣**　단자회중해구의
> **誰能向外誇精進**　수능향외과정진

본분의 일에는 상을 지어서 밖으로 드러내 보일 것이 없다. 청정자성만이 신묘한 해탈법이니, 그 청정함 속에는 청정함이라는 것조차 세울 수 없는데, 다른 것이야 말해 무엇할 것인가. 다만 머무는바 없이 내는 마음만이 가장 오묘하고 수승한 것이다.

10. 정토를 장엄함[莊嚴淨土分]

본문

부처님께서 수보리에게 이르셨다.

"어떻게 생각하느냐? 여래가 옛날 연등부처님 처소에서 있으면서 얻은 바 법이 있느냐?"

"아니옵니다. 세존이시여, 여래께서는 연등부처님 처소에 계시면서 실로 얻은 바 법이 없습니다."

"수보리여, 어떻게 생각하느냐? 보살이 불토를 장엄하느냐?"

"아니옵니다. 세존이시여, 왜냐하면 불토를 장엄한다는 것은 곧 장엄이 아니고, 그 이름이 장엄이기 때문입니다."

"그러므로 수보리여, 모든 보살마하살은 응당 이와 같이 청정한 마음을 낼 것이니, 마땅히 색에 머물러 마음을 내지 말 것이며, 마땅히 소리 · 맛 · 촉감 · 마음의 경계에 머물러 마음을 내지 말 것이며, 응당 머무는 바 없이 그 마음을 낼 지니라."

불고 수보리 어의운하 여래석재 연등불소 어법 유소득
佛告 須菩提 於意云何 如來昔在 燃燈佛所 於法 有所得

부 불야세존 여래재연등불소 어법실무소득 수보리 어의
不 不也世尊 如來在燃燈佛所 於法實無所得 須菩提 於意

운하 보살장엄불토부 불야세존 하이고 장엄불토자 즉비
云何 菩薩莊嚴佛土不 不也世尊 何以故 莊嚴佛土者 卽非

장엄 시명장엄 시고 수보리 제보살마하살 응여시생청정심
莊嚴 是名莊嚴 是故 須菩提 諸菩薩摩訶薩 應如是生淸淨心

불응주색생심 불응주성·향·미·촉·법생심 응무소주
不應住色生心 不應住聲·香·味·觸·法生心 應無所住

이생기심
而生其心

낱말의 뜻

· 연등불(燃燈佛) : 석가여래의 전생의 인행(因行) 중 제2아승지겁 때에 만난 부처님으로서, 이 부처님으로부터 미래에 성불할 수기(授記)를 받았다. 지도론(智度論)에 의하면 '연등불이 생시에 일체의 신변(身邊)이 등(燈)과 같으므로 연등태자라 하고, 성불해서도 연등이라 하였으며, 구명(舊名)은 정광불(錠光佛)이다.' 하였다.

본문 주해

지금까지는 성문 4과(四果)가 얻음이 없음을 밝히시고, 이제

보살의 깨달음 또한 얻는 바가 없음을 밝히시고자, 먼저 당신께서 연등부처님 처소에 계셨던 일을 거론하셨다.

그리하여 부처님께서 수보리에게 '여래가 옛날 연등부처님 처소에 있으면서 얻은 바 법이 있느냐?' 하신 것이다. 부처님께서는 과거세에 연등부처님을 뵙고 다겁(多劫)에 걸쳐 일찍이 인욕(忍欲) 선인이 되어 수행의 인위(因位)를 닦으신 것이다. 수없는 태어남과 죽음을 반복하면서, 부처님께서 닦으신 인행(因行)으로 어떤 법을 얻은 것이 있느냐는 것이 부처님의 질문이다.

수보리가 부처님께 '실로 얻은 바 법이 없습니다.' 한 것은 연등부처님께서 세존께 열어 보이신 바 법이 있었으나, 그 법은 반야바라밀이고, 반야바라밀의 실체는 얻는 주체도 얻을 객체도 없는, 일체법이 붙잡을 것이 없는 공 · 무상(無相) · 무아(無我)의 진여자성이어서 얻을 것이 없다고 대답한 것이다.

증도가에서 그것을 말했다.

> 한 법도 보지 않음이 곧 여래이니
> 바야흐로 이름하여 관자재라 하도다
> **不見一法卽如來** 불견일법즉여래
> **方得名爲觀自在** 방득명위관자재

백락천(白樂天)이 관(觀) 선사에게 물었다.

"수행도 없고 증득도 없다면 무엇이 범부와 다릅니까?"

"범부는 무명이 있고 2승은 집착이 있으니, 이 두 가지 병을 떠나는 것을 참수행이라고 합니다. 참수행이라는 것은 부지런하려고 해서도 안 되고, 나태하려 해서도 아니 됩니다. 부지런함은 곧 집착에 접근함이고 나태함은 곧 무명에 떨어짐이니, 바로 마음을 요체로 할 따름입니다. 이것이 처음 배우는 사람이 입도하는 법문입니다. 법에 실로 얻는 바가 없다는 것은 수보리가 말한 '여래의 자성은 본래 청정하여 연등부처님 처소에서 실로 법을 얻은 바가 없다.' 고 한 것입니다."

자성은 본래 원만하게 구족하여 이미 성불해 있고, 사람마다 제각기 본래부터 지니고 있어서, 따로 다시 얻을 것이 없다. 다만 그러한 것을 깨닫고 그 자성 그대로 마음에서 발현되도록 해주는 것이 반야바라밀인즉 그 요결은 곧 무심인 것이다.

본래 연등부처님과 석가모니는 한 몸 진여이므로 나누어진 적이 없었다. 그 한 몸 진여 또한 흔적이 없는데, 누가 누구에게 수기하며, 무엇이 있어 준다 할 것인가? 한 생각도 없어 상을 떠난 곳에 해가 기울고 달이 솟으니, 공(空)하면서 공하지 않음이 눈곱만큼도 이지러짐이 없다.

배움도 끊고 작위하여 행함도 없는 한가로운 도인은 망상을 없애려고도, 참됨을 구하려고도 하지 않으며, 아득히 사물에서 벗어나 걸림 없이 향상로 위를 간다.

증도가에서 말했다.

참됨도 구하지 않고 망령됨도 끊지 않으니
두 가지 법이 공하여 상이 없음을 분명히 알았음이네
不求眞不斷妄 불구진부단망
了知二法空無相 요지이법공무상

부처님께서 '보살이 불토를 장엄하느냐?" 한 것은 장엄이라는 상을 취해서 장엄하느냐는 뜻이다. 불토란 온갖 염법이 모두 정화되고 부처님의 청정안온(淸淨安穩)한 세계가 오묘하게 나타나 있는 불국토를 말한다.

장엄이란 말이고, 글이다. 범부는 이 글귀를 듣고 자신의 의식계 속에 이것을 분별하고, 여러 가지 상을 지어 장엄을 생각한다. 그러므로 범부의 장엄은 한갓 망념 속의 상일 뿐, 장엄의 진실과는 전혀 상관이 없다. 이러한 망념의 장엄을 진실한 장엄이라고 착각하는 것이 범부의 의식이다.

부처님께서는 이러한 범부의 무명을 깨뜨리시고자 이 질문을 하신 것이다. 그러므로 부처님께서 물으신 질문의 전체적인 뜻은 부처님의 오묘한 성품이 가득히 현전해 있는 불국토를 망상으로 지어낸 상을 취해서 장엄할 수 있느냐는 뜻인 것이다.

그러면 부처님의 오묘한 성품이 나타난 불국토는 어디에 있으며, 상을 떠나서 행하는 진실한 장엄은 어떤 것인가?

사찰을 짓고, 탑을 조성하고, 불상을 만들고, 공양을 올리고 하는 것이 진실한 장엄인가? 그러나 진실한 장엄은 이와 같은 모양에 있는 것이 아니다.

진실한 장엄은 일심을 상속하는 것이다. 일심이란 무심인데, 무심은 마음을 끊는 것이 아니다. 무심은 무명을 끊는 것이다. 무심은 무명의 번뇌망상을 그치는 것이다. 무심은 마음을 텅 비워서 청정하게 하며, 그 청정한 마음을 끊어짐이 없게 하여 한결같이 하는 것이다. 일심은 마음 속에 담아 두는 것이 없으므로 인연 따라 맡겨서 흐를 뿐, 순응하겠다든지, 거역하겠다든지 하는 의도가 없다. 이렇게 해서 하루 중 가거나, 서거나, 앉거나, 눕거나, 말하거나, 침묵하거나 간에 항상 진여자성과 상응한다. 왜냐하면 거울에 때가 없으면 그 비춤에 걸림이 없는 것과 같이 마음 속에 한 생각도 무명번뇌가 없으면 참성품이 그대로 드러나 걸림 없이 자성의 빛을 비추기 때문이다. 이것이 진실한 불국토의 장엄이다. 보살이 여러 가지 거룩한 불사를 지어서 장엄하여 이 세상을 구제하는 것도 상이 없는 진여자성 자리에서 행하는 것이므로 행하되 행함 없는 것이다. 한티끌 번뇌도 없는 고요한 마음을 자성의 본래 성품에 맡겨 버리는 것이 가장 완전하고 지혜롭고 오묘하니 참된 장엄은 바로 이것이다.

경에 이르기를 '그 국토를 청정하게 하고자 하면, 먼저 그 마음을 청정하게 할지니, 마음이 청정하면 곧 이것이 정토이니라.' 하였다.

또 '그 마음의 청정함을 따라서 불국토가 청정하니라.' 하였다. 만약 마음 속에 한 가지도 번뇌망상이 없어서 마음이 청정하면 우주속 어디라도 불국토 아님이 없고, 보고, 듣고, 가고, 오는 모든 움직임이 부처님의 오묘한 지혜작용 아닌 것이 없다. 그것을 보지 못하는 것은 마음이 청정하지 않기 때문일 뿐, 법에 허물이 있는 것이 아니다.

증도가에서 말했다.

> 불성계(불성은 모든 죄과를 여의고 불과에 이르게 하는 힘이라는 뜻)의 구슬은 마음 땅의 인(印)이고
> 안개 · 이슬 · 구름 · 노을은 몸 위의 옷이로다
> **佛性戒珠心地印**　불성계주심지인
> **霧露雲霞體上衣**　무로운하체상의

모든 중생은 진여자성의 현현(顯現)이고 자성은 불성이며, 기세계(器世界 : 일체 중생이 살고 있는 세간) 또한 진여자성의 묘용이어서 이 세계와 중생은 본래 불국토이다. 그것을 알지 못하는 것은 중생들이 자신의 무명에 의지하여 상에 집착하기 때문이다. 세상의 생사고뇌가 다 그로부터 일어난 것이다.

옛날 방노파[龐老婆 : 중국 당대(唐代) 마조도일 선사의 법제자인 방온(龐蘊)의 부인으로서 뛰어난 선지(禪旨)가 있었는데, 가족 네 명 모두가 깨달음을 얻었다고 함]가 간경(看經)을 하였는데, 유나(維那)가 회향하기를 청하자, 노파는 면전에서 머리빗을 뽑아 뒷머리에 꽂고는 '회향을 끝냈다.' 고 했으니, 일거수 일투족이 모두 진여자성의 움직임일 뿐, 상을 취함이 없다.

도천 선사가 게송을 읊는다.

> 온몸을 털어 버리니 희기가 서리보다 더 희고
> 갈대꽃과 하얀 달은 더욱 빛을 다투도다
> 다행히 으슥한 늪에 발돋움하는 형세 있으니
> 다시 이마에 붉은 점 보탠들 또한 무슨 방해가 되랴
> **抖擻渾身白勝霜**　두수휘신백승상
> **蘆花雪月轉爭光**　노화설월전쟁광
> **幸有九皐翹足勢**　행유구고교족세
> **更添朱頂又何妨**　재첨주정우하방

첫 줄은 정량(情量) 분별이 끊어진 진여자성의 청정무구(無垢)한 경지를 나타낸다. 두번째 줄은 온갖 사물이 신령스러운 진신(眞身)의 빛을 자랑스럽게 뽐내고 있는 모습이다. 세번째 줄은

그 청정무구한 본체에만 눌러앉아 있는다면, 이는 공에 침잠한 법집(法執)이 되고 말지만, 다행히 참무심 가운데서 살아 나오니, 이것이 곧 반야바라밀로써 진여자성을 자기 것으로 만들어 쓸 수 있는 오묘한 지혜이고 작용이다. 그리하여 진흙 속에 뒹굴면서 진세(塵世)의 중생과 어울려도 한 티끌도 물들지 않고 중생을 교화하여 이익 되게 한다.

안으로는 심신과 밖으로는 기세계(器世界)가 모두 청정한 지혜의 경계이며, 낱낱이 무위(無爲)의 불국토이다. 이 세계 속에 깨달아 있는 본체의 모습 아닌 것은 아무것도 없다. 보살이 장엄한다는 뜻은 어떤 것인가? 범부의 망정이 다하고 선·악, 미·추의 차별상이 다하면, 이것이 결국 불국토를 장엄하는 것이다. 번뇌와 악견이 다한 곳에 자취마저 남기지 않으면, 장엄이니 또는 장엄 아니니 할 것조차 없다. 일진공적(一眞空寂)에는 부처와 열반조차도 세울 수 없다.

부처님께서 '보살마하살은 응당 이와 같이 청정한 마음을 낼 것이니' 하신 것은 바로 반야바라밀을 말씀하신 것이다. 반야바라밀의 마음이 곧 청정한 마음인 것이다. 반야지혜란 일체법의 실상을 볼 수 있기 때문에 일체법에 상이 없음을 아는 것을 말한다. 일체법에 붙잡을 것이 없음을 알고, 무소득심이 되는 것이다. 무소득심은 곧 청정한 마음이다. 구하는 것도 없고, 얻을 것도 없는 청정한 마음이다. 득(得)이니, 실(失)이니 하는 것은 중생이 무지하여 아·인(我·人), 거·래(去·來)가 없는 일진본체를 보지 못한 채, 무명의 육안(肉眼)으로 형상을 근본이라 생각하고 거칠게 분별하기 때문에 생긴 번뇌망상인 것이다. 반야바라밀은 반야를 얻기 위한 바라밀인 동시에 반야를 얻고난 후에 행하는 바라밀이기도 하다. 다시 말해서 전자는 자신의 완성을 위한 반야바라밀을 말하고, 후자는 일체 중생의 깨달음을 위한 반야바라밀이다. 그러므로 반야바라밀은 자신이 깨달았다고 해서 끝나는 것이 아니고, 일체 중생이 모두 성불할 때까지 영원히 계속되는 것이다.

지금 여기서는 전자의 반야바라밀을 말하는 것이다. 그러면 어떻게 하여야 자신의 마음을 청정하게 지닐 수 있을 것인가? 그리하여 얻는 바가 없는 법을 깨닫고, 진여자성 자리에 바르게 머물면서 지혜광명을 놓을 수 있을 것인가?

그것은 진여자성으로 하여금 하루 종일 행하게 하는 것이다. 그러기 위해서는 6근 문두의 경계에서 멀리 벗어나야 한다. 색을 보되 색에 집착하지 않으며, 마음이 떠올린 경계에도 집착하지 아니하며, 좋고 싫음과 선과 악을 차별하여 간택하지도 아니하여 6근 문두가 항상 맑고 고요한 가운데 일체 사물과 상응한다. 그리하여 맑고 고요한 마음만이 한결같이 이어지면 이것이 곧 청정한 마음이다. 이때는 색을 보아도 색에 머물지 아니하며, 소리, 냄새, 맛, 촉감, 마음의 경계에도 머물지 않는다.

일체법에 머물지 않게 되니, 이것이 바르게 머무르는 청정한 마음이다. 만약 마음이 나와 너, 성인과 범부, 이익과 손해를 분별하면서 취사 선택을 하면, 이것은 어지러운 마음이고, 이 혼탁한 마음에서는 진여자성이 드러나지 못한다.

부처님께서 '응당 머무는 바 없이 그 마음을 낼지니라.' 한 것은 마음이 여섯 가지 경계에 주착(住着)함이 없이 인연따라 상응하는 것을 말한다. 그러므로 이러한 움직임 속에는 움직인다는 생각이 없다. 움직이지만 항상 고요하므로 움직임은 움직임이 아닌 것이다. 염심(染心)이 움직이는 것이 아니고, 진여자성이 묘용을 내는 것이어서 하루 종일 움직여도 손가락 하나도 움직인 바가 없다. 이것이 진여대용(大用)이다.

사람마다 자기의 심지(心地)는 부처님이다. 일체법을 평등하고 차별 없이 보고, 좋고 싫음을 간택하지 않으며, 청정하여 6근 문두에서 움직이지 않는다. 온 우주법계를 원만하게 운용하는 지혜와 공덕이 모두 그 가운데 있지만, 시작도 없고 끝도 없어 영원불멸이다. 나와 너에게 따로따로 있는 것이 아니고 법계가 이 하나의 바탕 위에 있는 바, 내가 말하고 네가 듣는 곳에 있고, 바람 불고 새가 우는 곳에 또한 지혜롭고 영롱하게 현성되어 있다. 내가 나의 본래 체성(體性)인 무상(無相), 무주(無住)로 돌아가야 비로소 보게 되고, 누리게 되는 지복의 해탈 세계이다.

'응당 머무는 바 없이 그 마음을 낸다.'는 일체지(一體智) 위에서 일체종지(一體種智)를 작용하는 것을 말한다.

일체지란 만법이 진여공임을 보는 지혜이며, 일체종지란 각각의 사물이 제각기 차별이 있음을 보는 지혜이다.

그러므로 나와 너, 성인과 범부, 선과 악이 모두 근본에서는 일여한 진여의 모습이면서도 지말에서 차별이 있음을 보게 되는 것이다.

'머무는 바 없음.'은 일체지의 공능이며, '마음을 낸다.'는 일체종지의 작용이다.

본문

"수보리여, 비유컨대 어떤 사람의 몸이 수미산왕 같다면, 어떻게 생각하느냐? 그 몸이 크다 하겠느냐?"

수보리가 말씀드렸다.

"매우 크옵니다. 세존이시여, 왜냐하면 부처님께서 설하신 것은 몸이 아니고, 그 이름이 큰 몸이기 때문입니다."

수보리 비여유인 신여수미산왕 어의운하 시신위대부
須菩提 譬如有人 身如須彌山王 於意云何 是身爲大不

수보리언 심대세존 하이고 불설비신 시명대신
須菩提言 甚大世尊 何以故 佛說非身 是名大身

본문 주해

크다는 것은 작다에서 나온 것이다. 크다와 작다는 '내'가 있음으로부터 생겨난 것이다. 무명으로 지말법인 형상에 집착함으로써 '나'가 생겨난 것이다.

삼라만상이 일진본체 하나인 진리를 미혹하고 애탐하는 마음을 일으켜서 생긴 것이다. 그리하여 이 모든 것은 하나의 진리를 미혹하고 상을 지어 붙잡으려고 하는 집착에서 말미암은 것이다. 범부의 의식계는 이렇게 하여 이루어진 것이다.

부처님께서 '그 몸이 크다 하겠느냐?' 하고 질문하신 것은 진여자성을 가리고, 진리를 보지 못하게 하는 범부의 무명을 깨뜨리시고자 물어보신 것이다. 크다, 작다는 글귀이고, 이 글귀는 범부의 의식계를 돌아가게 하는 인식의 매체이다. 마음이 무명으로 가리어져 있으면 말과 글도 무명인 것이다.

진실로 큰 것은 이렇게 인식된 '크다'가 아니다. '작다'가 상대어인 '크다'는 형상이 있는 것이고, 형상이 있는 것은 아무리 크다 해도 한계가 있기 때문이다. 그러므로 진실로 큰 것은 형상이 없고, 진실로 큰 것은 크다는 말 밖이며, 진실로 큰 것은 한계가 없는 것이어서 공일 수밖에 없다. 형상도 없고 실체도 없는 텅 빈 것이어서 공하면서도, 또한 온갖 오묘한 지혜와 신통을 놓으면서 상주불멸이니 공도 아니다. 부처님의 참뜻은 바로 여기에 있는 것이지 말과 형상에 있는 것이 아니다.

이 세계에서 가장 완전한 것은 다음과 같은 요건을 갖축도 있어야 한다.

시 · 공간적으로는 불생불멸일 것, 무한해야 할 것, 형상이 없어야 할 것, 실체가 없을 것, 위 없는 지혜와 절대적인 힘이 있을 것, 평등무사(平等無私)할 것, 공영과 화합의 원리일 것, 만약 그렇지 못하면 단절과 한계와 지킴과 분열과 다툼 · 충돌이 있게 된다.

이처럼 완전한 체(體)는 공이여야 하고, 이 공에서 온 세계를 하나로 아우러는 무소득의 통합원리가 행해져야 비로서 완전하다 할 것이다. 이렇게 볼 때 오직 '진여공'만이 완전한 것이다.

신심명에서 말했다.

> 일체의 2원적 견해는 무명으로 헤아려 취사하기 때문이니 꿈 속의 허깨비와 허공 꽃을 어찌 애써 잡으려 하는가.
>
> **一切二邊 良由斟酌** 　일체이변 양유짐작
> **夢幻空華 何勞把捉** 　몽환공화 하로파착

헤아려 취사하는 생각을 쉬고, 마음을 청정하게 하여 공을 깨달으면 참으로 큰 몸과 그 뜻을 얻게 된다.

문수보살이 세존께 여쭈었다.

"무엇을 큰 몸이라 이름하옵나이까?"
"몸이 아닌 것[非身]을 큰 몸이라고 이름하느니라. 일체의 계율과 선정과 지혜를 갖추고 청정법을 깨달았으므로 큰 몸이라고 이름하느니라."

부처님께서 하신 말씀은 사람마다 제각기 갖추고 있는 마음자리의 진여자성, 청정심을 말씀하신 것이다.

어떤 스님이 조주 스님에게 물었다.
"개도 불성이 있습니까?"
"있느니라."
"이미 있다면 무엇 때문에 도리어 저 가죽푸대에 뛰어 들어갔습니까?"
"그가 알면서도 짐짓 범했느니라."
또 어떤 스님이 물었다.
"개도 불성이 있습니까?"
"없느니라."
"일체 중생이 다 불성이 있는데 개는 어찌하여 없습니까?"
"그가 업식(業識)이 있기 때문이다."
조주 스님은 똑같은 질문을 받고 한 스님에게는 개도 불성이 있다고 하였고, 또 한 스님에게는 개는 불성이 없다고 하였다. 무엇 때문에 이렇게 상반되는 대답을 하였을까?
부처님께서는 상견(常見)을 걱정하셔서 공을 말씀하셨고, 단견(斷見)에 빠질까 심려하시어 '유'를 말씀하셨다. 사람들은 부처님이 불법을 설하시면, 그 참뜻을 받들어 가르침대로 행하려 하지 않고 언구에 집착하여 지키면서 그것을 진실한 불법이라 여긴다. 다시 부처님께서 그것은 다만 글자일 뿐, 불법은 공이라고 하면 이번에는 '무'를 극칙으로 삼아 공에 빠지고 만다. 그러므로 유, 공, 중도를 말씀하신 참뜻은 유와 공을 모두 벗어난 중도에 있는 것이다. 참다운 중도는 중도라는 법상마저도 짓지 않고 훤칠히 벗어나지 않으면 안 된다. 위의 공안에서 조주 스님이 답변한 것도 부처님이 방편을 쓰신 것과 같다. 한 스님은 "불성이란 '무'이다."라고 집착한 스님이다. 조주 스님은 이 학인의 '무'를 깨뜨리기 위해서 '개는 불성이 있다.'라고 대답하신다. 또 다른 한 학인은 '모두에게 불성이 있다.' 라는 불법의 글귀에 매달려 집착하고 있다. 조주 스님이 '개는 불성이 없다.' 고 답변한 것은 바로 이 '유'를 타파하기 위한 것이다.

위의 공안에서 학인이 묻기를 '불성이 있다면 어찌하여 개의 몸속에 들어가서 개의 몸을 뒤집어 씁니까?' 하는 질문에 대해서 조주 스님이 '그가 알면서도 짐짓 범했느니라.' 한 답변은 매우 오묘한 뜻이 있다. 이 대답에는 진여본체가 무심히 인연 따라 오묘한 지혜작용을 내는 것을 잘 묘사하고 있다. 진여는 개의 마음이 오면 개로 나타내 주고, 소의 마음이 오면 소의 몸으로 나타내준다. 포악한 마음을 참을 줄 모르는 마음이 오면 포악한 모습과 행동으로 나타내주고, 자비롭고 인욕하는 마음이 오면 거룩하고 인자한 모습으로 나타낸다. 자성본체는 개라고 해서 싫어하여 거절하지 않으며, 부처라고 해서 반겨하여 취하지 않는다. 무념 · 무주이어서 한 생각도 취하거나 버림이 없다. 대상이 있거나 대상이 없거나 상관하지 않고 대상이 오면 오는 대로, 가면 가는 대로 항상 본래적 지혜가 자연 발생적으로 흐르고 있는 것이다. 이 본래적 성품은 중생들의 심의식의 본질이다.

염오심만 지워 버리면 그대로 온전히 드러난다. 우주만유가 이 하나의 본성에 의지하여 있다. 이 진여자성을 체와 용으로 하여 삼라만상이 오고 간다. 삼세의 모든 부처님과 조사가 모두 이 체·성을 깨달아 생사를 벗어나고, 지복의 세계를 얻고, 완전 인격을 성취한 것이며, 팔만장경도 이 하나의 일밖에 다른 말 할 것이 없다.

있음과 없음도, 법과 비법(非法)도 벗어나서 자성의 큰 작용을 자기 것으로 쓰는 것만이 불법의 참뜻이다.

'그가 업식이 있기 때문이다.' 한 것도 참 이치를 알지 못한 채 유·무에 집착하는 중생의 어리석음을 경책하는 말이다.

11. 무위의 복이 수승함[無爲福勝分]

본문

"수보리여, 항하에 있는 모래 숫자와 같은 그러한 모래 수만큼의 항하를 어떻게 생각하느냐? 이 모든 항하의 모래가 얼마나 많다고 하겠느냐?"

수보리가 말씀드렸다.

"매우 많습니다. 세존이시여, 단지 모든 항하만이라도 오히려 많아서 셀 수 없는데, 하물며 그 모래 수이겠습니까?"

"수보리여, 내가 이제 진실한 말로 너에게 이르노니, 만약 어떤 선남자 선여인이 칠보로써 저 항하의 모래 수만큼의 삼천 대천세계에 가득 채워서 이것으로 보시한다면 얻을 복이 많겠느냐?"

수보리가 말씀드렸다,

"매우 많습니다. 세존이시여."

수보리 여항하중 소유사수 여시사등항하 어의운하 시제
須菩提 如恒河中 所有沙數 如是沙等恒河 於意云何 是諸

항하사 영위다부 수보리언 심다세존 단제항하 상다무수
恒河沙 寧爲多不 須菩提言 甚多世尊 但諸恒河 尙多無數

하황기사 수보리 아금실언고여 약유선남자선여인 이칠
何況其沙 須菩提 我今實言告汝 若有善男子善女人 以七

보만이소 항하사수 삼천대천세계 이용보시 득복다부 수
寶滿爾所 恒河沙數 三千大千世界 以用布施 得福多不 須

보리언 심다세존
菩提言 甚多世尊

본문 주해

앞의 '8. 법에 의지하여 나타내다[依法出生分]'에서도 칠보로 보시하는 사람의 복덕에 대해서 이미 거론한 바가 있다. 그런데 다시 여기서 거론하는 것은 더 큰 유루(有漏)의 복덕을 끌어다 비교시킴으로써 무위의 복덕이 한량없이 큰 것을 보이고, 또한 더 깊은 이치로 끌고 가려고 하는 것이다.

항하(恒河)는 인도의 간지스강을 말한다. 이 항하에 있는 모래는 숫자로 헤아릴 수 없을 만큼 많을 것이다. 그런데 다시 이 헤아릴 수 없을 만큼 많은 모래 숫자와 같은 수의 항하를 가정하고, 그 모든 항하에 있는 모래 수라고 한다면, 가히 상상을 불허하는 숫자로, 거의 무한에 가깝다 할 것이다. 이 무한에 가까운 숫자만큼의 삼천 대천 세계를 모두 칠보로 가득가득 채워서 보시한다면, 그 복이 얼마나 많겠느냐는 것이 부처님의 질문이다.

앞의 '의법출생분(依法出生分)'에서는 단지 하나의 삼천 대천 세계를 칠보로 가득 채워 보시하는 공덕을 말씀하셨지만, 여기서는 하나의 삼천 대천 세계가 아닌 숫자로 헤아릴 수도 없고, 머리로도 상상할 수 없는 무한에 가까운 삼천 대천 세계를 모두 칠보로 채워서 보시하는 것을 말씀하신 것이다. 부처님께서 이처럼 상상하기 어려운 비유를 말씀하신 것은 무한한 유루의 보시공덕과 이것으로 얻게 될 무한에 가까운 유루의 복덕을 상상하게 한 다음, 다시 유루의 복덕은 그것이 비록 아무리 크다 해도 생사 속의 복덕이어서 영원한 것이 아님을 지적하시고자 한 것이다. 유루의 복이 이처럼 무한에 가까울 만큼 크다 해도 그것은 마침내 무너져 내리고, 흩어져 버리는 것이라 무위의 복덕과는 비교할 수가 없다는 것을 말씀하신 것이다.

세존께서 이처럼 유루복을 애써 설명하시는 간절한 뜻은 사람들이 눈에 보이고, 귀에 들리는 모든 상을 취하여 그 속에서 헤매기만 할 뿐, 부처님 교설의 참뜻을 알지 못할까 두려워하신 까닭에 거듭거듭 말씀하신 것이다.

증도가에서 말했다.

> 굶은 사람이 임금의 수라상을 받고도 먹을 수가 없으니
> 병든 사람이 의왕을 만난들 어찌 나을 수가 있으랴
> **飢逢王膳不能湌** 기봉왕선불능손
> **病遇醫王爭得差** 병우의왕쟁득차

말법시대 중생들은 근기가 미약하여 부처님께서 설하시는 미묘법문을 이해하기도 어렵고, 받아들이기는 더더욱 어려우니 어떻게 반야바라밀을 행하여 애탐과 집착의 병을 고칠수 있을지 심히 걱정스럽지 않을 수가 없다.

범부는 자신의 마음 '안'을 들여다보는 지혜가 없다. 그리하여 눈에 보이고 귀에 듣기는 것이 모두 자기 마음 '안'에 있는 번뇌심소(탐 · 진 · 치 · 만 · 의 · 악견 貪 · 瞋 · 癡 · 慢 · 疑 · 惡見 등 중생의 마음에 소유되는 갖가지 번뇌의 세목들)의 그림자인 줄을 모른다. 그리고는 몸과 마음이 요구하는 것을 좇아다니면서 하는 일마다 업을 지어 재앙과 슬픔이 멈추지를 않는다.

유루의 공덕을 지어 잠시 복을 받기도 하지만, 업력이 다한 복덕은 흩어져 버리니 범부는 복을 지키기 위해 또 다시 업을 짓고, 태산 같은 업만 쌓일 뿐이다. 부처님께서 이것을 염려하시고 앞에서는 비교적 가볍게 말씀하셨고, 여기서 다시 더 큰 비유를 빌려서 거듭 말씀하셨으니, 무위의 법이 범부에게는 그처럼 알기가 어렵기 때문이리라.

본문

부처님께서 수보리에게 이르셨다.

"만약 선남자 선여인이 이 경 가운데에서 혹은 사구게 등을 받아 지니고 남을 위해서 말해 주면, 이 복덕이 앞의 복덕보다 수승하리라."

불고 수보리 약선남자선여인 어차경중 내지수지 사구게등
佛告 須菩提 若善男子善女人 於此經中 乃至受持 四句偈等

위타인설 이차복덕 승전복덕
爲他人說 而此福德 勝前福德

본문 주해

칠보를 보시하는 것은 끝내 생사를 벗어날 수 없는 복덕이지만, 범부가 이것을 떠나지 못하는 것은 누생에 증장시켜온 번뇌장과 소지장이 중하여 무위법을 스스로 믿을 수가 없기 때문이다.

과거세에 인행(因行)을 쌓아 근기가 강한 사람은 부처님의 가르침을 한 마디만 듣고도 곧바로 보리도(菩提道)에 나아가서 일대사를 끝내지만, 근기가 하열한 사람은 어리석고 겁이 많아서 부처님의 가르침을 들어도 신심을 내지 못하고, 오히려 의심하는 마음만 더욱 커지는 것이다. 이것은 마음에 가리어짐이 심해 진리를 향한 혜안이 열리지 않기 때문이다. 부처님께서는 이러한 범부의 마음을 아시고, 또 후 오백 세의 미혹한 중생을 위해서 중언부언하신다. 그리하여 부처님께서는 무위의 복덕이 유위의 복덕보다 수승함을 말씀하신 것이다.

이 '경전이나 혹은 사구게 등을 받아 지니고 남을 위해 설해 준다.'는 것은 무위법을 말한다. 이것은 부처님 교설의 핵심이고, 이 경의 종지이다. 사구게는 반야바라밀이다. 경에 이르기를 '만약 어떤 사람이 성을 가득 채운 금과 은을 가지고, 이것으로 보시하더라도 이 경전의 사구게 하나를 받아 지니는 사람만 같지 못하다.'라고 한 바와 같이 사구게의 복덕은 칠보의 보시보다 비교할 수 없을 만큼 수승하다. 왜냐하면 사구게의 복덕은 만겁(萬劫)토록 다할 날이 없어서 영원히 누리게 되기 때문이다.

부처님께서 '재물로 하는 보시는 그 복덕은 끝날 때가 있지만, 법의 보시는 그 복덕이 다할 때가 없다.'고 하신 것이 바로 사구게가 수승함을 말해 주고 있다. 사구게는 그 참뜻이 진여자성에 귀착한다.

대주혜해(大珠慧海) 스님은 진여자성을 깨달아 들어가는 법문을 돈오문(頓悟門)이라고 하였는데, 이 법문의 종지(宗旨)와 진여자성의 체(體) 용(用)에 대해서 다음과 같이 말했다.

어떤 스님이 대주 스님에게 물었다.

"이 법문은 무엇으로 종취(宗趣)를 삼고, 무엇으로 참뜻을 삼고, 무엇으로 본체를 삼으며, 무엇으로 작용을 삼는 것입니까?"

"무념을 종취로 삼고, 망심이 일어나지 않음을 참뜻으로 삼으며, 청정을 본체로 삼고, 지혜로써 작용을 삼느니라."

"이미 무념으로 종취를 삼는다고 하신다면, 무념이란 어떤 생각이 없는 것입니까?"

"무념이란 삿된 생각이 없음이요, 바른 생각이 없다는 것이 아니니라."

"어떤 것이 삿된 생각이며, 어떤 것이 바른 생각입니까?"

"있음을 생각하고 없음을 생각하는 것이 삿된 생각이고, 있음과 없음을 생각하지 않는 것이 바른 생각이니라. 선을 생각하고 악을 생각함이 삿된 생각이며, 선과 악을 생각하지 않는 것이 바른 생각이니라. 괴로움과 즐거움, 생겨남과 없어짐, 취함과 버림, 원망과 친함, 미워함과 사랑함이 모두 삿된 생각이며, 괴로움과 즐거움 등을 생각하지 않는 것이 곧 바른 생각이니라."

"어떤 것이 바른 생각입니까?"

"바른 생각이란 오직 보리(菩提)만을 생각하는 것이니라."

"보리는 얻을 수 있습니까?"

"보리는 얻을 수 없느니라."

"어찌 얻을 수 없는데, 오직 보리만 생각합니까?"

"보리는 다만 임시로 세운 이름이니, 실제로는 얻을 수가 없다.

또한 전에도 후에도 얻는 자가 없고, 얻을 수가 없기 때문에 곧 생각이 없느니라. 오직 이 무념만이 진실한 생각인 것이니, 보리는 생각할 바가 없는 것이니라. 생각할 바가 없다는 것은 곧 일체처에 생각하는 바가 없음이니, 다만 위에서 설한 여러 가지 무념이란 모두가 일에 따라 방편으로 임시로 세운 이름일 뿐, 모두가 하나의 같은 본체로서 두 가지도 없고 다름도 없는 것이니라. 다만 일체처에 무심할 줄만 알면, 곧 이것이 무념이니 무념을 얻을 때에 비로소 자연히 해탈하느니라."

"어떻게 하여야 <부처님의 행>을 행할 수 있습니까?"

"일체의 행을 하지 않는 것을 부처님의 행이라고 하며, 또 바른 행이라고 하며, 또 성스러운 행이라고 하는 것이니, 앞에서 말한 바와 같이 <있음과 없음, 미워함과 사랑함 등을 행하지 않는 것>이 바로 그것이니라."

위의 대화 가운데에서 학인이 '어떤 것이 바른 생각입니까?' 하고 물었을 때, 대주 스님이 대답하기를 '오직 보리만을 생각하는 것이니라.' 고 하였는데, 이 말의 뜻은 앎으로 보리를 생각하는 것이 아니라는 점을 이해하지 않으면 안 된다. '오직 보리만을 생각하는 것' 은 마음을 한결같이 무심하게 하여 진여대용(眞如大用)이 일어나게 하는 것이다. 진여대용이란 진여자성의 큰 작용이다. 마음이 두 변을 떠나서 참무심이 되었을 때, 나타나는 본래 마음자리의 작용인 바, 곧 진여자성이 움직이는 모습이다.

'이 경전이나 혹은 사구게 등을 받아 지닌다.' 라는 참뜻은 바로 이것인데, 이 진여자성 가운데에 영겁(永劫)에 걸친 무량복덕과 신묘한 지혜와 열반해탈이 본래부터 갖추어져 있는 것이다.

이것을 남을 위해 설해 줄 때, 그 복덕은 자신의 것이 되는 동시에 남에게도 이익이 되는 것이다.

신심명에서 말했다.

> 근본으로 돌아가면 뜻을 얻고
> 비춤을 따르면 근본 뜻을 잃느니라
> **歸根得旨 隨照失宗** 귀근득지 수조실종

즉 상대적 변계(徧計 : 두루 계교함)조직인 의식계를 초탈하여 무위에 머무를 것을 말한 것이다.

도천 선사가 게송으로 말했다.

> 바다에 들어가서 모래알을 세느라 부질없이 힘만 허비함이라
> 자질구레히 티끌먼지 속에 치달림을 면치 못하니
> 어찌 자기 집 진보(珍寶)를 끄집어내어
> 고목에 꽃 피우는 특별한 이 봄만 하리오
> **入海算沙徒費力** 입해산사도비력
> **區區未免走紅塵** 구구미면주홍진
> **爭如運出家珍寶** 쟁여운출가진보
> **枯木生花別是春** 고목생화별시춘

이 게송 또한 6근과 6경과 6진 속에서 부질없이 상을 취하고 이름과 형상을 분별하면서 거짓에 속고 사는 범부들을 향해서 자신들의 가보(家寶)인 진여자성으로 돌아가 자성의 큰 작용을 일으키는 무위를 행할 것을 말하고 있다. 이것이 부처님 교설의 참뜻

이고 반야바라밀이며, 영겁(永劫)에 불변하는 무량복덕의 근본이다.

남전(南泉) 스님이 시중하셨다.
삼세의 모든 부처님은 있음을 알지 못하는데
살쾡이와 암소는 오히려 있음을 안다.

'삼세제불이 있음을 알지 못한다.'는 것은 무명의 2변적 앎이 다 하였다는 것이고, 살쾡이와 암소는 범부를 비유한 것으로, 범부는 양변으로 말하고 생각하고 행동하며, 양변으로 죽고 살며, 양변으로 인하여 윤회한다.

중생의 양변적 의식계는 인식하는 주체가 있고 인식되는 객체가 있으며 그 사이에 번뇌와 망상이 현행하여 법상(法相)이 생기한다. 이처럼 형상과 이름을 따라 6진(六塵)이 일어나는 것이 중생의 양변의식계이다. 그러나 부처의 경계에는 양변이 없다. 대상적 앎이 일어나지 않는다.

삼세제불은 무명의 앎의 인식체계가 끊어지고 없어져서 자연히 자성이 현발하고, 자성을 쓰게 되므로 '삼세제불은 있음을 알지 못한다.' 한 것이다. 차별상을 볼 때도 묘관찰지(妙觀察智)로 자견 · 자지(自見 · 自知) 하지만 여기에는 안다는 생각이 없다.

6조가 5조의 의발(衣鉢)을 전수한 것은 불법을 알지 못했기 때문이라는 것도 바로 이 뜻이다. 참불법은 자용진성(自用眞性)이고, 자용진성은 무명의 앎이 끊어지지 않으면 되지 않기 때문이다.

남전 스님이 상당해서 말했다.

'왕노사(王老師 : 남전 자신을 지칭)가 젊어서부터 암소 한 마리를 길렀는데, 개울 동쪽에다 방목하면 남의 나라 수조 먹는 것을 피할 수 없었고, 개울 서쪽에다 방목해도 역시 남의 나라 수초 먹는 것을 피할 수가 없었는데, 지금은 분수 따라 조금씩 받아들이니 도무지 걸리는 것이 없다.'

아직 미숙한 수행자는 하는 일마다 신구의(身口意)가 진리에 배촉(背觸)하기 일쑤이다. 그러나 차츰 깨달음의 경지에 이르러 하는 일 마다 자심 진여자성과 깊이 상응하게 되는 것이다.

조주 스님이 남전 스님에게 물었다.

"있음을 알고 있는 사람은 어디로 갔습니까?"

"산 밑의 단월댁에 한 마리 암소가 되었느니라."

"화상께서 지시해 주심에 감사드립니다."

"지난 밤 삼경에 달이 창 밖에 이르렀었느니라."

남전 스님께서 임종하기 직전에 어떤 수좌가 물었다.

"화상께서 열반에 드신 뒤에는 어디로 가시겠습니까?"

"산 밑의 한 마리 암소가 되리라."

"제가 화상의 뒤를 따르려는데, 되겠습니까?"

"네가 나를 따르려면 모름지기 풀 한 줄기를 입에 물고 와야 하리라."

위의 조주 스님과 남전 스님의 대화 중에서 '있음을 알고 있는 사람'은 범부와 다른 부류이다. 여기서 말하는 사람은 완전히 죽었다가 다시 살아난 사람이다. 식심(識心)이 완전히 멸진되어 미세한 근본무명마저 없어진 사람이다. 이 사람은 자성을 쓰는 사람이다. 머무는 바 없는 마음을 내는 사람이다. 마음을 내지 않으면 태어나지 아니하고, 태어나지 아니하면 중생을 이익되게 할 수 없으므로, 짐짓 마음을 내어 다시 태어나 중생을 교화하는 것이다.

12. 바른 가르침을 존중함[尊重正敎分]

본문

"그리고 또 수보리여, 어디서든지 이 경 혹은 사구게 등을 설하면 마땅히 알지니, 이곳은 모든 세간의 천 · 인 · 아수라가 모두 응당 공양하기를 부처님 탑묘같이 하리니,"

부차 수보리 수설시경 내지사구게등 당지차처일체세간
復次 須菩提 隨說是經 乃至四句偈等 當知此處一切世間

천 · 인 · 아수라 개응공양 여불탑묘
天 · 人 · 阿修羅 皆應供養 如佛塔廟

본문 주해

이 경 혹은 사구게는 곧 반야바라밀이다. 일체법에 붙잡을 것이 없는 무소득심을 설해 주는 것을 말한다. 마음에 능소(能所)가 없어 취할 상이 없으면 진여자성이 드러나고, 이와 같이 청정한 마음으로 남을 위해 설해 주면 그대로 진여대용(眞如大用)이라. 이 몸과 마음이 곧 부처님의 탑묘이고, 진신사리인 것이니, 어찌 천 · 인 · 아수라가 공양할 바가 아니겠는가? 경의 본문 '수설(隨說)'을 해석함에 어떤 이는 장소의 뜻으로 하여 어느 곳에서든지 사람을 보면, 이 경 혹은 사구게로 반야바라밀을 설해 준다로 번역하기도 하고, 혹 어떤 이는 중생의 근기에 수순한다는 뜻으로 보고, 범부를 만나면 범부에 맞게 범속한 일로 설하고, 상근기를 만나면 상근기에 맞게 곧바로 제1의(第一義)를 설해 준다는 뜻으로 해석하기도 하는데, 수설(隨說)에는 두가지 뜻이 다 포함된 것으로 보아도 무방할 것이다.

부처님께서 여기서 이처럼 경과 사구게를 중요하게 여기시는 뜻은 부처님 교설의 참뜻을 글귀 밖에서 깨닫고, 깨달은 바를 남을 위해 설해 주는 일인 바 『단경(壇經)』에서는 다음과 같이 말하고 있다.

'선지식이여, 보리반야의 지혜는 세인(世人)이 본래부터 제 스스로 지니고 있지만, 다만 마음이 미혹한 연고로 스스로 깨달을 수 없으니, 모름지기 큰 선지식이 열어 보이고 이끌어 줌으로써 자성을 보게 되나니, 마땅히 알지니라. 어리석은 사람과 지혜로운 사람의 불성은 본래 차별이 없지만, 단지 미혹함과 깨달음으로 말미암아 같지 아니하며, 그 까닭에 어리석음도 있고 지혜로움도 있느니라. 내가 이제 마하반야바라밀법을 설함으로써 너희들로 하여금 제각기 지혜를 얻게 하리니, 마음에 뜻을 세워 자세히 들을지니라. 내 너희들을 위해 설하리라.'

6조께서 경의 이 부분을 설명했다.

어디서든지 사람을 보거든 바로 이 경을 설하되 마땅히 생각생각에 항상 무념(無念)의 마음과 무소득(無所得)의 마음으로 행하되, 능소(能所)의 마음을 지어서 설하지 말지니라. 만약 능히 모든 마음을 멀리 여의고 항상 무소득심에 의지하면, 곧 이 몸 가운데에 여래의 전신사리(全身舍利)가 있는 것과 같으므로 부처님의 탑묘(塔廟)와 같다고 하느니라. 무소득심으로 이 경을 설하는 자는 천룡팔부를 감응시켜 모두 와서 듣고 받아 지니지만, 만약 마음이 청정하지 못하고 단지 명성과 이익을 위해서 이 경을 설하는 자는 죽어서 삼악도에 떨어지리니, 무슨 이익이 있으리오.

만약 청정한 마음으로 이 경을 설하는 자는 모든 듣는 자들로 하여금 미혹하고 망령된 마음을 없애고, 본래의 불성을 깨달아 항상 진실을 행하게 하여 천인 · 아수라 · 인 · 비인 등을 감응시키니 모두와서 공양하리라.

신신명에게 말했다.

진여자성에 맡기면 진리에 합일하여
소요하게 거닐면서 번뇌가 끊어지도다.

任性合道　　임성합도
逍遙絶惱　　소요절뇌

범부가 범부인 것은 무명으로 물든 심의식에 의탁하여 말하고 생각하고 행동하기 때문이며, 부처가 부처인 것은 진여자성의 참성품과 지혜가 청정한 심의식을 통하여 말하고 생각하고 행동하기 때문에 부처인 것이다. 범부의 의식계에는 모든 것이 양변으로 갈라져서 낱낱이 상을 지니면서 대립하고 충돌한다. 나와 너, 생과 사, 중생과 성인, 유와 무 등등 세상의 모든 차별상은 다 무명이 만들어 낸 상이다. 이 속에서 죽고 살고 하면서 고통을 느끼고 재앙을 받는 것이다. 사람이 무명의 의식계를 벗어나지 못하면, 사법(事法)은 그것으로의 질서 법칙이 있기 때문에 재앙과 고통을 벗어날 길이 없다. 왜냐하면 범부의 분별의식은 그 자체로 업의 근원이기 때문이다. 범부의 의식계는 내놓는 것마다 업 아닌 것이 없다.

그러나 부처는 무명의 의식계를 쓰지 않는다. 미세한 번뇌마저 남김없이 멸진시킨 청정무구한 심의식을 통하여 진여대용을 쓰기 때문에 하는 일마다 지혜롭고 복덕이 가득하다. 부처의 일거수 일투족은 우주 속의 모든 지혜와 공덕이 나오는 바로 그 곳에서 나온 일거수 일투족이다.

그러므로 『단경(壇經)』에 이르기를

'마하반야바라밀은 가장 존귀하고 가장 으뜸이니라. 머무름도 없고 감도 없고 옴도 또한 없으며 삼세의 모든 부처님이 모두 이 가운데로부터 나와서는 마땅히 대 지혜를 써서 오온의 번뇌와 진로(塵勞)를 타파하니, 이와 같이 수행하면 반드시 성불도하여 삼독(三毒)을 바꾸어 계 · 정 · 혜로 하리라.' 하였다.

본문

"하물며 어떤 사람이 남김없이 능히 받아 지니고 읽고 외움에 있어서랴.

수보리여, 마땅히 알지니, 이 사람은 가장 높고 제일 희유한 법을 성취하리라. 만약 이 경전이 있는 곳이면, 곧 부처님과 존중받는 제자가 있는 것이 되느니라."

하황유인진능수지독송 수보리 당지 시인성 취최상제일
何況有人盡能受持讀誦 須菩提 當知 是人成 就最上第

희유지법 약시경전 소재지처 즉위유불 약존중제자
希有之法 若是經典 所在之處 卽爲有佛 若尊重弟子

본문 주해

앞에서 사구게를 지니는 공덕이 얼마나 수승한지에 대해서 말씀하셨고, 다시 여기서는 경을 모두 받아 지니고 읽고 외우는 공덕이 가장 높고 가장 희유함을 말하고 있다.

경의 공덕이 이처럼 높고 수승한 까닭은 무엇인가?

그것은 경의 종취(宗趣)가 반야바라밀이고, 반야바라밀은 진여자성의 큰 작용이기 때문이다. 다시 말해서 진실한 공덕은 진여자성에만 있을 뿐, 유위법에는 진실한 공덕이 없다는 뜻이다.

옛날 양무제(梁武帝)가 달마 대사에게 물었다.

"내가 평생 동안 절을 많이 지었고, 탑도 많이 세웠으며, 스님들께 공양도 많이 했는데, 그 공덕은 얼마나 큰지요?"

"실로 아무런 공덕도 없습니다."

달마 조사께서 양무제에게 '아무런 공덕이 없다.' 한 것은 곧 무제의 유위공덕을 말한 것이니, 그것은 생사 속의 뜬구름과 같아서 바람이 불면 흩어져서 없어져 버리기 때문이다.

상을 보고 짓는 공덕은 그것이 아무리 큰 것이라 해도 그대로 머물러 있지를 않는다. 왜냐하면 상을 보는 마음은 무명의 심의식이고 이것으로 짓는 공덕은 유위(有僞)의 업(業)이기 때문이다. 무명은 현상적 측면만을 취할 뿐, 근본을 망각한 채 작위(作

爲)하므로 하는 짓마다 업이 된다.

부처님께서 이 경을 설하신 것도 이처럼 고통받는 중생들이 재빨리 현상적 측면에서 나아가 진여본체와 그 성품을 깨닫도록 이끌어 주시기 위해서 이처럼 수고롭게 말씀하시는 것이다.

그러면 진실한 공덕은 어떤 것인가?

생각생각마다 애탐과 집착을 떠나서 상을 취하지 않는 것이 공덕이고, 일체 사물을 보되 평등하고 차별 없이 보는 것이 공덕이고, 만법의 실상이 무상(無相)이어서 얻을 것이 없음을 아는 것이 공덕이고, 무념 · 무주(無住)가 곧 바르게 머무르는 것임을 아는 것이 공덕이고, 자기의 마음 바탕이 형상도 없고 한 생각도 없는 법신임을 아는 것도 공덕이고, 자기의 본심 진여자성이 만법을 머금고 있음을 아는 것이 공덕이고, 진여자성이 형상도 없고 생각도 없는 가운데에서 목전의 사물에서 온갖 지혜묘용을 내고 있는 것을 분명하게 보는 것이 공덕이고, 전념과 후념을 무심으로 상속함이 공덕이고, 법도 없고 법 아님도 없는 청정일심을 간단(間斷)없이 이어감이 공덕이고, 무심 가운데에서 인연 따라 사물과 사귀는 것이 공덕이고, 마침내 진여대용을 일으키는 것이 가장 높고 제일 희유한 공덕이다. 이것이 마하반야바라밀이고 최상승법이다.

모든 부처님이 다 이 법에서 나오신 것으로 달리 더 높은 법이 없다. 이 경의 참뜻은 바로 여기에 있고 이것을 알지 못하면 경이라 할 수 없고, 사구게라 할 수도 없다. 경의 참뜻을 안다면, 바로 그 곳에 부처님이 계신다. 부처님의 참모습은 진여법신이고 이 경의 뜻도 곧 진여법신이다. 이 경을 바르게 읽고 외우면, 그 사람은 곧 진여자성을 깨닫게 되고, 능소가 없는 청정한 마음으로 이 경을 설하면, 그것을 듣는 사람도 진여자성으로 돌아가게 되니, 이 경과 사구게는 진여자성을 떠나서는 아무 뜻도 없기 때문이다.
영가(永嘉) 스님이 말했다.

> 어떤 이가 나에게 무슨 종취를 아느냐고 묻는다면
> 마하반야의 힘이라고 대답해 주어라.
> **有人間我解何宗** 유인문아해하종
> **報道摩訶般若力** 보도마하반야력

믿는 마음으로 의심하지 않고 이 경을 받아 지니면서 경의 참뜻을 깨달아 무상(無相)·무주(無住)의 이치를 어느 곳에서나 행하여, 전념과 후념이 한결같이 이어지면, 이 마음이 경전의 참뜻을 행하는 곳이어서 부처님이 계시는 곳이 된다.
도천 선사의 게송을 읊는다.

> 바다 같은 깊음이요 산 같은 견고함이라
> 좌로 돌고 우로 돌아도 가지도 아니하고 머물지도 않도다
> 굴에서 나온 금빛 사자 새끼가
> 완전한 위용으로 포효하니 여우들이 의심하도다
> 깊은 생각 방패와 창을 움직이지 않는 곳에서
> 곧바로 친마외도를 다스려 돌아가게 하도다
> **似海之深如山之固** 사해지심여산지고
> **左旋右轉不去不住** 좌선우전불거부주
> **出窟金毛師子兒** 출굴금모사자아
> **全威哮吼衆狐疑** 전위효후중호의
> **深思不動干戈處** 심사부동간과처
> **直攝天魔外道歸** 직섭천마외도귀

계송의 첫 줄은 진여본체의 깊고 견고함이며, 그 다음 줄은 부동하는 본체에서 온갖 지혜광명을 놓는 묘용(妙用)을 묘사하고 있다. '굴에서 나온 금모사자'란 중생이 본래 모두 금모사자로서, 컴컴한 굴 속에 갇혀 나오지 못하고 있다가, 반야바라밀을 행하여 양변의 결박을 풀고 진여자성을 깨달은 것을 말한다.

반야바라밀법은 알기 어렵고 믿기 어려워서, 의심 많고 겁 많은 하열근기의 범부는 쉽사리 신심을 내지 못하고 머뭇거리면서 쉽게 받아들이려고 하지 않는다.

'깊은 생각'은 심의식의 생각이 아니다. 이것은 진여본체의 향상(向上) 정신이다. 진여자성에 본래적으로 갖추어진 초월적 정신과 지혜이다. 이 본성은 신묘한 지혜력과 감화력이 있기 때문에 천마외도를 교화 시킬 수가 있는 것이다.

어떤 스님이 파릉(巴陵) 스님에게 물었다.
"무엇이 제바(提婆)의 종지입니까?"
"은주발에 눈[雪]을 담았다."

본래 외도 가운데 한 사람이었던 서천 15조 제바 존자가 제14조 용수(龍樹) 존자를 뵈었을 때, 바늘을 바리때 속으로 던지자 용수 존자는 그를 큰그릇으로 여기고 심법(心法)을 전수하여 제15조로 삼았다.

'은주발에 눈을 담았다[銀椀裏盛雪].'는 무슨 뜻인가?

은주발과 눈은 서로 같지 않다. 따로따로이다. 그러나 다같은 한 빛깔이어서 차별이 없다. 그러므로 이 말은 금시의 몸으로 진여자성에 사무친 성인을 묘사한 말이다. 성인은 비록 몸과 마음이 있지만, 진여자성에 귀일(歸一)하여 하나로 합해져 있음을 말한다. 이것이 모든 존재의 본래 모습이다. 그러나 최초의 한 생각이 형상에 집착하여 번뇌망상을 일으키면서부터 금시인이 본래인을 등지게 된 것이다. 그래서 본래 하나이던 것이 둘로 갈라지게 되었다.

본래 금시인(今時人)과 진인(眞人)은 하나이고 지금도 하나이지만, 금시인이 무지한 탓으로 둘로 갈라지게 된 것이다.

한 학인이 조주 스님에게 물었다.

"개도 불성이 있습니까?"

"없다"

"위로는 부처님에서부터 아래로는 땅 위를 기어 다니는 개미에 이르기까지 모두 불성이 있는데 왜 없다 하십니까?"

"그에게 업식성이 있기 때문이다."

마음이 눈에 보이고 귀에 들리는 것을 좇아 집착하면, 불성이 가리어지고, 가리어지면 있어도 쓸 줄을 모르니 없는 것과 같다. 사물에 집착하지 아니하면 망상이 생기지 아니하고, 망상이 생기지 아니하면 제법의 참모습을 보게 되고, 제법의 참모습을 보면 우주법계와 삼라만상과 나와 네가 모두 차별없는 진여이니, 이 진여본체가 무심한 가운데 인연따라 오묘한 지혜공덕을 행하면서 향상로를 가고 있는 것이 목전의 천태만상이고, 나와 네가 보고, 듣고, 성내고, 울고, 웃고, 죽고, 살고 하는 것이 모두 이것이다.

이 경전이란 이 진리를 깨달아 스스로 행하는 주인공이 되는 일을 말한다.

13. 법대로 받아 지님[如法受持分]

본문

그때에 수보리가 부처님께 여쭈었다.

"세존이시여, 마땅히 이 경을 무엇이라 이름하며, 저희들이 어떻게 받들어 지니오리까?"

부처님께서 수보리에게 이르셨다.

"이 경을 금강반야바라밀이라 이름하니, 이 이름으로 너희들은 마땅히 받들어 지닐지니라.

그 까닭이 무엇인가? 수보리여, 부처가 설한 반야바라밀은 곧 반야바라밀이 아니고, 그 이름이 반야바라밀이니라.

수보리여, 어떻게 생각하느냐? 여래가 설한 바 법이 있느냐?"

수보리가 부처님께 말씀드렸다.

"세존이시여, 여래께서는 설하신 바가 없습니다."

이시 수보리 백불언 세존 당하명차경 아등운하봉지
爾時 須菩提 白佛言 世尊 當何名此經 我等云何奉持

불고 수보리 시경명위금강반야바라밀 이시명자 여당
佛告 須菩提 是經名爲金剛般若波羅蜜 以是名字 汝當

봉지 소이자하 수보리 불설반야바라밀 즉비반야바라밀
奉持 所以者何 須菩提 佛說般若波羅蜜 則非般若波羅蜜

시명반야바라밀 수보리 어의운하 여래유소설법부 수보리
是名般若波羅蜜 須菩提 於意云何 如來有所說法不 須菩提

백불언 세존 여래무소설
白佛言 世尊 如來無所說

본문 주해

반야는 모든 사물의 참모습을 보는 지혜를 말한다. 반야는 무명의 심의식으로 아는 상대적 지견이 아니고, 무명의 상대적 지견이 없는 청정한 마음으로 보고 아는 지혜이다. 금강이란 능히 번뇌를 끊기 때문에 반야가 곧 금강과 같은 능력과 작용이 있다.

부처님께서 처음 이 경을 금강반야바라밀이라 이름하여 받아지닐 것을 말씀하시고 나서, 다시 '부처가 설한 반야바라밀은 반야바라밀이 아니다.' 라고 하신 뜻은 무엇인가?

『대품반야경』에 다음과 같은 구절이 있다.

'세존이시여, 이 반야바라밀은 형상도 없고, 모양도 없으며, 말로 할 수도 없고, 설명할 수도 없습니다.

세존이시여, 형상도 없고 모양도 없으며, 말로 할 수도 없고 설명할 수도 없는 이것이 반야바라밀이고, 이것이 일체종지(一切種智 : 모든 존재의 본질적 모습과 함께 차별적 모습을 세밀히 아는 부처의 지혜로서 불타 三智의 하나)입니다.

<세존이시여, 반야바라밀이 만약 모양이 있는 것이어서, 모양 없는 것이 아니라고 한다면>, 모든 부처님께서 일체법이 형상도 없고, 모양도 없으며, 말로 할 수도 없고, 설명할 수도 없음을 알아, 아뇩다라삼먁삼보리를 얻고, 제자들을 위해서 모든 것이 형상도 없고, 모양도 없으며, 말로 할 수도 없고, 설명할 수도 없다고 설하시지는 않을 것입니다.

<세존이시여, 반야바라밀은 참으로 형상도 없고, 모양도 없으며, 말로 할 수도 없고, 설명할 수도 없는 까닭에> 모든 부처님께서 일체 제법이 형상도 없고 모양도 없으며, 말할 수도 없고 설명할 수도 없음을 알아 아뇩다라삼먁삼보리를 얻고 제자들을 위해서 모든 것이 형상도 없고 모양도 없으며, 말할 수도 없고 설명할 수도 없다고 설 하십니다.'

우리는 항상 반야바라밀을 반야바라밀이라는 문자로 심의식 속에 받아들여 우리가 아는 지식으로 이해하려고 한다. 그것이 의식계 속에 살고 있는 범부의 고정화된 사고 습성이다. 부처님께서는 범부의 이러한 고정화된 사고의 틀을 깨뜨리고자 하신다.

왜 그렇게 하지 않으면 안 되는가? 범부가 보고 아는 사물의 이름과 형상은 그 사물의 실상(實相)이 아니기 때문이다. 범부가 아는 사물의 이름은 사물 그 자체가 아니며, 범부가 보는 사물의 형상은 사물의 참모습이 아니다. 이름은 문자이고 개념이며, 형상은 거칠게 요별된 차별상이다. 어느 것도 진실이 아니다. 이것이 곧 범부의 고정화된 사고의 틀이며, 이것을 파각하지 않으면 결코 진리에 나아갈 수가 없다.

사실상 이렇게 상에 집착함으로 인하여, 진여자성이 가리어지므로 이름과 형상을 벗어나서 사물의 참모습을 볼 수 있는 혜안을 열어 주기 위해서 반야바라밀을 설하시는 것이다. 반야바라밀은 집착을 끊어 상을 취사하지 않음이며, 어리석음을 끊어 명상(名相) 너머 사물의 참모습을 보는 것이다. 그러므로 마음 속에 한 가지도 무명의 잔재를 담아 두어서는 반야의 혜안을 얻을 수 없는 바, 금강반야바라밀은 그러한 번뇌망상을 끊게 해주며, 반야당체인 진여자성을 깨닫도록 해주고자 한 것이다.

부처님께서 '반야바라밀은 반야바라밀이 아니고, 그 이름이 반야바라밀이니라.' 하신 것도 범부들이 반야바라밀이라는 이름에 집착하고, 법의 상을 지어 그것에 매달리지 않을까 걱정하시고 이렇게 경고하신 것이다.

반야바라밀은 지혜로서 피안에 이르는 것인데 무명의 의식계를 초월한 지혜는 곧 마음이 일체법에 머무르지 않으며, 일체법에 얻을 것이 없는 무소득심이 되어 청정일심으로 행하는 것을 말한다.

피안에 이르는 길은 범부의 망견과 망상을 안팎으로 두들겨 부수고, 제법의 참모습을 깨달아 도달하는 길밖에 없다. 범부의 망견과 망상을 안팎에서 모두 파각하는 것은 오직 반야지혜의 힘인데, 이 금강을 부처님께서 설하시고 있는 것이다. 부처님께서 설하시는 참뜻을 깊이깊이 깨달아 알면 반야지혜의 힘을 얻을 수가 있는 것이다.

부처님께서 '금강반야바라밀의 이름으로 받들어 지닐지니라.' 하신 것도 『금강경』의 이름과 모양과 머리 속으로 헤아린 법의 상을 받아 지니라는 뜻이 아니고, 『금강경』의 참뜻을 받아 지니라는 말씀인 바, 곧 반야바라밀이고, 본래의 무구자심(無垢自心)으로 진로(塵勞) 속을 다님이요, 청정심으로 말하고 행동함이요,

진여대용인 것이다.

신심명에서 말했다.

> 도가 현전하기를 바라거든 따름과 거역함을 두지 말지니
> 어긋남과 따름이 서로 다투면 이것이 마음의 병이 되느니라
> **欲得現前 莫存順逆** 욕득현전 막존순역
> **違順相爭 是爲心病** 위순상쟁 시위심병

신심명의 이구절은 마음이 양변을 좇으면 도(道)가 현전하지 않는 것은 말할 것도 없고 항상 마음속에 다툼이 생겨 마음의 병이 된다는 것이다.

사심(死心) 선사의 다음 말은 부처님의 교지(敎旨)를 잘 나타내고 있다.

'다만 이것을 옳다고 하면 마치 눈에 가시가 붙은 것과 같고, 이것을 옳지 않다고 하면 바로 그 눈을 뜨고 돌이 부딪치는 소리를 듣고도 졸고 있는 것이니, 여러분들은 또한 말해 보라. 필경에는 어떻게 해야 옳은 것인지? 다시 자세히 이르노니, 무쇠를 쳐서 금으로 만들기는 쉬우나, 사람들에게 권하여 옳고 그름을 없애 버리게 하기는 어렵도다.'

게송 가운데 '이것을' 하는 것은 반야를 말하는 것이다. 반야를 옳다고 하면서 집착하거나, 또는 집착하는 것은 옳지 않다고 하면서 그 옳지 않다는 생각에 집착함 또한 잘못인 것이다.

유(有)든 공(空)이든 쥐는 것은 옳지 않다. 참다운 반야는 옳음

과 옳지 않음, 유와 공 모두를 벗어나서 걸림이 없어야 반야바라밀이 된다. 그래야 말도 없고, 생각도 없고, 형상도 없는 법신이 인연마다 온전하게 나타나고, 그 오묘한 지혜와 위없는 공덕이 한량없이 넘쳐 흐르게 된다.

『단경』에서 말하였다.

'만약 심히 깊은 법계와 반야삼매(三昧)에 들어가고자 하는 자는 모름지기 반야행을 닦아야 하리니, 『금강반야경』을 지니고 외우면 곧 자성을 보게 되리라. 마땅히 알지니라. 이 경의 공덕은 한량없고 끝이 없어서 경 가운데서도 분명하게 찬탄하나니 능히 일일이 설명하지 못하느니라.

이 법문은 최상승이라 큰 지혜를 가진 사람을 위해서 설하며 상근기의 사람을 위해서 설하신 것이니, 근기가 얕은 사람과 지혜가 적은 사람이 들으면 믿는 마음이 생기지 않느니라.'

세존께서 설하신 바가 모두 허공과 같이 텅 비고 형상도 없으며, 한 생각 상념도 없는 진여자성, 진신(眞身)을 말씀하신 것이어서 이치로 말한다면 한 마디도 설하지 않아야 하고, 반야바라밀이라고 말로도 할 수 없으나, 사람들이 말에 의지하고 글자에 의지하지 않고는 알지 못하니, 부득이 범부의 말과 생각을 빌려서 말씀하시되, 또한 범부의 말과 생각을 끊어주기 위함이다.

그러므로 수보리가 부처님이 설하신 참뜻을 알고 '여래께서는 설하신 바가 없습니다.' 한 것이다.

증도가에서 말했다.

밝고 밝게 보니 한 물건도 없어라
사람도 없고 부처도 또한 없도다
대천 세계는 바다 가운데 거품이요
모든 성현은 마치 번갯불이 치는 것과 같도다

了了見 無一物　　요요견 무일물
亦無人兮亦無佛　　역무인혜역무불
大千世界海中漚　　대천세계 해중구
一切聖賢如電拂　　일체성현여전불

이처럼 만법이 적멸한 불가지(不可知) 본체에서 끝없는 묘용이 나오는 것이다.

그러므로 말했다.

당처를 떠나지 않고 항상 맑고 고요하니
찾아본즉 그대를 알수는 있으나 볼 수는 없도다

不離當處常湛然　　불리당처상잠연
覓則知君不可見　　멱즉지군불가견

진여자성은 부동이고, 맑고, 고요하지만, 그 가운데서 묘용을 내므로 그 묘용을 보고 알 수는 있지만, 체의 실상은 공이고 무상(無相)이어서 볼 수 없는 것이다. 삼라만상과 천변만화가 실상무상인 공이다. 그리하여 현상계는 모두 무상이 나타난 것일 뿐, 무상 밖의 것이 아니다. 이것을 알 때 비로소 온전한 반야바라밀이 된다.

세존께서 열반하실 때, '내가 49년간 세상에 머물렀지만, 일찍이 한 글자도 설한 바가 없노라. 내가 일찍이 법륜을 굴린 적이 있었느냐?' 하신 것도 똑같은 말이다. 본래의 마음자리는 공적하고, 만법 또한 공하니 무슨 법이 있어서 설함이 있을 것인가. 그야말로 설시묵(說時默)이요, 묵시설(默時說)이다.

도천 선사의 게송을 읊는다.

풀 속에 들어가서 사람을 구함도 어쩔 수 없으니
예리한 칼로 베어 버리고 손을 만진다
비록 그렇게 나가고 들어옴이 종적이 없으되
무늬가 온전히 드러남을 보았는가
入草求人不奈何　입초구인불나하
利刀斫了手摩挲　이도작료수마사
雖然出入無蹤迹　수연출입무종적
紋彩全彰見也麽　문채전창견야마

실제이지(實際理地)에는 한 법도 세우지 않지만, 만행문중(萬行門中)에서는 한 법도 버리지 않는다. 이것이 자성의 본래적 정신이고 작용이다. 우주 속의 모든 사물과 현상이 오직 이것이다. 심의식을 써서 움직이는 것이 아니다. 생각은 한 티끌도 없다. 그러므로 항상 부동이고 항상 청정하다. 그 허공과 같은 청정한 이체(理體)의 지혜작용이 바람이 부는 모습이고 새가 우는 소리이며, 성내는 표정이고 웃는 모습이다. 마음 속에 있는 모든 것을 쓸어내 버리면, 우주의 참모습을 보게 된다. 세인(世人)들의 헤아리고 분별하는 그 마음의 본지(本地)가 이러한 지혜작용을 내는 주체이다.

본문

"수보리여, 어떻게 생각하느냐? 삼천 대천 세계에 있는 먼지를 많다 하겠느냐?"

"매우 많습니다. 세존이시여."

"수보리여, 모든 먼지를 여래는 먼지가 아니라고 설하나니, 그 이름이 먼지이며, 여래는 세계를 세계가 아니라고 설하나니, 그 이름이 세계이니라."

수보리 어의운하 삼천대천세계 소유미진 시위다부 수
須菩提 於意云何 三千大千世界 所有微塵 是爲多不 須

보리언 심다세존 수보리 제미진 여래설비미진 시명미진
菩提言 甚多世尊 須菩提 諸微塵 如來說非微塵 是名微塵

여래설세계 비세계시명세계
如來說世界 非世界是名世界

본문 주해

유마힐이 비야성에서 문수사리가 불이법문(不二法門)을 묻자, 침묵한 것이 곧 부처님께서 49년간 무진법문을 설하시고도 '한 마디도 하지 않으셨다.'라고 하신 말씀과 똑같은 이치이다. 본래 본체는 말이 없다. 왜 그런가? 진여법계는 형상도 없고, 생각도 없고, 말할 입도 문자도 없기 때문이다. 제법(諸法)이란 일진본체의 진공묘유, 그 무상주(無上呪), 대명주(大明呪)의 오묘한 이치를 알 바 없는 어리석은 중생들이 자신들의 분수에 맞게 시설한 허망상들이다. 깨달은 사람이란 무상주를 얻은 사람이다. 이 청정한 체 · 용으로 세계를 운용하므로 세계가 모두 청정하다. 미혹한 자는 염심으로 세계를 보게 되니, 따라서 세계는 미망(迷妄)의 세계일 수밖에 없다.

옛분이 이르셨다.

'이것은 먼지와 세계를 비유로 들어서 <설한 바가 없음>을 밝히심이니라. 하나의 큰 본지(本地 : 진여본신)에 삼천 대천 세계가 있으니, 삼천 대천 세계의 먼지는 그 수를 헤아려 끝내기 어렵도다. 본래 있는 하나의 큰 본바탕을 떠나면, 세계와 먼지가 모두 다 헛것이로다. 일불승(一佛乘 : 유일한 성불의 교법)에서 3승(성문, 연각, 보살승)을 설하시매 무진법문(無盡法門)이 이로부터 시작되었으니, 본래부터 있는 일불승을 떠나면 법과 법이 모두 헛것이어서 있음이 아니로다. 이러한 즉 처음 4제(四諦)를 굴림으로부터 이제 반야를 말함에 이르기까지 이와 같이 가히 보일 법이 있었으며, 베풀 말이 있었다고 말하지만, 실제로써 관하건대, 이법(理法)은 본래 말이 없어서 보일 법이 없으며, 부처는 본래 무심이어서 베풀 말이 없으니, 먼지는 먼지가 아니고, 이름과 숫자는 곧 이름과 숫자가 아니고, 세계는 세계가 아닌즉 3승은 곧 3승이 아니니라.

또 다른 옛분이 말했다.

'모든 먼지'라는 것은 일체 중생심 위의 먼지이다. 부처님의 분신(分身)은 먼지와 세계 속에 의지하여 끝없는 대 신통력을 시현하시어 청정무구법(無垢法)을 열어 밝혀서 일체 중생에게 모두 청정심을 내게 하시니, 더럽힐 수 있는 먼지가 아니므로 먼지가 아니라고 하시느니라. 출세간의 법을 얻으니 세계를 능히 얽매지 않으므로 세계가 아니라고 하시느니라.

세존께서 문수사리에게 대답하여 이르시되, 세계 속에 있으면서 세계를 떠나고 먼지 속에 있으면서 먼지를 떠나니, 이것을 구경의 법이라 하느니라. 이것이 '먼지가 아니다.'와 '세계가 아니다.'를 말씀하신 것이니, 곧 먼지를 떠나고 세계를 떠남이니라.

그러므로 먼지마다 이것은 부처님의 청정하고 오묘한 몸이며, 세계마다 이것은 지극한 복덕의 불국토이므로 먼지도 아니고, 세계도 아니라 하신 것이다. 그러나 진실로 깨달은 각자에게는 먼지도 아니고 세계도 아니라는 것 또한 가당치 않으니, 그에게는 먼지나 세계로부터 벗어나 있어, 그와 같은 것(이다, 아니다)이 미칠 수 없는 경지에서 노닐며 자유자재하기 때문이다.'

어두운 밤에 길을 걷다가 발 아래로 독사 한 마리가 가로질러 지나가는 것을 보고 기겁하여 도망을 쳤다. 날이 밝아 그 곳을 지나면서 다시 보니 새끼줄이 가로놓여 있었다. 이것은 유식 3성(三性)의 변계소집성(徧計所執性)과 의타기성(依他起性)인데, 전자는 있지도 않은 헛것을 본 것이요, 후자는 볏짚 인연물을 본 것일뿐 진여실상을 보는 원성실성(圓成實性)과는 상응하지 못한 것이다. 사람마다 제각기 자기 마음을 보는 것일 뿐, 사물의 실상을 보는 것이 아니다. 마음을 벗어 던지면 지금까지 본 것이 모두 거짓임을 알고, 이로부터 흰 소가 끄는 수레를 몰게 된다.

본문

"수보리여, 어떻게 생각하느냐? 32상으로 여래를 볼 수 있겠느냐?"

"없습니다. 세존이시여, 32상으로는 여래를 볼 수 없습니다. 왜냐하면 여래께서 설하신 32상은 곧 상이 아니고, 그 이름이 32상이기 때문입니다."

수보리 어의운하 가이삼십이상. 견여래부 불야세존
須菩提 於意云何 可以三十二相. 見如來不 不也世尊

불가이삼십이상득견여래 하이고 여래설삼십이상 즉시
不可以三十二相得見如來 何以故 如來說三十二相 卽是

비상 시명삼십이상
非相 是名三十二相

낱말의 뜻

· 32상(三十二相) : 불타의 육신이나 전륜성왕의 몸에 갖추어져 있는 거룩한 용모와 형상 중에서 특히 뛰어난 32가지 특징을 말한다. 여기에다 80종호(種好 : 미세하고 은밀한 특징)를 합쳐서 부처의 상호(相好)라고 한다.

본문 주해

부처님의 외관 상호는 부처님의 참모습인 법신상(法身相)이 아니다. 그러므로 만약 부처님의 상호를 보고 부처님이라고 한다면 이는 상을 취한 것으로 하열(下劣)한 유위법이기 때문에 반야바라밀에 비길 수 없는 것이다. 부처님께서는 사람들이 부처님의 상호에 집착하여 유위법을 행하지 않을까 걱정하셔서 이처럼 수보리에서 질문하신 것이다.

여래께서 설하신 32상은 진실상이 아니고, 다만 그 이름이 32상인 것이다. 이름은 범부의 양변적 심의식이 색심(色心)의 어떤 분위(分位)를 무명으로 분별하여 붙인 문자이다. 따라서 이것은 참이 아니다. 참으로 진실한 32상이란 이름과 형상이 아닌 무상이며 이처럼 허공 같은 본체가 텅 빈 무심으로 온갖 사물에 차별없이 상응하여 분주하게 움직이면서도 손가락 하나움직인 적이 없는 오묘한 모습을 말함이다. 32상의 참뜻은 바로 여기에 있는 것이지. 외형적 형상에 있는 것이 아니다.

혜충(慧忠) 국사가 시자를 불렀다.

"시자야!"

"예."

국사는 이같이 시자를 세 번 불렀고, 시자도 '예' 하고 똑같이 세번 대답하자, 국사가 말했다.

"내가 너를 저버린 것으로 생각했더니, 네가 나를 저버리는구나."

국사가 시자를 세 번 부른 것은 실상무상의 진여본체를 시자에게 일깨워 주기 위함이었다. 그러나 시자는 알지 못하므로, 국사는 세번 연거푸 불렀다. 국사가 '내가 너를 저버린 것으로 생각했더니' 하는 것은 비록 시자가 깨닫지 못한 범부이지만, 그 진신은 실상무상의 진여공 법신이니, 그 곳을 향해 형상을 취하고 말을 하는 것은 시자를 욕하고, 저버린 것이 되는 것이다. 물론 이것은 시자의 깨달음을 촉발시켜 주기 위해서 국사가 일부러 진흙을 뒤집어 쓴 것이다.

시자는 스님의 참뜻을 외면한 채, 세 번씩이나 스님의 색신을 취하고 스님의 소리를 취하였다. 이것은 스님을 비방해도 이만저만한 비방이 아니다. 그러므로 시자의 대답은 스님을 저버린 것이다. 참다운 스님의 실상은 형상도 없고 소리도 없다. 그 상도 보지 않고 소리도 듣지 않는 곳에서 스님에게 상응해야 하는 것이다. 시자가 참으로 반야바라밀을 행하는 보살이었다면, 스님께서 두 번째 '시자야' 하고 불렀을 때 아무 소리 하지 말고 얼른 차를 한 잔 올려서 공연한 짓을 하시지 않도록 해야 한다.

옛분이 이르기를 '진실한 32상이란 눈 · 귀 · 코 · 혀 · 몸에 각각 6바라밀을 갖추고, 의근(意根) 속에 무주(無住)와 무위(無爲)를 갖추면, 이것이 32상의 청정한 행이다.' 고 한 바 색신의 상을 색신의 상으로만 보지 않고, 그 색신의 상이 곧 반야묘체임을 보아야 하는 것이다.

본문

"수보리여, 만약 어떤 선남자 선여인이 항하의 모래와 같은 몸과 목숨으로 보시하고, 만약 또 어떤 사람은 이 경 가운데에서 혹은 사구게 등을 받아 지니고 남을 위해서 말해 준다면, 그 복이 매우 많으리라."

수보리 약유선남자 선여인 이항하사등신명보시 약부유인
須菩提 若有善男子 善女人 以恒河沙等身命布施 若復有人

어차경중 내지수지 사구게등 위타인설 기복심다
於此經中 乃至受持 四句偈等 爲他人說 其福甚多

본문 주해

사람에게 목숨보다 중한 것은 없을 것이다. 그것도 모래같이 많은 몸과 목숨으로 보시함에 있어서랴. 그러나 공을 알지 못하고, 소득심으로 보시하는 것은 모두가 업이 될 뿐이다. 비록 받는 복이 없지는 않겠지만, 생사와 고통의 바다에서 벗어날 수가 없다. 왜냐하면 소득심으로 행하는 신구의(身口意)는 자성의 역학방식에 간섭역행하여 충돌하므로 그 결과로 되돌아오는 에너지파장을 받아야 하는데 이것이 업의 인과이다. 선업은 이 · 예 · 칭 · 락(利 · 譽 · 稱 · 樂)으로 악업은 쇠 · 훼 · 기 · 고(衰 · 毁 · 譏 · 苦)로 돌아온다.

그리하여 한 가지도 제자리에 머물러 있는 법이 없이 항상 천류(遷流)하므로 그 속에서 부침(浮沈) 할 수밖에 없다. 유위법이 하열한 이유가 바로 이러한 이유 때문이다.

그러나 사구게를 지니면서 이 경의 참뜻을 깨달아 알고, 그것을 남을 위해서 말해 주면, 그 복은 유위의 복과는 비길 바가 아니다. 그것은 이 경의 참뜻이 진여대용이고, 진여본체에는 무량무변 공덕이 있기 때문이다.

증도가에서 말했다.

> 침묵할때 설법하고 설법할 때 침묵함이여
> 크게 베푸는 문을 열어 옹색함이 없도다
> **默時說 說時默** 묵시설 설시묵
> **大施門開無壅塞** 대시문개무옹색

무엇을 베푼다는 것인가. 진여본체에는 본래부터 세 가지 부처몸[三身 : 法身, 報身, 化身]과 네 가지 부처지혜[四智 : 大圓鏡智, 平等性智, 妙觀察智, 成所作智]와 여덟 가지 해탈[八解 : 利, 衰, 毁, 譽, 稱, 譏, 苦, 樂으로부터 자유로움]과 여섯 가지 신통[六神通 : 天眼通, 天耳通, 神足通, 他心通, 宿命通, 漏盡通]이 갖추어져 있어, 중생을 위해서 아낌없이 쓰는데, 써도써도 줄지 않아서 다함이 없다. 쓸려고 해서 쓰는 것이 아니고, 저절로 그렇게 되는 것이 본체의 성품이기에, 마치 태양이 하늘 높이 솟아올라 모든 사물을 차별 없이 비추어 생장시키는 것과 같고, 비가 온누리를 축축하게 적셔 윤택하게 하는 것과 같으므로, 이것저것 가리면서 취사 선택하는 유위법과는 비교할 수가 없는 것이다.

범부가 시혜(施惠)를 베풀 때는 받는 사람은 고마워하면서도 감응하지 않고 의심하지만, 진여본체가 된 사람의 베풂은 마치 대지를 비추는 햇빛과 같고, 온누리를 적시는 빗물과 같아서 감응하지 않는 사물이 없다. 유위법과 무위법의 차이는 이처럼 현격하다. 몸과 목숨으로 보시할 때도 유위법과 무위법의 차별이 있다. 그리하여 설사 몸과 목숨으로 보시한다 해도 상에 집착해서, 보시하는 나와 보시하는 몸과 목숨 그리고 보시받는 사람이 있으면 이것은 유위법이어서 공덕이 하열(下劣)할 수밖에 없다. 그러나 옛날 계빈국(罽賓國)의 왕이 서천 24조 사자 존자(獅子尊者)의 머리를 베었을 때, 사자 존자는 몸과 목숨이 있음을 인식하지 않았다. 이처럼 공을 깨달아서 진여본체에 돌아가면 진여대용을 쓰기 때문에 몸과 목숨을 바쳐도 바침이 없는 무위인 것이다. 부처님께서는 진여로서 안온할 수 있는 신묘한 능력이 무위에 있음을 몸과 목숨의 비유를 들어서 말씀하셨다.

이와 같은 무위법의 본체가 사람마다 자기 마음 바탕에 있는 것이다.

부대사가 게송을 지었다.

목숨을 모래 수만큼 보시하여도
인천의 업은 더욱 깊어만 간다
이미 보리의 상을 가리고
능히 열반심을 막아 버리도다
원숭이는 물에 비친 달을 찾고
랑탕(閬蕩) 독초를 먹고 꽃을 바늘이라며 줍도다
애욕의 강에 뜨고 가라앉음이요
고해(苦海)에서 나왔다가 또다시 잠기도다

施命如沙數 시명여사수
人天業轉深 인천업전심
旣掩菩提相 기엄보리상
能障涅槃心 능장열반심
猨猴探水月 원후탐수월
閬蕩拾花針 랑탕습화침
愛河浮更沒 애하부갱몰
苦海出還沈 고해출환침

마음을 훌훌 벗어 던지고, 무소득의 청정본심이 원래의 자기 마음인 줄을 확연히 깨달으면, 두두물물(頭頭物物)이 그대로 진여의 여여한 모습이다.

옛분이 이르기를

'꽃은 앞산에서 웃으며 천기(天機 : 진여본체의 심오한 비밀)를 누설하고, 새는 숲 속에서 노래부르며 무생(無生)을 말하는도다.

모두가 스스로 무궁한 뜻이 있으니, 깨닫고 나면 어찌 근원을 알지 못할 것인가?' 하였다.

미호(米胡) 스님이 한 학인을 시켜서 앙산 스님에게 가서 묻게 했다.

"금시인(今時人)도 또한 깨달음을 빌려야 합니까?"

"깨달음이 없지는 않으나, 두 번째에 떨어지는 것을 어찌하랴?"

학인이 돌아와서 미호 스님에게 그대로 사뢰자.

미호 스님이 깊이 수긍하였다.

혜충 국사가 자린(紫璘)에게 물었다.

"부처란 무슨 뜻인가?"

"깨닫는다는 뜻입니다."

"부처가 일찍이 미혹한 적이 있었느냐?"

"미혹한 적이 없었습니다."

"깨달아서 무슨 소용이 있겠느냐?"

여기서 부처란 사람마다 빠짐없이 지니고 있는 자성을 말한다. 자성은 미혹한 적이 없다. 미혹한 적이 없었으니 깨달은 적도 없다. 본래 그대로 영겁(永劫)에 걸쳐 청정부동이다. 그러나 이것을 망각하고 말았다. 망각해 버렸기 때문에 어쩔 수 없이 깨달음이란 방편이 필요하게 된 것이다. 금시인의 분상(分上)에서 미혹함이니 깨달음이니 하고 법석을 떤다 해도 본체는 그러한 일들과는 전혀 상관이 없다.

미혹이 본체의 청정함에 등을 돌린 것이라면, 깨달음이라는 것 또한 본체에 누를 끼친 것이다. 왜냐하면 병이 없는 자성 본체에서 볼 때 병도 자성을 저버린 것이지만, 약도 또한 본체에는 공연한 것일 뿐이다.

『금강반야바라밀경』이란 병도 없고 약도 없는 청정본체를 말하는 것이다. 여래가 설한 반야바라밀은 온갖 명칭과 형상이 설 수 없는 본지(本地)인 것인데, 반야바라밀이라는 법을 듣고 상을 지어 집착한다면, 이것은 여래의 뜻이 아니다. 여래의 32상은 본지무상(本地無相)을 말한 것이니, 여래의 상호에 집착한다면, 이것은 여래의 뜻이 아니다. 여래가 설한 『금강반야바라밀경』의 참뜻은 심의식이 다한 곳에서만 현전하는 본지풍광(本地風光)이다.

'푸른 산 꼭대기 사람에게 물으니, 산이 끝난 곳에도 머물지 말라하네. 만약 산꼭대기에 머문다면 비록 중양(重陽 : 음력 9월 9일)의 절기(節期)는 면할 수 있다해도 어찌 신령스러운 싹이 봄기운을 거역하지 아니함만 하랴.'

위의 시에서 처음 두 줄은 수행자가 공에 집착하여 공에 눌러앉은 모습을 묘사하고 있다. 그러나 공마저 털어 버려야 살아 있는 공이 되어 나온다. '신령스러운 싹이 봄기운에 맡긴다.'는 것은 온전한 깨달음을 얻어 일체 사물에서 벗어났으나(一切智), 또한 자성에 맡겨 사물과 사귀는 것을 말한다.(一切種智)

14. 상을 떠난 맑고 고요한 경지[離相寂滅分]

본문

이때에 수보리는 이 경을 설하심을 듣고, 그 뜻의 귀착처를 깊이 깨닫고서, 눈물을 흘리고 슬피 울며 부처님께 말씀드렸다.

"희유하옵니다. 세존이시여, 부처님께서 설하신 이와 같이 깊고 깊은 경전은 제가 옛적부터 얻은 바 지혜의 안목으로도 일찍이 이와 같은 경을 들어본 적이 없나이다.

세존이시여, 만약 또 어떤 사람이 이 경을 듣고 믿는 마음이 청정하면 곧 실상을 내리니, 이 사람은 제일 희유한 공덕을 성취하였음을 마땅히 알겠나이다.

세존이시여, 이 실상이라는 것은 곧 상이 아닌 바, 그러므로 여래께서 실상이라 이름한다고 설하셨습니다."

이시 수보리 문설시경 심해의취 체루비읍 이백불언
爾時 須菩提 聞說是經 深解義趣 涕淚悲泣 而白佛言

희유세존 불설여시심심경전 아종석래 소득혜안미증득문
希有世尊 佛說如是甚深經典 我從昔來 所得慧眼未曾得聞

여시지경
如是之經

세존 약부유인 득문시경 신심청정 즉생실상 당지시인성
世尊 若復有人 得聞是經 信心淸淨 則生實相 當知是人成

취제일희유공덕 세존 시실상자 즉시비상 시고여래 설명실상
就第一希有功德 世尊 是實相者 卽是非相 是故如來 說名實相

본문 주해

부처님께서 경을 설하시는 것을 듣고, 수보리가 슬피 운 것은 부처님 교설의 참뜻을 더욱 깊이 깨달았기 때문이다. 비록 수보리가 부처님의 수많은 제자 가운데서 공의 도리를 제일 잘 아는 아라한이기는 하나, 심오한 진여대용의 한량없는 무량공덕과 중생구제의 무변역량을 깊이 깨닫고 감동했기 때문이며, 동시에 생사고해에 부침하면서 괴로워하고 있는 한없는 중생의 고통을 생각했기 때문이다.

중생이 중생인 것은 자기의 근본을 망각했기 때문이며, 이로 말미암아 무량겁 과거생부터 영겁의 미래세까지 고통과 재앙 속에서 끝없이 죽고 살기를 이어가지 않으면 안 된다.

한 생애에서는 병들어 죽고, 한 생애에서는 물에 빠져 죽고, 한 생애에서는 칼에 찔려 죽고, 한 생애에서는 불에 타 죽고, 한 생애에서는 독극물에 중독되어 죽고, 또 한 생애에서는 흙더미에 깔려 죽지 않으면 안 된다. 그러면서 사랑하는 사람들의 슬픔과 고통까지 함께 느끼면서 짊어지고 가지 않으면 안된다. 심의식을 벗어나지 못하면 조업(造業)이 끝이 없고, 조업하는 농안은 생사고통이 끝이 없다. 아무리 선업공덕을 짓는다 해도 유위법에 머물러 있는 한은 고통과 재앙에서 벗어날 수가 없다.

단지 한 사람의 중생만 하더라도, 그가 무수한 전생 동안 거쳤던 수많은 사체(死體)의 뼈를 모은다면 태산보다도 많을 것이다.

수보리는 부처님의 말씀을 듣고, 이러한 중생의 고통을 생각하는 한편, 이 모든 고해 속의 중생들을 지극한 복덕의 세계로 이끌 수 있는 부처님의 묘법(妙法)에 감읍하여 슬피 운 것이다.

'그 뜻의 귀착처를 깊이 깨달았다.'는 것은 우주만유의 실체가 진공무상(眞空無相)이라는 것과 그것은 사람마다의 마음자리에 본래부터 무량공덕과 초월적 지혜로 갖추어져 있어서, 이것이 능히 생사고통에서 벗어나 지극한 복덕을 누리게 해주는 것임을 이해하고, 반야바라밀로서 진여자성에 계합할 것임을 말한다. 그러므로 이해함에서 나아가 반드시 진여본체로 돌아감을 말하는 것이니, 곧 반야바라밀이 '그 뜻의 귀착처를 깊이 깨달았다.'는 말의 진실한 의미이다.

이러한 전말(前末)을 부대사가 게송으로 말하였다.

경을 듣고 뜻을 깊이 이해하여
마음은 기쁘기도 하고 슬프기도 하여라
옛날에는 번뇌장(煩惱障)을 없앴고
이제 능히 소지(所知障을 뜻함)를 여의니
변계(徧計 : 변계소집성, 범부의 망령된 계교)는 먼저 요달하였고
원성(圓成 : 원성실성, 진여성)은 이때 증득하도다.

옛적에는 무애(無礙) 지혜의 수레를 탔고
지금은 방편으로 사람들이 지니도록 권하도다

聞經深解義 문경심해의
心中喜且悲 심중희차비
昔除煩惱障 석제번뇌장
今能離所知 금능이소지
徧計於先了 변계어선료
圓成證此時 원성증차시
宿乘無礙慧 숙승무애혜
方便勸人持 방편권인지

수보리가 '일찍이 이와 같은 것을 들어 본 적이 없다.' 한 것은 옛날에 얻은 혜안은 유(有)를 버렸으되, 공(空)에 집착하였던 것을 말한다.

증도가에서 말했다.

유(有)를 버리고 공(空)에 집착하면 병이기는 또한 같으니
물에 빠지지 않으려고 불로 뛰어드는 것과 같도다
棄有著空病亦然 기유착공병역연
還如避溺而投火 환여피익이투화

수보리는 '유'는 버렸으되 공의 진리를 알고 그에 집착한 소지장(所知障)이 있었던 것이다.

그러한 수보리가 부처님의 설하심을 듣고 공(空)마저 버려서 유와공, 양변을 벗어나 비로소 중도를 이루어 원만한 청정심을

얻게 되니, 이것이 반야바라밀이다. 반야바라밀은 두 변을 벗어난 무소득의 청정한 마음이 아니면 되지 않는다. 우주 속의 만유가 남김없이 모두 진공무상(眞空無相)의 진여본체이어서 한 티끌도 붙잡을 것이 없는 것을 볼 수 있는 지혜가 반야이다. 반야지혜를 얻으면 저절로 무소득의 청정심이 되는 것이다. 이때는 진여가 발현하는 것이지 2변 구조의 심의식을 쓰는 것이 아니다.

'이 경을 듣고 믿는 마음이 청정하면 곧 실상을 낸다.' 고 한 것이 이것을 말한 것이다. 실상이란 우주만유의 실상을 가리키는데, 진공무상이 곧 모든 존재의 실상이다. 대상에 연하여 일체지와 일체종지가 함께 일어나니 참으로 원성실성을 이룬 것이다.

『단경』에 이르기를 '하나도 얻을 것이 없는 것을 최상승(最上乘)이라 하느니라.' 하였으니, 법의 상(相) 가운데에서 법의 상을 여의는 것이 곧 반야바라밀법이다. 영가현각 스님이 '법 가운데 왕이고 가장 높고 수승하여 모래같이 많은 여래가 이 법으로 똑같이 증득하였도다.' 고 한 것도 마하반야바라밀법을 말한 것으로 참으로 희유한 법이 아닐 수 없다. 이 법을 성취하면, 우주를 운행하는 주인이 되어 일체 법을 우주 속 이 곳 저 곳에다 한량없이 건립하기도 하고, 그러면서도 우주 속의 모든 죄와 업을 한 손바닥으로 싹 쓸어 없애 버리기도 하는 것이다.

'신심(信心)이 청정하다.' 고 하는 것은 '둘이 아님(不二)' 을 믿는 마음이다. 둘이 아님을 믿는다는 것은 무명의 심의식을 떠났기 때문이며, 심의식을 떠났으므로 둘이 아닌 상(相)을 보는 것이다. 상이란 곧 상을 떠난 실상무상을 말한다.

옛분이 설명했다.

'경은 진상묘체(眞常妙體 : 진여)를 나타내시니, 설함을 듣고 믿음을 내면 묘체의 실상이 그 자리에서 나타나리라. 그러므로 이르시되, 신심이 청정하면 곧 실상이 나온다 하니, 이 실상이라는 것은 견문각지(見聞覺知)로 구할 수 없으며, 색향미촉(色香味觸)으로 찾을 수 없느니라. 그러므로 이르시되, 실상이라는 것은 곧 상이 아니므로, 그런 까닭에 여래께서 실상이라 이름한다고 하시고, 또 이 실상이라는 것은 상이 있음도 아니고, 상이 없음도 아니고, 상이 있음이 아님도 아니고, 상이 없음이 아님도 아님이니, 그런 까닭으로 여래께서 실상이라 이름한다고 설하시느라.' 고 하셨다.

6조께서 말했다.

'비록 청정한 행을 행하더라도 더러움과 깨끗함의 두 가지 상을 보고 마음에 유의하면, 모두가 때묻은 마음이어서 곧 청정한 마음이 아니니, 다만 마음에 얻는 바가 있으면 곧 실상이 아니니라.'

신심명에서 말했다.

> 경계는 주관(마음)으로 말미암아 경계이고
> 주관(마음)은 경계로 말미암아 주관(마음)이니라
> **境由能境 能由境能** 경유능경 능유경능

즉 마음을 쉬어서 비우면 경계는 저절로 사라지게 되며, 그때는 경계를 보아도 상을 취하지 않아 어디서나 소요자재하면서 법왕의 법을 마음대로 쓰게 되는 것이다.

본문

세존이시여, 제가 지금 이와 같은 경전을 듣고서 믿고 이해하여 받아 지니는 것은 족히 어렵지 않다 하겠사오나, 만약 장차 오는 세상, 후 오백 세에 그 어떤 중생이 이 경을 듣고서 믿고 이해하여 받아 지닌다면, 이 사람은 곧 제일 희유할 것이옵니다.

왜냐하면 이 사람은 아상 · 인상 · 중생상 · 수자상이 없기 때문입니다. 그 까닭이 무엇인가 하면, 아상은 곧 상이 아니며, 인상 · 중생상 · 수자상도 곧 상이 아니기 때문입니다. 왜냐하면 일체의 모든 상을 떠난 것을 곧 모든 부처님이라 이름하기 때문이옵니다."

부처님께서 수보리에게 이르셨다.

"그러하다, 그러하다. 만약 또 어떤 사람이 이 경을 듣고 놀라지 않고, 두려워하지 않으며, 겁내지 않는다면, 마땅히 알지니, 이 사람은 매우 희유한 사람이니라."

세존 아금득문 여시경전 신해수지 부족위난
世尊 我今得聞 如是經典 信解受持 不足爲難

약당래세 후오백세 기유중생 득문시경 신해수지 시인즉
若當來世 後五百歲 其有衆生 得聞是經 信解受持 是人卽

위제일희유 하이고 차인무아상 · 무인상 · 무중생상 · 무수자
爲第一希有 何以故 此人無我相 · 無人相 · 無衆生相 · 無壽者

상 소이자하 아상즉시비상 인상 · 중생상 · 수자상 즉시
相 所以者何 我相卽是非相 人相 · 衆生相 · 壽者相 卽是

비상 하이고 이일체제상 즉명제불 불고 수보리 여시여시
非相 何以故 離一切諸相 卽名諸佛 佛告 須菩提 如是如是

약부유인 득문시경 불경불포불외 당지 시인심위희유
若復有人 得聞是經 不驚不怖不畏 當知 是人甚爲希有

본문 주해

수보리는 인공(人空)과 법공(法空)을 깨달아 마음에 취하거나 버림이 없다. 이와 같이 법에 얻을 것이 없음을 아는 무소득심이 곧 '이 경전을 듣고서 믿고 이해하여 받아 지니는 것'이다. 그러나 후 오백 세의 중생들은 마음이 어리석고 의심이 많아서 부처님의 교설을 믿고 받아들이기가 쉽지 않을 것이다.

이 일이 어려운 것은 사람들이 6근에 의지하기 때문에 어려운 것이다. 중생이 6근 문두(門頭)의 것들을 모두 진실한 것이라고 믿어 의심치 않기 때문이다. 6근 문두의 온갖 경계는 마음속의 심소법(心所法 : 선 · 악의 생각을 일으키는 마음의 요소), 불상응행법(不相應行法 : 개념을 일으키는 마음의 요소)이 비치는 무명의 영상인 줄을 알지 못한다. 그리하여 마음의 망령된 계교가 심하여 부처님의 말씀을 듣고도 진실한 마음을 내지 않고 상을 취하여 허망한 짓을 하면서 그것이 거짓인 줄도 모를 뿐만 아니라 무서운 독이 되는 줄도 모르는 것이다. 비록 진여본체가 형상도 없고, 일념도 불생하는 허공같지만 헤아릴 수 없이 많은 모든 중생들이 짓는 업을 낱낱이 알아 단 한 가지도 빠뜨리는 법이 없다. 만약 이것을 알지 못하고 상을 좇아다니며 경거망동을 계속하다가는 재앙을 불러서 그 화가 끝이 없게 된다.

증도가에서 말했다.

말법을 슬퍼하고 이 시대의 세태를 미워하노니
중생은 복이 엷어 6근 문두(門頭)를 다스리지 못하도다
성인 가신 지 오래 되고 삿된 견해는 깊으니
마구니는 강하고 법은 약해서 원한과 해악이 많도다
嗟末法惡時世 차말법오시세
衆生薄福難調制 중생박복난조제
去聖遠兮邪見深 거성원혜사견심
魔强法弱多怨害 마강법약다원해

'중생이 복이 엷다.'는 것은 진리를 구하고자 하는 마음이 부족한 것을 말하며, 그러므로 마음을 조복받기 어렵고 복이 없는 것이다.

오직 상을 취할 뿐, 법의 실상을 보는 자가 희소하므로 밖으로 밖으로 외형적 가치와 감각적 쾌락만을 추구한 결과 내면적 가치는 황폐화되고 원한과 해악이 범람하는 세상이 되고 만다. 부처님이 올바른 법을 말해 주어도 눈은 닫혀져 있고 마음은 가리어져서 오직 이름과 형상만을 추구할 뿐, 최상승의 마하반야바라밀법을 믿고 수지하려고 하는 사람이 드물다.

실용주의가 고도로 발달한 21세기는 바로 이러한 어리석은 세상인 것이다.

그런 마음 속에 한 가닥 진실이 남아 있으면, 이 일은 한 생각에 달려 있다. 그러므로 도천 스님이 다음과 같이 말했다.

어렵고 어렵구나 평지에서 푸른 하늘로 오르는 것만큼 어렵구나

쉽고 쉽구나 마치 옷 한 번 입고서 깨고 졸고하는 것만큼 쉽도다
배가 가는 것은 모두 키 잡은 사람에게 있나니
누가 말하는가 파도가 땅에서 일어난다고

難難難如平地上青天 난난난여평지상청천
易易易似和衣一覺睡 이이이사화의일각수
行船盡在把梢人 행선진재파소인
誰道波濤從地起 수도파도종지기

한번 이치를 깨달아 의심하는 마음이 없어져서 한결같이 청정한 마음으로 이어지면, 한순간에 3계를 벗어나서 모든 일을 한꺼번에 이루어 버리고, 다시는 구구한 일이 없으므로 쉽기로 말하자면 이것보다 쉬운 일이 없다. 그러나 무명의 심의식을 깨뜨리지 못하면 설사 영겁을 수행한다 해도, 한 발짝도 앞으로 나아갈 수 없어 어렵기로 말하자면 이것보다 어려운 일이 없다.

이 모두가 다른 곳에 있는 것이 아니고, 자기 한 마음에 달려 있는 것이다. 파도는 원래 바다에서 일어났고, 파도는 곧 바다이어서 마음은 잠시도 일진본체를 떠난 적이 없으니 마음을 살펴서 참성품을 깨칠 뿐 달리 밖으로 찾아 헤맬 일이 아니다. 사견이 심한 말법 시대에서도 바른 불법(佛法)의 인연이 있어서 부처님의 가르침을 듣고 그 깊은 뜻을 바르게 이해하고 믿는 마음으로 받아 지니며, 반야바라밀을 행하는 사람이 있으므로, 이러한 사람은 제일 희유한 사람이다. 반야바라밀을 행하는 사람은 아상, 인상, 중생상, 수자상이 없는 사람이다. 반야바라밀을 행하는 사람은 아상은 상이 아니고, 모든상 또한 상이 아님을 보는 사람이다.

왜냐하면 마음에 소득심이 없고 소득심이 없는 마음은 상을 취하지 않고 상을 보지 않으며, 상을 보지 않으면 일체 만법이 실상무상의 진여임을 보게 된다. 그러므로 상 가운데서 상 아닌 실상을 보는 것이다. 이것이 청정심이고, 무소득심이고, 살바야 일체지이고, 반야바라밀이고, 부처의 행이다. 북두(北斗)를 북쪽으로 향해서 보는 것은 심의식의 틀이고 한계이나, 이 틀을 벗어나면 온 법계를 앉은 자리에서 샅샅이 다 볼 수 있다. 진여대용의 신통묘용은 일일이 다 말할 수가 없다. 반야바라밀을 행해야 진여대용을 일으킬 수 있고, 신통묘용을 쓸 수가 있다. 반야바라밀을 행하기 위해서는 전념과 후념에 생멸이 없어야 한다. 전념과 후념이 달라져서는 안 된다. 무엇에 머물러 달라지지 않아야 하는가. 보리에 머물러서 달라지지 않아야 한다.

'보리에 머문다.'는 것은 양변을 떠난 중도인데, 무념,무주의 마음으로 인연 따라 상응하는 것이다. 이것이 진여대용의 길이고 제일 희유한 일이다.

도천 선사의 게송을 읊는다.

묵은 대나무에 새순이 돋고
새로 핀 꽃은 옛 가지를 키우도다.
비는 나그네 길을 재촉하고
바람은 조각배를 돌아가게 하누나
대나무가 빽빽해도 물이 흘러가는 데 방해롭지 않고
산이 높다 해도 어찌 흰구름이 흘러감을 막을 것인가

舊竹生新筍 구죽생신순
新花長舊枝 신화장구지

雨催行客路　　우최행객로
風送片帆歸　　풍송편범귀
竹密不妨流水過　죽밀불방유수과
山高豈礙白雲飛　산고기애백운비

묵은 대나무는 진여본체이고, 새순은 보리심이다. 구도심은 진여자성, 즉 본성에 의지해서 나온다. 새로 핀 꽃은 보리심으로 반야바라밀인데, 이 보리심이 염심을 제거하여 점점 진여본심을 깨달아 자성을 현전하게 한다. 그러므로 '새로 핀 꽃은 옛 가지를 키운다.' 고 한 것이다. 우주 속의 모든 일들이 사람들로 하여금 본분의 일을 깨닫도록 재촉하고 있다. 바람 불고, 새 우는 일도 그러하고 이 몸을 떠 날 줄 모르는 재앙과 슬픔도 그것을 일깨워 주고자 하는 진여본체의 향상 정신이고, 또한 부처님의 설법이다. 이것을 깨달아 자기의 진여본심으로 돌아가면, 그때부터는 세상의 진로(塵勞)가 조금도 걸림이 없어서 방해롭지가 않다. 왜냐하면 삼독심도 진여묘체의 작용으로 돌아가고, 세상 모든 악법도 본체의 오묘한 지혜작용으로 돌아가서 우주 속의 모든 일들이 일진법계체의 선법(善法)이 된다. 지극한 복덕의 불국정토가 성취되는 것이다.

'놀라지 않고, 두려워하지 않고, 겁내지 않는다.' 는 것은, 어리석지 않아서 부처님의 가르침을 듣고 의심을 내지 않기 때문에 그러할 수가 있다. 만약 부처님의 말씀을 듣고 신심을 낼 수 없는 사람은 상에 집착하는 마음이 너무 크고 깊기 때문에 자연히 두려울 수 밖에 없다. 반야바라밀법을 듣고 의심이 생기지 않는 사람은 심의식과 심의식이 지어내는 종종의 상이 거짓임을 알기 때문에 자연히 놀라지도 아니하고, 두려워하지 않는다. 귀신이라 해도, 도깨비라 해도 그것이 일진(一眞) 본체의 모습밖에 다른 법이 없음을 알기 때문이다. 생과 사가 모두 생사 없는 진여자성의 오묘한 모습임을 이해하기 때문이다. 반야바라밀법을 한번 깊이 이해한 사람은 다시는 잊지 않는다. 그러므로 영명연수(永明延壽) 스님이 말하기를 '이 진리의 법은 한번 배우기만 하면, 설사 깨닫지 못한다 해도 영원히 잊지 않아서 세세생생 6도의 길을 밝혀 주는 횃불이 될 것이다.' 라고 했다.

다음 게송은 반야본체의 모습과 그것을 깨달은 각자(覺者)의 경지를 묘사하고 있다.

한 터럭이 큰 바다를 삼켰고
겨자씨는 수미산을 거두어 넣었도다
푸른 창공에 둥근 것 하나 가득하여
맑은 빛이 우주에 빛나도다
고향땅 밭을 밟으니
다시는 남북과 동서가 없도다

毛呑巨海水	모탄거해수
芥子納須彌	개자납수미
碧漢一輪滿	벽한일륜만
清光六合輝	청광육합휘
踏得故鄉田地	답득고향전지
更無南北與東西	갱무남북여동서

한 터럭이 큰 바다를 삼키고, 겨자씨가 수미산을 거두어 넣는

일은 논리 속에서는 있을 수가 없는 일이다. 다시 말해서 2변적 심의식에 머물러서 큰 것과 작은 것을 분별하여 상을 취하고 있는 한, 이와 같은 일은 있을 수가 없다. 그러나 마음을 쉬어서 앎과 지식에도 의지하지 아니하고, 앎과 지식 아닌 것에도 의지하지 아니하면 지말경계를 뚫고 근본에 도달하여 실상을 보게 되나니, 이 경계에서는 하나의 성품이 일체의 성품에 통하고, 하나의 법이 일체법을 두루 포함한다. 그러므로 게송에서 온 법계에 '둥근 것 하나 가득하여 그 맑은 빛이 천지 사방에서 빛난다.' 한 것이다.

신심명에서 '지극히 작은 것은 큰 것과 같으니, 경계를 잊어 끊었음이로다. 지극히 큰 것은 작은 것과 같으니, 그 끝과 겉을 보지 않음이로다.' 라고 한 것이 이것을 말한다. 그리하여 천차만별의 온갖 차별상에 막히지 않고 진여자성의 한 성품이 뚜렷이 밝은 경지에서는 모든 부처님의 법신이 나의 성품 속에 있고, 나의 성품은 모든 여래와 함께 합치되는 것이다.

설사 마음이 미혹하여 6근 문두에서 낱낱이 분별하면서 상을 취한다 해도 일찍이 부처님이 나를 떠난 적이 없었고, 내가 부처님을 떠난 적도 없었다. 그러나 반야바라밀을 행하지 않아서 그것을 알지 못했고 미로 속을 헤매게 되었던 바, 이제 무소득의 청정심을 행하니 미혹의 구름이 걷히고, 우주법계가 모두 이 한바탕 진여이고 그 광명인 것을 알게 되는 것이다. 깨닫는다는 것, 반야바라밀을 완성한다는 것은 한바탕 진여와 그 광명의 주인이 된다는 뜻이다. 그러므로 우주를 손아귀에 쥐고 움직인다.' 하는 것이다.

본문

"무슨 까닭인가? 수보리여, 여래가 설하는 제일바라밀은 곧 제일바라밀이 아니고 그 이름이 제일바라밀이기 때문이니라.

수보리여, 인욕바라밀을 여래는 인욕바라밀이 아니라고 설하나니, 그 이름이 인욕바라밀이니라.

무슨 까닭인가? 수보리여, 내가 옛날 가리왕에게 몸을 찢기고 잘리었으나, 나는 그때 아상이 없었고, 인상도 없었으며, 중생상도 없었고, 수자상도 없었기 때문이니라.

무슨 까닭인가? 내가 옛적에 마디마디 사지가 갈라질 때, 만약 아상 · 인상 · 중생상 · 수자상이 있었다면, 응당 성내고 원망함을 내었을 것이니라.

수보리여, 또 과거 오백 세에 인욕선인을 이루었던 것을 생각해 보니, 그 세상에서도 아상이 없었고, 인상도 없었으며, 중생상도 없었고, 수자상도 없었느니라."

하이고 수보리 여래설제일바라밀 즉비제일바라밀
何以故 須菩提 如來說第一波羅蜜 卽非第一波羅蜜

시명제일바라밀 수보리 인욕바라밀 여래설비인욕바라밀
是名第一波羅蜜 須菩提 忍辱波羅蜜 如來說非忍辱波羅蜜

시명인욕바라밀 하이고 수보리 여아석위 가리왕 할절신체
是名忍辱波羅蜜 何以故 須菩提 如我昔爲 歌利王 割截身體

아어이시 무아상 · 무인상 · 무중생상 · 무수자상 하이고
我於爾時 無我相 · 無人相 · 無衆生相 · 無壽者相 何以故

아어왕석 절절지해시 약유아상 · 인상 · 중생상 · 수자상
我於往昔 節節支解時 若有我相 · 人相 · 衆生相 · 壽者相

응생진한 수보리 우념과거 어오백세 작인욕선인 어이소세
應生嗔恨 須菩提 又念過去 於五百世 作忍辱仙人 於爾所世

무아상 · 무인상 · 무중생상 · 무수자상
無我相 · 無人相 · 無衆生相 · 無壽者相

낱말의 뜻

· 가리왕(歌利王) : 대비바사론에 의하면 옛날 현겁(賢劫 : 成 · 住 · 壤 · 空의 주겁 가운데 현재 주겁을 말함) 때 있었던 왕으로 어느날 궁녀들을 데리고 수풀 속을 유람하다가 피곤하여 잠에 떨어졌는데, 그 사이 궁녀들은 수풀 속에서 사색에 잠겨 있는 선인을 발견하고 예배한 후 선인의 주위에 모여 앉았다.

왕이 잠에서 깨어난 후, 이 광경을 보고 '그대는 누구인가?' 하고 묻자 선인은 '인욕을 수행하고 있다.' 고 대답했다. 왕이 의심하고 '한 쪽 팔을 줄 수 있느냐?' 고 묻자 선인은 팔을 내놓았고, 왕은 칼로 내리쳐서 팔을 잘랐다. 이와 같이 두 팔과 두 발 그리고 양쪽 귀와 코를 자르고 나서 왕의 마음이 진정되자, 선인이 말하기를 '내 몸을 모두 절단하여도 나는 한 생각도 분노하는 마음을 내지 않는다.' 고 하였다.

『대정신수대장경』에 의하면 '그때의 인욕선인은 지금의 석가모니 세존이고, 가리왕은 구수고진나(具壽槁陳那)이다.' 라고 한다.

본문 주해

제일바라밀이란 마음이 바르게 머무르는 것이다. 그러므로 제일바라밀은 '머무름이 없는 마음'이다. 이 마음이 갖가지 행을 일으키는 것이 제일바라밀이다. 제일바라밀은 염심을 움직이는 것이 아니고 자성을 움직이는 것이니, 곧 진여대용이다. 이것말고 달리 향상의 바라밀이 있는 것이 아니며, 또한 이것은 향하(向下 : 미혹의 세계) 속 어디에도 없는 곳이 없다. 그러나 범부들이 제일 바라밀이라는 말을 듣고, 그것을 헤아려 망정으로 상을 지어내기 때문에 제일바라밀은 제일바라밀이 아니고, 그 이름이 제일바라밀이라 하신 것이다.

마음이 쉰다는 것은 마음이 2변의 틀을 벗어나 인공과 법공을 깨달으면 일체법이 일진본체 하나로 돌아가서(萬法歸一) 적연부동(寂然不動)하게 되니 제도하여야 할 생사도, 가서 도달해야 할 피안도 없으며, 써야 할 반야바라밀도 없어서 제일바라밀은 제일바라밀이 아닌 거짓 이름임을 알게 되는 것이다.

다만 사람들이 진실로 반야바라밀을 할 수 있을 때까지는 부득이 말로 설명하지 않을 수 없으므로 임시로 제일바라밀이라고 납득시키고, 반야바라밀을 행하게 하니 이름을 떠난 제일바라밀의 참뜻은 바로 여기에 있다. 인욕바라밀이라 함도 나를 분노하게 하는 경계를 보고, 끓어오르는 분노심을 참으면서, 분노를 참는 나를 인식한다면, 이것은 부처님께서 말씀하시는 인욕바라밀이 아니다. 부처님께서 말씀하시는 인욕바라밀은 이름이 인욕바라밀이지, 인욕바라밀이 아닌 것이다. 그렇다면 인욕바라밀이 아니라고 하는 그 참뜻은 무엇인가?

나를 욕보이는 자도 본래 공하고, 욕을 당하고 있는 나도 공하며, 욕보이는 경계도 공하고, 마음 또한 공적해서 아무 것도 인식하는 것이 없어 인욕바라밀이라는 이름도 생각도 없다. 이것이 참다운 인욕바라밀인 것이다. 현전해 있는 여러가지 더러움과 혼란은 과거의 무명번뇌가 현재의 시공간에 인발(引發)했고 그것을 현재의 무명번뇌가 분별해서 인식한 종종의 상(相)인 것이다. 만약 부처님께서 인욕선인이었던 그때 마음에 4상이 있었다면, 욕을 보이는 가리왕과 욕의 경계와 찢어진 사지와 마음 속에 원망과 분노가 있었을 것이었겠지만, 부처님은 그와 같은 상이 없었다. 그러므로 상을 취하지 않는 것이 이름을 떠난 인욕바라밀의 참뜻인 것이다.

증도가에서 말했다.

창, 칼을 만나도 언제나 태연하고
설사 독약이라 해도 한가롭고 한가롭도다
縱遇鋒刀常坦坦　　종우봉도상탄탄
假饒毒藥也閑閑　　가요독약야한한

아(我)와 법(法)의 실체가 공임을 확실하게 깨달으면 인욕의 상이 없고, 4상이 모두 상이 아님을 알게 된다. 일체법에 붙잡을 것이 없고, 얻을 것이 없어서 무소득의 청정심이 된다.

도천 선사가 게송으로 말했다.

마치 칼로 물을 자르는 것과 같고
흡사 불로써 빛을 부는 것과 같도다
밝음이 와서 어둠이 갔으니

무슨 일이라도 방해롭지가 않도다
가리왕이여 가리왕이여
누가 알리오 아득한 안개 물결에
달리 좋은 생각 있음을

如刀斷水 여도단수
似火吹光 사화취광
明來暗去 명래암거
那事無妨 나사무방
歌利王歌利王 가리왕가리왕
誰知遠煙浪 수지원연랑
別有好商量 별유호상량

인욕선인이 비록 어려운 역경에 처했으나, 그 가운데 고요하고 움직이지 않는 절대안온의 평화가 있었으니 가리왕이 그것을 어찌 알 것인가. 이미 공을 원만하게 깨달아 공이 되었으니, 칼로 자를 수 없고, 불로 태울 수 없다. 바른 곳에 머무르며 바른 마음으로 보니, 모두가 정묘신(*淨妙身*)의 오묘한 움직임일 뿐이다.

본문

"그러므로 수보리여, 보살은 마땅히 일체의 상을 떠나서 아뇩다라삼먁삼보리심을 낼지니, 마땅히 색에 머물러 마음을 내지 말며, 마땅히 소리 · 냄새 · 맛 · 촉감 · 마음의 경계에 머물러 마음을 내지 말며, 응당 머무는 바 없는 마음을 낼지니라. 만약 마음에 머무름이 있으면 곧 머무름 아님이 되느니라. 그러므로 부처님이 보살의 마음은 마땅히 색에 머무르지 않고, 보시해야 한다고 설하느니라.

수보리여, 보살은 일체 중생의 이익을 위해서 마땅히 이와 같이 보시할지니라. 여래가 설한 일체의 모든 상은 곧 상이 아니고, 또 일체 중생은 곧 중생이 아니라고 설하느니라."

시고 수보리 보살응리일체상 발아뇩다라삼먁삼보리심
是故 須菩提 菩薩應離一切相 發阿耨多羅三藐三菩提心

불응주색생심 불응주성·향·미·촉·법생심 응생무소주심
不應住色生心 不應住聲·香·味·觸·法生心 應生無所住心

약심유주 즉위비주 시고불설 보살심불응주색보시 수보리
若心有住 則爲非住 是故佛說 菩薩心不應住色布施 須菩提

보살 위이익일체중생 응여시보시 여래설일체제상즉시비상
菩薩 爲利益一切衆生 應如是布施 如來說一切諸相卽是非相

우설일체중생 즉비중생
又說一切衆生 卽非衆生

본문 주해

'눈 앞에 법이 없으니 버들은 푸르고 꽃은 붉음에 따르게 하고, 귓가에 들리는 것이 없으니, 꾀꼬리가 울고 제비가 지저귐에 맡겨 두노라.' 이것은 옛분의 송인데, 반야바라밀을 말하고 있다. 6근 경계에 머무름이 없이 마음을 내는 이치를 말하고 있다.

일체 사물도 있는 그대로의 본연에 맡겨 두고, 마음도 본연 그대로 맡겨 두면 달리 해야 할 일이 없다. 애탐과 집착을 끌어들여서 상을 취하지 않으면, 법도 본연 그대로이고 마음도 본성 그대로여서 아무런 허물이 없게 된다. 만약 상에 머물러 마음을 내면 이것이 유위이며, 업의 인(因)이 되고 연(緣)이 되어서 지금 이 시공간은 물론이고 다른 시공간에도 과보를 이끌어 이숙시켜 생사고뇌 속을 헤매게 된다. 그러나 상에 머물지 않고 마음을 내면, 이것은 무위이며 공덕의 샘이 된다.

'응당 머무는 바 없는 마음을 낸다.'라는 말은 부처님 교설의 요지이고, 12부장경의 핵심이며 최상승의 선요(禪要)이다. 이 한 글귀 속에 깨달음의 체와 용이 모두 들어 있다. '응당 머무는 바 없음'은 진여자성의 체성(體性)이다. 깨달음의 체는 무형상, 무실체, 무념, 무주의 공이기 때문이다. '마음을 낸다.'는 진여자성의 작용이다. 무념이고 무주이고 무상이지만, 이 진공무상의 체에서 한량없는 지혜와 묘한 작용이 나오는 것이다. 그러므로 '응당 머무는 바 없이 마음을 낸다.'는 진여의 체와 그 작용을 말하는 것이다.

진실로 머무는 바 없이 마음을 내기 위해서는 진여자성으로 돌아가서 진여자성으로 행해야 하므로 이 경을 듣고 깊이 이해하여 납득하지 않으면 안 된다. 충분히 납득하고 믿어 의심치 않는 신심이 생기면, 그때부터 양변을 벗어나서 어느 쪽 변에도 방해받지 않고 마음을 항상 공적하게 하여 한결같이 나아가, 마침내 자성을 쓰는 경지에 이르게 되는 것이다. 자성은 본래로 원만하여 부족함이 없으므로 그대로 맡겨 두면 하는 일마다 저절로 지혜롭고, 저절로 조화롭고, 저절로 신령스러워 통하지 않음이 없으므로 더 보탤 것도 없고 덜어 내야 할 것도 없다.

마조(馬祖) 스님께서 백장(百丈)이 오는 것을 보고 선상(禪床)

모서리에 있는 불자(佛子)를 세워 보이자,

백장이 말했다.

"이것에 즉하여 작용합니까, 이것을 떠나서 작용합니까?"

마조 스님은 불자를 본래 자리에 걸었다.

이 공안의 핵심은 '이것에 즉하여 씁니까, 이것을 떠나서 씁니까?'에 있다. '이것'은 본래의 성품, 자성이다. 그리하여 백장의 질문은 불자를 든 것은 진여대용입니까 아니면 미혹한 범부가 불자를 들어보인 것입니까 하는 뜻이다. 진여대용은 탐진치악견 등의 무명 번뇌가 멸진되어 맑고 고요한 마음이 진여자성 그 자체에 계합했을 때 쓸 수 있는 것이다. 마음에 한 가닥이라도 염심(染心)이 남아 있으면, 그것은 염심을 쓰는 것이지 자성을 쓰는 것이 아니다. '머무는 바 없는 마음을 낸다.'는 바로 '이것에 즉하여' 작용하는 것을 말한다.

마조스님이 불자를 제자리에 걸은 것은 말도, 생각도, 형상도 없는 공적한 진여의 본체를 보이시고자 한 것이다.

증도가에서 말한 다음 구절도 이것을 말한다.

법의 재물을 손상시키고 공덕을 없애는 것은
심의식으로 말미암지 않음이 없나니
그러므로 선문(禪門)에서는 심의식을 버리고
남(生)이 없는 지견의 힘에 단박에 들어가도다

損法財滅功德 손법재 멸공덕
莫不由斯心意識 막불유사심의식
是以禪門了却心 시이선문요각심
頓入無生知見力 돈입무생지견력

범부의 마음은 자심진여를 가리고, 참 성품의 지혜공덕을 손상시킨다. 그러므로 심의식이야말로 부처를 가로막는 원수가 아닐 수 없다.

선문이란 정수(正受)이니, 정(正)은 '머무는 바 없음'이고 수(受)는 '마음을 낸다.'인데 진여본체와 그 작용이다. 심의식이 무명에서 벗어나 남이 없음[無生]을 보는 혜안을 얻게 되어야 비로소 반야바라밀이 되는 것이다.

'만약 마음에 머무름이 있으면, 곧 머무름 아님이 되는니라.'라고 한 것도 바르게 머무는 것이 아니라는 말이다. 무념, 무주, 무상이어야 바르게 머무는 것이다.

본문 중에서 '그러므로 부처님이 보살의 마음은 ...... 일체 중생의 이익을 위해서 마땅히 이와 같이 보시할지니'라 한 것은 보살이 안과 밖으로 행해야 할 바를 말씀하신 것이다. 안으로는 마음이 머무는 바가 없는 무심이어야 하고, 밖으로는 일체 중생의 이익을 위해서 행하는 것이다. 머무는 바 없는 마음은 지혜와 자비와 공덕이 저절로 넘쳐 나와서 일체 중생을 이익 되게 하기 때문이다.

머무는 바 없는 마음을 어떻게 내는지 다음의 도천 선사 게송에서보자.

아침에는 남악산을 유람하고
저녁에는 천태산에 가도다
좇아도 미칠 수 없더니
홀연히 스스로 오도다
홀로 가고 앉아서 얽매임이 없으니
너그러운 마음의 경지를 얻어서 다시 너그러운 마음이로다

朝遊南嶽　　　조유남악
暮往天台　　　모왕천태
追而不及　　　추이불급
忽然自來　　　홀연자래
行獨坐無拘繫　행독좌무구계
得寬懷處且寬懷　득관회처차관회

유와 공, 그리고 중도마저 벗어나 좇아야 할 궤범이 없다. 항상 혼자 가고 혼자 걸으니, 통달한 자가 걷는 유아독존의 경지로다. 좇아가면 결코 미칠 수 없더니, 맡겨 두니 제 발로 찾아온다. 마음이 너그러워 구구하게 분별하여 취사하지 않으므로 만법에 걸림이 없어서 우주법계를 한가슴에 감싸 안는다.

'여래가 설한 일체의 모든 상은 곧 상이 아니고, 또 일체 중생은 곧 중생이 아니라고 설하느니라.' 고 한 것은 일체의 모든 상은 범부의 망령된 마음이 분별하여 상을 취한 것일 뿐, 만약 망령된 마음을 떠나면 얻을 상이 아무것도 없다. 중생이란 것도 허망한 상이고 이름일 뿐 실체가 없다.

본문

"수보리여, 여래는 참다운 말을 하는 자이며, 실다운 말을 하는 자이며, 여여하게 말하는 자이며, 속이는 말을 하지 않는 자이며, 다른 말을 하지 않는 자이니라.

수보리여, 여래가 얻은 바의 법, 이 법은 실도 없고, 허도 없느니라.

수보리여, 만약 보살이 마음을 법에 머물러서 보시를 행하면,

마치 사람이 암흑 속에 들어가 곧 보는 바가 없는 것과 같느니라. 만약 보살이 마음을 법에 머물지 않고 보시를 행하면, 마치 사람이 눈이 있고 햇빛이 밝게 비추어서 온갖 사물을 보는 것과 같느니라.

수보리여, 장차 오는 세상에서 만약 어떤 선남자 선여인이 능히 이 경을 받아 지녀서 읽고 외운다면, 곧 여래가 부처의 지혜로써 이 사람을 다 알고 이 사람을 다 보게 되어 모두가 한량없고 끝없는 공덕을 성취하게 되느니라."

수보리 여래시진어자 실어자 여어자 불광어자불이어자
須菩提 如來是眞語者 實語者 如語者 不誑語者不異語者

수보리 여래소득법 차법무실무허 수보리 약보살 심주어
須菩提 如來所得法 此法無實無虛 須菩提 若菩薩 心住於

법이행보시 여인입암 즉무소견 약보살심부주법 이행보
法而行布施 如人入闇 卽無所見 若菩薩心不住法 而行布

시 여인유목 일광명조견종종색 수보리 당래지세약유
施 如人有目 日光明照見種種色 須菩提 當來之世若有

선남자 선여인 능어차경 수지독송 즉위여래 이불지혜
善男子 善女人 能於此經 受持讀誦 卽爲如來 以佛智慧

실지시인 실견시인 개득성취 무량무변공덕
悉知是人 悉見是人 皆得成就 無量無邊功德

본문 주해

참[眞]은 진여자성이 불생불멸, 상주불변함을 뜻하고, 실(實)은 허망하지 않아서 오묘한 지혜와 공덕이 충만함을 말하고, 여(如)는 진여의 이법(理法) 그대로임을 뜻하고, 불광어(不誑語)는 무명의 심의식을 떠났기 때문이며, 불이어(不異語)는 진여본성에는 두 가지가 없기 때문이다. 이것은 모두 진여본체의 본래적 성품이고 지혜인데, 부처는 진여본체에서 직접 그 용(用)을 쓰기 때문에 자연히 이와 같을 수가 있다. 그러므로 부처님은 진어(眞語)로써 생사고뇌를 벗어나는 진리를 말하고, 실어(實語)로써 그 생사해탈의 이법(理法)이 한량없는 자비공덕을 내어 자신과 남을 이익 되게 함을 말하고, 여어(如語)로써 분주하게 움직이면서도 눈곱만큼도 움직인 바가 없는 이치를 보이고, 불광어(不誑語)로써 믿는 마음으로 듣고 배워서 행하면 어긋남이 없음을 말하고, 불이어(不異語)로써 오직 하나의 최상승법, 마하반야바라밀다 무소득 청정심을 말한다.

'여래가 얻은 바 법은 실도 없고, 허도 없다.' 하는 것은 여래가 깨달은 진공무상의 진리는 그 체가 공적(空寂)하여 붙잡을 것이 없으나, 그 속에 다함 없는 절대적인 힘과 지혜공덕이 있음을 말한다.

완전하고, 무한하고, 가장 수승하고, 가장 고귀하고, 전지전능하고, 무진공덕이 있는 것은 2변을 떠난 진리라야 한다. 왜냐하면 2변은 다툼을 벗어날 수 없는 구조적 모순을 가지고 있기 때문이다. 2변의 선은 악과, 2변의 미는 추와 서로 대치하고 다투는데, 이 다툼은 2변이 사라질때까지 영원히 계속된다. 완전한 것은 진여공 밖에 없다. 진여공은 2변과 다툼을 초월해 있다. 선도 악도 감싸안고 하나의 완전함으로 동화시킨다.

증도가에 다음과 같은 구절이 있다.

> 여섯 가지 신통묘용은 공하면서도 공하지 않으며
> 한 덩어리 원만한 광명의 빛은 색이면서도 색이 아니로다
> **六般神用空不空** 육반신용공불공
> **一顆圓光色非色** 일과원광색비색

여섯 가지 신통묘용이 6근에서 오묘하여 실체는 비록 찾을 수 없으나 작용은 분명하니, 공하면서도 공하지 않고 또한 붙잡을 수가 없다. 이 한바탕 진여는 온갖 색에 나타나지 않는 곳이 없으면서, 실체는 허공과 같아서 아득하기만 하다.

여래께서 얻은 바 법은 실(實)도 떠나고, 허(虛)도 떠난 법이다.

실과 허는 양변 속의 가립(假立)이고, 양변은 의식이 조작하는 것이다. 그러므로 여래는 청정심으로 법을 얻은 것이다. 그러나 청정심에는 얻은 법도 없고, 얻었다는 생각도 없다. 진리의 이법(理法)이 없지는 않으나 진공의 묘유이어서 얻었다는 생각도 없고 법의 상도 짓지 않으므로 얻은 법이 없는 것이다. 모든 2변은 무명에서 파생된 것이다.

6조께서는 말했다.

'일체법에 마음이 머물러 집착함이 있으면, 곧 3륜(三輪 : 주체와 객체 그리고 행위)의 체가 공함을 알지 못한 것이라, 마치 눈먼 자가 어둠 속에 처한 것과 같아서 밝게 볼 수가 없느니라.

『화엄경』에 이르기를 성문이 여래의 회상에 있으면서 법을 들어도 맹인 같고, 귀머거리 같은 것은 법상(法相)에 머물러 있기

때문이나, 만약 보살이 반야바라밀다의 무착(無着), 무상(無相)의 행을 항상 행하면, 마치 눈이 있는 사람에게 밝은 해가 비춰주는 것과 같아 무엇인들 보지 못하겠는가?'

부대사가 게송을 읊었다.

적정지(寂靜地)에도 얽매이지 않으면
종횡으로 접촉하는 곳마다 통하거니와
만약 마음이 상에 의지하여 머물면
작위(作爲)하여 그릇된 공덕을 베푸느니라
법을 떠나 여여(如如)하게 지혜를 행하면
맑은 빛이 하나의 거울 가운데 있어서
신령스러운 근원이 항상 홀로 비추나니
(마음이) 넓고 관대하여 모두 품고 용납하도다

不拘寂靜地 불구적정지
縱橫觸處通 종횡촉처통
若心依相住 약심의상주
有作枉施功 유작왕시공
離法如行慧 이법여행혜
淸光一鏡中 청광일경중
靈源常獨照 영원상독조
坦蕩總含容 탄탕총함용

이 게송 또한 반야바라밀을 말하고 있다. 상에 집착하여 행함이 있으면 잘못이며, 적정지(진여본체, 열반의 경지)마저도 집착하지 않고 일체 법상을 떠나 반야바라밀의 지혜를 행하면, 통하지 않는 것이 없다. 이것이 곧 하나의 거울 가운데 맑은 광명이 있는 것과 같은 것인데, 진여본체의 청정부동함과 진여대용의 지혜광명을 말한다. 모든 인연을 차별 없이 수용하여 상응하니, 삼라만상과 천변만화(千變萬化) 역시 진여 본체가 차별 없이 인연에 상응한 모습이다. 그 절대적인 힘과 무한한 공덕과 불가사의 지혜와 향상의 정신이 우리 마음 바탕에 있는 것이다.

'여래가 부처의 지혜로써 이 사람을 다 알고, 이 사람을 다 본다.'는 것은 이 경을 받아 지녀서 읽고 외우며, 경의 참뜻을 깊이 납득하여 수행하는 사람은 부처님의 몸과 가까워지고, 부처님의 마음과 상응하게 된다는 뜻이다. 본체의 적정(寂靜)을 얻고, 그 적정에서 나오는 만덕(萬德)을 쓰게 되어 자기 한 몸을 이롭게 하는 데서 나아가 널리 중생들을 위해서 베풀어 그 베풂이 영겁(永劫)에 끝이 없고, 두루 미치지 않는 곳이 없으므로 '한량없고 끝이 없는 공덕'이라고 하는 것이다.

서암(瑞岩)이 암두(岩頭) 스님에게 물었다.

"무엇이 본래 항상 하는 이치[本常理]입니까?"

"움직였다."

"움직일 때는 어떻습니까?"

"본래 항상 하는 이치를 보지 못한다."

서암이 우두커니 생각하니 암두 스님이 말했다.

"긍정하면 근진(根塵)에서 벗어나지 못하고, 긍정하지 아니하면 영원히 생사에 침몰하리라."

'본래 항상 하는 이치'란 진여본체의 이치를 말한다. 이것을 알기 위해서 서암이 생각으로 헤아리고 말로 물어 본 것이다. 암두 스님이 '움직였다'고 한 것은 바로 서암이 본상리(本常理)를 의근(意根)아래 두고 생각으로 헤아려서 알려고 하는 것을 지적한 것이다. 그리하여 '움직이면 본래 항상 하는 이치를 볼 수 없다' 고 말하자, 서암이 이 말을 듣고 생각에 잠기자, 다시 서암을 향해서 말했다.

'내 말을 긍정한다 해도, 긍정하지 않는다 해도 모두 심의식으로 헤아리는 것이니, 심의식에서 벗어나지 않는 한, 생사에서 벗어날 수 없고, 본래 항상 하는 이치를 깨달을 길이 없다.'

이는 2변을 용납치 않는 고도의 학인 단련법이다. 2변은 무명소생이라 이것으로는 결코 진리에 나아갈 수 없다.

암두 스님은 서암이 도망칠 길을 끊어 버렸다. 긍정의 길도 막아버리고, 부정의 길도 틀어막아 버려서 갈 곳이 없게 해 버렸다. 긍정과 부정은 모두 생사고뇌로 통하는 길일 뿐, 본래 항상 하는 이치와는 전혀 상응할 수 없기 때문이다. 긍정과 부정의 양변을 모두 버려서 무소득의 청정한 심의식이 되었을 때만 본상리(本常理)에 계합할 수 있다.

협산(夾山) 스님 회상의 한 학인이 석상(石霜) 스님을 찾아가 문에 들어서자마자 "안녕하십니까?"하니 석상이 이르되 "꼭 그럴 필요없느니라. 사리(闍梨) 야" 하였다. 이에 학인이 다시 "안녕히 계십시오." 하였다.

이 학인이 이번에는 암두 스님을 찾아가서 전과 같이 하자 암두가 이에 두 번 숨을 내쉬는 소리를 냈다. 학인이 "그러시다면 안녕히 계십시오."하고 막 발길을 돌리려는데, 암두가 말했다. "비록 후생(後生)이기는 하나 능히 갈무리할 줄 아는구나."

협산이 이 일을 놓고 말했다.

"석상은 살인도(殺人刀)는 있으나 활인검(活人劍)이 없고, 암두는 살인검도 있고 활인검도 있도다."

위의 이야기에서 학인이 보여 주는 모습은 다른 학인들과는 사뭇 다르다. 입을 놀려서 묻고, 생각을 굴려서 헤아리는 모습이 없다. 그대신 말과 생각을 벗어난 곳에서 자성이 작용하는 모습을 보여 준다.

협산이 석상과 암두를 거론한 것은 진신(眞身) 본체의 체(體)·용(用)·정(定)·혜(慧)를 말한 것이다.

석상 스님이 학인에게 '꼭 그럴 필요 없느니라.'라고 한 것은 일체가 끊어진 청정부동의 체를 가르친 것이니 살인검이다. 한편 암두가 숨소리를 두 번 내쉰 것은 형상도 없고 생각도 끊어져서 볼 수도 없고 헤아릴 수도 없고 가고 옴도 없으며, 생기는 것도 아니고 멸하는 것도 아닌 본체의 작용을 보인 것이다. 두 분 스님의 기연을 거론하여 참뜻의 소재처를 드러내 보인 것이다.

15. 경을 지니는 공덕[持經功德分]

본문

"수보리여, 만약 어떤 선남자 선여인이 아침에 항하의 모래 수와 같은 몸으로 보시하고, 낮에 다시 항하의 모래 수와 같은 몸으로 보시하고, 저녁에도 역시 항하의 모래 수와 같은 몸으로 보시하여, 이와 같이 한량없는 백천만억겁 동안 몸으로 보시하고, 만약 또 어떤 사람은 이 경전을 듣고 믿는 마음이 거역하지 않으면, 그 복이 저것보다 수승하거늘, 하물며 사경하고, 받아 지니고, 읽고 외우며, 남을 위해 해설해 줌에 있어서랴."

수보리 약유선남자 선여인 초일분 이항하사등신보시
須菩提 若有善男子 善女人 初日分 以恒河沙等身布施

중일분 부이항하사등신보시 후일분 역이항하사등신보시
中日分 復以恒河沙等身布施 後日分 亦以恒河沙等身布施

여시무량백천만억겁 이신보시 약부유인 문차경전 신심
如是無量百千萬億劫 以身布施 若復有人 聞此經典 信心

불역 기복승피 하황서사 수지독송 위인해설
不逆 其福勝彼 何況書寫 受持讀誦 爲人解說

본문 주해

부처님께서 처음에는 하나의 대천 세계를 칠보로 가득 채워서 보시함을 말씀하시고, 다음에는 모래 수와 같은 대천 세계를 모두 칠보로 가득 채워서 보시함을 말씀하셨다. 이처럼 칠보의 보시를 말씀하신 것은 사람의 마음 가운데에서 탐욕과 인색함이 가장 큰 독소이어서 이것이 반야의 혜안을 가리기 때문이다. 그리고 나서 다시 인욕선인의 인욕바라밀을 말씀하시고, 다시 여기서는 한량없는 몸과 목숨을 보시함을 말씀하셨으니, 사람의 마음 가운데 성내는 것이 가장 큰 독소이고, 몸과 목숨을 보시하는 것만큼 큰 것이 없기 때문이다. 한 사람의 몸을 보시함도 큰 것인데, 여기서는 강의 모래 수만큼 많은 목숨을 매일 세 번씩, 그것도 무량 백천만억겁 동안 보시한다면, 그 공덕은 이루 헤아릴 수 없이 많을 것이다. 그런데 이처럼 한량 없는 목숨 보시의 공덕도 이 경전을 듣고 믿는 마음으로 받아 지니는 복보다 못하다고 하셨으니, 그 까닭이 무엇인가?

부처님께서는 상을 취하여 보시하는 유위의 보시가 하열함을 나무라시는 동시에, 모름지기 상에 집착하지 않고, 머무르는 바가 없는 무위의 보시를 행하여야 함을 말씀하신 것이다. 왜냐하면 무위의 보시만이 무량복덕의 근원이고, 위없는 깨달음으로 나아가는 오직 하나의 길이기 때문이다.

증도가에서 말했다.

깨달으면 그만이요 공베풀지 않으니
일체의 유위법과는 같지 않도다.
覺卽了 不施功　　각즉료 불시공
一切有爲法不同　일체유위법부동

위 증도가 구절은 유위법과 무위법의 차이를 말해주고 있다.

범부는 상에 집착하여 그것을 실다운 것이라 생각하면서 좇아다닌다. 상을 취하여 머무는 바가 있는 보시는 모두가 헛것을 보고 실다운 견해를 내는 것이며, 이것이 생사고통의 원인이다.

『법화경』에서 말했다.

'존귀한 얼굴을 우러러 쳐다보면서 잠시도 눈을 떼지 않으며, 마음이 항상 정진하여 끊어짐이 없다.' '수지독송(受持讀誦)'이라는 것은 행함과 이해가 상응함을 일컬어 수(受 : 받음)라 하고, 용맹하게 정진함을 지(持 : 지님)라 하고, 마음이 산란하지 않음을 독(讀 : 읽음)이라 하고, 자성에 대해서 알고도 거스르는 마음이 나지 않음을 송(誦 : 외움)이라 한다. '남을 위해 해설해 준다.'는 것은 이른바 이미 깨달은 사람은 능히 자성을 보았으나 방편으로 사람들을 위해서 이 경을 해설하여 실상을 깨달아 위없는 도를 깨닫도록 하는 것이다.

이 사람이 베푸는 것은 상에 머무는 바가 없어서, 그 공덕은 끝과 가가 없으며, 앞의 '백천만억겁 동안 몸으로 보시하는 공덕'보다 백천만 배 수승한 것이다.

6조께서 말했다.

'부처님께서 말씀하시기를 말법 시대에, 이 경을 듣고 믿는 마음이 거역하지 않으면 4상이 나지 않으리니, 바로 이것이 부처님의 지견(知見)이니라. 이 사람의 공덕은 앞의 여러 겁 동안 몸을 바친 공덕보다 백천만억 배 수승하여 비유할 수 없으니, 한 생각만 이 경을 들어도 그 복이 오히려 많거늘, 하물며 다시 능히 사경하고 받아 지니며, 읽고 외워서 남을 위해 해설해 줌에 있어서랴.

마땅히 알지니라. 이 사람은 정녕코 아뇩다라삼먁삼보리를 성취하리니, 그 까닭에 가지가지 방편으로 이와 같은 깊고 깊은 경전을 설하여 모든 상을 떠나서 아뇩다라삼먁삼보리를 얻게 하시니 얻는 바의 공덕이 끝과 가가 없느니라.

대저 여러 겁 동안 몸을 바치는 인연을 지어도, 모든 상이 본래 공함을 깨닫지 못하면, 몸을 바치는 주체와 바쳐지는 바의 객체인 몸을 인식하는 마음이 있어서 근본적으로는 중생의 견해를 여의지 못한다. 몸을 바치는 유루의 복을 가지고 경을 지니는 무루의 지혜에 비교한다면, 실로 미칠 수가 없으니, 비록 시방에 가득한 보물과 3세 동안 몸을 바치는 보시라 하더라도 경전이나 사구게를 지니는 것 보다는 못하느니라.'

옛분이 이르기를 '천상과 인간에 태어나는 것은 복의 과보가 없지 않으나 불법은 꿈에도 보지 못하였도다.' 하였다.

부대사가 게송을 읊었다.

중생상과 수자상이라 함이여
오온(五蘊) 위에 거짓 이름을 세움이로다
마치 거북의 털과 같아서 실다움이 없고
흡사 토끼 뿔과 같아서 형상이 없도다
몸을 바침은 망령된 심의식으로 말미암아서이고

목숨을 보시함은 미혹한 망정(妄情) 때문이니
복(福)과 지혜를 비교하여 자세히 논하자면
경을 받아 지님에는 미치지 못하도다

衆生及壽者　중생급수자
蘊上立假名　온상입가명
如龜毛不實　여구모부실
似兎角無形　사토각무형
捨身由妄識　사신유망식
施命爲迷情　시명위미정
詳論福比智　상론복비지
不及受持經　불급수지경

게송은 심의식이 지어내는 상에 머물러 보시하는 것은 그 복이 비록 크다 해도 모두 생멸법일 뿐 참이 아니라는 것을 말하고 있다.

본문

"수보리여, 요약해서 말하자면, 이 경은 생각할 수 없고, 헤아릴 수 없는 끝없는 공덕이 있나니, 여래는 대승을 발한 자를 위해서 설하며, 최상승을 발한 자를 위해서 설하느니라.

만약 어떤 사람이 능히 받아 지녀서 읽고 외우며, 널리 사람들을 위해 말해 준다면, 여래는 이 사람을 다 알고, 이 사람을 다 보나니, 모두가 헤아릴 수 없고, 말할 수 없으며, 끝이 없는 불가사의 공덕을 성취하리니, 이러한 사람은 곧 여래의 아뇩다라삼먁삼보리를 짊어짐이 되느니라."

수보리 이요언지 시경유불가사의 불가칭량무변공덕 여래
須菩提 以要言之 是經有不可思議 不可稱量無邊功德 如來

위발대승자설 위발최상승자설 약유인 능수지독송 광위인설
爲發大乘者說 爲發最上乘者說 若有人 能受持讀誦 廣爲人說

여래실지시인 실견시인 개득성취 불가량불가칭무유변불가
如來悉知是人 悉見是人 皆得成就 不可量不可稱無有邊不可

사의공덕 여시인등 즉위하담여래아뇩다라삼먁삼보리
思議功德 如是人等 卽爲荷擔如來阿耨多羅三藐三菩提

낱말의 뜻

· 최상승(最上乘) : 더 이상 위가 없는 가장 뛰어난 교법.

본문 주해

'이 경'이란 진여본지(本地)를 말한다. 진여자성은 근진(根塵)을 형탈하여 상대적 지견이 얼어나지 않는다. 청정무염(無染)의 자성 자리이다. 이 경은 이러한 자성 자리를 깨닫게 해주므로 이 경의 공덕은 곧 자성 자리가 가지고 있는 공덕과 같다.

'끝없는 공덕'이란 자성이 공덕장(功德藏)이어서 써도 써도 다함이 없는 공덕의 곳간이기 때문이다.

마치 허공이 담연(湛然)한 가운데서 일월성신을 가지런히 운행하고, 사시사철을 조화롭게 바꾸며, 일체 유정이 제각기 곳과 때에 따라서 적절히 자리잡고 생존할 수 있도록 해주고, 넘치거나 모자라면 스스로 덜거나 채우게 하며, 한 쪽으로 몰리면 흩어지게 하고, 너무 성기면 모이게 하는 것과 같다. 이렇게 각각의 개체들을 조화롭게 아우르면서 항상의 질서 법칙으로 이끌어 가니, 사람의 머리로는 감히 헤아릴 수조차 없다. 그리하여 본체의 심오한 뜻이 너무 아득하고 헤아릴 수가 없어 겨우 물 위에 보이는 빙산의 일각만 말했을 뿐, 물 아래 거대하고 깊은 부분은 말할 수가 없다.

여기서 대승과 최상승의 뜻을 살펴본다.

한 스님이 대주혜해 스님에게 물었다.

"대승과 최상승의 뜻은 어떤 것입니까?"

"대승이란 보살승이요, 최상승이란 불승이니라."

"어떻게 닦아야 이러한 승을 얻습니까?"

"보살승을 닦음이 대승이니 보살승을 증득하여 다시 관(觀)을 일으키지 아니하고 닦을 곳이 없음에 이르러서는 담연히 항상 고요하여 늘지도 아니하고 줄지도 아니함이 최상승이니, 이것이 곧 불승이니라."

'담연히 항상 고요하여 늘지도 않고 줄지도 않는다.'는 것은 2변에 빠지지 않는 중도심이 곧 그것이다. 사물의 증감과 생멸의 상을 취하지 않고, 전념과 후념을 한결같이 이어가면서 반야바라밀을 정성으로 행하면, 혜안이 생겨 능히 자성을 보아 색과 공을 함께 버리고 두 변에 집착하지 않으니, 온갖 경계에 물들지 않는 것이 곧 대승보살이 행할 바의 도이다. 또 이르기를 싫어할 더러움도 보지 않으며, 구하여야 할 청정함도 보지 않으며, 버려야 할 버림도 없고, 또한 버림이 없다고 말하지도 않으며, 머물러야 할 머무름도 없고, 또한 머무름이 없다고 말하지도 않는다. 마음이 탁 트여서 허공과 같아 끝과 가가 없으니, 바로 이것이 최상승인 부처의 지위이다.

'여래의 아뇩다라삼먁삼보리를 짊어진다.'는 것은 부처님의 혜명(慧命)을 짊어지고 이어간다는 뜻이다.

부처님의 혜명을 이어간다는 것은 스스로는 부처님의 가르침대로 수행하는 한편, 진공무상의 붙잡을 것 없는 진리를 널리 사람들에게 설해 주어서, 모든 사람들로 하여금 미혹한 마음을 걷어내고 자심 여래를 깨달아 능히 무상 · 무주의 행을 할 수 있도록 반야혜안을 열어주는 것을 말한다.

본문

"무슨 까닭인가? 수보리여, 만약 작은 법을 즐기는 자는 아견 · 인견 · 중생견 · 수자견에 집착하나니, 곧 이 경을 능히 듣고 받아서 읽고 외우며, 남을 위해서 해설해 줄 수 없기 때문이니라.

수보리여, 어느 곳이나 만약 이 경이 있으면, 일체 세간의 천 · 인 · 아수라가 응당 공양할 바이니, 마땅히 알지니라. 이곳은 곧 탑이 있는 곳이 되나니, 모두 마땅히 공경하며 예배하고, 둘러싸고 돌면서 모든 꽃과 향을 그 곳에 뿌리느니라."

하이고 수보리 약요소법자 착아견 · 인견 · 중생견 · 수자
何以故 須菩提 若樂小法者 着我見 · 人見 · 衆生見 · 壽者

견 즉어차경 불능청수독송 위인해설, 수보리 재재처처
見 卽於此經 不能聽受讀誦 爲人解說, 須菩提 在在處處

약유차경 일체세간 · 천 · 인 · 아수라 소응공양 당지차처
若有此經 一切世間 · 天 · 人 · 阿修羅 所應供養 當知此處

즉위시탑 개응공경 작례위요 이제화향 이산기처
卽爲是塔 皆應恭敬 作禮圍繞 以諸華香 而散其處

본문 주해

'작은 법을 즐기는 자'란 2승인(二乘人)을 가리킨다.

2승인은 성문(聲聞)과 연각(緣覺)인데, 성문은 유(有)는 버렸으나 공(空)은 버리지 못하여 공의 상을 취한 것이며, 연각 또한 공에 침잠(沈潛)하여 빠져 있기만 할 뿐, 다시 진로(塵勞) 속으로 나와 중생 교화를 하지 못하기 때문에 작은 법이라 한다. 이들은 여래의 아뇩다라삼먁삼보리를 짊어질 수가 없다. 오직 대승을 발한 자와 최상승을 발한 자만이 여래의 혜명을 짊어지고 갈 수가 있다. 대승과 최상승은 아공과 법공을 깨달아 마음이 머무는 곳이 없으니, 그 머무는 바 없는 마음이 곧 여래의 본체이고, 여래의 본체에는 중생을 자비로 교화하는 한량없는 힘과 지혜와 공덕이 있다.

'남을 위해서 해설해 준다.'는 것은 내가 남에게 부처님의 교법을 해설해 주는 것이어서는 안 된다. 해설해 주는 나도 없고, 듣고 있는 남도 없으며, 설하는 바의 교법도 없는 청정심으로 법의 실상인 진공무상과 법의 성품인 무념 · 무주와 그로부터 나오는 한량없는 지혜와 복덕을 말해 주어야 한다. 상을 보고 분별하는 심의식으로 말해 주어서는 크게 잘못된다.

작은 법을 즐기는 자는 이 경이 가르치는 참뜻을 믿지 못해 무상보리를 배우지 못하고 결국 유위의 복을 얻는 얕은 지혜만을 수행하다가 6도에 윤회하고 만다.

황벽(黃檗) 선사께서 말했다.

'배우는 자는 생각하라. 다만 바른 법에 의지하여 수행할 뿐 아 · 인 · 중생 · 수자 4상을 방하(放下)하면, 일체의 모든 경계가 수행을 헷갈리게 하거나 어지럽게 하지 않을 것이니라.'

정법안장(正法眼藏)에 이르기를 '마땅히 바른 법을 의지하여 마음의 체(體)가 생각을 떠나 허공과 같게 하여 성 · 범(聖凡)에 떨어지지 않고, 몸과 마음이 차별을 떠나 가지런하게 하여 이와 같이 수행하는 것, 이것을 바른 법이라 한다.' 하였다.

도천 선사가 송으로 말했다.

영웅을 배우지도 않고 독서도 하지 않으며
신음소리 내면서 힘든 모습으로 먼 길을 달려가도다
어머니가 낳아 준 보배 곳간을 무심코 쓰면서도(알지 못하고)
감지덕지하며 굶어 죽는 무지한 범부여
어찌 특별한 사람을 괴이하게 여길줄 알랴

不學英雄不讀書 불학영웅불독서
波波役役走長途 파파역역주장도
娘生寶藏無心用 낭생보장무심용
甘作無知餓死夫 감작무지아사부
爭怪得別人 쟁괴득별인

'영웅을 배우지도 않고 독서도 하지 않는다.' 라는 것은 대승을 배우지 않고 반야바라밀을 행하지 않음을 말한다. 그리하여 닥치는 경계마다 마음이 치달려서 상을 취하고 울고 웃으면서 6도의 진로를 끝없이 윤회한다. 본래 사람마다 여래장이 있어서, 이 곳간을 열기만 하면 진여자성의 광명이 밝게 빛을 발할 것인데, 반야바라밀을 배워 그것을 열어서 쓸 줄은 모르고 생사고뇌의 바다에 떴다 잠겼다 하면서, 죽고 태어나는 것을 으레히 그런 것이려니 생각한다.

요결은 밖에 있는 것이 아니다. 다만 자기 자신에 의해서 자기 자신 속에서 밝힐 뿐이다.

증도가에서 말했다.

> 2승은 정진하지만 도의 마음이 없고
> 외도는 총명하나 지혜가 없도다
>
> **二乘精進勿道心** 이승정진물도심
> **外道聰明無智慧** 외도총명무지혜

2승이 '도심(道心)이 없다'는 것은 자신의 깨달음에 집착하여 중생 구제 정신을 발현하지 못하는 것을 말하고, 외도는 '지혜가 없다'는 것은, 중도의 이치에 무지하여 부처님 가르침의 참뜻을 알지 못하는 것을 말한다. 이들은 모두 무위법을 알지 못하여 반야바라밀을 행하지 못하니, 단지 작은 법을 좋아하는 자에 지나지 않는 것이다.

이 최상승경의 참뜻인 진여자성은 언제 어디서나 누구에게나 없었던 적이 없다. 항상 누구나 다 가지고 있다. 왜냐하면 모든 존재의 근본은 진여자성이기 때문이다. 그러나 사람들이 자기의 무명 심의식을 믿고 따르기 때문에 이것을 알지 못한다. 마치 땅

속에서 솟아나는 맑은 샘물이 모래 흙으로 흐려진 것과 같은 양상이다.

그리하여 이 흐려진 마음으로 진리를 알지 못한 채 다생을 윤회하면서 형성 · 증장 시켜온 번뇌장과 소지장으로 나와 남을 구분하고 4산 8풍속에 부침하면서, 이것이 실(實)이라고 믿고 사는 것이 중생인 것이다.

6조께서 말했다.

'만약 사람이 입으로 반야를 외우면서 마음으로도 반야를 행하여 어느 곳에서나 항상 무위 · 무상을 행하면, 이 사람이 있는 곳은 부처님의 탑이 있는 것과 같아서 일체의 인간과 천상이 감동하여 각기 공양하고 예를 갖추고 공경하기를 부처님과 다름없이 하리라.

능히 경을 받아 지니는 자는 이 사람의 마음 가운데 세존이 계심이니, 그러므로 부처님의 탑묘와 같다고 하니라. 마땅히 알지니라. 이 사람이 짓는 복덕은 한량없고 끝이 없느니라.'

본문에서 '수보리여, 어느 곳이나 만약 이 경이 있으면' 하는 것은 이 경을 지니고 외우는 사람이 일체 사물과 한량없이 접촉하면서 이익되게 하되, 항상 자성삼매 속에 있는 것을 말한다. 만약 이러한 이치를 깨닫고 실천하면, 어느 곳이나 이 경이 있는 것과 같다.

옛분이 이르기를 '일체 세간' 이라는 것은 유위의 마음을 말한다.

'천 · 인 · 아수라' 라는 것의 '천' 은 편안하고 즐거운 마음이며, '인' 은 선악의 마음이며, '아수라' 는 성내고 원망하는 마음이다. 만약 이러한 마음을 지니고 있으면 해탈할 수 없느니라.' 하였다.

진실을 말하면, 이 경전은 항상 자기와 함께 있다. 보고, 듣고,

앉고, 서는 곳에서 하루 내내 잠시도 떠난 적이 없다. 잘 때도 함께 자고 깰 때도 같이 깬다. 이것을 깨달을 때 본래부터 이 경전이 자기를 떠난 적이 없었음을 알게 된다.

도천 산사의 게송을 읊는다.

그대와 함께 걷고 또 같이 가나니
일어서고 앉음에 서로 따르는 그 세월이 오래 되었도다
목 마르면 마시고 배고프면 먹으며 항상 대면하나니
모름지기 고개 돌려 생각하여 헤아리지 말지니라

與君同步又同行 여군동보우동행
起坐相將歲月長 기좌상장세월장
渴飮飢飡常對面 갈음기손상대면
不須回首更思量 불수회수갱사량

보고, 듣고, 앉고, 서고 하는 자는 누구인가? 그 참사람은 알지 못한채 밖으로 헤매고 다니기만 하니 자기 집안 소식은 알지 못한다. 오랜 세월 동안 몸이 억만 번이나 달라졌어도 집안 가풍은 그대로 변함 없건만, 하루 종일 마주하면서도 알지 못한다.

만송(萬松) 스님이 시중했다.

'눈앞의 모든 사물 속에 나타나 있는 공안(公案)은 다만 현금(現今)에 의지한 것이거니와 본분(本分)의 가풍은 분수 밖을 도모하지 않도다. 만약 억지로 단락과 항목을 만들어 부질없이 공부한다면, 모두가 혼돈에다가 가장자리를 그리는 것이고 발우에다가 손잡이를 다는 꼴이다. 어떻게 해야 평온해질 수 있겠느냐?'

『원각경』에 이르기를

'일체시(一切時)에 망념을 일으키지 않으며, 모든 망심을 또한 쉬어서 멸하려고도 하지 않으며, 망상의 경계에 머물면서도 요달하여 알려고 가행(加行)하지도 않으며, 요달하여 앎이 없는 것을 진실이라 여기지도 않는다.' 하였다.

이 『원각경』의 네 구절은 일어나지도 않고, 멸하지도 않으며, 알려고 애쓰지도 않으며, 앎이 없는 것마저도 취하지 않음을 말하고 있다. 사물을 대하고서도 6근이 부동하니 분별이 생기지 않고, 분별이 생기지 않으니 생멸(生滅)이 없다. 생멸이 없다는 것은 앞생각과 뒷생각이 한결같이 청정하다는 뜻이다. 생각생각이 양변 속을 굴러다녀서는 반야바라밀이 될 수 없다. 생각이 양변을 벗어나 청정일심이 한결같이 상속되어야 비로소 본분사(本分事)가 실현되는 것이다.

그러나 『원각경』의 이 네 구절이 궁극적인 이치상으로는 마땅한 가르침이기는 하지만, 병은 깊고 금강칼날이 무딘 중생을 위해서는 약이 필요하지 않을 수 없다. 그러므로 방편을 지어 이렇게 저렇게 법을 설하게 된다. 법을 설하는 것은 그러한 법조차 없는 지복과 공덕의 본지(本地)를 알리고자 함이니, 마치 독(毒)을 써서 독을 제거하는 것과 같다.

황벽(黃蘗)이 백장(百丈) 스님을 참문하자 백장 스님이 말했다.

"우뚝우뚝하고 당당하게 무슨 일로 왔는가?"

"우뚝우뚝하고 당당하게 온 것은 다른 일을 위함이 아닙니다."

우뚝우뚝하고 당당하며 초연하고 훤칠하게 벗어난 것은 모두가 대장부의 모습이다. 자기의 본체로 귀합하여 본분의 일을 행할 뿐, 발꿈치 밑에는 오음(五陰)의 흔적이 없고, 혀끝에는 고준한 불법도 없다. 창칼이 빽빽한 숲을 지나면서도 다치지 않고 가시덤불 속을 지나갈지라도 찔리지도 않는다. 지옥불 속을 한 번 지나치면 아름다운 연못이 되고, 6도를 앉은 자리에서 법왕의 신령스러운 모습으로 바꾸어 버린다.

세존께서 『금강경』을 설하시는 것은 이처럼 불가사의한 공덕을 성취할 반야바라밀법을 말하신 것이니, 무소득의 마음으로 상을 취하지 않음이 그 요결이다.

증도가에서 말했다.

> 현상계 일체제법은 무상하여 모두가 공이니
> 이것이 곧 여래의 크고 원만한 깨달음이다.
> **諸行無常一切空** 제행무상일체공
> **卽是如來大圓覺** 즉시여래대원각

머무름이 없는 무소득심이 세계를 보니, 일진본체 진여공 하나이어서 붙잡을 것이 없다. 이것이 여래의 원만성실한 깨달음이다.

16. 능히 업장을 맑게 함[能淨業障分]

본문

"그리고 수보리여, 선남자 선여인이 이 경을 받아 지니고 읽고 외우는데, 만약 사람들이 천대하게 되면, 이 사람은 전생의 죄업이 있어서 마땅히 악도에 떨어질 것이지만, 금생의 사람들이 천대하기 때문에 전생의 죄업이 곧 소멸되고 마땅히 아뇩다라삼먁삼보리를 얻으리라."

부차 수보리 선남자 선여인 수지독송차경 약위인경천 시
復次 須菩提 善男子 善女人 受持讀誦此經 若爲人輕賤 是

인선세죄업응타악도 이금세인경천고 선세죄업즉위소멸
人先世罪業應墮惡道 以今世人輕賤故 先世罪業卽爲消滅

당득아뇩다라삼먁삼보리
當得阿耨多羅三藐三菩提

본문 주해

근기가 얕고 의심 많은 말세 중생들은 스스로 이해할 수도, 믿기도 어렵기 때문에 이 경을 수지독송하는 사람들을 보면 경멸, 천대한다. 그러나 어떤 사람이 비방하고 욕을 해도 그것은 진여 본체가 어리석은 자에게 상응하여 나타내는 모습이고, 포악한 자가 몽둥이로 나를 친다고 해도 그것은 포악한 자속에서 상응하시는 부처님의 모습이다.

하나하나의 모습마다 헤아릴 수 없는 오묘한 지혜와 정신을 내포하고 있으니, 온 법계가 모두 진여자성의 불가사의하고 존귀한 모습이다.

또 '사람들이 천대한다.' 라는 것은 이 경을 받아 지니는 사람이 하심(下心)하는 것을 말한다.

무슨 까닭인가? 상이 없기 때문이다. 일체법이 진공무상이어서 나도 없고, 취할 상이 없으니 항상 하심 하므로 사람들이 천대한다 하신 것이다.

반야바라밀을 수행하여 법의 실상을 깨달으면 업장이 모두 공으로 돌아가서 녹아 버리게 된다. 법의 실상인 진공을 깨달아 취할 상이 없음을 알기 때문에 작위가 없고, 그러므로 업을 짓는 원인이 사라진 것이다. 비록 과거세에 상을 취하고 작위하여 많은 업을 지었으나, 이제 반야를 수행하기 때문에 과거의 정업(定業)까지도 소멸시키거나 가볍게 약화시킨다.

『금강경』의 이 구절에 대해서 한 스님이 대주혜해 스님께 물었다.

"만약 선남자 선여인이 이 경을 수지독송하여 사람들에게 경멸과 천대를 받게 되면, 이 사람은 전세의 죄업으로 마땅히 악도에 떨어질 것이지만, 금세 사람들의 경멸과 천대를 받음으로 해서 전세의 죄업이 곧 소멸되어 마침내 아뇩다라삼먁삼보리를 얻는다고 하는데, 그 뜻이 무엇입니까?"

"예를 들면 어떤 사람이 대 선지식을 아직 만나지 못해서 청정한 본래 마음이 삼독의 무명에 덮여 오직 악업만 짓고, 사람들에게 경멸과 천대를 받는 것을 말한 것이니라. 또 금세의 사람들에게 경멸과 천대를 받는 것은 곧 오늘 발심하여 불도를 구해 무명이 다 없어지고 삼독이 나지 않아 곧 본래 마음이 명랑하고 다시 어지러운 생각이 없으며, 모든 악이 영원히 없어져 버림으로써 금세 사람의 경멸과 천대를 받는다고 하느니라."

위의 문답에서는 '경멸과 천대'를 두 가지 경우로 설명하고 있다.

첫번째는 진여본성이 어리석은 범부들로부터 천대받는 경우이다. 훌륭한 선지식을 만나지 못하여 바른 가르침을 배우지 못한 까닭에 진여본체가 삼독심에 가려져 천대를 받고 있는 것을 말하는데, 보리심을 내지 못하고 있는 범부를 가리킨다.

두번째는 삼독심이 반야지혜를 얻은 사람들로부터 천대를 받는 경우이다. 다행히 이 경을 만나서 부처님 가르침의 참뜻을 배워 알게 되면 삼독심을 천하게 여겨 배척하여 멸진시키고 항상 무소득의 반야바라밀을 행하기 때문이다.

그러므로 첫번째의 경멸 천대는 범부가 심의식으로 헤아려서 상을 취함으로 인한 것이고, 두번째의 경멸 천대는 그 이름이 경멸 천대일 뿐, 경멸 천대라고 할 것이 없다. 왜냐하면 보리심을 내어 반야바라밀을 행하는 보살은 심의식을 떠나서 경멸 천대의 상이 없기 때문이다.

증도가에서 말했다.

실상을 깨달으니 인(人)·법(法)이 없고
찰나에 아비지옥업을 없애 버리도다
證實相 無人法 증실상 무인법
刹那滅却 阿鼻業 찰나멸각 아비업

깨달으면 업장이 본래 텅 비었으나
깨닫지 못하면 도리어 묵은 빚 갚아야만 하리라
了卽業障本來空 요즉업장본래공
未了還須償宿債 미료환수상숙체

6조께서 말했다.

'부처님께서 이르시되 경을 지니는 사람은 합당히 일체 천인의 공경과 공양을 받아야 함에도, 여러 생에 걸쳐 무거운 업장이 있기 때문에 사람들에게 천대를 당하고 사람들의 공경과 공양을 받지 못하지만, 스스로 경전을 받아 지니기 때문에 인아(人我) 등의 상을 일으키지 않아서 원수와 친구를 불문하고 항상 공경하여 마음에 고뇌와 원한이 없고, 탁 트여서 헤아리고 비교함이 없이 생각생각마다 반야바라밀을 행하여 일찍이 뒤로 물러나 굴러 떨어짐이 없으니, 능히 이렇게 수행하는 까닭에 무량 겁 이래 금생에 이르기까지 극히 무거운 악한 장애를 모두 다 소멸한다.

또 이치로 연결지어 말하자면 선세(先世)는 곧 앞생각의 망심이고, 금세(今世)는 곧 뒷생각의 깨달은 마음이니, 뒷생각의 깨달은 마음으로 앞생각의 망심을 천대하여 망심이 머물 수 없음이니, 그러므로 선세의 죄업이 곧 소멸된다 하시느니라. 망념이 이미 멸하면 죄업이 성립되지 아니하며 곧 보리를 얻게 되느니라.' 하시느니라.

집착하는 마음이 상을 취하면 이것이 변계소집성(徧計所執性)이니, 새끼줄을 뱀이라고 착각하는 범부의 망정이다. 일체 만법이 원인과 조건의 화합으로 일어나는 임시적인 것일 뿐, 실체가 없는 것인 줄을 알면 이는 의타기성(依他起性)을 요달한 것이니, 변계소집의 망정은 제거된다. 반야에 의지하여 일체법을 관하면 진공무상을 보게 되니, 원만하고 실다운 원성실성(圓成實性) 진여자성이다.

도천 선사가 게송을 읊었다.

> 찬탄도 미치지 못하고 훼방도 미치지 못함이여
> 만약 하나를 깨달으면 만사를 끝내도다
> 모자람도 없고 남음도 없어서 마치 허공과 같으니
> 그대를 위해 바라밀이라 제목을 짓도다
>
> **讚不及毁不及** 찬불급훼불급
> **若了一萬事畢** 약료일만사필
> **無欠無餘若太虛** 무흠무여약태허
> **爲君題作波羅蜜** 위군제작바라밀

이 게송은 증도가의 '비방도 할 수 없고 찬양도 할 수 없음이여, 그 체(體)는 허공과 같아서 한계가 없도다.'

'다만 근본만 얻을 뿐 지말(枝末)은 근심치 말지니, 마치 맑은 유리병에 보배 달을 담은 것과 같도다.' 고 한 내용과 다름이 없다.

다만 반야바라밀을 행하면서, 그 반야바라밀행 하는 당체를 깨닫기만 하면, 우주 속의 모든 일을 한꺼번에 이루게 되므로 하나를 알면 천 가지 만 가지가 저절로 이루어진다고 한 것이다.

본문

"수보리여, 내가 과거 한량없는 아승지겁을 생각해 보니, 연등부처님 이전에도 팔백사천만억 나유타의 모든 부처님을 만나서 모두 다 공양하고 받들어 섬기면서 헛되이 지냄이 없었느니라.

만약 또 어떤 사람이 이후 말세에 능히 이 경을 받아 지녀서 읽고 외우면, 그 얻는 바 공덕은 내가 모든 부처님께 공양한 공덕으로는 백분의 일도 미치지 못하며, 천만억분 내지 수량의 비유로는 능히 미칠 수가 없는 바이니라.

수보리여, 만약 선남자 선여인이 이후 말세에 이 경을 받아 지니며, 읽고 외워서 얻는 바 공덕을 내가 만약 구체적으로 말한다면, 혹 어떤 사람은 듣고 마음이 곧 미친 듯이 어지러워 여우같이 의심하며 믿지 않을 것이니라.

수보리여, 마땅히 알지니, 이 경의 뜻은 불가사의하고 그 과보 또한 불가사의하느니라."

수보리 아념과거무량아승지겁 어연등불전 득치팔백사천만
須菩提 我念過去無量阿僧祗劫 於燃燈佛前 得値八百四千萬

억나유타제불 실개공양승사 무공과자 약부유인어후말세
億那由他諸佛 悉皆供養承事 無空過者 若復有人於後末世

능수지독송차경 소득공덕 어아소공양 제불공덕 백분불급일
能受持讀誦此經 所得功德 於我所供養 諸佛功德 百分不及一

천만억분내지산수비유 소불능급 수보리 약선남자 선여인
千萬億分乃至算數譬喩 所不能及 須菩提 若善男子 善女人

어후말세 유수지독송차경 소득공덕 아약구설자 혹유인문심즉
於後末世 有受持讀誦此經 所得功德 我若具說者 或有人聞心卽

광란호의불신 수보리 당지 시경의 불가사의 과보역불가사의
狂亂狐疑不信 須菩提 當知 是經義 不可思議 果報亦不可思議

낱말의 뜻

· 나유타(那由他) : 인도의 수량 단위, 지극히 큰 수를 말하는데, 천만(千萬)이라고도 하고 천억(千億)에 해당한다고도 한다.

본문 주해

앞에서는 강가의 모래 수같이 수많은 대천 세계를 칠보로 가득 채워서 보시하는 경우와 하루 세 번씩 빠짐없이 강가의 모래 수같이 무수한 몸과 목숨을 바쳐서 백천만억겁 동안 보시하는 경우를 들어 이처럼 큰 공덕도 그것이 모두 유위법이기 때문에 한순간 경의 참뜻을 바로 지니면서 남을 위해서 설해 주는 복덕보다 백천만억 분의 일에도 미치지 못한다고 말씀하셨고, 이제 여기서는 세존 스스로 과거 무량 아승지겁 동안에 한량없이 많은 부처님들을 받들어 공양한 공덕을 비유하면서 이와 같이 큰 공덕도 이 경의 참뜻을 깊이 납득하고, 행동으로 실천하면서 남을 위해 설해 주는 공덕에 비하면 태산 가운데에 한 티끌만큼에도 미치지

못한다고 말씀하시는 것이다.

왜 그러한가?

비록 수 많은 부처님을 받들어 공양하는 공덕이 헤아릴 수 없을 만큼 크지만, 그것은 마음이 상을 짓고 밖으로 구하여 마음과 경계가 어지럽게 상교(相交)하여 생사 속에서 선업을 짓는 것이니, 비록 이것을 착하다고는 하나 진여의 참 성품에는 배촉하는 가선(假善)이며, 이것은 유위공덕이기 때문이다.

부처님께서 이렇게 온갖 비유를 들어서 말씀하시는 것은 말세의 중생들이 부처님 교설의 구경처를 알지 못하고, 다만 복전(福田)만을 구하여 생사고통에서 빠져 나올 줄을 모르기 때문에 이것을 안타깝게 여기신 것이다.

도천 선사가 게송으로 말했다.

억천의 부처님 공양 그 복은 끝이 없지만
어찌 옛 가르침을 항상 지니면서 보는 것만이야 하겠는가
흰 종이 위에 검은 글씨를 쓰나니
청컨대 그대여 눈을 열고 눈앞을 볼지어다
바람은 고요하고 물은 잔잔한데
집떠난 사람은 다만 고깃배 위에 있도다

億千供佛福無邊 억천공불복무변
爭似常將古教看 쟁사상장고교간
白紙上邊書黑字 백지상변서흑자
請君開眼目前觀 청군개안목전관
風寂寂水漣漣 풍적적수연연
謝家人秖在魚船 사가인지재어선

'흰 종이 위의 검은 글씨'는 이 경을 가리키신 것인데, 글자를 떠난 참뜻을 보아야 함을 말한다. 참뜻을 깨달아서 알면 목전의 모든 것이 바로 경이 말하는 참뜻이다. '바람은 고요하고, 물은 잔잔하다.'라는 말은 가고 옴이 없어서 적연부동하는 본체를 말하며, 고요하게 부동하는 자성본체가 인연 따라 상응하여 갖가지 차별상을 내니 이것이 목전의 온갖 모습들이다. 또한 연야달다(演若達多)가 미친 듯이 자신의 얼굴을 찾아 밖으로 헤매지만, 본래부터 그 얼굴은 그 자리에 있는 것이다.

어떤 옛분이 '흰 종이'의 '흰[白]'자를 설명하기를 '백(白)은 편(偏 : 事法, 현상적 차별상)이니 자성이 인연따라 상응하여 현상적 차별상을 내는 작용이요, 흑(黑)은 정(正 : 理法, 무념 · 무상의 진여본체)이니 적멸한 하나의 체(體)이니라.' 하였다. '집 떠난 사람'이란 자신의 본래 면목을 망각한 채 진로 속에서 헤매는 범부를 가리키는 데, 비록 그렇게 미혹한 범부라 해도 맑고 고요한 진여자성을 떠난 적이 없으니, 그 진여자성에 의지하고 있는 이 심신을 떠나서 일대사(一大事)가 있는 것이 아니다.

그리하여 이 경의 참뜻에 의지하여 행하면, 억만 부처님께 공양 올리는 것보다 그 복이 수승한 것이다.

마조 스님께서 이르되 '마음과 경계의 상관 관계를 요달하면 망상이 나지 아니하고, 망상이 나지 아니하면 이것이 곧 무생법인(無生法忍)이니, 불이법문(不二法門)에 들어감이니라.' 하였다.

가지가지 차별상들이 모두 염심이 비추어 내는 허깨비 그림자인 것을 알면 경계에 붙잡을 것이 없음을 깨닫고, 집착을 버리게 되는 것이다. 심의식을 굴려서 경계를 헤아리는 것이 곧 여우같이 의심하는 것으로, 이는 본래 원만하게 이루어져 있는 자성을 가리는 어리석은 짓이다. '자성의 지혜'란 중생의 18계(6근, 6경, 6진의 세계)를 초탈하여 청정무구한 심의식을 자성에 맡기는 것을 말한다. 자성의 지혜만이 가장 조화롭고 오묘하며 원만한 절대지이며, 이것만이 생사와 고통을 없애고, 지복의 세계를 실현시켜 줄 수 있기 때문이다.

양무제(梁武帝)가 부대사(傅大士)를 초빙하여 금강경을 강의하게 하였을 때, 부대사가 법좌 위에서 책상을 한 번 흔들고 곧바로 자리에서 내려와 버리자 무제는 깜짝 놀랐다.
지공(誌公) 스님이 물었다.
"폐하께서는 아시겠습니까?"
"모르겠소."
"대사의 금강경 강의는 끝났습니다."

이 공안에 대해서 원오(圓悟)스님이 말하기를 '비슷하기는 하다.' '이치를 따를 뿐 인정에 끄달리지는 않았다.'고 하였다.
그러나 그렇다고 해도 부대사가 책상을 한 번 흔들고 나서 한마디 말도 없이 그냥 내려온 것과 지공이 '부대사는 금강경 강의를 마쳤습니다.' 한 것은 본분의 진실 그 자체는 아니다. 형상도 없고 말과 생각의 길이 없는 잠연공적(湛然空寂)한 진여본체를 알리고자 한 것이지만, 이 또한 지극한 본분에서 볼 때는 때자국을 남겨 더럽히는 일이다. 그러므로 원오 스님이 이르기를 '비슷하기는 해도 옳지 않다. 번거롭게 이러쿵 저러쿵 하지 말라.' 하였고, 또 '부대사와 지공 두놈을 나라 밖으로 쫓아내야 한다.' 했으니 두 분 스님의 높은 경지를 우러러 한 말이다.

당시에 조정에서는 지공 대사가 괴이한 신통력을 쓰고 다닌다는 소문을 듣고 혹세무민(惑世誣民)한다고 하여 감옥에 넣었는데, 지공스님은 그 때도 자신의 분신을 나타내서 성읍에 교화하러 다녔으므로, 무제가 이를 듣고 그를 추앙하고 존중하였다.

악을 막고 선을 보호하면서 은둔하여 나타나는 그의 행적은 헤아릴 수 없었다. 한편 부대사는 운황산(雲黃山)에 거쳐하면서 두 그루의 나무를 심고 쌍림(雙林)이라 이름하고, 자칭 미래의 선혜(善慧)대사라 하였다. 무제는 간혹 지공 스님을 청하여『금강경』을 강의해 주기를 청하였는데 지공 스님이 말했다.

"빈도(貧道)는 강의하지 못합니다. 시중에 부대사라는 사람이 있사온데, 그가『금강경』을 강의할 수 있습니다."

그리하여 무제는 조서를 내려 부대사를 대궐로 불러『금강경』을 강의하게 하였는데, 부대사는 한 마디 말도 하지 않고 책상을 한 번 흔들어 보임으로써『금강경』의 참뜻을 나타내 보인 것이다.

부대사가『금강경』의 참뜻을 알리기 위해 책상을 한 번 흔들어 보인 그것은 어떤 경지인가? 다음의 공안을 보자.

앙산 스님이 어떤 스님에게 물었다.

"요사이 어디에 있다 왔는가?"

"여산(廬山)에서 왔습니다."

"일찍이 오로봉(五老峰)을 유람해 본 적이 있느냐?"

"가 본 적이 없습니다."

"사리(闍梨)여, 아직도 산을 유람해 본 적이 없구나."

운문 스님이 말했다.

"이 말씀은 모두 자비심 때문에 풀 속에 떨어져서 하신 말씀이니라."

앙산 스님이 학인에게 '오로봉에 가 본 적이 있느냐?' 고 물어 본 것은 참자기를 보았느냐는 말이다. 그러나 학인은 <스님의 뜻을 알지 못하고 밖으로 명칭과 형상을 향해 분별된 6진경계를 말한다.> 반야바라밀은 명칭과 형상에 마음이 움직이면 곧바로 어긋나 버린다. 말을 들어도 망상분별이 나지 않아야 '오로봉' 을 유람할 수가 있게 된다.

마조(馬祖) 스님이 백장 스님에게 물었다.

"어디에서 오느냐?"

"산 아래에서 옵니다."

"노상에서 '한 사람' 을 만났느냐?"

"못 만났습니다."

"왜 못 만났느냐?"

"만났다면 스님께 말씀드렸을 것입니다."

"어디에서 이런 소식을 얻었느냐?"

"제가 잘못했습니다."

"도리어 노승의 잘못이다."

마조 스님이 '노상에서 한 사람을 만났느냐?' 하는 것은 스스로 진여자성을 깨달아 쓰느냐는 말이다. 백장 스님이 '못 만났다.' 는 것은 만난 것을 말한다. 이 일은 만났을 때 만났다고 인식하면, 그것은 진실로 만난 것이 아니다. 부처는 자신이 부처인 줄을 알지 못한다. 아상(我相)이 없기 때문이며 법상(法相)이 없기 때문이다. 이일은 주체와 객체 구도 속의 일이 아니다. 그러므로 깨달음은 계합(契合)이라는 말로 표현한다. 스스로 '한 사람' 을 만났다고 인식하였다면, 그 사실을 마조 스님에게 알렸을 것이고, 그랬다면 진실로 '한 사람'을 만난 것, 즉 깨달음이 아니다. '제가 잘못했습니다.'와 '도리어 노승의 잘못이다.' 한 것은 한 티끌의 엿봄도, 생각도, 말도 세울 수 없는 본지에 이러한 말들을 붙여서 풍파를 일으킨 일이 잘못이라는 뜻이다.

앞의 공안에서 운문 스님이 앙산 스님을 가리켜서 '자비심 때문에 풀 속에 떨어져 하신 말씀이다.'고 한 것은 본래 앙산 스님이 학인의 분별을 끊어 주기 위해서는 살인검을 휘둘러 언어 갈등의 명상(名相)을 끊어 주어야 올바른 법령을 시행하는 것이지만, 학인을 교화할 자비심으로 스스로 풀 속의 언어 갈등 속으로 떨어진 것이라는 말이다.

17. 끝내 실체가 없다[究竟無我分]

본문

그때 수보리가 부처님께 말씀드렸다.

"세존이시여, 선남자 선여인이 아뇩다라삼먁삼보리심을 내면 마땅히 마음을 어떻게 머물며, 그 마음을 어떻게 항복시켜야 하오리까?"

부처님께서 수보리에게 이르셨다.

"선남자 선여인이 아뇩다라삼먁삼보리심을 발한 자는 마땅히 이와 같이 마음을 낼지니, '나는 마땅히 일체 중생을 제도하리라. 일체 중생을 제도하고 나면 한 중생도 실로 제도된 자가 없도다.'

무슨 까닭인가? 수보리여, 만약 보살이 아상 · 인상 · 중생상 · 수자상이 있으면 보살이 아니기 때문이니라."

이시 수보리 백불언 세존 선남자 선여인 발아뇩다라삼먁
爾時 須菩提 白佛言 世尊 善男子 善女人 發阿耨多羅三藐

삼보리심 운하응주 운하항복기심 불고 수보리 선남자
三菩提心 云何應住 云何降伏其心 佛告 須菩提 善男子

선여인 발아뇩다라삼먁삼보리심자 당생여시심 아응멸도
善女人 發阿耨多羅三藐三菩提心者 當生如是心 我應滅道

일체중생 멸도일체중생이이무유일중생 실멸도자 하이고
一切衆生 滅度一切衆生已而無有一衆生 實滅度者 何以故

수보리 약보살 유아상 · 인상 · 중생상 · 수자상 즉비보살
須菩提 若菩薩 有我相 · 人相 · 衆生相 · 壽者相 卽非菩薩

본문 주해

세존께서 처음 깨달음을 얻으시고 일체 종지(一切種智 : 종종의 차별상에 궁극적 진리를 소통시켜 잘 분별하여 보는 지혜)로 법계 속을 샅샅이 살펴보신 결과, 천차만별한 갖가지 사물들이 모두 예외 없이 진공무상의 진여자성이니 단 한 가지도 잡을 것이 없음을 아셨다.

세존께서 법계를 보시는 것도 다만 진여자성의 작용이고, 세존께서 보시는 모든 사물 또한 진여자성이 다양한 인연에 상응하여 나타난 모습이니, 모두가 진여자성 한 몸이고, 진여자성의 지혜 묘용일 뿐이어서 다른 것이 없다. 나도 없고, 너도 없고, 미움도 없고, 사랑도 없고, 보리, 미혹, 열반도 없고, 모두가 깨달아 있는 본체가 인연 따라 상응하는 모습일 뿐이다. 이처럼 세계가 번삽하고 소란스러운 것은 중생의 마음에 무명번뇌가 많고, 이것을 중생심으로 분별하여 보기 때문이다. 진여법신은 중생이 악하면 악하고 고통스러운 사태로 상응해 주시고, 중생이 선하면 선하고 복된 사태로 나타내 주시고, 중생이 선과 악 두 가지를 모두 벗어나면, 위없는 깨달음으로 부처님 세계를 열어 주신다. 일체만법이 오묘한 진여본체이다. 다만 중생이 무명으로 인하여 바르게 보지 못하니 세상이 모두 두 변으로 갈라지게 된 것이며 그것을 제각기 자기 분수대로 보자니 시끄럽고 혼탁한 것이다.

부처님께서 '마땅히 이와 같이 마음을 낼지니, 나는 마땅히 일체중생을 제도하리라. 일체 중생을 제도하고 나면 한 중생도 실로 제도된 자가 없도다.' 하신 것은 진여본체의 체성과 작용을 말씀하신 것이다. 자성이 이처럼 공적한 가운데 온갖 사물에 응하지 않음이 없는 것을 말한다.

제도하면서도 성품이 공적하여 제도하는 나와 제도되는 중생을 보지 않기 때문에 한 중생도 제도된 자가 없는 것이다. 만약 불법이 선과 악 가운데서 선을 말하는 것이고, 수승하고 하열한 것 가운데서 수승한 것을 말하는 것이라고 한다면, 불법(佛法)만을 특별히 위없는 진리라고 할 수 없을 것이다. 불법이 생사마저 깨뜨려 주고, 고뇌와 슬픔을 벗어나게 해줄 수 있는 신묘한 힘이 있는 것은 선과 악, 수승함과 하열함, 이 두 가지 변을 모두 초탈하여 이들 모두를 하나의 진리속에 포섭하기 때문이다.

반야바라밀이 최상승법인 것은 바로 이러한 중도심에 있다. 그러므로 반야바라밀을 행하는 진실한 보살은 두 변의 어디에도 걸림이 없으며, 좋아하여 취하려고도 하지 않고, 싫어하여 멀리하려고도 하지 않으며, 오직 무심히 상응하여 평등하게 자비를 베풀고 교화한다.

도천 선사가 게송으로 말했다.

만약 어떻게 머물러야 하는지 묻는 다면
중도도 유 · 무도 아님이라
머리에는 가는 풀도 덮지 않고
발은 염부제를 밟지 않도다
미세하기로는 원자를 쪼갠 것 같고
가볍기로는 나비춤의 앞이로다
중생을 모두 멸도하되 멸도가 없음을 알면
이것이 흐름을 따르는 대장부로다

若問云何住	약문운하주
非中及有無	비중급유무
頭無纖草蓋	두무섬초개
足不履閻浮	족불리염부
細似隣虛析	세사인허석
輕如蝶舞初	경여첩무초
衆生滅盡知無滅	중생멸진지무멸
此是隨流大丈夫	차시수류대장부

'머리에는 가는 풀도 덮지 않고, 발은 염부제를 밟지 않았다.' 고 하는 것은 사물에서 멀리 벗어나서 무엇에도 의지함이 없는 물외인(物外人)이 항상 홀로 가면서 만법과 짝하지 않는 것을 보여준다.

'미세하기로는', '가볍기로는' 하는 구절은 진여공을 묘사하는 말이다. 인허(隣虛)는 유식론(唯識論)에서 극미(極微)라고 하는데 색법(色法)의 최소단위인 입자를 말한다.

'흐름을 따른다.' 는 것은 본성의 흐름을 말한다. 심의식의 흐름이 아니다. 형상도 없고 한 생각도 없는, 그 가운데 한없는 지혜와 자비와 공덕이 향상의 목표를 향해 영원히 흐르고 있다. 일월성신과 사시사철, 사람의 태어남과 죽음, 기뻐하고 슬퍼함 등 우주 속의 일체법과 마음 속에 은밀하게 기멸하는 미세한 생각에 이르기까지 진여자성이 원인과 조건에 응해주면서 작용하는 모습이다. 문득 깨달아 무명을 모두 던져 버리고 심의식을 진여자성에 맡겨 버리면 그것으로 일대사는 해결되고 다시는 업의 바다에 빠지지 않는다.

6조께서 말했다.

'보살이 만약 제도한 중생이 있다고 보면 이는 곧 아상이요, 능히 중생을 제도한다는 마음이 있으면 곧 인상이며, 열반을 가히 구한다고 말하면 곧 중생상이며, 가히 깨달을 열반이 있음을 보면 곧 수자상이니, 이 4상이 있으면 곧 보살이 아니니라.'

본문

"그 까닭이 무엇인가? 수보리여, 실로 법이 있어서 아뇩다라삼먁삼보리심을 낸 것이 아니기 때문이니라.

수보리여, 어떻게 생각하느냐? 여래가 연등부처님 처소에서 법이 있어 아뇩다라삼먁삼보리를 얻었느냐?"

"아니옵니다. 세존이시여, 제가 부처님께서 설하신 바 뜻을 이해하기로는 부처님께서 연등부처님 처소에 법이 있어서 아뇩다라삼먁삼보리를 얻은 것이 아니옵니다."

부처님께서 말씀하셨다.

"그러하다, 그러하다. 수보리여, 실로 법이 있어서 여래가 아뇩다라삼먁삼보리를 얻은 것이 아니니라.

수보리여, 만약 법이 있어서 여래가 아뇩다라삼먁삼보리를 얻었다면, 연등부처님께서 곧 나에게 수기를 수시면서 '너는 내세에 마땅히 부처를 이룰 것이니, 이름을 석가모니라 하리라.' 고 하시지 않았을 것이니, 실로 법이 있어서 삼먁삼보리를 얻은 것이 아니니라.

그런 까닭에 연등부처님께서 나에게 수기를 주시면서 이렇게 '너는 내세에 마땅히 부처를 이룰 것이니, 이름을 석가모니라고 하리라.' 고 하셨느니라.

소이자하 수보리 실무유법 발아뇩다라삼먁삼보리심자
所以者何 須菩提 實無有法 發阿耨多羅三藐三菩提心者

수보리 어의운하 여래어연등불소 유법득아뇩다라삼먁삼
須菩提 於意云何 如來於燃燈佛所 有法得阿耨多羅三藐三

보리부 불야 세존 여아해불소설의 불어연등불소 무유법
菩提不 不也 世尊 如我解佛所說義 佛於燃燈佛所 無有法

득아뇩다라삼먁삼보리 불언 여시여시 수보리 실무유법
得阿耨多羅三藐三菩提 佛言 如是如是 須菩提 實無有法

여래득아뇩다라삼먁삼보리 수보리 약유법 여래득아뇩다
如來得阿耨多羅三藐三菩提 須菩提 若有法 如來得阿耨多

라삼먁삼보리자 연등불즉 불여아수기 여어내세 당득작불
羅三藐三菩提者 燃燈佛卽 佛與我授記 汝於來世 當得作佛

호석가모니 이실무유법득 아뇩다라삼먁삼보리 시고
號釋迦牟尼 以實無有法得 阿耨多羅三藐三菩提 是故

연등불 여아수기작시언 여어내세당득작불 호석가모니
燃燈佛 與我受記作是言 汝於來世當得作佛 號釋迦牟尼

낱말의 뜻

· 수기(授記) : 본래는 부처님의 설법 가운데에서 문답식 내지 분류적 설명을 가리키는 12부경의 하나인데, 후에 부처님이 제자에게 미래에 얻을 증과(證果)를 예언적으로 교설하는 것을 뜻하게 됨.

본문 주해

아뇩다라삼먁삼보리를 얻는다는 것은 진여자성을 깨닫는 것이다. 진여자성을 깨닫는다는 것은 모든 존재의 궁극적 진실이 진여임을 깨닫는 것이다. 진여자성은 그 체가 공이고 무상이고, 그 성품이 무념 · 무주이어서 깨닫고 보면 어디에도 법이라 할 것이 없다.

증도가에서' 밝고 맑게 보면 한 물건도 없어라. 사람도 없고 부처도 없도다.' 한 것이 바로 이것이다. 그러면서도 허망하지 않아서 항사묘용을 내고 있다.

집착을 끊어 사물의 상을 취하지 않는 반야의 혜안은 일체법에 얻을 것이 없음을 본다. 그러므로 삼먁삼보리라고 할 법 또한 없다. 본래 깨달아 있는 본각(本覺)인 진여자성을, 능소(能所)가 없는 마음으로 궁구하여 가다가 문득 금시의 마음과 자성의 참 성품이 하나로 일합(一合)하는 경지가 깨달음인데, 여기에는 법이라 할 것이 한 티끌도 없다. 아공 · 법공이 하나로 통해 버린 것이다.

세존께서 수보리에게 '여래가 연등부처님 처소에 법이 있어서 아뇩다라삼먁삼보리를 얻었느냐?' 라고 한 것은 세존께서 위 없는 보리를 얻을 때, 아뇩삼보리의 상으로써 얻은 바 법이 있었느냐는 뜻이다.

그러나 수보리는 무상의 이법(理法)은 상을 여의고 무소득의 마음으로 깨닫게 되는 일체법의 적멸처임을 깊이 알고 있으므로 '아니옵니다. 법이 있어서 아뇩다라삼먁삼보리를 얻은 것이 아니옵니다.' 라고 대답한 것이다. 요컨대 무소득의 마음이 아니고는 진여를 깨닫지 못한다.

사물의 형상과 이름에서 멀리 벗어나서 관여하지 아니하므로 비로소 온 법계가 '가없는 공' 으로 평정되어 다시는 남북이니 동서니 다툼이 없다. 그 자성에 맡겨둘 뿐, 애써 작위하지 않으니 본체가 하는 일에 조금도 어긋남이 없다. 그러나 마음을 비워 무심을 만들어 놓고 거기에 눌러앉아 지키는 것은 잘못이다.

공에서 다시 활딱 튀어 살아나야 비로소 꽃 피고 새가 우는 일을 주재하게 된다.

연등부처님이 수기(授記)하신 것도, 그때 선혜(善慧) 동자가 소득심이 없어서 일체법에 얻을 것이 없음을 알아, 법이 없었기 때문에 수기를 받은 것이지, 만약 마음에 법이 있었다면 연등부처님이 수기하시지 않았을 것이다.

부처님께서는 때로는 있다 하시고, 때로는 없다고 하신다.

왜 그런가? 사람들이 변견(邊見 : 유 · 무, 상 · 단 등 한쪽에 치우친 견해)에 빠지기 때문이다.

부처님께서 있다고 말씀하시는 것은 사람들이 이 일을 끊어져서 단멸된 것으로 잘못 알까 걱정하시기 때문이며, 부처님께서 없다고 말씀하시는 것은 사람들이 있음에 집착하는 것을 막아 주기 위해서이다. 이와 같이 말씀하시는 것은 본지를 아직 깨닫지 못한 사람들을 이해시켜서, 유와 무 어느 쪽에도 매달리지 않게 하여 보리로 나아가도록 하기 위해서이다. 유와 무 양쪽을 벗어나는 것만이 보리에 나아가는 오직 하나의 길이기 때문이다. 이와 같이 하여 한결같이 양변을 뿌리치면서 나아가 본지에 도달하면 그것은 유와 무도 아니고, 공과 불공(不空)도 아니며, 삼먁삼보리도 아니고, 열반도 아니다. 거기에는 사량(思量)의 법화(法化)가 없다. 왜냐하면 무명은 멸진되고 ,자성이 현전하는 경계이기 때문이다. 무명이 멸진하고 심의식이 자성과 일합하여 자성의 성품만이 순수하게 비칠뿐 일체의 6진경계(六塵境界)도 일어나지 않는다. 온 우주 법계가 하나의 진신(眞身)의 장(場)이고, 그 자성이 움직이는 장(場)이며, 그 실상을 보기 때문에 일체의 차별상들이 모두 차별없는 근본진리 진여의 모습과 의미로 거듭나게 되는 것이다.

이것은 지말법인 속제가 진제의 의미로 재탄생하는 순간이다.

신심명에서 말했다.

> 취하고 버림으로 말미암아 그 까닭에 여여하지 못하도다
> **良由取捨 所以不如**　　양유취사 소이불여

세존과 수보리가 서로 주고받는 대화를 두고 도천 선사가 말하기를 '북치는 사람과 비파 타는 사람이 상봉하여 둘이 한 집에 모였도다. 그대는 버드나무 언덕을 걷고, 나는 나루터 모래에서 잠을 자도다.' 하였다.

두 사람은 진여자성의 공가(空家) 집안의 성인들이다. 비록 서로 다른 몸으로 나타났으나 한 몸이다.

옛분이 이르기를 '같은 나뭇가지에서 태어났으나, 같은 가지에

서 죽지 않는다.'라고 한 것이 바로 위 게송의 뜻과 부합한다. 하나의 몸, 진공이니 같은 나뭇가지에서 태어난 것이고, 한 사람은 버드나무 언덕을 걷고, 또 한 사람은 나루터 모래에서 잠을 자니, 같은 가지에서 죽지는 않는 것이다. '한 집'은 공적한 본체이고, '버드나무 언덕'과 '나루터'는 번잡한 현상계이다. 그러나 둘은 다른 것이 아니다. 번잡함은 공적한 성품을 떠나지 않았고, 공적한 성품은 번잡함을 전개하고 있다. 분별심을 버리면 그것을 알게 된다. 한 쪽만을 취하거나 두 쪽을 다 취해도 그리고 두 쪽을 다 취하지 않아도 잘못이니, 취하고 취하지 않음을 모두 벗어나야 비로소 보리에 수순하는 것이다. 그러므로 심의식을 방하착하라고 하는 것이다.

그리하여 아 · 인 · 중생 · 수자의 4상이 없었기 때문에 연등부처님이 수기하신 것이지, 만약 그때 선혜 동자가 얻을 바의 삼막삼보리법을 마음 속에 가지고 있었다면 수기하시지 않았을 것이다.

용아(龍牙) 스님이 말했다.

'문 앞의 나무를 깊이 생각하니, 새들이 날아와 집을 짓고 살아도 무심이고, 떠나가도 돌아오기를 그리워하지 않는다. 만약 사람의 마음이 나무를 닮는다면 도(道)와 서로 어긋나지 않으리라.'

"연등부처님께서 나에게 수기하시기를 마땅히 부처를 이루어 석가모니라 부를 것이니라." 하신 것은 지혜의 인(因)으로 시작하여 견성하게 되므로, 만약 능소의 마음이 있으면 곧 얻을 법이 있어서, 그 성품이 범부와 같으니 어떻게 수기를 얻을 수 있겠는가? 그러므로 가히 기별(記別) 할 수기가 없는 것, 이것을 수기라고 이름한다. 만약 마음에 미세한 좁쌀만큼도 머물러 있는 것이 없으면 곧 가히 얻을 법이 없는 청정 자성이므로 내세에 마땅히 부처를 이룰 것이라고 하신 것이다.

아래의 도천선사의 게송은 그러한 이치를 간략하게 요약하고 있다.

위로는 한 조각 기와도 없고
아래로는 송곳 꽂을 곳도 없도다
해는 가고 달은 오는데
아아! 알 수 없어라 이 누구인지를

上無片瓦　　상무편와
下無卓錐　　하무탁추
日往月來　　일왕월래
不知是誰　　부지시수

가난하고 가난하여 가는 한 올 실오라기조차 걸친 것이 없다. 이처럼 스스로를 비우고 비워서 더 이상 가난해질 수 없는 곳까지 나아가 법계가 되어 흘러 가야 마땅하리라.

본문

"무슨 까닭인가? 여래란, 곧 모든 법이 여여하다는 뜻이기 때문이니라. 만약 어떤 사람이 '여래가 아뇩다라삼먁삼보리를 얻었다.'라고 말한다면 수보리여, 실로 법이 있어서 부처님이 아뇩다라삼먁삼보리를 얻은 것이 아니니라.

수보리여, 여래가 얻은 바의 아뇩다라삼먁삼보리는 이 가운데에 실도 없고 허도 없느니라. 그러므로 여래가 설하기를 '일체법이 다 불법'이라고 하였느니라.

수보리여, 말한 바 일체법이란 곧 일체법이 아니니, 그러므로 일체법이라고 이름하느니라."

하이고 여래자 즉제법여의 약유인언 여래득아뇩다라삼먁삼
何以故 如來者 卽諸法如義 若有人言 如來得阿耨多羅三藐三

보리, 수보리 실무유법불득아뇩다라삼먁삼보리 수보리 여
菩提, 須菩提 實無有法佛得阿耨多羅三藐三菩提 須菩提 如

래소득아뇩다라삼먁삼보리 어시중무실무허 시고 여래설
來所得阿耨多羅三藐三菩提 於是中無實無虛 是故 如來說

일체법 개시불법 수보리 소언일체법자 즉비일체법 시고
一切法 皆是佛法 須菩提 所言一切法者 卽非一切法 是故

명일체법
名一切法

본문 주해

'여(如)'는 진여자성을 말한다. '여여(如如)'는 일체법이 진여자성 그대로라는 뜻이다. 그러므로 여래란 진여자성 그대로 나타난 것을 말한다. 이것이 곧 부처이다. 그러므로 '여(如)'와 진여자성과 여래와 부처는 모두 같은 말이다. 일체법은 그 차별상에 불구하고 그대로 진여자성이지만, 범부들이 차별상에 매달려 분별하므로 분별하는 범부도 분별된 법도 여여(如如)하지 못하게 되었다. 그러나 깨달은 마음은 마치 중천에서 빛나는 해와 같아서 일체법에 차별없이 상응할 뿐 가리고 선택하는 분별이 없다.

6조께서 말했다.

"모든 법이 '여여' 하다는 뜻이다." 라고 말한 '모든 법' 이란, 곧 색 · 성 · 향 · 미 · 촉 · 법이다. 이 6진 가운데에서 능히 잘 분별하되 본체는 맑고 고요하여 물들지도 않고 집착하지도 아니하며 변함이 없다. 마치 허공과 같아 움직이지 않으면서도 원만하게 통하고 밝게 사무쳐서 겁(劫)을 지나면서도 항상하니, 이것을 '모든 법이 여여 하다는 뜻' 이라고 이름하느니라. 6조께서는 '무분별의 분별' 로서 그 뜻을 말했다.

『보살영락경(菩薩瓔珞經)』에 이르기를, 헐뜯고 칭찬함에도 움직이지 않음이 여래의 행이라 하며, 『입불경계경(入佛境界經)』에 이르기를, 보는 바가 없어 모든 욕망에 물들지 않는 까닭에 존경하여 예배한다 하시느니라.

일체의 법은 모두 머무는 바가 없는 청정한 몸을 근본으로 한다. 그것이 곧 진여의 체성이다, 어떠한 물질이나, 어떠한 현상으로 나타나더라도 그것의 근본은 무념 · 무주의 진여자성이다. 슬픔이나 기쁨, 괴로움이나 즐거움이 모두 청정하여 근본 성품은 슬픔과 기쁨, 괴로움과 즐거움이 없다. 범부들이 현상적 측면에만 매달려 근본을 망각 하고 무명번뇌를 일으켜 이것으로 6진 경계를 조작하기 때문에 일체법이 '여여' 할 수가 없는 것이다. 법의 실상은 진공무상이어서 허공과 같고, 한 생각도 없어서 붙잡을 것이 없으며, 슬픔이니 기쁨이니 하는 것들도 모두 떠나 오직 그 자체 그대로 맑고 오묘할 뿐이니, 한 법도 취할 것이 없다.

비록 온갖 차별적인 모습으로 나타났으나 '여여함' 에 조금도 모자람이 없는데 다만 그것을 보는 눈에 지혜의 차이가 있는 것이다.

부처님께서 다시 이르신 '여래가 얻은 바의 아뇩다라삼먁삼보리는 이 가운데에 실도 없고 허도 없느니라.' 하신 것은 어떠한 뜻인가?

'실도 없다.'는 것은 얻을 것이 없음을 깨닫는 것이 아뇩다라삼먁삼보리임을 뜻한다. 그러므로 부처님의 깨달음은 얻은 법이 없다는 것이다. '허도 없다.'는 것은 이처럼 일체법이 적멸한 청정심에서 부동하는 가운데 설하는 것도 있고, 듣는 것도 있으며, 얻는 것도 있고, 전하는 것도 있는 것을 말한다. 여래께서 얻으신 삼먁삼보리법이란 이른바 부처님께서 진여자성을 밝히신 법이지만, '그 이름'과 '그 법'이 진여자성 가운데에 있는 것이 아니기 때문에 '실'이 아니며, 또한 진여자성을 밝히기 위해서는 이 삼먁삼보리법에 의지하지 않으면 안 되기 때문에 '허망'하지도 않다고 하는 것이다.

삼라만상이 모두 진공무상이어서 붙잡을 것이 없지만, 아침마다 해는 뜨고, 해가 지면 달이 뜨고, 꽃은 붉고 눈은 희니 그 실체는 붙잡을 수가 없되 그 작용은 허망하지가 않다.

증도가에서 '탁 트인 공(空)이라 인과(因果)가 없다 하지 말라. 아득하고 끝없이 재앙과 화를 부르리라.'라고 한 것과 같이 한 법도 붙잡을 것이 없는 진공무상의 진여자성은 허망하지 않아서, 텅비고 무심한 가운데서 온갖 오묘한 지혜와 법칙과 신통을 내는 것이다.

보리를 얻는다는 것은 밖으로 경계를 좇아 분주하게 움직이는 허망한 마음을 남김없이 제멸시키고 청정한 자심(自心)바탕을 증득하는 것을 말한다.

도천 선사가 게송으로 말했다.

생애가 꿈같고 뜬구름 같으니
살아갈 계교는 모두 없어지고 6친(六親)마저 끊어졌다
한 쌍의 맑은 눈 만 남겨서
무한히 오가는 사람을 웃으며 본다
生涯如夢若浮雲 생애여몽약부운
活計都無絶六親 활계도무절육친
留得一雙靑白眼 유득일쌍청백안
笑看無限往來人 소간무한왕래인

'살아갈 계교가 없어지고 6친마저 끊어졌다.'는 것은 계교분별이 없어서 6근 문두가 허공같이 맑다는 뜻이며, '한 쌍의 맑은 눈'은 소득심이 없어져서 만법의 실상을 보는 혜안을 말한다. 이처럼 청정한 마음으로 오가는 사람을 보며, 만법과 사귀면서 때로는 웃고 때로는 울지만 무명의 심의식으로 그렇게 하는 것이 아니다. 무명을 여읜 청정한 자성이 맑은 물결을 치고 있는 것이다.

'일체법이 다 불법이다.'라고 하는 것은 경계를 대하여 보고 듣는 것을, 무명으로 증장시켜온 심소법과 불상응행법으로 헤아려 분별하지만 않는다면, 모든 형상과 경계는 그대로 진여자성의 모습이어서 불법 아님이 없다는 뜻이다.

본래 우주 속의 두두물물(頭頭物物)이 모두 부처님이 나투시는 현묘한 모습이지만, 이것을 염심으로 보기 때문에 불법을 매몰시키게 되는 것이다. 그러므로 옛분이 이르시되 '온갖 풀잎 끝에 조사(祖師)의 뜻이 분명하니 눈동자를 좋게 뜰지어다.' 하였다.

마조(馬祖)스님께서 말했다.

"일체 중생은 무량겁 이래로 법성삼매(法性三昧 : 진여자성의 선정) 속에 있고 또 길이 법성 가운데 있으면서 옷 입고 밥 먹고 이야기하고, 대꾸하면서 6근을 운용하는 등 일체를 행하는 것이 모두 법성이지만, 근원을 돌이켜볼 줄 모르기 때문에 이름을 따르고 형상을 좇아 미혹한 마음을 망령되게 일으켜 갖가지 업을 짓는 것이다. 만약 능히 한 생각에 빛을 돌이켜 비추면 전체가 성인의 마음이니 어느 곳인들 불법이 아니겠는가."

비록 어리석어 하는 일마다 도리에 어긋난다 할지라도, 그 도리에 어긋나는 어리석은 일마저 어리석은 자의 어리석은 생각에 상응해주는 진여자성의 오묘한 지혜작용이고 질서 법칙이지 다른 것이 아니다. 그러므로 범부가 어리석은 업을 태산같이 짓더라도 이 또한 법성삼매에서 한 발짝도 벗어난 것이 아니지만, 어리석은 범부는 자기의 일거수 일투족과 일체의 심식 활동이 모두 법성삼매인 줄을 알지못하므로 어리석은 업을 신구의(身口意)에 달고 다니는 것이다. 알지니, 세계와 삼라만상을 움직이는 절대적인 힘과 원리, 그리고 그속에 담겨있는 지혜와 법칙과 향상의 정신은 남김없이 진여공의 체 · 용밖에 다른 것이 아니다. 부처와 범부가 다른 것은 근본이 다른 것이 아니고, 다만 금시인이 다를 뿐이다. 금시인이 진여자성을 깨달으면 부처이고, 금시인이 진여자성을 개닫지 못하면 범부이지만, 하나의 진여자성은 부처와 범부와 일체법에 두루하는 절대성, 보편성으로 따로따로가 아니다.

이러한 진여자성의 이치를 승조(僧肇) 스님은 '움직이지만 항상 고요하다[動而常靜].' 라고 표현하는데, 이것은 텅 비었지만 항상 작용하고[空而常用], 작용하지만 항상 텅 비었다[用而常空]는 것을 말한다.

대주혜해 스님은 자성의 지혜작용을 견성상(見性常)이라고 하였는데, 『자성의 보는 성품』은 대상의 유무에 집착하지 아니하고 언제나 밝게 법계 전체를 낱낱이 스스로 보고 스스로 아는 것을 말한다.

『법화경』에 이르기를 '제법은 본래부터 항상 스스로 적멸한 상' 이라 하였다. 그러므로 고덕(古德)이 이르기를 '작용하는즉 알되 항상 고요하고, 작용하지 않는 즉 고요하지만 항상 알아서 바야흐로 오묘한 깨달음에 계합하니 그러므로 일체법이라 이름하도다.' 하였다. 그러므로 <일체법을 연하여 진여를 보는 혜안>은 각별 하여야 하는 것이다.

세존께서 '일체법이란 곧 일체법이 아니니, 그러므로 일체법이라고 이름하느니라.' 하신 것도 일체법의 참모습은 글귀와 생각을 떠난 적멸의 상임을 말씀하신 것으로 『법화경』에서 말씀하신 것과 같다.

신심명에서 말했다.

> 하나의 공은 양변에 동일하니 삼라만상을 가지런히
> 함용하도다
> **一空同兩 齊含萬象** 일공동양 제함만상

본문

"수보리여, 비유하자면 사람의 몸이 장대하다고 하는 것과 같느니라."

"세존이시여, 여래께서 사람의 몸이 장대하다고 설하신 것은 곧 장대한 몸이 아니라, 그 이름이 장대한 몸이옵니다."

"수보리여, 보살도 또한 이와 같나니, 만약 '내가 마땅히 무량한 중생을 제도하리라.' 고 이렇게 말한다면, 곧 보살이라고 이름하지 않느니라.

무슨 까닭인가? 수보리여, 실로 보살이라고 이름할 법이 없기 때문이니라. 그러므로 부처님이 '일체법은 아도 없고, 인도 없고, 중생도 없고, 수자도 없다.' 고 설하시느니라.

수보리여, 만약 보살이 '내가 마땅히 불국토를 장엄하리라.' 고 이렇게 말한다면, 이는 보살이라고 이름하지 않느니라.

무슨 까닭인가? 여래가 불국토를 장엄한다고 말한 것은 곧 장엄이 아니고, 그 이름이 장엄이기 때문이니라.

수보리여, 만약 보살이 무아의 법을 통달한 자이면, 여래는 보살을 참다운 보살이라고 이름하느니라."

수보리 비여인신장대 수보리언 세존 여래설인신장대
須菩提 譬如人身長大 須菩提言 世尊 如來說人身長大

즉위비대신 시명대신 수보리 보살역여시 약작시언 아당멸도
卽爲非大身 是名大身 須菩提 菩薩亦如是 若作是言 我當滅度

무량중생 즉불명보살 하이고 수보리 실무유법 명위보살
無量衆生 卽不名菩薩 何以故 須菩提 實無有法 名爲菩薩

시고 불설일체법 무아무인무중생무수자 수보리 약보살
是故 佛說一切法 無我無人無衆生無壽者 須菩提 若菩薩

작시언 아당장엄불토 시불명보살
作是言 我當莊嚴佛土 是不名菩薩

하이고 여래설장엄불토자 즉비장엄 시명장엄 수보리 약
何以故 如來說莊嚴佛土者 卽非莊嚴 是名莊嚴 須菩提 若

보살 통달무아법자 여래설명진시보살
菩薩 通達無我法者 如來說名眞是菩薩

본문 주해

세존께서 '사람 몸이 장대하다.' 라고 하신 것은 색신의 몸을 말한 것이 아니라 실상을 말씀하신 것이다.

옛분이 말했다.

이 몸은 한량이 없고, 끝과 겉이 없고, 한 물건도 그것과 견줄 수 없으며, 한 물건도 능히 그것을 덮을 수 없으니, 설사 크기가 수미산과 같다고 해도 이미 그것을 국한시켜 버린 것이며, 그 양이 큰 허공과 같다 해도 역시 그것을 국한시켜 버린 것이니라. 무엇 때문에 몸이 아니라고 말하는가. 본래 이 존귀한 사람은 존귀한 지위에도 머물지 않으니 수미산 꼭대기에서 찾아도 만날 수 없다. 향기로운 풀 언덕에서 혹 서로 만나도다.

'그 이름을 큰 몸이라 한다.' 함이여, 사람들을 특별히 서글프게 하나니, 마갈타에서는 일찍이 문을 닫아 보였고, 비야리에서는 입을 벽에 걸어 보였다.

세존께서 장대한 몸이라고 하시는 것은 온 우주가 이것 하나인 진여의 체를 말한 것이다. 그러나 범부는 진신(眞身)을 형상으로 보고, 생각으로 헤아려 알려고 하므로 그것을 눌리치기 위해 몸이 아니라 하신 것이다. 그러므로 장대한 몸을 진실로 보려면 색신에 막히지 않는 혜안이 있어야만 실상무상의 장대한 부처님 몸을 볼 수 있게 된다.

한 스님이 대주 스님에게 물었다.

"어떤 것이 부처님의 참된 몸을 보는 것입니까?"

"있음과 없음을 보지 아니하는 것이 부처님의 참된 몸을 보는 것이니라."

"어째서 있음과 없음을 보지 않아야 부처님의 참된 몸을 보는 것입니까?"

"있음은 없음으로 인해서, 없음은 있음으로 인해서 나타나느니라, 본래 있음을 세우지 아니하면 없음도 또한 존재하지 아니하니, 이미 없음이 존재하지 않는데 있음을 어디서 얻을 수 있으리오. 있음과 없음이 서로 인해서 비로소 있으니, 이미 서로 인해서 있으므로 모두가 생멸인 것이니라. 다만 이 두 견해를 떠나면, 곧 부처님의 참된 몸을 보는 것이니라."

"단지 있음과 없음도 오히려 서로 건립하지 못하거늘 부처님의 진신(眞身)이 다시 무엇을 좇아서 설 수 있습니까?"

"물음이 있기 때문이니, 만약 묻지 않을 때엔 진신의 이름도 서지 못하느니라. 왜냐하면 밝은 거울에 물건의 모양을 대할 때는 모양이 나타나지만, 물건을 대하지 않을 때는 마침내 모양을 볼 수 없는 것과 같느니라."

남악회양(南嶽懷讓) 선사가 6조를 뵙자, 6조께서 물었다.

"어디에서 왔는가?"

"숭산에서 왔습니다."
"이 어떤 물건이 이렇게 왔는가?"
"한 물건이라 말해도 맞지 않습니다."

그러므로 제법의 실상을 보는 깨달은 자는 부질없는 이름들이 법계에 가득한 것을 본다. '중생을 제도한다.'는 것과 '불국토를 장엄한다.'는 것도 또한 일진법계(一眞法界)의 진공을 통달하지 못한 자가 상에 집착하여 일으킨 망념일 뿐이다.

살바야(薩婆若 : 일체지)를 얻어 만법의 실상을 보는 참다운 보살은 부처와 중생, 불토와 예토(穢土)를 취사하여 분별할 줄 모른다. 왜냐하면 마음에 무명으로 생긴 양반(兩般)이 없어서 망령된 분별을 하지 않기 때문이다. 일체를 평등하게 보되, 그 가운데에서 분별을 잘하니, 이것은 생각으로 그러한 것이 아니고, 진여자성 스스로 알고 스스로 볼 줄 아는 능력에 의한 것이다. 그리하여 자성으로 중생을 교화하고, 불국토를 장엄하므로 중생을 교화한다는 생각이 없고 불국토를 장엄한다는 생각도 없다.

일체의 상을 보지 않는 가운데 일진본체의 지혜와 향상정신이 가없는 자비공덕으로 중생을 교화하고, 국토를 장엄하되 함이 없는 것, 이것이 보살의 교화이고 장엄이다.

'무아의 법'이란 일체의 법에 실체가 없는 것을 말한다. 인무아(人無我)란 사람은 실체가 없으며, 다만 인연의 화합으로 임시로 생성된 것을 말하고, 법무아(法無我)는 일체의 법 또한 그 실체가 없음을 말하는 것이다. 그러므로 반야바라밀을 행하는 보살은 인(人)은 인으로서의 실체가 없음을 알고, 법(法)은 법으로서의 실체가 없음을 안다. 인·법(人法)이 공하여 얻을 법이 없음을 알고, 무소득의 청정한 마음으로 사물의 속박으로부터 벗어나 중도를 행하게 되는 것이다. 무아의 법에 통달한 보살은 4상이 없으므로 모든 법상에 걸리는 바가 없어 자연히 자성공덕이 발현하게 되어 부처님의 참뜻을 실현하게 된다.

안으로는 오온이 있음을 보지 않으며, 밖으로는 법이 있음을 보지 않으니, 그러면 어떻게 되는가?

아(我)도 공이고, 법(法)도 공이고, 우주가 하나의 공인데, 목전의 형형색색은 조화롭기 한량없고, 바라보는 눈빛은 누구의 대명주(大明呪)인가?

분별을 떠나 혜안을 열면, 인과 법은 본래 여여한 실상진공이다. 인과 법의 실상을 깨달으면 수기가 허망하지 않으니, 수기의 참뜻은 글귀에 있는 것이 아니고, 자기속의 일진체(一眞體)를 깨달아 그 주인공이 되고, 이것의 지혜와 공덕을 일으켜써서 가없는 중생을 구제하리라는 기별(記別)을 받는 것이다.

동산(洞山) 스님의 몸이 불편할 때에 한 스님이 물었다.

"스님께서 병이 나셨는데, 도리어 병이 나지 않은 이가 있습니까?"

"있느니라."

"그 병나지 않은 이가 또한 스님을 보살핍니까?"

"노승이 그를 보살필 몫이 있느니라."

"스님께서 그를 보살필 때는 어떻습니까?"

"병이 있음을 보지 못하느니라."

학인이 '그 병나지 않은 이가 스님을 보살핍니까?' 라고 한 것은 4대 5음을 애지중지하는 중생의 허망한 생각을 들추어 드러내 보임으로써, '참자기' · '본래인'을 밝히고자 함이다. 이 학인이 이와 같이 질문을 이끌어 갈 수 있는 것은 학인의 안목과 기봉이 예사롭지 않음을 보여 주고 있는 것이다.

동산 스님이 '노승이 그를 보살필 몫이 있다.' 라는 것은 반야바라밀을 말한다. 항상 청정한 마음, 무심을 우러러 호지(護持)함을 말한다. 항상 소중히 받들어 일념도 불생하는 청정 무소득심으로 전념과 후념을 한결같이 이어가 양변을 아득히 벗어나면, 사물에 구애되지 않는다. 그래야만 본체의 신령스러운 지혜와 힘이 금시의 심신(心身)에서 광명을 발하게 되는 것이다.

동산 스님이 '병 있는 것을 보지 못한다.' 라고 한 것은 맑고 고요한 진여본체를 말한 것이다. 탁 트여서 한 터럭의 지푸라기도 찾을수가 없고, 일념도 불생이어서 한 생각도 없으니, 어디에 병과 생사가 붙을 수 있으며, 무슨 생각 있어서 상(相)이 날 것인가?

처음 동산 스님이 '있느니라.' 한 것은 있음과 없음의 양변 속에 있는 범부를 위해 방편으로 '있다.' 한 것이니 부득이 억지 소리를 한 것이다. 또 '노승이 그를 보살펴야 한다.'는 것은 항상 자기의 내면을 향하여 살피고 단속할 뿐 바깥으로 경계를 좇아 상에 집착하지 말 것을 말한 것이다. 4대 5음은 여여한 본체일 뿐 별개의 실체가 아니다. '병 있는 것을 보지 않는다.' 라고 한 것도 일진본체(一眞本體)진공을 철증한 혜안으로 보는 실상이다. 평생의 행리(行履)에서 얻은 힘이 천화(遷化)에 임하여도 지극한 반야바라밀을 행하고 있다.

동산 스님이 학인에게 다시 묻기를

"이 빈 껍데기인 유루(有漏)의 몸뚱이를 여의고, 어디서 나를 보겠는가?"

그 학인이 대답하지 못하자 게송을 읊었다.

학인이 비록 많으나 하나도 깨달은 이가 없으니
잘못은 그것을 찾아 혀끝으로 헤매는 데 있도다
형상도 잊고 종적도 없애고자 한다면
노력하여 정성껏 공 가운데를 걸을지니라

이렇게 송을 짓고 대중에게 하직을 고하자, 대중들이 대성통곡을 하므로 다시 눈을 뜨고 우치재(愚痴齋)를 지낸 7일 후에 하직하고 앉은 채로 입적했다.

대각사의 법경(法慶) 선사는 불국백(佛國白) 선사의 법을 이었다. 하루는 시자가 동산록을 읽다가 동산 스님이 우치재를 지냈다는 대목에 이르러 '옛분은 매우 특이했습니다.' 라고 하자 대각 스님이 이르되 '내가 입적하거든 그대는 나를 불러 보아라. 만일 내가 다시 돌아오면 도력이 있었음을 알라.' 하였다. 그 뒤에 대각 스님은 스스로 죽을날을 미리 알고 게송을 읊기를

금년 5월 초닷새 날에
4대는 주인을 떠나리니
백골은 바람결에 날려 보내고
시주들의 묘터를 차지하지 않게 하라

하고는 앉아서 입적했다. 시자가 문득 전에 대각 스님이 '내가 죽거든 다시 불러 보거라.' 고 했던 말을 기억해 내고 대각 스님의

시신을 향해 세 마디를 부르니, 죽었던 대각 스님이 '왜 그러느냐?' 하고 대답했다. 대각 스님이 알몸과 맨발로 걸어가므로 시자가 '어찌하여 알몸에 맨발로 떠나십니까?' 하니 '올 때는 무엇을 입었더냐?' 하면서 시자가 옷을 입혀 드리려고 해도 다른 사람들에게 주라 하였다. 시자가 '바로 이럴 때는 어떠합니까?' 하고 묻자 '다만 이러하니라.' 하고는 다시 게송 한 수를 지었다.

73년이 마치 번개치듯 지나가
떠나는 길에 그대 위해 한 가닥 길을 통해 주노라
무쇠소가 훌쩍 뛰어 신라를 지나고
허공을 쳐서 부수니 일곱 여덟 조각이라

'무쇠소가 훌쩍뛰어..., 허공을 쳐서 부수니...' 하는 구절은 생사를 벗어나 있는 자기속의 부처인 진여의 오묘한 체 · 용을 말하고 있다. 여기는 2변적 논리 밖의 경지이다.

원오 스님이 말했다

"동산 스님은 병들지 않는 이를 알았고, 대각 스님은 죽지 않는 근본을 알았던 바, 이것은 두 분 노숙께서 가고 옴에 자유로웠기 때문이니라."

18. 한 몸으로 같게 봄[一體同觀分]

본문

"수보리여, 어떻게 생각하느냐? 여래는 육안(肉眼)이 있느냐?"
"그러하옵니다. 세존이시여, 여래께서는 육안이 있사옵니다."
"수보리여, 어떻게 생각하느냐? 여래는 천안(天眼)이 있느냐?"
"그러하옵니다. 세존이시여, 여래께서는 천안이 있사옵니다."
"수보리여, 어떻게 생각하느냐? 여래는 혜안(慧眼)이 있느냐?"
"그러하옵니다. 세존이시여, 여래께서는 혜안이 있사옵니다."
"수보리여, 어떻게 생각하느냐? 여래는 법안(法眼)이 있느냐?"
"그러하옵니다. 세존이시여, 여래께서는 법안이 있사옵니다."
"수보리여, 어떻게 생각하느냐? 여래는 불안(佛眼)이 있느냐?"
"그러하옵니다. 세존이시여, 여래께서는 불안이 있사옵니다."

수보리 어의운하 여래유육안부 여시세존 여래유육안
須菩提 於意云何 如來有肉眼不 如是世尊 如來有肉眼

수보리 어의운하 여래유천안부 여시세존 여래유천안
須菩提 於意云何 如來有天眼不 如是世尊 如來有天眼

수보리 어의운하 여래유혜안부 여시세존 여래유혜안
須菩提 於意云何 如來有慧眼不 如是世尊 如來有慧眼

수보리 어의운하 여래유법안부 여시세존 여래유법안
須菩提 於意云何 如來有法眼不 如是世尊 如來有法眼

수보리 어의운하 여래유불안부 여시세존 여래유불안
須菩提 於意云何 如來有佛眼不 如是世尊 如來有佛眼

낱말의 뜻

· 오안(五眼) : 육안(肉眼), 천안(天眼), 혜안(慧眼), 법안(法眼), 불안(佛眼)의 다섯 가지 눈의 능력. 육안은 가시적 물질을 보는 범부의 눈.

천안은 가시적 물질과 가시적 물질은 아니라도 인과의 원리에 의해 이루어진 가상적(假象的)인 것도 볼 수 있는 천인(天人)의 눈, 그러나 본체계를 보지 못하므로 공을 볼 수는 없다.

혜안은 법의 실상인 공은 보지만, 중생을 이익되게 하는 도리를 모르는 2승의 눈이다.

법안은 현상계와 본질계를 모두 분명하게 비추어 보지만, 중생을 두루 이익되게 하는 불타의 방편도가 없다.

불안은 모든 것을 보고 모든 것을 다 아는 부처의 눈으로 부처는 5안을 모두 구족한다.

『대품반야경』에서는 5안을 다음과 같이 설명한다.

육안(肉眼)은 가까운 것은 보고 먼 것은 보지 못하며, 앞은 보고 뒤는 보지 못하며, 밖은 보고 안은 보지 못하며, 낮에는 보고 밤에는 보지 못하며, 위는 보고 아래는 보지 못한다.
천안(天眼)을 얻으면 멀고 가까운 것을 모두 보며, 앞과 뒤, 낮과 밤, 위와 아래를 남김없이 모두 본다. 이 천안은 인연의 화합으로 생긴 물체는 보지만 실상은 보지 못한다.
예컨대 공(空), 무상(無相), 무작(無作), 무생(無生), 무멸(無滅)을 보지 못한다.
혜안(慧眼)을 얻으면 일이(一異)의 상을 멸하고, 모든 집착을 버리고 떠나서 일체법이 멸한다.
그러나 혜안은 중생을 제도할 수 없다. 왜냐하면 분별하는 바가 없기 때문이다. 법안(法眼)은 이사(理事)의 도리를 분명하게 알고 이로써 중생을 깨달음으로 이끌수 있는 지혜를 갖추었다.
그러나 법안은 두루 중생을 제도하는 방편도를 알지 못한다.
불안(佛眼)은 사(事)로써 알지 못하는 것이 없고 가려진 장애가 은밀하다 하더라도 보고 알지 못하는 바가 없다. 다른 사람에게 있어서는 아주 먼 것도 부처님에게 있어서는 지극히 가까우며, 다른 사람에게는 깊고 어두운 것도 부처님에게는 또렷하고 밝으며, 다른 사람에게는 의심스러운 것도 부처님에게는 미세하지 않으며, 다른 사람에게는 매우 깊은 것도 부처님에게는 매우 얕다.
불안은 사(事)로써 듣지 못하는 바가 없으며, 사로써 보지 못하는 바가 없으며, 사로써 알지 못하는 바가 없으며, 사로써 어려운 것이 없다. 일체법 가운데서 불안은 항상 밝게 빛난다.

본문 주해

육안이 곧 불안이다. 육안은 천안에 통하고, 천안은 혜안에 통하고, 혜안은 법안에 통하고, 법안은 불안에 통한다. 그러나 서로 통하지 못한 채, 원래 하나이던 불안이 이처럼 여러 개의 눈으로 갈라진 것은 오로지 마음의 무명으로 말미암아 그렇게 된 것이다.

본래 자성여래의 눈은 스스로 자견(自見), 자지(自知)하여 보지 못하는 것이 없고, 알지 못하는 것이 없지만, 마음의 탐진치악견 등이 허망한 상을 지어 취사하기 때문에 본래의 청정한 눈이 막혀 버리게 되는 것이다. 그러므로 5안은 곧 진여자성을 덮고 있는 염심의 정도를 말하는 것이다. 미세한 염심이 아직 다하지 않은 것이 법안이고, 염심의 장애가 심히 깊은 것이 육안이다. 불안은 이러한 염심을 말끔히 제거하여 마음이 청정해져서 자성여래의 본래적 광명이 걸림 없이 비추는 것을 말한다. 부처님이 5안을 모두 갖추었다는 것은 사물의 실상인 진공을 봄과 동시에 차별상을 미세한 부분까지 낱낱이 볼 수 있음을 말한다. 5안을 두루 구족한다는 것은 반야바라밀의 완성을 의미한다. 자성여래를 작용하여, 보고 듣고 행하는 것을 말한다. 자성여래로 하여금 무한한 지혜와 신통을 내고, 공덕을 베풀도록 하기 위해서는 염오의 마음을 닦아 주지 않으면 안 된다. 그렇지 않으면 번뇌가 마음창을 가려서 오묘한 작용을 낼 수가 없기 때문이다. 마음을 닦아준다고 해서 마음을 써서 마음을 닦아주려고 해서는 잘못된다. 왜냐하면 마음을 쓰는 것이 또 다른 마음이어서 더욱더 자성여래를 가리게 되기 때문이다. 마음을 제대로 닦아 주는 것은 직하(直下)에 무심이 되는 것이다. 직하에 무심이 되면 자성여래가 원만하게 비출 수가 있다. 자성여래가 원만하게 비추면서 스스로 보고, 스스로 아는 것이 곧 불안인 것이다.

한 스님이 대주 스님에게 물었다.

“여래의 다섯 가지 눈이란 어떤 것입니까?”

“색의 청정함을 보는 것이 육안이요, 색의 본체의 청정함을 보는 것이 천안이요, 모든 색의 경계 내지 선악에 대해서 미세하게 분별하여 물들지 않고, 그 가운데에서 자재함이 혜안이요, 보아도 보는 바가 없음이 법안이요, 보는 것이 없고, 보는 것이 없음도 없는 것이 불안이라고 하느니라.”

대주 스님의 말은 육안과 불안이 본래로 차별이 없음을 말하고 있다. 본래 사람의 눈은 그대로 부처의 눈이라는 점을 강조하고 있다.

도천 선사가 게송을 읊었다.

여래는 5안을 갖고 있지만
장삼(張三)은 단지 한 쌍 뿐이네
한 가지로 흑과 백을 구분하고
분명하게 청과 황을 분별하도다
그 사이에 조금 획이 다른 곳이 있으니
6월 염천에 눈서리가 내리도다

如來有五眼 여래유오안
張三只一雙 장삼지일쌍
一般分皀白 일반분조백
的的別靑黃 적적별청황
其間些子爻訛處 기간사자효와처
六月炎天下雪霜 유월염천하설상

범부의 한 쌍 육안이 그대로 여래의 5안중 하나임을 말하고 있다. '6월 염천에 눈서리가 내린다.' 라는 것은 2변적인 앎의 틀을 벗어나야 한다는 것을 말하고 있다. 사람들은 6월 염천에 서리가 내린다고 하면 그것을 용납하지 못한다. 자신의 앎이 그것을 받아들이지 않기 때문이다. 이글거리는 6월 염천에 눈이 올 수 없다는 범부의 사고의 틀에, 사람들은 꽁꽁 묶여 있다. 실상을 보지 못하는 어두운 눈으로 오로지 형상만으로 분별된 앎과 지식은 '참' 일 수가 없는 것이다. 이 앎을 벗어 던지지 않으면, 자성여래의 현묘한 신통묘용이 나오지 않는다. 이 사고의 틀을 벗어 던질 때, 범부의 육안 그대로 여래의 5안을 구족하게 되는 것이다.

범부의 앎과 사고의 틀은 국소적, 현상적으로 인식된 지말법을 토대로 구축되었고, 이것은 뒤집힌 망상의 근본인 바 이로부터 온갖 가애(罣礙)가 생기기 때문이다.

이른바 합리주의 라는 것도 '형상' 과 '국소' 에 집착하여 형성된 2변적 사고를 토대로 하므로 궁극적 진리에서 볼 때 '바른 소견' 이 아닌 것이다.

본문

"수보리여, 어떻게 생각하느냐? 항하 가운데 있는 모래를 부처님이 모래라 설하였느냐?"

"그러하옵니다. 세존이시여, 여래께서는 이 모래를 설하셨습니다."

"수보리여, 어떻게 생각하느냐? 하나의 항하에 있는 모래와 같은, 이와 같은 모래 숫자만큼의 항하가 있고, 이 모든 항하에 있는 모래 숫자만큼 부처님 세계라면, 이와 같은 것은 얼마나 많다 하겠느냐?"

"매우 많사옵니다. 세존이시여."

부처님께서 수보리에게 이르셨다.

"저 국토 가운데 있는 중생들의 갖가지 종류의 마음을 여래는 다 아느니라. 무슨 까닭인가? 여래가 설한 모든 마음이란 모두가 마음이 아니고, 그 이름이 마음이기 때문이니라. 그 까닭은 무엇인가?

수보리여, 과거의 마음은 얻을 수가 없고, 현재의 마음도 얻을 수가 없으며, 미래의 마음도 얻을 수가 없기 때문이니라."

수보리 어의운하 여항하중소유사 불설시사부 여시세
須菩提 於意云何 如恒河中所有沙 佛說是沙不 如是世

존 여래설시사 수보리 어의운하 여일항하중소유사
尊 如來說是沙 須菩提 於意云何 如一恒河中所有沙

유여시사등항하 시제항하 소유사수 불세계
有如是沙等恒河 是諸恒河 所有沙數 佛世界

여시영위다부 심다세존
如是寧爲多不 甚多世尊

불고 수보리 이소국토중 소유중생 약간종심 여래실지
佛故 須菩提 爾所國土中 所有衆生 若干種心 如來悉知

하이고 여래설제심 개위비심 시명위심 소이자하 수보
何以故 如來說諸心 皆爲非心 是名爲心 所以者何 須菩

리 과거심불가득 현재심불가득 미래심불가득
提 過去心不可得 現在心不可得 未來心不可得

본문 주해

먼저 항하의 모래를 말씀하시고, 다시 그 모래 수만큼의 항하를 말씀하시고, 또다시 그 모든 항하의 모래 수를 말씀하심으로써 한량 없이 많은 숫자를 상기시킨 다음, 그 만큼의 불국토에 있는 중생들의 갖가지 번뇌망상이 무한하게 많다는 것을 비유로써 말씀하셨다.

부처님께서 '저 국토 가운데 있는 중생의 갖가지 마음을 모두 다 아신다.'고 하셨는데, 어떻게 한량없는 중생들의 마음을 모두 다 아신다고 하시는가? 부처님은 일진법계체로 일합(一合)하신 분이다. 그 체는 법계에 가득하여 없는 곳이 없다. 진공무상의 일진법계가 그대로 전부 부처님의 눈이고 손이고 몸이다. 그러므로 법계 가득히 부처님의 눈이어서 항상 보고 항상 아신다. 단 하나의 사물도 놓치지 않고 다 보고, 알며 또 일일히 상응하신다. 하나의 사물에 상응하실 때도 전체적인 계획과 원리로 응하신다. 이것을 혜해스님은 견성상(見性常)이라 한다. 모든 사물의 근본을 꿰뚫어 볼 뿐만 아니라, 현상적인 차별상 하나하나까지 놓치지 않고 다 보신다. 중생의 갖가지 마음을 모두 다 아신다 하는 것도 그 중생심의 체가 진여자성이기 때문이며, 그 생멸하는 갖가지 중생심도 중생의 갖가지 애탐과 집착에 상응해 주는 진여자성의 지혜작용이기 때문이다. 그러므로 부처님께서는 '여래가 설한 모든 마음이란 모두가 마음이 아니고, 그 이름이 마음이니라.'라고 하신 것이다.

중생심의 실체에 대해서 옛분이 말했다.

'신령스러운 근원은 맑고 고요해서 본래 스스로 남이 없거늘 한 생각 파도가 일어남에 뭇 망상이 다투어 일어나느니라. 파도(일령임)는 호수(잔잔함)의 성품이 아니고, 망상은 참된 근원이 아니다. 이것을 가히 허망한 뜬 마음이라 하느니라. 또 앞생각, 지금생각, 뒷생각이 생각생각에 한량없이 좋은 일을 생각하며, 한량없이 악한 일을 생각하여 생각생각에 달라지며, 흘러서 일어나고 멸함이 그치지 아니하나니, 이같은 무리의 마음을 '모든 마음'이라 함이요, 이 모든 마음은 찰나에도 나는 모양이 없으며, 찰나에도 멸하는 모양이 없으니, 다시 가히 멸할 생멸이 없는 바, 이것을 '마음이 아니다.' 라고 한 것이요, 이미 가히 멸할 생멸이 없음이라. 오직 하나의 원만하고 오묘한 진심이 상주불멸이어서 이를 마음이라 하느니라. 이 까닭에 『불정경(佛頂經)』에 이르되 봄(見)과 봄의 연(緣)과 아울러 생각하는 상이 허공 중의 꽃과 같아서 본래 있는 것이 아니니, 이 봄(見)과 봄의 연(緣)이 원래 보리의 오묘한 정명체(精明體)라 하시니라.'

대주 스님이 말했다.

'다만 생각을 공하게 하면 곧 집착할 곳이 없으니, 네가 만약 머무는 바 없는 마음을 분명하고 밝게 알려고 하면, 다만 마음을 알고 모든 사물을 생각하여 헤아리지 말며, 모든 선악을 모두 생각하여 헤아리지 말라.

과거의 일은 이미 지나가 버렸으니 생각하여 헤아리지 않으면 과거의 마음이 스스로 끊어질 것이니, 곧 과거의 일이 없다고 할 것이요.

미래의 일은 아직 다가오지 않았으니 원하지 않고, 구하지도 않으면 미래의 마음이 스스로 끊어질 것이니, 곧 미래의 일이 없다고 할 것이요.

현재의 일은 현재의 일체의 일에 집착함이 없음을 알 뿐이니, 집착이 없다 함은 사랑하고 미워하는 마음을 일으키지 않는 것을 곧 집착함이 없다고 하느니라. 현재의 마음이 스스로 끊어지면, 곧 현재의 일이 없다고 할 것이다. 삼세를 거두어 모을 수 없음이 또한 삼세가 없다고 말하는 것이니라.

만약 마음이 일어날 때 따라가지 않으면, 가는 마음이 스스로 끊어져 없어질 것이요, 만약 마음이 머물 때에 또한 머무름에 따르지 않으면, 머무는 마음이 스스로 끊어져서 머무는 마음이 없어질 것이니, 이것을 머무는 곳이 없는 곳에 머문다고 하느니라.'

법은 모두 마음의 허물로 인하여 생긴 것이다. 마음에 집착이 있어서 사물을 가려 선택함이 곧 마음의 허물이며, 이러한 마음의 허물로 말미암아 법이 생긴다. 만약 마음의 허물이 없으면 따라서 법도 없다. 『마음의 허물은 곧 마음의 남[生]이며, 마음의 남[生]은 반드시 마음의 멸(滅)을 부르는 바, 그러므로 마음의 생멸이 있고 마음의 생멸은 곧 과거심, 현재심, 미래심이다. 만약 마음에 허물이 없으면, 마음의 남[生]도 없고, 멸도 없어서 마음이라 할 것도 없다.』 왜냐하면 마음에 생멸이 없으면 생각을 떠났으니, 생각을 떠나면 '마음'이라는 이름 또한 굳이 세울 필요가 없기 때문이다. 과거, 현재, 미래도 없고, 마음이라 할 것도 없는, 이름과 생각을 떠난 곳에서 불가지(不可知)의 정명본체가 흐른다.

만약 마음이 진실로 반야바라밀을 행한 까닭에 온 우주 속을 샅샅이 뒤져 보아도 붙잡을 것이라고는 한 터럭, 한 실오라기도 없음을 안다면, 마음이 가서 머물 곳이 어디에 있으며, 무엇이 있어서 마음이 상을 취할 것인가? 어리석은 범부도 진여자성의 모습이고, 범부의 간단(間斷)없는 심식도 진여자성이 움직이는 작용이며, 범부가 인식한 경계 또한 진여자성이기 때문에 광활한 우주가 또한 하나의 몸일 뿐 다른 무엇도 섞인 것이 없다. 그리하여 이 하나의 몸이 무념 · 무주의 본래 성품으로 온갖 원인과 조건에 상응하는 모습으로 우리들 안에서, 그리고 우리들의 목전에서 전개되고 있는 것이다. 일진본체는 힘의 주인이고 지혜의 근원이므로, 이 본체를 떠나서는 우주만물 어느 것도 한 발짝도 움직일 수가 없다. 사람이 가고 오는 것도, 바람이 불고 새가 우는 것도 저 스스로 그렇게 할 수 있는 것이 아니다. 맑고 고요하고 텅빈 가운데 모르는 것이 없는 이것이 나와 너와 우주의 몸이고 정신이고 동력이고 근본이다.

그 곳으로 돌아가는 것이 반야바라밀이고, 이 반야바라밀로써 생사와 고뇌를 벗어나고 중생을 교화하면서 향상의 일로(一路) 위를 끝없이 가는 것이다.

신심명에서 말했다.

> 한마음도 나지 않으면
> 만법에 허물이 없느니라.
> **一心不生　　일심불생**
> **萬法無咎　　만법무구**

참뜻의 귀착처는 진여자성의 무념 · 무주이어서, 생각생각에 생멸이 없고 전념과 후념이 한결같이 이어지나니, 곧 청정한 공심(空心)이다. 그리하여 일념이 곧 만년이라 과거도, 현재도, 미래도 아니다.

과거심은 태어났다고 하고, 현재심은 살고 있다고 하며, 미래심은 언젠가는 죽을 것이라고 한다. 그러나 일진본체와 자성은 태어남도 아니고 멸함도 아니다. 태어나고 죽는 것은 색신분상(色身分上)의 변천이고, 마음이 근본을 잃고 지말법인 색신에 매달릴 때 과거, 현재, 미래가 있고, 태어남과 삶과 죽음이 있는 것이다.

부처님께서 말씀하셨다.

'마음은 머무는 곳이 없어서 안과 밖, 그리고 중간에도 있지 않느니라. 마음은 색상이 없어서 청황적백(靑黃赤白)이 아니니라. 마음은 조작이 없으니, 조작하는 자가 없기 때문이니라. 마음은 허깨비가 아니니 본래 진실이기 때문이니라. 마음은 가와 끝[邊際]이 없으니 한정된 양이 아니기 때문이니라. 마음은 취사가 없으니 선악이 아니기 때문이니라. 마음은 구르고 변함이 없으니 생멸이 아니기 때문이니라. 마음은 허공과 같으니 장애가 없기 때문이니라. 마음은 더럽거나 깨끗함도 아니니 일체의 헤아림을 떠났기 때문이니라. 선남자야, 이와 같이 관하면 곧 일체법 가운데에서 마음을 구하여도 얻을 수가 없나니, 무슨 까닭인가? 마음의 자성은 곧 모든 법의 성품이며, 모든 법의 성품이 공한 것이 곧 진실한 성품이기 때문이니라.'

도천 선사가 게송을 읊었다.

삼제(三際)에 마음을 구하여도 마음을 볼 수 없으나
두 눈은 예전처럼 두 눈을 마주하도다
모름지기 잃어버린 칼을 뱃전에 표시하여 찾지 말지니
눈과 달과 바람과 꽃에서 항상 만나 보리라

三際求心心不見　삼제구심심불견
兩眼依前對兩眼　양안의전대양안

不須遺劍刻舟尋 불수유검각주심
雪月風花常見面 설월풍화상견면

찾으려면 찾을 수 없고 구하려고 하면 구할 수가 없지만, 온갖 사물 속에서 그 눈빛 형형(瑩瑩)도 하다.

눈 닿는 것마다 귀에 들리는 것마다 이것 아닌 것 없고, 그것을 보고, 듣는 이것 또한 같은 집안 소식이다.

오직 간절한 한 마디는 생멸심으로 알려고 하지 말라는 것이다. '잃어버린 칼'은 잃어버린 참자기이다. '뱃전에 각인하여 표시한다.'는 것은 상대적인 지견 즉 양변으로 알려고 하는 것을 말한다.

운암(雲巖) 스님이 도오(道吾) 스님에게 물었다.

"대비보살의 수많은 손과 눈은 어디에 씁니까?"

"어떤 사람이 밤에 잠을 자다가 잠결에 손을 뻗어 베개를 더듬어 찾는 것과 같느니라."

"저는 알았습니다."

"그대는 어떻게 알았는가?"

"몸이 두루한 손과 눈입니다."

"이르기는 대단하게 일렀으나 8분밖에 되지 않는다."

"사형은 어떻습니까?"

"온몸이 통째로 손과 눈이니라."

잠결에 손을 뻗어 베개를 더듬어 찾는 것은 누구의 신통인가? 바람은 날아가다가 산이 막히면 비껴서 갈 줄 알고, 계곡물은 흘러서 바다에 이를 줄을 안다. 개미는 땅속에다 정묘하게 집을 지을 줄 알고, 홍수가 올 것을 미리 안다. 나비는 꽃을 옮겨 다니면서 내년 봄에 꽃이 다시 필 것을 도모해 주고, 사자는 새끼를 벼랑 아래로 떨어뜨려 강자(强者)의 대를 잇게 한다.

눈이 보이지 않는 사람은 소리로서 사물을 보고, 귀가 들리지 않는 사람은 손가락 끝으로 소리를 듣는다. 무엇이 이와 같이 보고 들으며 또 적절하게 대처하면서 조화를 이루어 갈 줄 아는가?

우주법계 속의 무량아승지 사물과 천변만화를 한순간에 보고 알아 운용하는 그 당체는 누구인가?

『능엄경』에 이르기를 '8만 4천의 청정한 눈과 8만 4천의 모다라(牟陀羅 : 계약의 표시인 印. 손으로 나타낸 것이 手印이다) 팔과 8만 4천의 청정한 머리가 있다.' 고 하는데, 보이지 않는 손에 의해 절묘하게 장엄되고 있는 법계의 주재자를 의미한다. 이 주재자는 얻을 수가 없다. 왜냐하면 형상도 없고, 머무는 곳도 없기 때문이다. 이 주재자는 심의식이 없다. 왜냐하면 무념이고, 무주이기 때문이다. 그러므로 얻을 수가 없다. 《머무는 바 없는 항상의 지혜와 정신》만이 처처에 영롱하게 빛난다. 스스로 무념 · 무주의 무소득심으로 돌아가서 하나로 합하는 도리가 있을 뿐, 말과 생각으로는 오히려 더욱 멀어질 뿐이다. 본래의 항상하는 이치(本常理 : 영원불멸하는 진리의 절대적인 힘과 원리)는 이렇게 해서 자기안에 성취되는 것이다.

천동(天童) 스님이 게송으로 말했다.

한 가닥의 구멍 허허로이 통하고
4면 8방에 영롱하게 빛나도다
형상도 없고 사사로움도 없음이여

봄[春]을 법령따라 행하고
머무름도 없고 걸림도 없음이여
달은 공을 가도다
청정한 보배 눈과 공덕의 팔이여
온몸에 두루함이 어찌 온몸 전체만 하랴
현재의 손과 눈으로도 모든 기틀을 나타내나니
큰 작용 종횡자재하되 무엇을 숨길쏘냐

다만 무명의 심의식을 쉬어서 자성이 온전히 드러나게만 해주면, 바로 우주의 법령을 행하는 주인이 되는 것이다. 일체 지혜와 신통과 복덕은 본래부터 부족함이 없이 갖추어져 있어 새로 더 얻어야 할 것이 없다.

19. 법계를 두루 교화하다[法界通化分]

본문

"수보리여, 어떻게 생각하느냐? 만약 어떤 사람이 삼천 대천 세계를 가득 채운 칠보로써 보시한다면, 이 사람은 이 인연으로 얻는 복이 많겠느냐?"

"그러하옵니다. 세존이시여, 이 사람은 이 인연으로 얻는 복이 매우 많사옵니다."

"수보리여, 만약 복덕이 실다움이 있다면, 여래는 복덕을 얻음이 많다고 설하지 않을 것이니, 복덕이 없는 까닭에 여래는 복덕을 얻음이 많다고 설하느니라."

수보리 어의운하 약유인 만삼천대천세계 칠보 이용보시
須菩提 於意云何 若有人 滿三千大千世界 七寶 以用布施

시인이시인연 득복다불 여시세존 차인이시인연 득복심
是人以是因緣 得福多不 如是世尊 此人以是因緣 得福甚

다 수보리 약복덕유실 여래불설 득복덕다 이복덕무고
多 須菩提 若福德有實 如來不說 得福德多 以福德無故

여래설 득복덕다
如來說 得福德多

본문 주해

만약 보시하는 사람이 능소가 있는 마음으로 보시를 한다면, 비록 그 복이 크다 하더라도 마치 뜬구름과 같아서 실다움이 없다. 상을 보지 아니하고 행하는 보시가 진실로 복덕이 많은 것이다. 복덕에 집착하여 얻기를 원한다면, 바로 생멸 속의 복을 얻게 되고 이것은 다하여 끝남이 있고, 이 복으로 인하여 다시 업을 짓게 되어 악도에 떨어지게 되는 것이다. 진실로 변하지 않는 큰 복덕은 반야바라밀의 복덕이다.

복의 실체가 공함을 깨달으면, 그 복이 가장 크고 수승한 것이다. 낱낱이 상을 헤아리며, 행하는 칠보의 보시는 복의 실체가 공함을 깨닫지 못하여 보리에 나아갈 수 없다. 자성의 무량한 복덕을 쓰지 못한 채, 마치 반딧불처럼 보잘 것 없고 허망한 인과의 복을 얻어 쓰다가 결국 어리석은 망정만 더욱 깊어져 앙화를 부르게 된다.

그러므로 보시를 하되 반야바라밀을 해야 진실한 복을 얻고 대도(大道)에도 부합하게 되어, 안과 밖을 두루 원만하게 이루게 된다.

도천 선사가 게송으로 말했다.

나한은 공양 받음이 박(薄)하고
코끼리 몸은 칠보가 진귀하도다
비록 그렇게 탁한 복은 많으나
어찌 작은 청빈만이야 하겠는가
망상(罔象)은 다만 무심을 인하여 얻었고
이루(离婁)의 잃음은 유심과 가까이 하였음에 있느니라

羅漢應供薄 나한응공박
象身七寶珍 상신칠보진
雖然多濁富 수연다탁부
爭似少淸貧 쟁사소청빈
罔象只因無意得 망상지인무의득
离婁失在有心親 이루실재유심관

나한은 공을 좋아할 뿐, 공마저 털어 버린 탁 트인 참무심으로 진여대용을 일으켜 자성의 가없는 자비공덕을 베풀 줄 모르니, 자연복지음이 없어서 응공이 박하다.

한편 복의 실체가 없음을 알지 못하고, 집착하는 마음으로 상을 지어 보시하는 유루공덕의 복은 마치 코끼리 몸에 두른 진귀한 보물과 같다. 유루의 복덕을 탁한 복이라 하는데, 코끼리의 탁한 복덕이 아무리 많다 해도 어찌 응공이 박한 나한의 복만이야 하겠는가? 그러나 참으로 수승한 도리가 있으니, 공을 깨닫고 다시 그 깨달음을 사물 속에서 펼치는 일이다. 그렇게 해야 온전한 깨달음이어서 자신과 중생을 두루 이익 되게 한다.

망상(罔象)과 이루(离婁)는 중국 황제(黃帝) 때의 사람들이다. 이루는 백보(百步) 밖에서도 터럭 끝을 볼 수 있을 만큼 밝은 눈을 가졌는데, 어느 날 황제가 적수(赤水)가를 거닐다가 보배 구슬을 물에 빠뜨렸다. 황제는 이루를 시켜서 구슬을 찾으라고 하였으나, 끝내 찾지 못해 다음에는 망상(罔象)을 시켰더니, 망상이 그 구슬을 찾아 냈다고 한다. 그러므로 '망상이 가는 곳에는 광채가 찬란하고, 이루가 가는 곳엔 하늘까지 파도가 친다.' 고 하였다.

이 이야기는 유심에 의지하여 육안으로 상을 보는 범부의 어리석음을 말한 것이다. 이루는 유심에 의지하여 잃었고, 망상은 무심으로 얻었던 것이다. 사물의 참모습을 보기 위해서는 무명이 없는 맑고 고요한 마음, 즉 무심으로 보아야 비로소 알 수 있다. 무심은 무심에도 집착하지 않아야만 참무심이며, 참무심이라야만 맑은 심의식을 통하여 자성의 광명이 온전히 비추어 나오게 되는 것이다. 이것이 진정한 반야바라밀이며 지극한 복덕의 경지이다.

부처님께서 말씀하시는 경의 참뜻은 바로 여기에 있다.

앙산(仰山)이 중읍(中邑) 스님에게 물었다.

"어떤 것이 불성의 뜻입니까?"

"내가 그대에게 비유를 들어 설명하겠다. 마치 여섯 개의 창이 있는 방 가운데에 원숭이 한 마리를 넣어 두고, 밖에서 어떤 사람이 '성성(狌狌)아' 하고 부르면, 원숭이가 즉시 반응하는 것과 같다. 이와 같이 여섯 창문에서 모두 부르면 모두 응답한다."

"만약 원숭이가 잠이 들었을 때는 어떻게 합니까?"

이에 중읍 스님이 선상(禪床)에서 내려와 잡아 쥐며 말했다.

"성성아, 나와 그대가 서로 보는구나."

중읍 스님은 마조문하 선지식 중의 한 분이며 앙산의 숙조(叔祖)가 되는 분이다.

'여섯 개의 창'이란 6근을 말한다. 범부의 6근은 모두 탐 · 진 · 치의 삼독으로 잔뜩 얼룩져 있는데, 이 얼룩진 6개의 창이 곧 금시인의 몸과 마음이다. 원숭이란 사람마다 누구나 다 가지고 있는 자기 존재의 근본인 진여자성을 말한다. 그리하여 여섯 창문에 누가 찾아오면(인연이 도래하면) 즉시 응답하여 상응하는데, 여섯 창문이 얼룩으로 오염되어 있어 원숭이의 응답이 순수하게 밖으로 나타나지 않는다. 그런데 창문 밖을 볼 수 있는 것은 원숭이가 보는 것이지 창문 스스로는 볼 수 없는 이치인데, 창문은 스스로 본다 하고 또 얼룩진 창을 통해서 보는 바깥 경계를 진실이라고 말한다. 이것이 자기속의 자기부처를 알지 못한 채 중생심을 따라 치달리는 범부의 모습이다.

앙산이 '만일 원숭이가 잠들면 어떻게 합니까?' 하는 것은 짓궂으면서도 의미 있는 질문이다.

중읍 스님이 '성성아, 나와 그대가 서로 보는구나.' 하는 것은 때묻은 창을 통해서 진여공이 앙산과 중읍 두 금시인의 창을 통해 신통묘용을 부리고 있는 것이다.

상에 집착하여 보시하고 얻는 복 또한 삼독심으로 더럽혀진 여섯 창문으로 보고 생각하는 염심을 뒤따라 도래한 파도일 뿐 진실한 것이 아니다. 마치 뜬구름같이 바람 따라(인연 따라) 오고 가는 허깨비일 뿐이다.

20. 색도 떠나고 상도 떠난다[離色離相分]

본문

"수보리여, 어떻게 생각하느냐? 부처를 구족한 색신으로 볼 수 있겠느냐?"

"아니옵니다. 세존이시여, 여래는 마땅히 구족한 색신으로는 볼 수 없나이다. 왜냐하면 여래께서 설하신 구족색신은 곧 구족색신이 아니고, 그 이름이 구족색신이기 때문입니다."

"수보리여, 어떻게 생각하느냐? 여래는 구족한 여러 가지 상으로써 볼 수 있겠느냐?"

"아니옵니다. 세존이시여, 여래는 마땅히 구족한 여러 가지 상으로써 볼 수 없나이다. 왜냐하면 여래께서 설하신 여러 가지 상의 구족은 곧 구족이 아니고, 그 이름이 여러 가지 상의 구족이기 때문입니다."

수보리 어의운하 불가이구족색신견불 불야세존 여래불응
須菩提 於意云何 佛可以具足色身見不 不也世尊 如來不應
이구족색신견 하이고 여래설 구족색신 즉비구족색신

以具足色身見 何以故 如來說 具足色身 卽非具足色身

시명구족색신 수보리 어의운하 여래가이구족 제상견부
是名具足色身 須菩提 於意云何 如來可以具足 諸相見不

불야세존 여래불응이구족제상견 하이고 여래설 제상구
不也世尊 如來不應以具足諸相見 何以故 如來說 諸相具

족 즉비구족 시명제상구족
足 卽非具足 是名諸相具足

본문 주해

구족색신이란 부처님의 색신에 32상과 80종호(種好)를 두루 원만하게 갖추어서 조금도 부족하거나 흠이 없는 것을 말한다. 그리하여 사람들은 부처님의 구족색신을 보고 부처님이라고 한다.

부처님께서는 바로 이 점을 걱정하시고 수보리에게 32상으로 여래를 보는 것이냐고 물어 본 것이다. 여래는 색신이 훌륭한 상호를 구족하였다고 해서 여래가 아니다. 32상은 반야바라밀의 표징(表徵)일 뿐이다. 눈 · 귀 · 코 · 혀 · 몸 · 마음이 반야바라밀을 완성하여 어떠한 경계를 만나더라도 번뇌망상을 일으키지 아니하는 바, 이것이 색신 위에 나타난 것이 32상이다. 그러므로 32상의 참뜻은 외형적 색신의 형상에 있는 것이 아니고, 무명을 밝혀 애탐과 집착을 완전히 소멸함으로써 마음이 마치 맑은 유리 알같이 된 근본 위에 이숙(異熟)된 상호이다.

색신은 단지 피육(皮肉)일 뿐이어서 부처가 아니며, 32상이라는 것 또한 아공 · 법공을 깨달아 번뇌장(煩惱障)과 소지장(所知

障)이 멸한 청정한 마음에 진여가 상응하여 현성한 모습이다.

부처님의 32상은 금시의 몸과 마음이 32가지 청정행을 완성했을 때, 이루어지는 형상인 바, 이러한 이치를 알지 못하면, 끝내 부처님의 진신을 볼 수 없게 되는 것이다.

마음에 집착하는 바가 없어서 맑고 청정하면 취할 색신이 없어서 상을 보지 않으며, 색과 상을 떠나서 사물을 보게 되는 것이다.

처소도 없고 종적도 없는 일진공(空)이 내 속에서 움직이고, 목전에서 거두기도 하고 펴기도 하는 것이다.

비록 몸이 없으나 일체의 몸을 보이고, 상이 없으나 일체의 상을 보인다. 원인과 조건과 분수에 따라 온갖 차별적인 모습을 전개한다.

증도가에서 말했다.

상도 없고 공도 없고 공 아님도 없으니
이것이 곧 여래의 진실한 상이니라
無相無空無不空　　무상무공무불공
卽是如來眞實相　　즉시여래진실상

법신은 상이 없지만 온갖 형색으로 나타나니 공함도 아니다. 그러나 그 본체를 구할 수 없으니 공 아님도 아니다. 이처럼 상도 떠나고 유·무도 떠난 것이 여래의 진실상이다.

6조께서 말했다.

'여래란 곧 무상법신(無相法身)이 이것이고, 육안으로 보는 바가 아니요, 혜안이라야 이에 능히 볼 수 있으니, 혜안이 밝지 못해 아인(我人)등의 상을 구족하여 32상을 관하고 여래로 삼는 것은 곧 구족이라고 하지 않도다. 혜안이 밝게 사무쳐서 아인(我人) 등의 상이 나지 않고, 바른 지혜의 광명이 항상 비추면, 이것을 이름하여 모든 상을 구족하였다 하느니라. 삼독이 없어지지 아니하고 여래의 진실을 본다고 말하는 것은 정녕코 바른 이치가 아니니, 가령 본다 해도 단지 화신(化身)일 뿐, 진실한 무상(無相)의 법신이 아니다.'

4조 도신(道信)께서 말했다.

"백천 가지의 오묘한 문이 똑같이 방촌(方寸 : 마음)에 돌아간다. 항하사 공덕이 모두 심원(心源)에 있어서 일체 공문(空門), 일체 혜문(慧門), 일체 행문(行門)을 모두 다 구족하고 있으며, 신통묘용이 다만 그대의 마음에 있다.

다만 마음을 자재롭게 하여 망상을 품지 말며, 또한 희락(喜樂)하지도 말며, 탐욕과 분노를 일으키지 말며, 근심과 걱정을 내지도 말며, 탕탕하게 걸림 없이 뜻에 맡겨 종횡 무진하여 양변의 선 · 악도 짓지 않으면 가고, 서고, 앉고, 눕는 것과 눈에 닿고 만나는 인연이 모두 부처님의 묘용이다."

부대사가 송을 읊었다.

80종호는 좇아서 좋게 형성함이요
상으로 구분함은 32가지라
사물에 응하여 만 가지로 형성하지만
이법(理法) 가운데서는 '하나' 도 아니고 '다름' 도 아니로다
인과 법을 둘 다 함께 버리고
색과 심(心)도 가지런히 다 버려서
그러므로 보리를 증득하노니

실로 모든 상을 떠남으로 말미암음이로다

八十隋形好 팔십수형호
相分三十二 상분삼십이
應物萬般形 응물만반형
理中非一異 이중비일이
人法兩俱遺 인법양구견
色心齊一棄 색심제일기
所以證菩提 소이증보리
實由諸相離 실유제상리

염관(鹽官) 스님이 어느 날 시자에게 말했다.
"나에게 무소 뿔 부채를 갖다 다오."
"부채가 부서졌습니다."
"부채가 부서졌거든 무소라도 돌려 다오."
시자가 대답이 없자 자복(資福)이 일원상(一圓相)을 그리고 그 가운데다 우(牛) 자 하나를 썼다.

항주(杭州) 염관현 진국(鎭國) 땅 해창원(海昌院) 염관 제안(齊安) 선사는 본래 당나라 황실의 종친이었다. 선종(宣宗)이 숨어 지낼 때 선사에게 오랫동안 의탁하였고, 선종이 황제에 즉위한 후 선종(宣宗)을 부흥시키는데 선사의 공이 컸다.

선사가 어느 날 시자를 불러 '무소 뿔 부채를 가져오라.' 고 하자 시자는 '부채가 부서졌습니다.' 하고 대답하였다. 그러자 선사께서는 '부채가 부서졌거든 무소를 돌려 다오.' 하였으니, 이것은 무슨 도리인가? 요약해서 말하자면, 염관 스님이 시자에게 무소

뿔(진여)를 직접 한번 드러내보이라 했던 것인데 시자는 허망한 이름과 형상 속에 빠져서 본분사를 매몰하고 말았다.

만송(萬松)이 평창(評唱)하기를 '염관 노사(老師)가 온몸을 풀 속에 던지면서 자식을 기르는 사연이요, 시자가 대답이 없는 것은 오히려 타당하다 하겠으나, 단지 자신이 이것을 알지 못함이로다.' 하였다. 만약 알고 있고, 또한 대답하지 않는다면 이는 발군의 납승이다.

설두 스님이 이르시되 '아깝구나! 수고는 했으되 공이 없구나.' 하였다. 비록 시자는 그러했으나 자복 스님은 훤히 꿰뚫어 알고서 원상(圓相) 하나를 그리고, 그 가운데에다 소 우(牛) 자 하나를 써넣으니 부채와 무소가 스승의 뜻에 부합하게 되었다.

천동(天童) 스님이 이에 송을 붙였다.

부채는 부서졌는데 무소를 찾으니
원상 바퀴 안의 그 글자 유래가 있도다
누가 알았으랴 계수나무 바퀴의 천년 혼을
오묘한 작용 광명을 비추어 한 점 가을이라네

자복스님은 진여공의 체 · 용의 이치를 억지로 일원상을 그려 설명하였다. 영겁의 깊은 뿌리가 현세에 싹을 트게 한다.

법신 분상에서 말한다면, 자복 스님이 그려 보인 일원상 또한 허물이 아닐 수 없다.

심의식이 움직일 곳을 모조리 틀어막아 버리고, 그렇게 해서 심의식이 단절된 곳에서 참자기를 단번에 깨닫게 하는 것이 본분작가의 수완이다.

21. 설함이 없는 설법[非說所說分]

본문

"수보리여, 너는 여래가 '내가 마땅히 설할 바의 법이 있다.'는 이런 생각을 한다고 말하지 말라. 이런 생각을 하지 말지니. 무슨 까닭인가? 만약 사람이 '여래는 설하는 바의 법이 있다.'고 말한다면, 곧 부처님을 비방하는 것이 되고, 내가 설한 바를 능히 알지 못했기 때문이니라.

수보리여, 설법이란 설할 법이 없음이니, 이것을 설법이라 이름하느니라."

그때에 혜명(慧命) 수보리가 부처님께 여쭈었다.

"세존이시여, 두루 중생들이 미래세에 이 법을 설하심을 듣고 믿는 마음을 내겠나이까?"

부처님께서 말씀하셨다.

"수보리여, 저들은 중생이 아니며, 중생 아님도 아니니라. 무슨 까닭인가? 수보리여, 중생, 중생이라는 것을 여래는 중생이 아니라고 설하나니, 그 이름이 중생이기 때문이니라."

수보리 여물위여래작시념 아당유소설법 막작시념 하이고
須菩提 汝勿謂如來作是念 我當有所說法 莫作是念 何以故

약인언여래유소설법 즉위방불 불능해아소설고 수보리
若人言如來有所說法 卽爲謗佛 不能解我所說故 須菩提

설법자 무법가설 시명설법 이시 혜명수보리 백불언 세존
說法者 無法可說 是名說法 爾時 慧命須菩提 白佛言 世尊

파유중생 어미래세 문설시법 생신심부 불언 수보리 피비
頗有衆生 於未來世 聞說是法 生信心不 佛言 須菩提 彼非

중생 비불중생 하이고 수보리 중생 중생자 여래설비중생
衆生 非不衆生 何以故 須菩提 衆生 衆生者 如來說非衆生

시명중생
是名衆生

본문 주해

반야의 체(體)가 청정하여 한 생각도 없고 한 물건도 없는 것을 심청정(心淸淨)이라 하고, 이 청정한 마음 가운데에서 항하사(恒河沙) 지혜묘용이 나오는 것을 반야의 용(用), 즉 심광명(心光明)이라고 한다. 그런데 반야의 체와 용은 서로 별개의 것이 아니다. 형상도 없고, 생각도 없는 자성의 체에서 자연 발생적으로 항사묘용이 쏟아져 나오는 것이어서, 정(定)과 혜(慧)가 하나이다. 분주하게 작용을 펼치면서도 체는 공적하여 분주함이 없고, 공적하여 움직임이 없는 체이면서도 움직이지 않음 또한 없는 것이다. 그러므로 움직임 속에는 움직인다는 생각이 없고, 고요하면서도 고요하다는 생각이 없다. 일진본체 진여자성을 굳이 말한다면 무(無) 이면서도 그 힘과 작용이 무한하다고 요약할 수 있다.

한 스님이 대주 스님에게 물었다.

"『금강경』에 이르기를 '설할 법이 없음이 법을 설함이라.' 한 것은 무슨 뜻입니까?"

"반야의 체는 필경 청정하여 한 물건도 얻을 수 없는 것을 '설할 법이 없다.' 고 하고, 반야의 공적한 체 가운데에 항하사의 묘용을 갖추어 알지 못하는 것이 없는 것을 '법을 설한다.' 고 하느니라. 그러므로 '설할 법이 없음을 법을 설함' 이라고 하느니라."

현상 쪽에서 보면 8만 4천 법문이 무한하지만 본분에서 보면 한 글자도 없다.

진여는 공하지만 무한한 인연에 상응하므로 따라서 무한한 법문이 펼쳐지는 것이다.

세존께서 깨달으신 진실한 세계는 상주불변의 세계이다. 나거나 멸하는 것이 아니며, 더럽거나 깨끗한 것도 아닌 절대청정의 영원한 세계이다. 세존께서는 사람들로 하여금 이러한 세계를 깨닫도록 해 주기 위해서 이 경을 말씀하신다. 절대청정의 영원한 세계는 이 진로의 세상과 다른 어디에 있는 별천지가 아니다. 우리가 몸 담고 사는 이 세상이 본래 청정한 세계이지만, 범부의 무명이 이 세계를 생사 속으로 몰아가고 말았다. 제각기 자기 무명의 색안경을 하나씩 끼고 제각기 자기의 진세(塵世)를 하나씩 만들어서, 그 속에서 죽고 살면서 흘러가고 있는 것이다. 진세의 법은 모두 범부의 무명이 지어낸 것이며, 보시와 공덕과 설법도 모두 무명 중생을 위한 방편도일 뿐이다.

적정한 가운데에서 중생 따라 설법하지만, 설법한다는 생각이 없다. 그러므로 '설함이 없는 설법'이다. 옛분이 이르기를 '설함이 있다 해도 비방이고, 설함이 없다 해도 용납하지 못한다.' 또 이르기를 '무념으로 설하여 보인 것이 골짜기의 메아리 같고, 해가 비추되 무심히 비추는 것과 같다.' 하였다.

세존께서는 말도 없고 경계도 없는 경지에서 말로써 말없는 곳을 말하고, 경계로써 경계 없는 곳을 가리킨다.

중생살이 속의 생사우비고뇌와 팔풍(八風)과 온갖 일상의 매순간들이 모두 각각의 근기와 분수에 상응하여 베풀고 있는 '설함없는 설법'인 것이다.

범부는 생멸심으로 설법한다. 범부는 아는 것이 있는 마음으로 설법하고 얻을 것이 있는 유심으로 설법한다. 그러나 여래의 설법은 메아리가 소리에 응하듯이 무심한 가운데 자성의 본래지가 작용하고 있는 것이다.

『유마경』에 이르기를 '대저 설법이란 설함도 없고 보여 줌도 없으며, 청법(聽法)이란 들음도 없고 얻음도 없다 하시니, 만법이 공적하여 일체의 이름과 말이 모두 임시로 세운 것임을 깨달으면, 스스로 공한 성품 가운데에서 치열하게 일체 언사를 건립하여 모든 법을 연설하더라도 상이 없고, 함이 없이 미혹한 사람을 깨우치고 지도해서, 본성을 볼수 있게 하는 무상보리를 닦아 증득하게 함을 설법이라 하느니라.'

부처님께서 49년간을 한결같이 설법을 하시고도 한 마디도 설하지 않으셨다 하신 것도 부처님께서 중생들에게 가르쳐 주시고자 하신 일진본체는 법이 아니며 설할 수도 없는 것인데, 어쩔 수가 없어 부득이 말을 빌려 설법한 것이며, 비록 설법을 했으나 허공과 같은 무심으로 설법했으니, 설법한 바가 없는 것이다.

조산(曹山) 스님이 덕상좌(德上座)에게 물었다.

"부처님의 참법신은 마치 허공과 같아서 사물에 응하여 형상을 나타내심이 마치 물 속의 달과 같도다. 어떻게 그 응하는 도리를 설명하겠느냐?"

"마치 당나귀가 우물을 엿보는 것 같습니다."

"이르기는 대단하게 일렀으나, 단지 팔분만을 말했다."

"그러면 스님께서는 어떻게 하시겠습니까?"

"우물이 나귀를 엿보는 것 같느니라."

조산 스님의 이 말은 부처님을 찬탄한 말로서 허공과 같이 청정하여 거래(去來)가 끊어진 진신(眞身)이 어떻게 사물에 응하는가 하는 것을 덕상좌에게 일깨우는 대화이다.

덕상좌도 이미 안목을 갖춘 본색 납자이어서, 스승의 질문에 '나귀가 우물을 엿보는 것 같습니다.' 하고 대답할 수 있었다. 덕상좌의 이 말은 법신이 사물에 응하심에 계교분별이 없음을 뜻한다. 허공이 밉고 고운 것을 차별하지 않고 일체 사물을 덮어주고, 땅이 귀하고 천함을 가리지 않고 만유를 실어 주듯이, 법신은 무심으로 상응하되 그 상응함에 모자람이 없다. 조산 스님이 청정한 법신의 경지를 더욱 말끔하게 나타내 보였다. '우물이 나귀를 엿보는 것 같느니라.'

부처님께서 '저들은 중생이 아니며, 중생 아님도 아니니라.' 하신 것은 모두가 하나의 진여자성을 몸으로 하고 있어서 부처님과 근본이 다르지 않기 때문에 중생이 아니며, 동시에 자신의 일진 본체와 참 성품을 등지고 허망한 경계를 좇아다니면서, 어리석은 짓이 끝이 없으니 중생 아님도 아니라 하신 것이다. 중생의 심신은 과거세에 지은 업인(業因)을 바탕으로 하여 현세의 연(緣)과 합해서 생성된 것이다. 그리하여 몸을 지속하는 업력이 다하면 중생의 몸은 소멸한다. 중생의 마음 또한 그 인연이 다하면 소멸한다. 그러므로 중생은 진실한 것이라고 할 수가 없다. 이러한 가법(假法)들이 참법인 일진본체 위에 임시로 가립되어 있는 것이 곧 중생이다.

그 진실하지 않은 것이 현재에 현성해 있는 것이 바로 중생이다. 진여자성이 마치 '우물이 나귀를 엿보는 것' 같은 무심으로 갖가지 근기와 분수에 상응하여 오묘하게 현출해 낸 모습인 것이다.

중생이란 인연 따라 나툰 청정자성의 지혜작용일 뿐 중생도 중생 아님도 없다. 부처님께서는 중생이라는 명칭과 형상을 떠나서, 그 근본바탕을 보도록 간절히 말씀하시는 것이다.

도천 선사가 게송으로 말했다.

사슴을 가리켜 어찌 준마라 할 수 있으며
까마귀를 말하여 누가 나는 난새라 하리오
비록 그렇게 털끝만한 차이도 허락치 않지만
마(馬) 자 들어간 나귀 이름이 몇백 가지이던가

指鹿豈能成駿馬 지록기능성준마
言烏誰謂是翔鸞 언오수위시상란
雖然不許纖毫異 수연불허섬호이

馬字驢幾百般　　마자노기백반

3년마다 한 번씩 윤달이 들고, 새벽이 되면 닭이 운다. 물은 높은 곳에서 낮은 곳으로 흐르고, 산은 꼭대기를 하늘로 향한다. 부처는 법왕궁에서 소요하고, 중생은 생사고해에서 고통받는다. 이처럼 서로 다른 차별상은 분명하여 섞임을 허락하지 않지만, 이 모든 차별상은 서로 다르지 않은 하나의 몸이고, 그 몸의 지혜작용이 현성한 모습이고 설법이어서 한가지로 순수할 뿐이다.

사람마다 한 권의 완전한 경전을 본래부터 지니고 있는데, 그것을 알지 못하고 무명번뇌에 속박되어 제각기 자기 분수대로 지어낸 허망상에 속아서 취하기도 하고 버리기도 하니, 이로 말미암아 중생의 몸을 벗어 던지지 못하고 있는 것이다.

22. 얻을 법이 없다[法無可得分]

본문

수보리가 부처님께 여쭈었다.

"세존이시여, 부처님께서 얻으신 아뇩다라삼먁삼보리는 얻은 바가 없는 것이옵니까?"

부처님께서 말씀하셨다.

"그러하다. 그러하다. 수보리여, 나는 아뇩다라삼먁삼보리에 내지 작은 법도 얻을 것이 없었으니, 이것을 아뇩다라삼먁삼보리라 이름하느니라."

수보리 백불언 세존 불득아뇩다라삼먁삼보리 위무소득야
須菩提 白佛言 世尊 佛得阿耨多羅三藐三菩提 爲無所得耶

불언 여시여시 수보리 아어아뇩다라삼먁삼보리 내지
佛言 如是如是 須菩提 我於阿耨多羅三藐三菩提 乃至

무유소법가득 시명아뇩다라삼먁삼보리
無有少法可得 是名阿耨多羅三藐三菩提

본문 주해

아뇩다라삼먁삼보리는 중생심의 철옹성을 허물어 내고, 진여자성에 안주함으로써 참자기를 회복한 것을 말한다. 진여자성을 회복 한다는 것은 자성이 망념으로 덮혀 있어서 밝지 못하다가 올바른 법을 듣고 미혹과 망념을 떨쳐 버리면, 안과 밖이 밝게 사무쳐서 그 때부터는 만법이 중생심이 아닌 깨달은 마음으로부터 현현(顯現)하게 되는 것이다.

이렇게 마음이 진여자성을 깨달아 얻는 것이 아뇩다라삼먁삼보리이다. 깨달은 사람의 마음이 안주하는 진여자성은 마치 허공과 같아서 그 체는 무상이고, 그 성(性)은 무념 · 무주이며, 그 가운데에서 무한한 작용이 나오는 것이다. 체는 허공과 같은 무상이어서 조그마한 법도 얻을 것이 없고 성품은 무념 · 무주이어서 얻거나 얻지 않았다는 생각이 없다.

자성을 깨달은 사람은 6근을 가리고 있는 무명을 벗어나서 스스로 진성을 쓰기 때문에 우주 만유를 볼 때, 그 외형적 차별상에 얽매이지 않고 제1의를 꿰뚫어본다. 제1의를 꿰뚫어본다는 것은 법계가 온통 하나의 일진공(一眞空)이고 그 항사묘용일 뿐이어서 망망한 법계에 취할 상이 아무것도 없음을 보는 것을 말한다.

일진본체에는 작은 법도 얻을 것이 없다. 작은 법도 얻을 것이 없는 근본을 깨닫는 것이 곧 아뇩다라삼먁삼보리이다. 그리하여 만법이 이 근본으로 부터 왕래하게 되니 이로서 생사도 없고 증감(增減)도 없는 오묘한 해탈의 세계가 펼쳐지는 것이다.

한 스님이 6조 스님에게 물었다.

"황매(黃梅 : 5조 홍인)의 뜻은 어떤 분이 얻었나이까?"

"불법을 아는 이가 얻었느니라."

"스님께서는 얻으셨습니까?"

"나는 불법을 알지 못하느니라."

6조 혜능 스님이 5조 홍인의 법을 얻은 것은 아는 것이 없었기 때문이다. 또한 불법을 얻음도 없었다. 그러므로 5조의 법을 이어 받을 수 있었다. 불법을 <진실로 아는 이>는 불법을 <안다고 인식하지 않는 가운데> 그러한 아 · 법(我 · 法)이 없는 진여공의 정 · 혜를 행한다.

한 스님이 대주 스님에게 물었다.

"도를 닦는 사람은 무엇으로 증(證)함을 삼습니까?"

"필경(畢竟) 증함으로 증함을 삼느니라."

"어떤 것이 필경 증함입니까?"

"증함이 없음과 증함이 없음도 없음을 필경 증함이라 하느니라."

"어떤 것이 증함이 없는 것이며, 어떤 것이 증함이 없음도 없는 것입니까?"

"밖으로는 색과 소리 등에 물들지 아니하고, 안으로는 망념의 마음을 일으키지 아니하여 이렇게 얻은 것을 곧 증함이라고 함이니, 증함을 얻었을 때에 증득했다는 생각도 하지 않음이 곧 증함이 없음이며, 증함이 없음을 얻었을 때에 또한 증함이 없다는 생각도 하지 않음이 곧 증함이 없음도 없다고 하는 것이니라."

또 물었다.

"어떻게 도를 얻습니까?"

"필경에 얻음으로써 얻음을 삼느니라."

"어떤 것이 필경의 얻음입니까?"

"얻음도 없고 얻음이 없음도 없는 것을 필경의 얻음이라 하느니라."

6조께서 말했다.

"수보리가 말하기를 소득심이 다 없어지는 것을 곧 보리라 하니, 부처님께서 '그러하다, 그러하다.' 하셨느니라. 내가 보리에 실로 바라고 구하는 마음이 없었으며, 또한 얻을 것이 있는 마음도 없었으니, 이러한 까닭으로 아뇩다라삼먁삼보리를 얻었느니라."

『단경(壇經)』에 이르기를

'오묘한 자성은 본래 공하여 한 법도 얻을 것이 없나니, 이미 한 법도 얻을 것이 없는데, 어찌 모름지기 증득한 보리가 있을 것인가. 우리 부처님은 얻음도 없고 증득함도 없으며, 호칭할 이름도 없지만, 억지로 이름하여 가로되 아뇩보리라 하느니라.' 하였다.

만약 안으로 몸과 마음이 공함을 깨닫고, 밖으로는 온갖 사물이 공함을 깨달아 모든 상을 파하면 아뇩보리라 할 법도, 호칭도 없다. 그리하여 자연히 집착할 것이 없고 다툴 것이 없어진다.

그러므로 옛분이 이르기를 '생각생각마다 석가부처님이 세상에 나오시고 걸음걸음마다 미륵부처님이 하생(下生)하시니, 문수의 마음을 알아서 나타내고, 보현의 행을 운용하여 쓰게 되어 문(門)마다 모두 감로를 내고, 맛마다 모두가 제호(醍醐)라서, 전단(栴檀) 숲을 나오지 않으며, 오래도록 화장(華藏) 세계에 처한다. 만약 이와 같으면 가고, 서고, 앉고, 눕는 것과 눈에 닿거나 만나는 인연에 비록 천차만별로 응용하더라도 잠연하고 청정하리라.' 하였다.

도천 선사가 게송으로 말했다.

물방울이 얼음이 됨은 참으로 있음이라
푸른 버들 향기로운 풀은 빛깔이 무성하도다
가을 달과 봄 꽃의 무한한 뜻이여
자고새 울음소리 한가롭게 들음을 방해하지 않도다

滴水成氷信有之 적수성빙신유지
綠楊芳草色依依 녹양방초색의의
秋月春花無限意 추월춘화무한의
不妨閑廳鷓鴣啼 불방한청자고제

목전의 천태만상 하나하나마다 그리고 그것을 보고 듣는 모든 행동 하나하나가 기관(機關)을 움직여 건립한 것이다. 누가 움직이는 기관인가? 옛 영축산에서 스스로 비치는 한 빛이 기관의 빛이고, 무성한 빛깔로 무한한 뜻을 드러낸다. 있음과 없음을 보지 않고 훌훌 벗어난 경지라야 비로소 기관의 한 맛, 감로의 빛임을 알아 걸림이 없고 방해롭지가 않다.

어떤 스님이 법안(法眼) 스님에게 물었다.
"경에 따르면 이르기를 '머무름 없는 근본으로부터 일체법을 세운다.' 하였는데, 어떤 것이 머무름 없는 근본입니까?"
"형상이 일어나도 아직 바탕이 아니고, 이름이 일어나도 이름 이전이니라."

문수보살이 유마힐에게 물었다.
"몸은 무엇을 근본으로 하는가?"
"탐욕을 근본으로 한다."
"탐욕은 무엇을 근본으로 하는가?"

"허망한 분별을 근본으로 한다."

"허망한 분별은 무엇을 근본으로 하는가?"

"전도망상을 근본으로 한다."

"전도망상은 무엇을 근본으로 하는가?"

"머무름 없음[無住]을 근본으로 한다."

"머무름 없음은 무엇을 근본으로 하는가?"

"머무름 없음은 그 바탕이 없나니, 문수사리여 머무름 없는 근본으로부터 모든 법이 세워집니다."

이처럼 일체의 염오(染汚)의 법 조차도 머무름없는 근본, 진여 본체를 근본으로 하나니, 염오의 법은 그 자체로 이렇다 할 실체가 없는 것이다.

승조(僧肇) 법사가 말하기를 '마음은 수면과 같아서 고요하면 비춤이 있고, 움직이면 비춤이 없다. 어리석음과 애욕이 있는 곳은 흐려지고, 삿된 바람이 부는 곳은 흔들려서 솟아 넘치며, 흐르는 파도가 잠시도 머문 적이 없으니, 이것으로 사물[法]을 관찰한다면 어찌 뒤집히지 않으랴?

비유하자면 마치 흔들리는 샘물에다 얼굴을 대고 자기의 본래 모습을 찾지만, 찾을 수 없는 것과 같다.

설두 스님이 주장자를 들어올리고 말하기를 '대중들아, 주장자라고 하면 형상과 이름을 함께 든 것이나, 형상은 곧 형상 없음이요, 이름은 곧 이름 없음이다. 그런데도 식견 없는 눈먼 무리들은 다만 형체도 없고 이름도 없는 것을 극칙으로 오인한다.' 하였다.

그러나 부디 공에 빠져 있으면서 지극한 도(道)라 착각하지 말지니 진정한 도(道)는 입전수수(入廛垂手 : 거리로 나아가 손을 드리우면서 중생을 교화하는 것) 하는 생활 속에 있기 때문이다.

23. 청정한 마음으로 선을 행함[淨心行善分]

본문

"그리고 수보리여, 이 법은 평등하여 높고 낮음이 없으니, 이것을 이름하여 아뇩다라삼먁삼보리라 하느니라. 아(我)도 없고, 인(人)도 없고, 중생(衆生)도 없고, 수자(壽者)도 없이하여 일체 선법을 닦으면, 곧 아뇩다라삼먁삼보리를 얻느니라.

수보리여, 이른바 선법이란 여래가 설하기를 곧 선법이 아니고, 그 이름을 선법이라고 하느니라."

부차수보리 시법평등 무유고하 시명아뇩다라삼먁삼보리
復次須菩提 是法平等 無有高下 是名阿耨多羅三藐三菩提

이무아무인 무중생 무수자 수일체선법 즉득아뇩다라삼먁
以無我無人 無衆生 無壽者 修一切善法 卽得阿耨多羅三藐

삼보리 수보리 소언선법자 여래설즉비선법 시명선법
三菩提 須菩提 所言善法者 如來說卽非善法 是名善法

본문 주해

부처님께서 '이 법은 평등하여 높고 낮음이 없다.' 하신 것은 무슨 뜻인가? 중생이 자심진여에 부족함이 있어서 생사를 받는 것도 아니고, 부처는 중생보다 자성이 광대하여 해탈을 얻은 것이 아니다. 중생과 부처는 일진본체가 평등하여 서로 조금도 다르지 않다. 그러므로 법은 평등하여 높고 낮음이 없다 한 것이다. 자심진여의 무상보리는 중생에게도 이미 완성되어 있어서 부처와 비교하여 조금도 부족함이 없다. 그러나 범부는 자신이 부처인줄 알지 못한다. 범부는 망식으로 형상을 분별하여 높고 낮음을 스스로 조작해 낸다. 근본에는 등을 돌리고, 지말을 좇아가는 것이니, 나무 아래 고요하고 편안한 곳을 버리고, 나무 꼭대기 가지 위로 올라가서 스스로 바람을 불러 흔들면서 편할 날이 없는 것이다.

선법(善法)을 닦는다는 것은 무소득심을 행하는 반야바라밀을 말한다. 4상을 떠나서 무슨 일에 있어서나 마음이 물들지 않아서 집착하지 않고, 일체 경계에 마음이 부동하고, 일체법에서도 마음이 취하거나 버림이 없으며, 일체시(一切時) 중에 이와 같은 청정한 마음으로 중생에 수순하여 자비공덕을 베풀어 교화하는 것을 말한다.

이와 같이 생각생각이 한결같이 중도에 머물러 일심으로 상속하면 마음이 자성을 깨닫게 되니, 이것이 곧 삼막삼보리이다. 그런데 앞에서는 작은 법도 얻을 것이 없다 하셨는데, 어찌하여 여기서는 얻는다 하시는가?

앞에서는 평등한 근본을 말씀하신 것이고, 여기서는 차별 있는 지말을 말씀하신 것이다. 근본은 한 법도 없는 진여자성이고, 지말은 부처와 중생이 분명하게 다른 차별상이다. 본래부터 있는 부처의 성품이라 하더라도 그것을 밝혀 내지 않으면 진흙 속에 묻힌 진주와 같아서 아무 소용이 없는 것이다.

'선법이란 선법이 아니다.' 라는 것은 무슨 뜻인가?

중생이 말하는 선법이란 양두(兩頭)의 선법이다. 악의 상대인 선을 말한다. 그러나 부처님께서 말씀하신 선법의 참뜻은 양변의 선법이 아니다. 절대선(絶對善)이다. 참성품인 자성의 선인 것이다.

옛분이 말하였다. "양두의 말에는 36가지의 대(對)가 있나니, 선과 악, 유와 무, 생과 사, 가고 옴, 동(動)과 정(靜), 어(語)와 묵(默), 득(得)과 실(失), 고(高)와 저(低)의 양변 위에서 견해를 짓지 않으면, 이것을 평등한 법이라고 하고, 또한 위없이 바르고 두루한 깨달음이라고 하느니라. 4상이 없는 마음으로 일체의 선법을 닦으면, 곧 아뇩다라삼먁삼보리를 얻게 되느니라.

이른바 '곧 선법이 아니다.' 라는 것은 생각하건대 범부는 악에 집착하고 성문은 선에 집착하나니, 만약 선법이라도 떠나지 않으면 다시 양두의 틀에 떨어지니 어찌 평등이라고 하랴."

그러나 수행자에 따라서 선법(善法)에 심천(深淺)이 있는 바, 『법화경』에 이르기를 '초선(初善)은 선심을 내었을 때, 모름지기 생각생각에 성실하게 나아가서 의심하거나 나태한 마음을 내지 않는 것을 말하며, 중선(中善)이란 항상 일체 선법을 닦고 행하여 진여자성을 깨닫게 하며 모든 상에 집착하지 않게 하는 것을 말하며, 후선(後善)이란 곧 선법을 파하고 일체의 선 · 악과 범 · 성을 취사하거나 증애하는 마음을 없이하여 평상시에도 아무일이 없는 것을 말한다.' 고 하였다. 이 모든 선법은 다 자신의 근기에 따른 것이지만, 부처님께서 말씀하시는 참선법은 후선으로서 선법이라는 이름과 법상(法相)을 벗어난 선법이다. 이것은 한계

밖의 선법이다. 바로 중도의 선법인 것이다.

무념 · 무주의 참 성품에서 자연 발생적으로 흘러나오는 지혜와 공덕이다. 만약 선법이라는 상을 지어서 집착하게 되면, 산을 깎아서 계곡을 메워 세상을 평등하게 하려는 것과 같은 어리석음을 범하게 된다. 저울 앞에 여러 개의 크고 작은 물건을 갖다 놓았을 때, 성인은 다만 크면 큰 대로, 작으면 작은 대로 차별 없는 한 맛으로 보지만, 범부는 물체의 한 맛 근본은 도외시한 채, 크기에만 집착하여 크면 웃고, 작으면 찡그린다.

도천 스님이 게송으로 말했다.

스님은 스님이고 속인은 속인이며
기쁘면 웃고 슬프면 울도다
만약 여기에서 잘 참구하여 살필 수 있으면
육육은 예전부터 삼십륙이니라

僧是僧兮俗是俗 승시승혜속시속
喜則笑兮悲則哭 희즉소혜비즉곡
若能於此善參祥 약능어차선참상
六六從來三十六 육육종래삼십륙

산은 높고 계곡은 깊다. 그러나 산도 높지 않고 계곡도 깊지 않다. 그렇다면 어떤가? 산은 높은 대로 계곡은 깊은 대로 그대로 맡겨 두니, 본래의 한 맛이라 두 가지가 없다.

옛분이 말했다.

'본래 부처이거늘 한 생각에 미혹하니, 미혹하되 일찍이 잃지 않았도다. 현성(現成)을 수용하니 소리를 듣는 것이 증득한 때이며, 형색을 보는 것이 증득할 때이니라. 한 번 보고 한 번 듣는 것과 발을 들고 발을 내리는 것이 다 적멸도량이니라. 그런 까닭에 생각생각마다 석가가 세상에 나오고, 걸음걸음마다 미륵이 하생한다 하시느니라. 이미 이와 같은데 어찌 범부다 성인이다 하고 분별함을 용납하리오. 옛날은 미혹했고, 오늘에 얻을 바 없음을 깨달았도다. 생각생각에 남이 없나니[無生] 비록 생각생각에 자비심을 일으키나 일찍이 한 생각도 진(眞 : 무념 · 무주의 眞性)을 떠나지 않았음이니라. 그런 까닭에 이르기를 하루 종일 중생을 제도하되, 가히 제도할 중생을 보지 못한다 하시니라. 이미 그러할진대 어찌 일찍이 능도(能度 : 제도하는 주체)와 소도(所度 : 제도받는 객체) 있음을 볼 것인가? 그런 까닭에 생각 있음과 생각 없음이 걸림이 없어 구경에는 마침내 두가지가 없음에 이르니, 다만 두 가지가 없는 도리를 어떻게 말할 것인가?

계곡과 산이 비록 다르나 구름과 달은 같으니, 종횡으로 걸리지 않는 것을 알고자 하는가? 곳곳의 푸른 버들에 말을 맬 수 있고, 집집마다 길이 있어서 장안으로 훤히 뚫렸느니라.'

부대사가 게송으로 말했다.

물과 뭍이 같은 진여의 경지이고
나는 것과 걷는 것의 체(體)는 하나로 같도다
법 가운데에는 피차(彼此)가 없음이요
이치에는 친소(親疎)가 끊어졌도다
자타의 분별을 버리고
고하(高下)에 집착하는 망정을 없애서

그 평등한 성품을 분명히 알면
다 함께 무여열반에 들어가리라

水陸同眞際　수륙동진제
飛行體一如　비행체일여
法中無彼此　법중무피차
理上絶親疎　이상절친소
自他分別遣　자타분별견
高下執情除　고하집정제
了斯平等性　요사평등성
咸共入無餘　함공입무여

나는 것과 걷는 것은 4생으로 모든 중생을 총체적으로 나타내 보인 것이다. 피차(彼此)란 나를 사랑하고 남을 미워하는 아상과 인상이다. 친소(親疎)와 고하(高下)는 중생상과 수자상이다.

4상을 끊고 하나의 자성을 보면, 나는 것과 걷는 것, 나와 남, 친하고 성김, 높음과 낮음이 하나로 여여하여 다툼이 없다.

지장(地藏) 스님이 법안(法眼)에게 물었다.

"상좌(上座)는 어디로 가려는가?"

"이곳 저곳을 거치면서 행각하렵니다."

"행각하는 일은 어떠한가?"

"알지 못합니다."

"알지 못하는 것이 가장 가깝고 정성스럽게 대하는 것이니라."

법안이 활짝 대오(大悟)하였다.

이 공안의 핵심은 법안이 '알지 못합니다.'에 있다. 본색 납자가 아니라면 이와 같이 대답할 수가 없다. 인공과 법공을 깨달아 망상이 일지 않기 때문에 2변적 앎을 쓰지 않고, 자성 대용의 경지를 보여 주고 있다. 지장 스님이 '알지 못하는 것이 가장 친절한 것이다.' 라고 한 것이 바로 그 뜻이다.

무명의 심의식을 정화시켜서 자성의 지혜와 공덕이 걸림 없이 비치도록 해 주는 것이 가장 완전하게 선(善)을 행하는 것이다.

양무위(楊無爲)가 부용해(芙蓉楷)에게 물었다.

"서로 헤어진 지 몇 년이나 되었던가?"

"7년입니다."

"도를 배웠는가? 참선을 했는가?"

"그런 풍악은 울리지 않았습니다."

"그렇다면 헛되이 산천을 떠돌아다닌 것이니, 도무지 능한 것이 없겠군."

"서로 헤어진 지 얼마 되지 않아서 잘 살펴 보시는군요."

양무위가 크게 웃었다.

도(道)도 배우지 않았고 참선도 하지 않아 도무지 능한 것이 없는 것이 좋은 것이다. 증도가에 이르기를 '배움을 끊은 무위(無爲)의 한가한 도인은 망상도 없애려 하지 않고, 참됨도 구하지 않도다.' 고 한 바와 같이 일체법에서 멀리 벗어나서 성품에 맡겨 소요 자재함이 가장 훌륭한 선행(善行)이다.

'서로 헤어진 지 오래지 않다.' 하는 것도 가고 옴이 없고 증감이 없는 본체에서 하는 말이다.

24. 복덕과 지혜가 비할 바 없다[福智無比分]

본문

"수보리여, 만약 삼천 대천 세계 가운데 있는 모든 수미산왕과 같은 칠보 무더기를 어떤 사람이 가지고 보시하고, 다른 사람은 이 반야바라밀경 혹은 사구게 등을 받아 지니고, 읽고 외우면서 남을 위해 말해 준다면, 앞의 복덕은 백분의 일에도 미치지 못하고, 백천만억분 내지 수량의 비유로도 미칠 수가 없느니라."

수보리 약삼천대천세계중 소유제수미산왕여시등칠보취
須菩提 若三千大千世界中 所有諸須彌山王如是等七寶聚

유인지용 보시 약인이차반야바라밀경 내지사구게등 수지
有人持用 布施 若人以此般若波羅密經 乃至四句偈等 受持

독송 위타인설 어전복덕백분불급일 백천만억분 내지산수
讀誦 爲他人說 於前福德百分不及一 百千萬億分 乃至算數

비유 소불능급
譬喩 所不能及

본문 주해

수미산왕과 같은 칠보로 보시하는 복은 유루세간의 복이어서, 그 복이 비록 크다 해도 한계가 있고, 마침내 오래 가지 못하고 끝나게 된다. 그러나 반야바라밀경을 지니면서 그 참뜻을 깨닫고 실천하는 것은 무루 출세간의 복덕이라 써도써도 다함이 없다. 무위의 복덕은 마치 허공과 같아서 한량도 없고 끝도 없기 때문이다.

증도가에서 말했다.

코끼리 수레 높은 위풍 거침없이 길을 가니
버마제비가 수레길 막는 것을 누가 볼 수 있으리오
부사의한 해탈의 힘이여
묘한 작용 항사 같아 다함이 없도다

象駕崢嶸漫進途 상가쟁영만진도
誰見螳螂能拒轍 수견당랑능거철
不思議解脫力 불사의해탈력
妙用恒沙也無極 묘용항사야무극

'버마재비 가로막음을 누가 볼 수 있으랴.' 하는 것은 보잘것없는 유위의 힘으로는 무위의 거대한 힘을 막을 수 없음을 말한다. 진성을 쓴다는 것은 곧 우주만유를 낱낱이 빠짐없이 보고, 알고, 아우르는 그 힘과 지혜의 당체인 진여본체의 주재자가 되는 것을 말한다. 뜨는 해를 붙잡아 새벽이 오지 못하게 할 수 없는 것과 마찬가지로 유위의 힘으로는 무위를 감히 어떻게 해 볼 수가 없다.

원오(圜悟) 스님이 말했다.

'세계를 잡아 쥐어 터럭만큼도 번뇌를 내지 못하게 하고, 온 대지 사람들의 수단을 없애고 혀를 묶어 버리니, 이것이 납승의 바른 법령이다. 정수리에서 빛을 놓아 4천하를 비추어 파악하니, 이것이 납승의 금강안이다. 무쇠를 두드려 금으로 만들고, 금을 두드려 무쇠로 만든다. 홀연히 사로잡기도 하고 홀연히 놓아 주기도 하니, 이것은 납승의 주장자이다. 천하 사람들의 혓바닥을 앉아서 끊어 곧바로 한 기(氣)도 없게 하여 3천리 밖으로 다시 물러나게 하는 것은 납승의 기상이다.'

또 말했다.

'모든 부처님께서는 일찍이 세상에 나오신 적도 없고, 또한 한 법도 사람에게 준 적이 없으며, 조사께서도 일찍이 서쪽에서 오신 적도 없고, 마음을 전해 주신 적도 없다. 그러나 당시의 사람들이 이를 알지 못하고 밖을 향하여 치달리며 구하니, 자기 발 밑에 일대사인연(一大事因緣 : 본분을 깨치는 큰 일의 원인과 조건)이 있음을 전혀 알지 못한 것이다. 일천 성인이 찾아 보아도 찾지 못하나니, 다만 지금 <보아도 보지 않고, 들어도 듣지 않고, 설해도 설하지 않고, 알아도 알지 않는 그 것>을 어디에서 얻을 수 있을까?

부대사가 게송으로 말했다.

보배를 보시함이 모래 수 같더라도
오직 유루의 원인이 될 뿐이니
무아를 관하여 망(妄)을 깨닫고
참이라 부름만 같지 못하도다

무생인(無生忍)을 증득코자 한다면
요컨데 '탐'과 '진' 여읨에 의할지니
인(人)과 법(法)이 실체가 없는 줄 알면
소요자재하여 6진을 벗어나도다

施寶如沙數 시보여사수
唯成有漏因 유성유루인
不如無我觀 불여무아관
了妄乃名眞 요망내명진
欲證無生忍 욕증무생인
要假離貪瞋 요가이탐진
人法知無我 인법지무아
逍遙出六塵 소요출육진

반야바라밀을 행하여 일체법에 실체가 없고 붙잡을 것이 없음을 알게 되면, 진(眞), 망(妄), 시간과 공간이 모두 하나의 진실공으로 돌아가게 된다.

증도가에서 '무명의 실제 성품이 곧 불성이고, 허깨비 같은 이 몸이 곧 법신이다.'고 한 것이 바로 이것을 말한 것이다.

이 무위법이 얼마나 위대한 지혜와 공덕이 있느냐 하면, 순식간에 예토(穢土)를 불국정토로 바꾸어 놓고, 온갖 악과 더러움을 찰나에 더할나위 없는 선법으로 바꾸어 놓고, 온갖 다툼을 평정하고, 한량없는 법문을 열어 일체 중생을 교화하니, 불가사의하고 한량없고 끝이 없어서 헤아려 생각할 수조차 없다.

25. 교화하되 교화하는 바가 없다[化無所化分]

본문

“수보리여, 어떻게 생각하느냐? 너희들은 여래가 ‘내가 마땅히 중생을 제도한다.’는 이런 생각을 한다고 말하지 말라.

수보리여, 이런 생각을 하지 말라. 무슨 까닭인가? 실로 여래가 제도할 중생이 없기 때문이니라. 만약 여래가 제도할 중생이 있다면, 여래는 곧 아 · 인 · 중생 · 수자상이 있음이니라.

수보리여, 여래가 ‘아(我)가 있다.’고 설하는 것은 곧 ‘아(我)가 있음’이 아니지만, 범부들은 이것을 ‘아(我)가 있다.’고 여기느니라.

수보리여, 범부라는 것을 여래는 곧 범부가 아니라고 설하나니, 그 이름이 범부이니라.”

수보리 어의운하 여등물위 여래작시념 아당도중생 수보
須菩提 於意云何 汝等勿謂 如來作是念 我當度衆生 須菩

리 막작시념 하이고 실무유중생 여래도자 약유중생 여래
提 莫作是念 何以故 實無有衆生 如來度者 若有衆生 如來

도자 여래즉유아인중생수자 수보리 여래설 유아자 즉비
度者 如來卽有我人衆生壽者 須菩提 如來說 有我者 卽非

유아 이범부지인 이위유아 수보리 범부자 여래설즉비
有我 而凡夫之人 以爲有我 須菩提 凡夫者 如來說卽非

범부 시명범부
凡夫 是名凡夫

본문 주해

'실로 여래가 제도할 중생이 없다.'는 것은 제법의 실상을 분명히 보시기 때문이다. 6근에 가림이 없는 살바야 지혜의 눈에는 중생도 없고, 중생을 제도하는 나도 없고, 중생을 제도하는 법도 없다.

중생이 있음을 보는 것은 혜안이 없어서 인법(人法) 무아(無我)를 보지 못하고 상에 집착하여 분별심을 내면서 인(人)도 실이고, 법(法)도 실이라고 여기기 때문이다. 이러한 분별심이 4상을 지어내는 것이다.

만약 인법(人法)이 모두 공임을 확실히 깨달으면, 모든 망념이 사라지고 마음은 항상 공적하고 청정하여 어디에도 걸리거나 머무르지 않게 된다. 부처와 중생이 다르지 않고 나와 부처가 둘이 아닌 일여불이(一如不二)의 진계(眞界)가 펼쳐지는 것이다. 무심으로 오묘히 상응하니, 상응하면서도 상응한다는 생각이 없다. 자신이 부처이면서도 부처라고 인식하지 않으며, 중생을 교화하면서도 교화한다는 생각이 없다. 진여본체의 체성이 원래 그러하기 때문이다.

세존께서 '아(我)가 있다고 설하는 것은, 곧 아(我)가 있음이 아니다.'라는 것은 무슨 뜻인가?

모든 부처님은 자용진성(自用眞性)하시고, 모든 범부는 무명번뇌를 쓴다. 부처님이 쓰는 진성은 이름과 생각이 본래부터 없다. 이름과 양변의 생각은 일진본체의 체·용을 알지 못하는 중생들이 그 무지의 바탕 위에서 형상을 분별하여 지어내고, 증장시켜 온 번뇌이고 망상일 뿐 '참'이 아니다. 그러나 범부의 심의식 체계는 이름과 양변의 생각 없이는 돌아가지 않는다.

그리하여 부처님이 중생들을 상대로 진리를 말씀하실 때는 어쩔수 없이 중생의 심의식에 맞추어서 설명해 주지 않을 수 없다. '아(我)가 있다고 설하는 것은, 곧 아(我)가 있음이 아니다.'에서 부처님이 말하는 '아(我)가 있다.'는 4상을 떠나서 나와 남이 따로따로가 아니고 나와 부처가 둘이 아닌 그러면서도 그러한 것을 인식하지 않는, 한 생각도 없이 그냥 자용진성하는 궁극적 진리 일진본체 그 자체일 뿐이다. 그러나 이것을 아무리 정확히 설명해 준다 해도 범부는 자신이 들은 바를 심의식을 통해서 탐진치악견 등의 번뇌와 양변적 앎으로 이해할 수밖에 없으므로 부처님이 말한 참뜻과는 틀려질 수밖에 없는 것이다. 그래서 '아(我)가 있다고 설하는 것은 아(我)가 있음이 아니지만, 범부들은 이것을 아(我)가 있다고 여기느니라.' 하신 것이다. 이것은 곧 근본, 진리를 깨닫지 못한채 지말법에만 집착하는 중생들이 혹·업·고(惑·業·苦)의 3도(三道)에 들어가는 원인이다.

부처님이 설하시는 말의 참뜻은 말과 생각을 벗어난 곳에서 듣지 않으면 안 되는 이유가 여기에 있는 것이다.

2변적인 앎을 놓아 버리고 자성에 맡겨 두면, 자성은 신령스럽게 알아서 오묘하게 작용한다. 심의식으로 작위하여 움직이는 것과는 천지 차이보다 더 멀다.

'범부라는 것을 여래는 범부가 아니라고 설하나니'라고 한 것도 법의 실상에는 범부라는 것이 없음을 말한다. 바르게 보지 못해서 범부라는 허망한 상을 짓고 그것을 실제라고 착각하지만, 범부의 실상은 다만 자성본체일 뿐이다. 자성본체가 진흙 속에 뒹굴어 옷이 더러워지기는 했지만, 그 근본은 조금도 달라지지 않아 불생 불멸이고, 부증 불감(不增不減)이며, 법계 가득히 하나로 이어진 몸 그대로이다. 어쩔 수 없이 이름을 빌려 범부라 했으나, 범부라 이름할 수 없는 것이다. 일진본체의 체·용이 심의식의 무명심소법(心所法 : 번뇌 요소들)과 불상응행법(不相應行法 : 양변적 개념의 요소들)에 상응하고 있는 모습이 곧 범부의 신구의(身口意)이다.

어느 때나, 어느 곳에서나, 어느 사물에서나 신령스러운 정신이 오묘하게 알고 행하니, 그 심오한 뜻과 질서 원리를 헤아릴 수 없다. 온 법계를 한눈에 보고 알아 버리며, 한량없는 사물을 모두 조화롭게 유지하면서 지도(至道)의 극처를 향해 향상(向上)의 일로(一路)를 초월해 간다. 삼라와 만상이 비록 형형색색이나 다만 하나의 몸과 지혜이다. 목구멍에서 나는 이 쉰 목소리여! 누구의 소리인가?

만송(萬松) 노사가 시중(示衆)하였다.

재사(才士)는 붓으로 밭을 갈고, 변사(辨士)는 혓바닥으로 밭을 갈지만, 우리들 납승의 가풍은 노지백우(露地白牛)를 보기도 게을리하고 뿌리 없는 상서로운 풀도 돌아보지 않는다. 어떻게 하루하루를 보낼 것인가? '노지백우'란 번뇌가 멸진된 청정한 본체를 뜻하고, '뿌리없는 상서로운 풀'이란 진여공의 신령스러운 화현(化現)을 뜻한다.

지장(地藏) 스님이 수산주(脩山主)에게 물었다.

"어디서 왔는가?"

"남방에서 왔습니다."

"남방은 요즈음 불법이 어떠한가?"

"헤아려 논의함이 아득합니다."

"내가 여기서 밭에 씨뿌리고 주먹밥 먹는 것만이야 하겠느냐."

"3계는 어찌하시고요?"

"그대는 무엇을 가지고 3계라 부르느냐?"

지장 스님은 나한계침(羅漢桂琛) 선사이다.

지장 스님이 수산주에게 '남방의 불법이 어떠한가?'라고 물었을 때, 수산주는 부끄러운 줄도 모르고 범부의 본색을 드러내고 말았다. 납승의 본분이 무엇인지도 알지 못하면서 뽐내며 '헤아려 의론하는 경지가 아득하다.'고 말했다. 불법이 일상 속의 자기에게 있는 줄을 알지 못하고, 글자와 생각과 말 속에서 헤아리고 있으니, 그래가지고서야 뼈다귀 냄새를 맡고 여기저기를 찾아 헤매는 강아지와 무엇이 다를 것인가?

'3계는 어찌하시고요?' 하면서 3계 중생을 두고 그렇게 한가로울 수가 있느냐고 스님을 추궁했으나, 3계 중생을 구제할 수 있는 올바른 방법을 알지 못한 어리석은 범부의 소견이었다.

지장 스님과 수산주는 이 대화가 있기 전에 한 차례 만난 적이 있었다. 한때 수산주가 도반인 법안(法眼), 진산주(進山主) 등과 함께 호외(湖外) 지방으로 가다가, 개울이 넘쳐 인근에 있는 지장원에 머물게 되었는데, 지장 스님을 보고도 무시한 일이 있었다.

지장 스님이 그들을 점검해 보고자 수산주에게 말을 걸었다.

"그대들에게 물어도 되겠는가?"

"일이 있으면 물어 보시요."

"산하대지(山河大地)와 그대들은 같은가, 다른가?"

"다릅니다."

지장 스님이 두 손가락을 세워 보이자 수산주가 얼른 말을 바꾸었다.

"같소, 같소."

지장 스님은 다시 두 손가락을 세워 보이고는 일어나서 나갔다.

이에 법안이 수산주에게 말했다.

"지장 스님이 두 손가락을 세운 뜻은 무엇인가?"

"혼란시켜 주기 위한 것이다."

"거친 마음으로 남을 속이지 마시오."

"쥐 주둥이에서 어찌 상아가 나오겠느냐?"

당초 지장 스님이 수산주에게 '산하대지와 그대들은 같은가, 다른가?' 하고 물었을 때, 수산주는 같음과 다름에서 벗어나 본분사로 맞이했어야 했다. 지장 스님이 두 손가락을 세워 보인 것도 그것을 내보인 것이다.

하나 위에 오뚝이 선 두 손가락, 그 하나는 어떻게 생겼으며 또 어디에 있는가? 찾으려면 찾지 못하고, 놓아 버리면 스스로 돌아가서 행한다.

산하대지와 수산주는 다 같이 하나의 근원 위에 있어서 차별이 없는 한 몸이다. 이 차별 없는 하나는 무념이어서 아무 생각이 없고, 무위이어서 해도 함이 없다. 불법이니 교화니 하는 것도 모두 범부의 분상(分上)에서 분별한 심의식상의 명칭이고 생각일 뿐, 진계(眞界)에는 없는 것들이다. 수산주는 본분의 일과는 너무나 동떨어진 담판한(擔板漢)이었다.

26. 법신은 상이 아니다[法身非相分]

본문

"수보리여, 어떻게 생각하느냐? 가히 32상으로써 여래를 볼 수 있겠느냐?"

수보리가 말씀드렸다.

"그러하옵니다. 그러하옵니다. 32상으로써 여래를 볼 수 있사옵니다."

부처님께서 말씀하셨다.

"수보리여, 만약 32상으로써 여래를 본다면 전륜성왕도 곧 여래이리라."

수보리가 부처님께 말씀드렸다.

"세존이시여, 제가 부처님께서 설하신 바 뜻을 알기로는 마땅히 32상으로는 여래를 볼 수 없나이다."

이때에 세존께서는 게송으로 말씀하셨다.

만약 색으로 나를 보거나

음성으로 나를 구한다면
이 사람은 사도를 행함이니
여래를 볼 수 없으리라

수보리 어의운하 가이삼십이상 관여래부 수보리언 여시
須菩提 於意云何 可以三十二相 觀如來不 須菩提言 如是

여시 이삼십이상 관여래 불언 수보리 약이삼십이상 관
如是 以三十二相 觀如來 佛言 須菩提 若以三十二相 觀

여래자 전륜성왕 즉시여래 수보리 백불언 세존 여아해불
如來者 轉輪聖王 卽時如來 須菩提 白佛言 世尊 如我解佛

소설의 불응이삼십이상관여래 이시 세존 이설게언
所說義 不應以三十二相 觀如來 爾時 世尊 而說偈言

약이색견아
若以色見我

이음성구아
以音聲求我

시인행사도
是人行邪道

불능견여래
不能見如來

본문 주해

이미 앞의 '이색이상분(離色離相分) 제20'에서도 같은 문답이 있었던 바, 세존께서 묻기를 '수보리여, 어떻게 생각하느냐? 여래를 구족한 여러 가지 상으로써 볼 수 있겠느냐?'고 하자 수보리가 아뢰기를 '아니옵니다. 세존이시여, 여래는 구족한 여러 가지 상으로써 볼 수 없나이다. 왜냐하면 여래께서 설하신 여러 가지 상의 구족은 곧 구족이 아니고, 이름이 여러 가지 상의 구족이기 때문입니다.' 하였다.

그런데 어찌하여 여기서 수보리는 정반대의 대답을 하여 32상으로써 여래를 볼 수 있다 하였는가? 다만 질문에 차이가 있다면 저기서는 '구족한 여러가지 상'이라 하였으나, 여기서는 '32상'이라 한 점이다.

혹자는 말하기를 앞에서는 진제(眞諦)에 의해서 답하였고, 여기서는 속제(俗諦)에 의해서 답한 것이라고 하기도 하고, 또 혹자는 법신을 밝히기 위해서 수보리가 짐짓 거짓으로 이렇게 답하였다고 하기도 한다.

또 규봉종밀(圭鋒宗密)의 견해는 이러하다.

여기서의 질문과 답변은 제20단의 문답과는 전혀 다르다는 것이다. 제20단은 상(相)으로써 부처로 삼느냐는 것이고, 여기에서의 질문은 상을 관[相觀]함으로써 무상(無相)의 부처를 알 수 있느냐는 뜻의 질문이라는 것이다. 이른바 담 너머 뿔이 보이면 소인 줄을 알고, 산 너머 연기가 보이면 불이 난 줄을 아니, 부처님의 상호 있는 곳에서 참법신을 본다는 뜻이다.

그러나 저자는 이 26단의 전체적인 문답의 과정을 살펴볼 때, 비록 규봉 스님의 주석이 이치 상으로 전혀 틀린 곳이 없지만, 이

26단에는 적합한 해석이라고 보지 않는다.

한편 함허 스님은 앞의 20단에서는 수보리가 중근기에 맞추어서 방편으로 깨달아 들어가게 하고자 '구족한 상으로 여래를 볼 수 없다.' 하였다. 하고, 또 여기서는 하근기에 맞추어서 방편으로 깨닫지 못한 모습을 보이니, 그러므로 '32상으로 여래를 볼 수 있다.' 고 짐짓 말한 것이라는 취지로 해석하였다.

한편 6조는 수보리가 비록 대 아라한이라 깨달은 바가 매우 깊지만, 아직도 부처님의 상호에 집착하고 있음을 드러내 보인 것이라고 한다. 그리하여 부처님께서는 수보리에게 아직도 끊어야 할 상이 남아 있음을 보시고 '수보리여, 만약 32상으로써 여래를 본다면, 전륜 성왕도 곧 여래이리라.' 하셔서 수보리의 미세한 번뇌마저 끊어 주시고, 다른 모든 중생들에게도 바른 법을 천명해 보이신 것이라 하였다. 부처님께서 '상으로써 여래를 볼 수 없다.' 고 하신 그 참뜻은 어디에 있을까? 상을 넘어서서 실상을 보아야 하기 때문이다.

도천 선사가 제법실상(諸法實相)의 도리를 게송으로 읊었다.

상이 있는 몸 가운데 상이 없는 몸이여
금향로 밑의 무쇠 곤륜(崑崙 : 곤륜은 염부제 중심에 있는 香山)이로다
두두가 모두 내집 물건이니
하필이면 영취산에서 세존께 물으랴
마치 왕이 칼을 잡고 있음과 같도다

有相身中無相身 유상신중무상신
金香爐下鐵崑崙 금향로하철곤륜

頭頭盡是吾家物　두두진시오가물
何必靈山問世尊　하필영산문세존
如王秉劍　여왕병검

무상의 진신, 법신은 상이 아니지만 상을 떠나서 따로 있는 것이 아니다. 모든 형상과 작용이 있는 곳에서 그 형상과 작용이 곧 형상 없는 일진본체 법신인 것을 보지 않으면 안 된다. 깨달은 몸에 나타난 것이 보신(報身) 부처이고, 어리석은 몸에 나타난 부처가 중생이다. 악한 마음에 나타내 준 것이 포악한(暴惡漢)이고, 도를 구하는 마음에 나타내 준 것이 보살이다. 오직 불만 보면 미친듯이 쫓아가는 불나비는 깊고 어두운 무명에 응해 준 것이다. 이 세계속에 일어나는 갖가지 일들은 모두 일진본체, 법신 부처님이 펼치는 지혜묘용이다. 무명중생의 번뇌가 많기 때문에 법신 부처님의 일도 그만큼 분주하고 많은 것이다. 그 법왕이 내 속에서 움직이고 있다. 오직 이 하나를 깨달아 우주 속의 모든 일들을 한꺼번에 해결한다. 그러나 자기속의 부처를 깨달을 수 있는 지혜가 관건이니 그러므로 사람 몸이 귀한 것이다. 있으되, 있는 줄을 모르면 없는 것과 같아서 사람과 미물은 이와같이 다르다. 밖으로 상에 집착하는 마음을 안으로 돌려서, 그 마음이 나온 근본체와 이치를 깊이 참구하여 깨달으면, 모든 것을 한꺼번에 해결한다. 비록 세계 속의 물체와 형상과 4산 8풍이 헤아릴 수 없이 많다 해도 이것은 전부 진여의 체와 용의 모습이어서, 이 한 한가지를 깨달아서 해결해야 한다.

세존께서 게송으로 말씀하신 '만약 색으로 나를 보거나 음성으로 나를 구한다면' 이라고 하신 것 중에서 '나' 는 어떤 것인가?

이 '나'는 부처님의 상이다. 부처님의 상은 형상의 색신도 아니고 음성도 아니다. 여래의 실상은 형상이 없으며, 심의식으로 생각할 수도 없고, 알 수도 없다. 그러므로 여래를 바르게 보려면, 스스로 무념, 무위가 되지 않으면 안 된다. 무심으로 머무는 바 없는 마음이 지극하고 한결같아질 때, 여래의 색신과 음성에서 형상도 아니고 음성도 아닌 진공무상의 부처님 참법신을 보게 되는 것이다. 색신과 음성으로 부처를 보려고 해도 안 되고, 색신과 음성을 떠나서 부처를 보려고 해도 안 된다.

그리하여 색신과 음성을 연(緣)하여 그 실상인 진여를 보아야 하는 것이며 이것이 반야바라밀이다. 무념 · 무주가 한결같이 이어져서 상속하는 경지는 무명이 멸진하고 반야바라밀이 행해지는 때이다.

보신(報身)은 부처이지만, 그 모양으로 인해서 부처인 것이 아니다. 보신의 심신이 청정자성을 증득하여 진여법계에 귀일(歸一)하였기 때문이다. 무명을 제거하였기 때문에 그렇게 된 것이다.

세존께서 '사도를 행하지 말라.' 하신 것은 옆집 패륜아도 부처인 줄 알라는 말씀이다. 비록 무명에 6근이 가리어져서 말과 행동이 악하고 어리석으나, 참실상은 진여자성으로 부처님과 조금도 다르지 않으니 방편을 베풀어 교화하는 것이 바른 도를 행하는 것이기 때문이다.

『화엄경』에 이르기를 '색신은 부처가 아니고, 음성 또한 그러하다. 또 그 진여자성을 분명하게 알지 못하면, 이 사람은 부처를 보지 못한다. 다만 안으로 관(觀)하여 돌이켜 비추면, 곧 자성에 즉하여 수행하는 것이니 여래를 얻는 것이 사방 한 치밖에 안 되는 이 마음 사이에 있는 것이다.' 고 한 것도 같은 말이다.
부대사가 게송으로 말했다.

색신의 상도 아니고 소리의 상도 아니니
심식이 어찌 능히 헤아릴 수 있으랴
볼 때도 볼 수 없으나
이치를 깨달은즉 모습이 드러나도다

非色非聲相 비색비성상
心識豈能量 심식기능량
看時不可見 간시불가견
悟理卽形彰 오리즉형창

세존께서 대중들과 함께 길을 가시다가 손으로 땅을 가리키시며,
'이곳에다 절을 세우는 것이 좋겠다.' 고 말씀하시자
제석이 한 줄기 풀을 가지고 땅에 꽂으면서
'절을 다 지었습니다.' 고 말씀드리니,
세존께서는 미소를 지으셨다.
천동정각(天童正覺) 스님이 이것을 송(頌)하였다.

온갖 풀 끝에 끝없는 봄이여
손가는 대로 잡아 드니 사용함이 친숙하도다
열여섯 자 금신(金身) 공덕의 덩어리
대수롭지 않게 손을 잡고 번잡한 세상에 들어가서
티끌 가운데에서 능히 주인 노릇을 하니
변방은 스스로 와서 손님이 되도다

닿는 곳마다 생애가 분수 따라 족하니
기량이 남만 못함을 싫어하지 않도다

절은 이 경의 참뜻이고, 이 경의 참뜻은 진여자성이고, 진여자성은 온갖 풀 끝에서 빛을 발하고 있다. 여래의 참모습이 형상에 있는 것이 아니고, 절의 참뜻도 웅장한 건축물에 있는 것이 아니다. 반야바라밀을 행하여 색과 소리에 얽매이지 않고 훤칠히 벗어나서 보아도 보지 않으며, 들어도 듣지 않고 오로지 자기 속에서 간단없이 움직이는 것을 활짝 깨쳐서 그것으로 돌아가서 그것에 맡겨서 쓰면 손가는 대로 잡아 들어도 참되지 않음이 없고, 세속의 번뇌 속에 앉아 있어도 모두가 법왕의 법 아님이 없다. 그러므로 한 줄기 풀을 뽑아 열여섯 자 금신(金身)으로 만들어 쓴다 한 것이다. 이때에는 살아갈 계책을 모두 털어 버려서 기량이 없으니, 참 성품의 지혜공덕에 그런 것이 무슨 소용이 있겠는가?

지옥불의 고통도 순식간에 법신의 자비공덕으로 돌려 놓고, 아비지옥에 떨어질 죄업도 찰나 사이에 없애 버린다. 이것이 색을 떠나고 상을 떠나는 반야바라밀의 공덕이다.

27. 끊어짐도 아니고 멸함도 아니다[無斷無滅分]

본문

"수보리여, 네가 만약 '여래는 상을 구족하지 아니한 까닭에 아뇩다라삼먁삼보리를 얻었다.'는 이런 생각을 한다면, 수보리여, 이런 생각을 하지 말아라. 여래는 상을 구족하지 아니한 까닭에 아뇩다라삼먁삼보리를 얻은 것이 아니니라.

수보리여, 만약 '아뇩다라삼먁삼보리심을 낸 자는 모든 법의 단멸을 설한다.'고 이렇게 생각한다면 이런 생각을 하지 말아라.

무슨 까닭인가? 아뇩다라삼먁삼보리심을 낸 자는 법에 대해서 단멸상을 설하는 것이 아니기 때문이니라."

수보리 여약작시념 여래불이구족상고 득아뇩다라삼먁삼
須菩提 汝若作是念 如來不以具足相故 得阿耨多羅三藐三

보리 수보리 막작시념 여래불이구족상고 득아뇩다라삼먁
菩提 須菩提 莫作是念 如來不以具足相故 得阿耨多羅三藐

삼보리 수보리 여약작시념 발아뇩다라삼먁삼보리심자
三菩提 須菩提 如若作是念 發阿耨多羅三藐三菩提心者

설제법단멸 막작시념 하이고 발아뇩다라삼먁삼보리심
說諸法斷滅 莫作是念 何以故 發阿耨多羅三藐三菩提心

자 어법불설 단멸상
者 於法不說 斷滅相

본문 주해

앞의 단에서 세존께서는 32상으로 여래를 볼 수 없음을 말씀하셨던 바, 이 말을 들은 사람들이 다시 상을 구족하지 않는 것에 집착하여 그것을 극칙으로 삼을까 걱정하시고, 여기서 여래는 상을 구족하지 아니함으로써 아뇩보리를 얻은 것이 아님을 분명히 하셨다.

그리하여 아뇩다라삼먁삼보리심을 낸 자는 색과 소리로써 여래라고 해서도 아니 되며, 또한 색과 소리가 없는 단멸로써 여래라고 해서도 안 되는 것이다. 아뇩다라삼먁삼보리법은 색과 상도 떠나야 하며, 단멸상도 떠나야 하기 때문이다.

처음 부처님께서 색과 상을 부정하신 것은 상에 집착함을 타파하고자 하신 것이며, 단멸도 아니라 하신 것은 단멸상에 집착함을 타파하신 것이다. 만약 상이 있음으로써 법을 삼는다면 이것은 곧 양변 중의 유견(有見)이고, 상이 없음으로써 법을 삼는다면 이것은 곧 양변 중의 무견(無見)이다. 또 유와 무, 둘 다 보지 않는다 해도 이 또한 봄과 보지 않음의 양변 사(事)이니, 이 마저도 벗어나야 하는 것이다.

신심명에서 말하기를 '오직 양변에 머물러 있으니, 어찌 하나를 알것인가?[唯滯兩邊 寧知一種]'라고 한 것이 바로 이 뜻이다. 양변에 머물러서는 법신을 볼 수가 없기 때문이다.

단멸을 달리 말하면 단공(斷空)이다. 끊어져 버린 공, 죽은 공을 말한다. 찬 재같이 되어 공에 침잠하여 공을 지키고 앉아 있으니, 이는 아뇩보리가 아니며 여래의 실상이 아니다. 진공(眞空)은 처처에서 약동하는 공이다. 이 우주 속 어디에서도 오묘하고 신령스럽게 살아 움직이는 활공(活空)이다. 비록 형상도 없고 마음도 없지만, 찰나의 멈춤도 없이 스스로 보고 알아서, 온 우주법계의 삼라만상을 자신의 몸과 지혜와 공덕과 정신을 다 바쳐서 오묘하고 지극한 조화와 질서로 이끌어간다. 그러나 '이끎'도 유심의 작위가 없고 다만 무심으로 상응하는 결과가 그렇게 작용하게 된다. 『본래 항상하는 이치(本常理)』와 그 『자견 · 자지(自見 · 自知)하는 성품(見性常)』이 그렇게 하는 것이다.

증도가에서 말했다.

참됨도 서지 못하고 망령됨도 본래 공하도다
있음과 없음을 모두 버리니 공하지 않은 공이로다
20공문(二十空門)에 원래 집착하지 않으니
한 성품 여래의 본체와 저절로 같아지도다

眞不立 妄本空 진불립 망본공
有無俱遣不空空 유무구견불공공
二十空門元不著 이십공문원불착
一性如來體自同 일성여래체자동

세존께서 상에 집착하지도 말고, 단멸에 집착하지도 말라 하신 것은 일체만법의 본체인 진여공, 그 『공하지 않은 공』을 깨닫도록 하기 위한 것으로, 이것만이 위없는 보리를 깨닫는 길이다. 양변이 없는 본체는 공이고, 무상(無相)이고, 무아(無我 : 무실체)이지만 처처에서 나투고 있는 '공하지 않은 공'인 것이다.

그리하여 여기에 오묘한 방도가 있다. 그것은 색과 소리를 떠나지 않고도 색과 소리를 떠나는 도리이다. 도천 스님이 '잘라도 가지런해지지 않고, 다스려도 도리어 어지럽기만 하니 머리를 잡아 일으켜 잘라도 끊어지지 않도다.' 하였는데, 이 말은 마음을 가지고 '유'를 없애려 하기도 하고, '무'를 끊으려고도 하는 것을 말한다. 이것은 마음에다 마음을 한 겹 더 보태는 것일 뿐, 옳은 방법이 아니다. 그러므로 색과 소리를 마주하였을 때, 있는 경계를 애써서 없다고 해보아야 아무 소용 없는 일이다. 경계는 그대로 두고 다만 마음을 내려 놓으면 되는 것이다. 마음을 훌훌 털어내버리면 자연히 자성의 청정광명이 6근 문두를 통하여 사물을 비추게 되어 일체법의 실상을 보게 되는 것이다. 이것이 반야바라밀 최상승법의 요결이다.

공하면서 공하지 않은 묘법을 도천 선사가 게송으로 말하였다.

> 알 수 없어라 누가 교묘하게 안배할 줄 아는지를
> 이기어서 한 덩어리로 모았다가 또 예전같이 놓아 풀어주니
> 여래가 단멸을 이루었다 말하지 말라
> 한 소리가 또 한 소리를 이어오는도다
> **不知誰解巧安排** 부지수해교안배
> **捏聚依前又放開** 날취의전우방개

莫謂如來成斷滅 막위여래성단멸
一聲還續一聲來 일성환속일성래

몸뚱이가 스스로 움직일 수 있는 것도 아니고, 마음이 스스로 생각할 수 있는 것도 아니다. 해가 스스로 동쪽 하늘 위로 솟아오를 수 있는 것도 아니고, 저녁 노을이 스스로 붉을 수 있는 것도 아니다. 마음이 업을 짓고 몸이 재앙을 받는 것도 스스로 그럴 수 있는 것이 아니다.

송장을 보니 움직일 줄을 모르고, 마음은 찾아 보아도 있는 곳이 없다. 그러면서도 보이지 않는 손과 눈은 4대와 5음을 교묘하게 움직인다. 이 모두가 공하면서 공하지 않은 법신의 불가사의한 향상의 지혜작용이다.

앙산(仰山)이 눈사자[雪師子]를 가리키면서 말했다.

"이 빛을 넘을 수 있는 것이 있겠느냐?"

운문(雲門)이 말했다.

"당시에 곧바로 밀어 넘어뜨려야 했다."

설두(雪竇)가 말했다.

"단지 밀어서 넘어뜨릴 줄만 알았지 부축해서 일으킬 줄은 몰랐구나."

'이 빛'이란 눈서리의 흰 빛이다. 세상에서 이보다 더 희고 깨끗한 빛은 없다. 부처님의 32상 80종호는 '이 빛'에 해당한다. '이 빛보다 더한 것'이란 절대 청정, 즉 일진본체, 진여법신을 말한다. 희다든지 깨끗하다든지 하면 벌써 한정되어 버린 것이고, 이것은 절대 청정이 아니다. 세존께서 '여래를 구족한 상으로써 보지 말라.' 하신 것이 바로 이러한 뜻으로 하신 말씀이다.

운문 스님이 '곧바로 밀어 쓰러뜨려야 한다.'라고 한 것은 무엇에도 집착함이 없이 훤칠히 벗어나야 함을 말한다. 32상에도, 무상보리법에도 부처에도 집착하지 말고, 만나는 족족 쓰러뜨려서 한결같이 청정한 일심으로 상속해야 함을 말한다.. 그래야만 지도(至道)를 온전히 행할 수 있게 된다.

운문은 설봉(雪峰)의 법을 이었고, 설봉은 덕산(德山)의 법을 이었다. 이들의 가풍은 참으로 눈서리보다 더해, 한 티끌도 용납지 않고 싹쓸어 버리는 것이 유별나다.

설봉이 동산(洞山) 스님 회상에 있으면서 공양주를 맡아 쌀을 이는데, 동산 스님이 물었다.

"모래를 일어서 쌀을 걸러 내느냐, 쌀을 일어 모래를 걸러 내느냐?"

"모래와 쌀, 둘 다 걸러 냅니다."

"대중은 무엇을 먹으라고."

설봉이 찰나에 쌀 항아리를 엎어 버리자, 동산 스님이 말했다.

"그대의 인연은 덕산에게 있다."

운문 스님 또한 더욱 아득하여 말을 붙이기조차 어렵다. 그러나 이것은 결코 단멸을 말한 것이 아니다. 운문이 '곧바로 밀어 넘어뜨려라.' 한 것을 단멸의 상을 말한 것으로 잘못 알까 걱정해서 설두가 말했다. '다만 밀어서 넘어뜨릴 줄만 알았지, 부축해서 일으킬 줄은 모르는구나.' 설두의 이 말은 운문의 말에 의해서 다른 사람들이 단멸상에 집착할까 걱정해서 말한 것이다. '부축해서 일으킨다.'는 것은 살아서 움직이는 공이 되어야 함을 말한다. 단멸공에 눌러 앉아 있으면 이것은 죽은 공일 뿐 진공이 아니니, 색이 곧 여래이고, 소리가 곧 진여 법신인 도리를 알지 못하게 되는 것이다.

천동이 송했다.

> 한 사람은 넘어뜨리고 한 사람은 일으키니 눈 내린 뜰의 사자여
> 범할까 삼가며 어질기를 생각하고
> 하는 일에 용맹하여 의리를 보인다
> 맑은 빛이 눈에 비치니 집을 미혹한 듯하고
> 명백함에 몸을 돌렸으나 도리어 지위에 떨어진다
> 납자들이여 의지할 곳 없음을 알지니
> 같이 죽고 같이 삶에 이것은 무엇이며 저것은 무엇인가
> 따뜻한 소식이 매화꽃 봉오리 터뜨리니
> 봄이 찬 가지에 이르고
> 차가운 회오리 바람에 잎이 떨어지니
> 가을이 장마 물빛을 맑히도다

운문은 쓰러뜨리고 설두는 일으켰는데, 앙산이 눈사자를 가리키면서 말한 '이 빛을 넘어설 수 있는 것'은 모두를 원만하게 수습한다. 자심 진여 자성에 의지하여 하나로 살고 하나로 죽으니, 훌훌히 벗어나서 의지할 것이 없다. 의지할 것 없음이 곧 자성의 성품이니, 꽃 피고 잎이 지는 것이 모두 나와 네가 하나인 자성의 소식이다.

'맑은 빛'과 '명백함'은 일체법이 적멸한 공을 가리키는데, 이것이 비록 수승한 것이기는 하나 집착하면 병이 됨을 말한다.

'집을 미혹한 듯', '지위에 떨어진다'가 그것이다.

조주 스님이 이르기를 '나는 명백함 속에도 있지 않다.'고 한 것이 바로 이것인데, 이 명백함마저 벗어나 자유로워지지 않으면 안 된다. '같이 죽고 같이 산다.'는 것은 금시의 심신이 일진본체 자성으로 돌아가 합일한 것을 말한다.

상을 떠나면 상이 상 아님을 보게 되고, 상 아님이 상임을 보게 되니, 상과 상 아님이 아무런 방해가 없다.

28. 받지도 아니하고 탐하지도 아니한다[不受不貪分]

본문

"수보리여, 만약 보살이 항하의 모래 수만큼의 세계를 가득채운 칠보로 보시하고, 만약 또 어떤 사람은 일체법이 무아(無我)임을 알아서 인(忍)을 성취하였다면, 이 보살이 앞의 보살이 얻는 공덕보다 수승하리라.

무슨 까닭인가? 수보리여, 이러한 보살은 복덕을 받지 않기 때문이니라."

수보리가 부처님께 여쭈었다.

"세존이시여, 어찌하여 보살은 복덕을 받지 않나이까?"

"수보리여, 보살이 복덕을 짓는 것은 마땅히 탐내어 집착해서가 아니니, 그러므로 복덕을 받지 않는다고 설하느니라."

수보리 약보살 이만항하사등세계 칠보 지용보시약부유인
須菩提 若菩薩 以滿恒河沙等世界 七寶 持用布施若復有人

지일체법무아득성어인 차보살 승전보살 소득공덕 하이고
知一切法無我得成於忍 此菩薩 勝前菩薩 所得功德 何以故

수보리 이제보살 불수복덕고 수보리 백불언 세존 운하보
須菩提 以諸菩薩 不受福德故 須菩提 白佛言 世尊 云何菩

살 불수복덕 수보리 보살소작복덕 불응탐착 시고설 불수
薩 不受福德 須菩提 菩薩所作福德 不應貪著 是故說 不受

복덕
福德

낱말의 뜻

· 인(忍) : 인욕, 인내, 인허(忍許), 인가(忍可) 등의 뜻. 본래 참는다는 뜻인데, 진리를 깨달아 온갖 것이 공임을 깨달아 안 사람은 역순(逆順)의 경계를 만나도 동요하지 않고 항상 마음을 편안히 하며 움직이지 않는 것을 말한다.

본문 주해

'일체법이 무아임을 알아서 인(忍)을 성취했다.' 하는 것은 일체법이 실체가 없는 공임을 깨달았기 때문에 어떠한 경계를 만나더라도 항상 마음이 편안하게 불생 불멸하는 이법(理法)에 안주하는 것을 말한다. 그러므로 인(忍)을 성취한 것은 마음이 바른 곳에 바르게 머무는 것이다. '머무는 바 없는 마음'이 바로 그것이다. '보살이 복덕을 받지 않는다.' 하는 것도 보살의 마음이 머무는 바가 없어서 상에 집착하지 않기 때문에 복을 받으면서도 복을 받는 것을 인식하지 않는 것을 말한다. 반야바라밀을 진실하게 행하는 보살은 일체법에서 능소가 없는 마음으로 인(忍)을 이룬 것으로 이 무위의 복덕은 유위의 복덕이 태산 같다 하더라도 그보다 비할 수 없이 수승한 것이다.

본래 만법은 실체가 없지만, 6근이 6경을 대하였을 때, 심의식이 분별하여 종종의 상을 만든 것이다. 그러나 자성은 6근이 6경을 대하여 심의식이 분별을 행할 때도, 심의식이 부동할 때도 잠연히 항상 스스로 보고, 항상 스스로 아는 본래의 성품이다. 인(忍)은 이 본래의 성품을 깨달은 것이어서 무명의 심의식을 떠난 것이다. 일어나고 멸하는 것은 모두가 범부의 심의식이 짓는 번뇌망상일 뿐 제법의 실상과는 전혀 관계없는 것이다. 심의식에 의지하느냐, 자성에 의지하느냐에 따라 생사와 해탈로 나누어지게 되는 것이다.

실상을 깨달아 자성으로 대용을 일으키면, 눈으로 보고 귀로 들어도 분별이 나지 않고 혓바닥을 놀려서 수많은 말을 하여도 분별로 하는 말이 아니어서 마치 밝은 거울이 사물이 오면 오는 대로, 가면 가는 대로 실상 그대로 비추는 것과 같다. 이 가운데에서 무궁한 지혜와 신묘한 능력이 끝없이 흐르고 생사고뇌 없는 자성의 무량복덕이 항상 함께 하는 것이다.

자성의 바다는 그대로 전체가 복덕의 바다이지만, 일체법이 무아임을 통달했을 때만 실현되는 세계이다. 아(我)와 법(法) 등 일체의 상을 떠난 가운데 자비공덕의 바다가 출렁인다. 이 늘지도 않고 줄지도 않는 복덕을 모두 중생을 위해서 쓴다. 자신의 몸과 마음이 그대로 자성의 복덕 바다이어서 이것을 중생에게 회향하는 것이다.

오직 형상없고 이름없는 공(空)만이, 그리고 그 자성인 무념·무주의 지혜와 향상의 정신만이 가장 완전하고, 무한하고, 전지

전능하고 영원하여, 지복(至福)의 근본이 될수가 있다. 무릇 부처라 해도 공이 아니라면 생멸법이어서 불완전한 것이다.

도천 선사가 게송을 읊었다.

말 아래 사람이 말 위의 임금으로 인하여
높고 낮음이 있게 되고 친하고 성김이 있게 되도다
하루 아침에 말은 죽고 사람은 되돌아가니
친한 사람이란 같은 길위의 사람과 같아서
단지 이 옛사람은 옛날 행하던 곳으로
고쳐서 돌아갔음이네

馬下人因馬上君	마하인인마상군
有高有下有疎親	유고유하유소친
一朝馬死人歸去	일조마사인귀거
親者如同陌路人	친자여동맥로인
秖是舊時人改却舊時行履處	지시구시인개각구시행리처

말 아래 사람이 말 위의 임금을 보고 분별하여 상을 취하니, 이로부터 온갖 차별상이 벌어진다. 그러나 마음을 단속하여 머무는 바없이 바르게 머물면서 반야바라밀을 행하여 집착을 멀리 벗어나면 '말은 죽고 사람은 본래의 자리로 돌아가서' 제법의 본래 모습을 보게 되는 바, 비로소 일체 존재와 일들이 모두 같은 길을 가는, 같은 집안 소식임을 알게 된다. 이 사람은 본래의 자기로 돌아간 것인데, 무명을 끊고 미혹을 털어 버림으로써 본래의 자기인 자성을 깨달아 자용진성하게 된 것이다.

위산(潙山) 스님이 앙산에게 물었다.

"문득 어떤 사람이 묻기를 '일체 중생은 다만 업식이 망망해서 가히 의지할 근본이 없습니다.' 하면 그대는 어떻게 시험해서 밝히겠느냐?"

"만약 어떤 스님이 오면 '아무개야' 하고 불러서, 그 스님이 고래를 돌리면 이에 '이것이 무엇인가?' 하고 물어 그가 머뭇머뭇하면 그에게 '단지 업식이 망망할 뿐만 아니라, 또한 가히 의지할 근본이 없다.' 하겠습니다."

"훌륭하다."

27조 마누라 존자의 게송에 '마음은 온갖 경계를 좇아 구르지만, 그 구르는 곳 실로 그윽하도다. 흐름을 따라서 참 성품을 깨달으면, 기쁨도 없고 근심도 없도다.' 하였다.

이 게송은 무명의 실체가 불성임을 말하고 있다. 마음이 밖으로 경계를 좇으면서 쉴새없이 전변(轉變)하지만, 이것은 본체의 성품을 등진채 업식이 형상과 이름을 분별하면서 쫓아 다니는 허망한 모습인 것이다. 그러나 그 업식이라는 것도 업식으로서의 실체가 있는 것이 아니고, 그 바탕은 불성이라, 다만 맑은 샘물이 잠시 모래 흙으로 흐려져 있는 것과 같다.

화엄론에서 '무명주지번뇌(無明住地煩惱)로 모든 부처님의 부동지(不動智 : 자성의 본래적 지혜)로 삼는다.' 라고 한 것을 가지고 어떤 스님이 운암(雲岩) 스님에게 물었는데, 때마침 한 동자가 마당을 쓸고 있었다.

운암 스님이 비질을 하고 있는 동자를 향해서 '동자야' 하고 부르니, 동자가 고래를 돌렸다. 운암 스님이 이것을 가리키면서 '이것이 부동지가 아니겠느냐?' 고 하였다. 운암 스님이 다시 동자에게 '어떤 것이 너의 불성이냐?' 하고 묻자 동자는 좌우로 두리번거리면서 망연해 하였는데, 운암 스님이 '이것이 무명주지번뇌가 아니겠느냐?' 고 하였다. 이 공안도 이것을 말하고 있다.

앙산이 어떤 스님을 향해서 '아무개야' 하고 불러서 그 스님이 고개를 돌리면 '이것이 무엇인가?' 하고 물어 본다는 것은 업식의 실성(實性)이 자성임을 말하고자 한 것인데, '아무개야' 하고 부르는 소리를 듣고 곧바로 고개를 돌려서 보는 그것이 곧 진여자성의 작용이라는 것이다. 비록 무명 번뇌에 가려져 덮여 있지만, 본래 그대로의 청정한 본성이 조금도 훼손됨이 없이 온전하게 있는 것이다. '무명주지번뇌를 부처님의 부동지(不動智)로 한다.' 한 것도 무명주지번뇌가 의지하고 있는 체가 곧 진여자성임을 말하고 있다.

세존께서 '일체법이 무아임을 깨달아 인(忍)을 성취하면, 이 공덕이 가장 수승하다.' 하신 것도 앙산이 어떤 스님을 부르자 알아듣고 고개를 돌릴 줄 아는, 그 당체를 깨닫는 것을 말씀하신 것이다. 고개를 돌린 것은 심의식을 써서 고개를 돌린 것이기는 하지만 그 심의식의 체와 용은 진여자성이기 때문에 이 근본을 깨닫는 것이 중요하다. 즉 한 티끌의 염오도 없는 본래 성품이 심신(心身)의 인연 가운데에서 스스로 보고, 스스로 아는 본래적 지혜로 듣고 고개를 돌릴 줄 아는 것이다. 모든 번뇌망상의 참성품이 바로 불성이며, 이것은 본래부터 생사고뇌가 없는 지복의 영원생명이다.

앞의 공안에 대해서 천동 스님이 송을 했다.

한 번 부름에 고래를 돌리니 나를 알겠는가
담쟁이 덩굴 사이로 보이는 희미한 달
다시 갈구리를 이루었네
천금 같은 아들이 뭇 흐름에 섞여 떨어지니
망망한 곤궁의 길에 허다한 근심이어라

부르면 곧장 대답하는 것이 요결이니, 머뭇거리고 헤아리면 어긋나 버린다. 부르면 고개 돌리는 그것이 망망한 업식 가운데서도 나타나는 참 성품인데, 자기 보물을 귀하게 쓰지 못하고 천하게 굴리니, 만겁토록 망망한 길을 스스로 만들어 간다. 망망한 업식으로 업을 짓고, 몸으로 재앙을 받음에 슬픔과 재앙이 그칠 날이 없다.

29. 위의가 고요함[威儀寂靜分]

본문

"수보리여, 만약 어떤 사람이 여래가 온다거나, 간다거나, 앉는다거나, 눕는다고 한다면, 이 사람은 내가 설한 바의 뜻을 알지 못한 것이니라.

무슨 까닭인가? 여래란 비롯하여 온 바도 없으며, 또한 가는 바도 없기 때문에 여래라고 이름하느니라."

수보리 약유인언 여래약래 약거 약좌 약와시인불해 아소
須菩提 若有人言 如來若來 若去 若坐 若臥是人不解 我所

설의 하이고 여래자 무소종래 역무소거 고명여래
說義 何以故 如來者 無所從來 亦無所去 故名如來

본문 주해

여래란 여여(如如)함 그대로 왔다는 뜻이다.

'왔다.'는 것은 금시의 몸으로 나타냄을 말한다. 여래란 진여자성 그대로 금시의 몸과 마음으로 나타남을 말하고, 중생은 금시의 몸과 마음이 진여자성과 합일하지 못한 것이다. 비록 부처와 중생이 같은 하나의 진여자성 바탕이지만, 이 일진본체의 체 · 용을 자신의 심의식에서 온전히 작용시켜 내느냐에는 커다란 차이가 있는 것이다. 그러므로 자용진성하는 여래는 형상도 없고, 생각도 없는 본체에서 자성을 작용하기 때문에 가도 감이 없고, 와도 옴이 없고, 머물러도 머무름이 없고, 말해도 말함이 없다.

중생 또한 마찬가지다. 중생 또한 가도 감이 없고, 와도 옴이 없다. 형상도 없다. 그것이 중생의 실상이다. 다만 진여자성을 가리고 있는 무명심의식을 쓰기 때문에 모든 움직임을 분별하여 간다 하고, 온다 하고 말한다 하는 것이다. 근본에는 무지한 채 형상에만 집착하기 때문이다.

한 스님이 대주 스님에게 물었다.

"여여(如如)란 어떤 것입니까?"

"여여란 움직이지 아니한다는 뜻이니, 마음이 진여인 까닭에 여여라고 하느니라. 과거 모든 부처님들도 이 여여행(如如行)을 행해서 성도하셨고, 현재의 부처님도 이 여여행을 행해서 성도하시고, 미래의 부처님도 이 여여행을 행해서 성도하실 것이니, 삼세에 닦고 증한 바의 도가 다름이 없으므로 여여라 함이니라."

『유마경』에 이르기를 '모든 부처님들도 또한 같으며, 미륵에 이르러도 또한 같으며, 내지 일체 중생에 이르러도 모두 같다. 왜냐하면 불성이란 끊어지지 않는 성품이기 때문이다.'라고 하였느니라.

자성 가운데에는 항사묘용이 구족하여 있어 인연이 오면 응해 주지 않음이 없다. 그러나 그렇게 베풀며 움직이면서도 자성에는 전혀 움직임의 자취가 없다. 무한한 활동을 하면서도 진여의 청정한 성품 그대로 진공이고 무념이고 무위이다.

대주 스님이 이어 말했다.
"지금 다시 그대들을 위하여 비유로써 나타내 주어 그대들로 하여금 분명하게 알아서 의심을 끊게 하리라. 비유컨대 밝은 거울이 모습을 비출 때에 그 밝음이 움직이느냐?"
"움직이지 않습니다."
"비추지 아니할 때도 또한 움직이느냐?"
"움직이지 않습니다."
"왜냐하면 밝은 거울의 작용에는 밝게 비친다는 정(情)이 없으므로 비출 때도 움직이지 않고, 비추지 않을 때도 움직이지 않는 것이니라. 어떻게 해서 그런가 하면 분별의 정(情)이 없는 가운데에는 움직이는 것도 없고, 움직이지 않는 것도 없기 때문이니라."
대주 스님이 물었다.
"햇빛이 세상을 비출 때 그 빛이 움직이느냐?"
"움직이지 않습니다."
"만약 비추지 아니할 때도 움직이느냐?"
"움직이지 않습니다."
"왜냐하면 빛은 분별의 정이 없기 때문이니, 정이 없으므로 빛이 비출 때 움직이지 아니하며, 비추지 않을 때도 또한 움직이지 아니 하느니라. 비춘다 함은 지혜요, 움직이지 아니한다 함은 선정이니, 보살이 선정과 지혜를 함께 한 법을 써서 삼먁삼보리를 얻는 까닭에 선정과 지혜를 함께 쓰는 것을 곧 해탈이라고 하느니라. 지금 정(情)이 없다고 말하는 것은 <범부의 정이 없음이요, 성인의 정이 없는 것이 아니니라.>"

"어떤 것이 범부의 정이며, 어떤 것이 성인의 정입니까?"

"만약 두 가지 성품을 일으키면, 곧 범부의 정이요, 두 가지 성품이 공(空)하기 때문에 곧 성인의 정이니라."

밝은 거울이 사물을 비출 때, 빛이 움직이지 않는다는 것은 기실 움직이지 않는 것도 아니다. '움직이지 않는다.'의 진실한 뜻은 <움직임과 움직이지 않음 두 가지>가 없다.

세존께서 '온 바도 없고, 간 바도 없다.' 하신 말의 참뜻은 오고 가는 바와 오고 가는 바 없음의 두 변을 떠난 허공과 같은 텅 빈 무심 가운데에서 일체법을 건립하는 것을 말한다. 자성은 마치 밝은 거울과 같아서 어떤 사물이 와도 비추지 못함이 없지만, 털끝만큼도 움직임이 없는 것이다.

여래는 이와 같이 움직임이 없는 가운데 움직이기 때문에 언제나 여여(如如)하여 달라짐이 없다.

이 경의 앞분(分)에서는 이미 '상으로써 여래를 관할 수 없음'과 '상 없음으로써 여래로 삼지 못함'을 말씀하심으로써 참법신은 상도 아니고 상 아님도 아니라고 하셨다. 그리하여 진실로 양변을 모두 벗어나면, 차별상이 곧 형상 없는 성(性)이고, 형상 없는 성(性)이 곧 차별상이어서 서로 소통하게 된다. 그리고 다시 여기서 동(動)과 정(靜)을 말씀하시니, 분주하게 움직임이 고요한 성(性)이고, 고요한 성(性)이 곧 분주한 움직임이라 동(動)과

정(靜)이 일여(一如)하게 소통하게 된다.
증도가에서 말했다.

> 다니는 것도 참선이요 앉는 것도 참선이니
> 어묵동정에 본체는 편안하도다
> 한가하게 노닐며 절집에 조용히 앉았으니
> 고요한 안거(安居) 실로 조용하고 맑도다
> **行亦禪坐亦禪** 행역선좌역선
> **語默動靜體安然** 어묵동정체안연
> **優游靜坐野僧家** 우유정좌야승가
> **閴寂安居實蕭灑** 격적안거실소쇄

일체 움직임이 모두 청정부동의 자성을 여의지 않는다. '절집에 조용히 앉았음'은 그것을 말한다. 다녀도 다니는 것을 알지 못하고, 앉아도 앉는 것을 알지 못한다. 자성은 그와 같이 움직이지만 무심히 움직인다.

도광(道光)이라는 강사가 대주 스님에게 물었다.
"선사께서는 어떤 마음을 써서 도를 닦으십니까?"
"노승은 쓸 마음도 없고, 닦을 도도 없다."
"쓸 마음이 없고 닦을 도가 없으면, 어째서 날마다 대중을 모아 놓고 선을 배우고 도를 닦으라 하십니까?"
"노승에게는 송곳 꽂을 자리도 없는데, 어디에다 대중을 모았다 하며, 노승에게는 혀도 없거늘 언제 사람들을 권했다 하는가."
"선사께서는 마주보면서 거짓말을 하십니다."

"노승은 사람들을 권장할 혀도 없는데, 어떻게 거짓말을 하겠는가?"
"저는 스님의 말씀을 이해하지 못하겠습니다."
"노승 자신도 이해하지 못한다."

번뇌망상을 끊고 자성과 합일한 성인은 자성 자체가 되어 분주하게 움직이면서도 항상 공적하여 한 생각도 없다.

운암(雲巖)이 마당을 쓸고 있는데, 도오(道吾) 스님이 말했다.
"매우 부지런하구나."
"모름지기 부지런하지 않은 자가 있음을 아셔야 합니다."
"그렇다면 두번째 달이 있군."
운암이 빗자루를 들어 세우면서 말했다.
"이것은 몇 번째 달입니까?"
도오 스님은 바로 그만두었다.
현사(玄沙)가 나중에 말했다.
"바로 그것이 두번째 달이다."
운문(雲門) 스님이 말했다.
"사내종이 계집을 보고 은근해진다."

어느 날 도오 스님은 운암이 마당을 쓸고 있는 것을 보고 운암을 시험했다. 바쁘게 움직이는 가운데서도 잠연 부동하는 본체를 일깨우고자 한 것이다. 과연 운암이 '이 바쁜 가운데에도 청정부동하는 자성에서 벗어남이 없는 줄을 아셔야 합니다.' 하였다.
도오 스님이 다시 점검했다. 만약 청정부동함에 집착하고 있으면, 이 또한 병이 되기 때문이다. 청정부동하는 진공마저도 잊어야 진여대용을 일으킬 수 있게 되기 때문이다. 만약 공에 집착하면 대용(大用)을 일으킬 수 없게 된다. '그러면 두번째 달이 있군' 하는 것이 바로 도오 스님의 점검하는 말이다. 만약 공에 집착하면, 그것은 유와 공의 두 변 가운데 공변(空邊)에 집착한 것이 되어 중도를 이룰 수 없게 된다. 운암이 빗자루를 들어 세워 보이면서 나타내 보인 것은 빗자루가 아니다. 빗자루를 들어 올린 것은 그러한 움직임과 모습으로 그 근본을 나타내 보인 것이다. 그것은 상주불변하는 본체이다. 문제는 운암이 그와 같은 이치를 의근(意根) 아래 헤아려서 행했느냐, 아니면 일체 사량분별이 끊어진 경지에서 빗자루를 세워 보였느냐 하는 점에 있다. 도오 스님이 그만둔 것은 말과 생각이 없는 본분의 일을 보이신 것이다.

밥 먹고, 말하고, 일할 때에도 항상 잠연 부동한 그 당체를 깨달으면 일대사를 해결하게 되는 것이다.

현사 스님이 '바로 그것이 두번째의 달이다.' 고 한 것은 매우 의미가 깊은 말이다. 흔히 법신을 체득하는 일이 색신을 떠나서 따로 있는 것으로 생각하지만, 운암이 분주하게 마당을 쓸고 있는 그대로 고요한 법신이다. 만약 운암이 짐짓 빗자루를 세워 보인 것이 무심히 마당을 쓸고 있는 것보다 수승한 것이라고 여긴다면, 이것은 이만저만한 잘못이 아니다. 현사 스님은 그것을 경각시키고자 한 것이다. 부지런히 빗자루질을 하는 짓 자체로 족한데 왜 작위하여 빗자루를 세워보이는 공연한 짓을 하느냐 하는 뜻이다.

운문이 '사내종이 계집종을 보면 은근해진다.' 고 한 것은 운암이 자신도 모르게 분별에 빠져 잘못된 방법으로 도(道)를 보였다는 것이다. 그러나 『종용록(從容錄』에는, 만송(萬松)이 운문의 말에 코웃음을 치고 운암을 두둔하며 운암의 입처(立處)가 훌륭하다고 칭찬하는 내용이 있다.

30. 하나로 된 진리의 상[一合理相分]

본문

"수보리여, 만약 선남자 선여인이 삼천 대천 세계를 부수어 미세한 먼지로 만든다면 어떻게 생각하느냐? 이 미세한 먼지들이 얼마나 많다고 하겠느냐?"

"매우 많습니다. 세존이시여, 왜냐하면 만약 이 미세한 먼지들이 실로 있는 것이라면, 부처님께서 곧 이 미세한 먼지들이라고 설하시지 않으셨을 것이기 때문입니다. 까닭이 무엇인가 하면 부처님께서 설하신 미세한 먼지들은 곧 미세한 먼지들이 아니고, 그 이름이 미세한 먼지들이기 때문입니다.

세존이시여, 여래께서 설하신 바 삼천 대천 세계는 곧 세계가 아니고, 그 이름이 세계입니다. 왜냐하면 만약 세계가 실로 있는 것이라면 곧 일합상(一合相)이니, 여래께서 설하신 일합상은 곧 일합상이 아니고, 그 이름이 일합상이기 때문입니다."

"수보리여, 일합상이란 곧 설할 수 없는 것인데, 다만 범부들이 그 일을 탐하여 집착하느니라."

수보리 약선남자 선여인 이삼천대천세계쇄위미진 어의운
須菩提 若善男子 善女人 以三千大千世界碎爲微塵 於意云

하 시미진중 영위다부 수보리언 심다세존 하이고 약시
何 是微塵衆 寧爲多不 須菩提言 甚多世尊 何以故 若是

미진중 실유자 불즉불설 시미진중 소이자하 불설미진중
微塵衆 實有者 佛卽不說 是微塵衆 所以者何 佛說微塵衆

즉비미진중 시명미진중 세존 여래소설 삼천대천세계 즉
卽非微塵衆 是名微塵衆 世尊 如來所說 三千大千世界 卽

비세계 시명세계 하이고 약세계 실유자 즉시일합상
非世界 是名世界 何以故 若世界 實有者 卽是一合相

여래설 일합상 즉비일합상 시명일합상 수보리 일합상자
如來說 一合相 卽非一合相 是名一合相 須菩提 一合相者

즉시불가설 단범부지인 탐착기사
卽是不可說 但凡夫之人 貪著其事

본문 주해

세존께서 삼천대천 세계와 미세한 먼지를 예로 들어서 말씀하신 것은 삼천세계도 삼천세계가 아니고, 미세한 먼지도 미세한 먼지가 아니며, 일체의 법도 일체의 법이 아님을 밝혀서, 상(相)을 벗어난 곳에서 법의 실상을 깨닫도록 해 주기 위한 것이다.

그리하여 삼세의 모든 부처님이 상을 떠남으로써 일진(一眞)본체를 깨달은 것이다. 부처님이 깨달은 일진본체 법신은 형상도 없고, 생각도 없고, 작위도 없는 진공(眞空)이다. 붙잡을 것도 없고, 얻을 바도 없고, 앎이라고는 털끝만큼도 없는 텅 빈 공에서 만법이 나오고 있는 것이다. 그것이 나에게서, 또 만법에서 간단(間斷)없이 움직이고 있는 것이다.

세존께서 '미진(微塵)이 실로 있는 것이라면, 미진이라고 설하지 않았을 것'이라는 것은 미진들이 다만 이름일 뿐, 실유(實有)가 아님을 말한다. 삼천대천 세계도 다만 이름이 세계일 뿐 실유가 아니다.

세존께서 설하신 미진과 세계는 다만 허망한 이름일 뿐이다. 미진과 삼천세계는 하나의 바탕 위에 있다. 미진을 볼 때도, 세계를 볼 때도, 이 하나의 바탕을 보지 않으면 안 된다. 이 하나의 바탕을 일합상(一合相)이라고 한다.

그러나 일합상이라는 이름 또한 임시로 세운 이름일 뿐이다. 왜냐하면 일합상도 무명 심의식 소작(所作)의 명칭과 개념에 지나지 않기 때문이다. 내가 일합상이라는 이름을 듣고 무명의 개념요소들(불상응행법)을 심의식속에 인입(引入)하여 내 분수에 딱 맞게 법상을 작위하고 그것을 일합상이라고 믿기 때문이다. 심의식이 짓는 바는 진실이 아닌 허깨비 그림자일 뿐이다.

사람들에게 세계를 말하면, 사람들은 세계라는 말을 듣고 심의식으로 법수화(法數化 : 개념으로 법상을 지음)하고, 일합상이라고 말하면, 이 또한 심의식으로 법수화한다. 이것은 자기 앎의 형상화일 뿐, 사물의 실상이 아니다. 세존께서 말씀하신 미진과 세계와 일합상의 실상은 이런 거짓된 매개 요소를 떠나서 체득되어야 하는 것이다.

말과 생각으로는 아무리 궁구해 보아야 궁진되지 않는다. 앎도 내려놓고, 마음도 내려놓고, 법도 내려놓고, 법 아님도 내려놓아서 한티끌도 없는 공심(空心)으로 한결같이 이어가면 마침내 일합상의 실상을 보게 된다. 이것이 만법의 실상이고 자기의 본체이며, 온 법계가 하나의 몸인 진공무상의 법신 · 진여자성이다. 이 진실한 몸과 성품에서 무량한 자혜와 공덕이 곳과 때와 분수에 맞추어 다함없이 나오고 있는 것이다. 범부들이 헤아려서 생각한 일합상이 아니다.

6조가 이르기를 '일합상(一合相)이라 함은 마음에 얻을 바가 있음으로 일합상이 아니요, 마음에 얻을 바가 없음으로 이를 일합상이라 하느니라.' 고 한 바와 같이 마음이 무소득심이 되면, 모든 차별상을 무너뜨리지 않고 그대로 둔 채 일합상을 얻는다. 일합상이 차별상을 떠나서 있는 별개의 상이 아니기 때문이다. 본래 두두물물(頭頭物物)이 일합상 아님이 없으나, 범부가 소득심으로 자타, 유무, 성범(聖凡), 선악, 호오(好惡) 등 종종의 양변상을 취하여 집착함으로써 가리어진 것일 뿐, 종래로 일합상이 차별상을 떠난 적이 없었다. 왜냐하면 일체 만법이 본래 이 하나의 근본위에 건립되어 있기 때문이다. 이제 무소득심으로 돌아가니, 본래의 참모습 그대로를 보게 되는 것일 뿐, 없던 것이 새로 생겨난 것이 아니다.

신심명에서 말했다.

> 하나의 공은 양단에 똑같고
> 삼라만상을 모두 포함하도다.
> **一空同兩　일공동양**
> **齊含萬象　제함만상**

하나의 공이 삼라만상을 머금었으니 일체만법이 모두 진여공의 묘유이다. 공, 무상, 무아의 일진본체 진여가 인연따라 처처에서 동일한 하나의 몸과 동일한 하나의 원리를 가없이 펼치고 있는 것이다. 이것을 볼 수 있는 것은 오직 반야의 지혜밖에 없다.

부대사가 계송으로 말했다.

세계와 티끌이 하나이니 어찌 다를 것이며
보신과 응신도 또한 그러하도다
인(因)도 아니고 또한 과(果)도 아니니
누가 뒤이며 다시 누가 앞이리오
사(事)가운데에서는 일합(一合)으로 통하나
이(理)로는 둘 다 함께 버림이니
남이 없는 길을 통달하고자 한다면
응당 본원을 알아야 하리

界塵一何異 계진일하이
報應亦如然 보응역여연
非因亦非果 비인역비과
誰後復誰先 수후부수선
事中通一合 사중통일합
理卽兩俱損 이즉양구손
欲達無生路 욕달무생로
應當識本源 응당식본원

깨달은 보신 부처님과 응신 부처님도 일진체 법신의 모습이고, 인과(因果)의 실상도 본체의 체 · 용이다. 시간과 공간이 적멸한 본체에는 앞과 뒤가 없다. 만법은 이 하나의 체와 힘과 원리가 스스로 보고, 스스로 알고 조화롭게 상응하는 모습으로 순수하되 잡스러움이 전혀 없다. 상대적 지견인 양변을 버리고 나아가 본원을 깨달으니 무생법인(無生法忍)을 얻는다.

어떤 스님이 앙산 스님에게 물었다.
"스님께서는 글자를 아십니까?"
"조금 알지."
그 스님이 이에 오른쪽으로 한 바퀴 돌고서 말했다.
"이것이 무슨 글자입니까?"
앙상 스님이 땅 위에다 열 십(十) 자를 썼다.
그 스님이 왼쪽으로 한 바퀴 돌고서 말했다.
"이것은 무슨 글자입니까?"
앙산 스님이 十 자를 고쳐서 卍 자를 만들었다.
그 스님이 일원상(一圓相)을 그리고 양손을 벌려 마치 아수라가 해와 달을 가리는 듯한 자세를 취하며 물었다.
"이것은 무슨 글자입니까?"
앙산 스님이 원상을 그려서 卍 자를 둘러쌌다.
그 스님이 다시 누지불(樓至佛)이 우는 시늉을 하자
앙산 스님이 말했다.
'그러하다, 그러하다. 그대가 잘 보호해서 지녀라.'

한 스님이 오른쪽으로 한 바퀴 돌아 보이고, 마지막에 누지불이 우는 모습까지 지어 보인 것은 무엇을 말하는 것일까?

그것은 형상도 없고, 가도 옴도 없는 일진본체가 온갖 차별상으로 나타남을 직접 보이고 있는 것이다.

아수라는 라후라(羅睺羅) 라고도 하는데, 자주 손으로 해를 가려 제석천을 괴롭힌다고 한다. 이 스님은 그러한 아수라의 모습을 지어 보인 것이다. 이 스님이 마지막으로 우는 시늉을 한 것은 현겁(賢劫)의 천(千) 부처님이 마지막 기회를 얻어 최후에 성불하고 울면서 '나는 어찌 박복하여 맨 끝에 성불하였는가?' 하고 말하다가 이내 웃으면서 '내가 999부처님의 법을 모두 받들어서 방편으로 장엄하리라.' 고 했던 것을 흉내낸 것이다.

앙산 스님이 열 십 자를 한 번 그려 놓고, 이리저리 고쳐서 보여준 것도 온갖 차별상이 열 十 자(진여본체)를 떠나서 있는 것이 아님을 말하고 있다.

앙산 스님이 '그러하고, 그러하다. 이 일은 모든 부처님께서 호념하시는 바이니, 너도 그러하고 나도 그러하다. 잘 보호해서 지녀라.' 하면서 '잘 가거라.' 하고 보내니, 그 스님은 감사의 절을 올리고 하늘로 올라가 버렸다. 그때 한 사람이 이 광경을 보고 앙산에게 물으니, 앙산이 이르되 '그는 일부러 나를 탐색하기 위해서 온 서천의 나한이니라.' 고 대답했다. 그가 다시 묻기를 '내가 비록 갖가지 삼매를 직접 보았으나, 그 이치를 가질 수 없습니다.' 하자, 앙산이 그를 위해 설명해 주었다.

이는 여덟 가지 삼매로서 각해(覺海 : 본각의 바다)가 변해서 의해(義海 : 이치의 바다)로 나타난 것이니, 그 바탕은 같다. 의해(義海)에는 인(因)도 있고 과(果)도 있으며, 같은 때와 다른 때, 총(總) · 별(別)이 있으며, 은신삼매(隱身三昧)를 여의지 않는다. 그러므로 이르기를 '열반의 마음은 얻기 쉬우나, 차별된 지혜는 밝히기 어렵다.' 하였다.

본각의 체, 진여자성은 생긴 것도 아니고 멸하는 것도 아닌, 본래부터의 여여한 영원불멸의 진리라고 하는 것도 참으로 불가사의 하지만 이 일진체가 자신의 몸과 힘과 성품을 일으켜 기세계(器世界)와 유정을 만들고 다시 그 유정의 매 순간의 자기결정(身口意)의 바탕에서 인과법과 유인력으로 일진체에 동화(同化)시켜가는 견성상(見性常)의 지혜와 향상의 정신은 더욱 까마득하여 그 세목에 들어가서는 참으로 알기 어려운 것이다.

31. 지견을 내지 아니함[知見不生分]

본문

"수보리여, 만약 사람이 말하기를 '부처님이 아견 · 인견 · 중생견 · 수자견을 설하였다.' 고 한다면 수보리여, 어떻게 생각하느냐? 이 사람은 내가 설한 바의 뜻을 아느냐?"

"아니옵니다. 세존이시여, 이 사람은 여래께서 설하신 바 뜻을 알지 못하였습니다. 왜냐하면 세존께서 설하신 아견 · 인견 · 중생견 · 수자견은 곧 아견 · 인견 · 중생견 · 수자견이 아니고, 그 이름이 아견 · 인견 · 중생견 · 수자견이기 때문이옵니다."

"수보리여. 아뇩다라삼먁삼보리심을 낸 자는 일체의 법에 마땅히 이와 같이 알고, 이와 같이 보며, 이와 같이 믿고 이해하여 법상을 내지 않아야 하느니라. 수보리여, 이른바 법상이란 여래가 설하기를 곧 법상이 아니고, 그 이름이 법상이라 하느니라."

수보리 약인언 불설아견 인견 중생견 수자견 수보리
須菩提 若人言 佛說我見 人見 衆生見 壽者見 須菩提

어의운하 시인해아소설의부 불야세존 시인불해여래소설
於意云何 是人解我所說義不 不也世尊 是人不解如來所說

의 하이고 세존설아견 인견 중생견 수자견 즉비아견 인
義 何以故 世尊說我見 人見 衆生見 壽者見 卽非我見 人

견 중생견 수자견 시명아견 인견 중생견 수자견 수보리
見 衆生見 壽者見 是名我見 人見 衆生見 壽者見 須菩提

발아뇩다라삼먁삼보리심자 어일체법 응여시지 여시견 여
發阿耨多羅三藐三菩提心者 於一切法 應如是知 如是見 如

시신해 부생법상 수보리 소언법상자 여래설즉비법상 시
是信解 不生法相 須菩提 所言法相者 如來說卽非法相 是

명법상
名法相

본문 주해

부처님께서 아·인·중생·수자상을 말씀하신 참뜻은 반야바라밀에 있다. 4상을 설함이 아니라, 반야바라밀을 설하신 것이다.

반야바라밀은 사물의 진실한 몸과 참 성품을 보는 것이지, 상을 보는 것이 아니다. 그러므로 4상을 말씀하신 것은 4상이 거짓임을 깨닫도록 해 주기 위한 것이다. 이른바 말로써 말을 버리게 하신 것이다.

통왕여래(通王如來)가 이르기를 '부처님께서 아견·중생견을 설한 것은 그 성품을 관하게 하는 것이지, 상을 관하게 하는 것이 아니다. 상을 파(破)하고 공을 깨달아 적멸로 돌아가면, 목칼과

족쇄를 벗고 미혹의 나루터에서 벗어나리라.' 하였다.

다만 반야바라밀을 배워서 마음에 집착이 없으면 구함이 없고, 구함이 없으면 상을 취하지 않고, 상을 취하지 않으면 생(生)이 없으며, 생이 없으면 멸(滅) 또한 없어서 불생불멸이다. 불생불멸이면 청정일심의 상속이어서, 문득 자성을 보아 부처를 이루게 되는 것이다. 반야바라밀을 진실하게 수행하는 구도자가 보는 '아견(我見)'은 자타일여(自他一如)의 진여이며, '인견(人見)'은 사람마다 모두 자성이 부처와 조금도 다름이 없으며, '중생견(衆生見)'은 중생들의 불성이 삼세의 모든 부처님과 똑같으며 '수자견(壽者見)'은 몸이 수천수만 번 죽어도 본원 생명인 진여본체는 불생불멸의 영원생명임을 아는 것이다. 부처님께서 설하신 바, 4상의 참뜻은 오직 이 하나의 진여본체일 뿐이다. 세계 속의 모든 사람들과 축생들, 산천초목과 온갖 선 · 악 · 미 · 추 그리고 마음 속의 갖가지 번뇌망상과 갈등, 충돌 등이 모두 진여자성이 인연따라 분수따라 오묘한 지혜묘용을 전개하고 있는 모습인 것이다. 만약 범부들이 부처님의 참뜻을 알지 못하고, 아 · 인 · 중생 · 수자를 생각으로 헤아려 상을 짓는다면, 이러한 것은 이 경의 뜻과는 전혀 어긋나고 만다.

이 경이 여기서 설하는 올바른 지견(知見)이란 어떤 것인가?

이 지견은 정혜불이(定慧不二)의 지견이다. 정(定)이란 선정심이다. 혜(慧)는 선정심에서 나오는 지혜이다. 그러므로 올바른 지견이란 텅 빈 무심을 걸림 없이 통과해서 나오는 진여자성의 본래적 지혜이다. 자성에 구족한 본래적 지혜는 이 우주를 창조하는 지혜이며, 삼라만상을 조화롭게 키우고 운용하는 지혜이며, 일체 유정을 질서법칙으로 교화하는 지혜이며, 일체 중생을 지복의 극처로 이끌고 가는 지혜이며, 스스로 자각토록 하는 지혜이며, 영원토록 불변하는 완전한 대칭성의 지혜이며, 무상주(無上呪), 대명주(大明呪)이며 일체의 괴로움을 능히 제멸하는 불가사의한 지혜이다.

청정한 본체가 작용할 때가 혜(慧)이고, 작용하지 않을 때가 정(定)이다. 그러나 움직이더라도 정(定)이어서 항상 청정부동한 성품이 달라지지 않는다. 그러므로 올바른 지견은 정(定)이면서 동(動)이고, 동(動)이면서 정(定)이니 정과 혜가 둘이 아니다. 지(知)는 무심으로 안다는 것이고, 견(見)은 무심으로 보는 것이다. 그러므로 올바른 지견은 무분별의 분별이다. 이것만이 법의 실상을 볼 수 있다. 무분별의 분별이 보는 아 · 인 · 중생 · 수자는 진여의 체성과 그 지혜가 이런 저런 모습으로 현성함을 보되 차별상에 집착하지 않는다. 이와 같은 올바른 지견으로 만법을 바르게 보아 참실상을 알도록 가르치는 것이 이 경의 말씀이다.

중생의 팔만 사천 번뇌가 모두 4상에서 비롯하는 것이니, 올바른 지견으로 4상을 여의면, 자연히 일체 번뇌를 모두 끊고 일진본체의 신묘한 능력과 불가사의한 지혜를 얻어 불국정토를 펼쳐가게 되는 것이다.

부처님께서 '일체법에 이와 같이 알고'라고 하신 것은 일체의 법상은 소득심의 집착으로 말미암아 생긴 허상임을 알라는 뜻이다. '이와 같이 보며'라는 것은 집착심을 버리고, 청정무구의 무소득심으로 사물을 바르게 보라는 것을 말한다.

'이와 같이 믿고 이해하여' 하는 것은 이 경의 가르침을 깊이 납득하여 양변을 떠난 진정한 무심 중도일심으로 반야바라밀을 행하되 물러남이 없는 것을 말한다. 그리하여 이와 같이 바르게 알고, 바르게 보고, 바르게 믿고 이해하여 실천하면 법상을 내지 않는 바, 법상을 내지 않고 보는 법의 모습이 진실한 법상인 것이다. 이 진실한 법상은 말과 생각이 끊어진 일진체(一眞體) 묘공이다. 이것을 볼 수 있어야 비로소 바르게 보는 것이다.

부대사가 송으로 말했다.

진여의 이치에 도달하지 못하니
아(我)를 버리고 무위에 들어가도다
중생과 수자여
깨닫고 보니 모두가 다 아니로다
만약 보리도를 깨달으면
피안 또한 떠나고자 하니
법상과 법상 아님을
응당 이와 같이 알지니라
非到眞如理 비도진여리
棄我入無爲 기아입무위
衆生及壽者 중생급수자
了悟總皆非 요오총개비
若悟菩提道 약오보리도
彼岸更求離 피안갱구리
法相與非相 법상여비상
了應如是知 요응여시지

앙산 스님이 어떤 스님에게 물었다.

"어디 사람인가?"

"유주(幽州) 사람입니다."

"그대는 그 가운데 일을 생각하는가?"

"항상 생각합니다."

"생각하는 자는 마음이요, 생각하는 바는 경계인데, 그 가운데에 있는 산하 · 대지 · 누대 · 전각 · 인간 · 축생 등을 생각하는 마음을 돌이켜보면 또한 여러 가지가 있는가?"

"저는 거기에 이르러서는 전혀 있는 것을 보지 못합니다."

"신위(神位 : 믿음의 지위)는 옳으나 인위(因位 : 수행의 지위)는 옳지 않느니라."

"스님께서 따로 지시해 주실 것이 있으십니까?

"따로 있다든지 따로 없다든지 하면 맞지 않느니라."

"그대의 견처에 의하건대, 단지 하나의 현묘함을 얻었다. 자리를 얻어 옷을 걸치거든 그 이후부터는 스스로 살펴라."

앙산이 옛날 수행하다가 삼매에 들었는데, 산하대지와 절과 사람, 그리고 물건, 나아가서는 자기 자신까지도 보이지 않고, 온 세상이 완전히 허공과 같이 되었다. 다음 날 이 일을 위산 스님에게 아뢰니, 스님께서도 백장(百丈) 스님 회상에 있을 때, 그와 같은 경계가 나타났는데, 이것은 융통망상(融通妄想 : 오음중 想蘊. 색신과 心은 다르나 想蘊으로 서로 통하게 됨)이 녹아서 공이 밝아진 것이라고 하였다.

『능엄경』에 이르기를 '만약 움직이는 생각이 다하고, 들뜬 망상이 녹아서 없어지면, 마치 각(覺)의 밝은 마음이 티끌과 더러움을 제거한 것 같아서 한 차례 생사의 시작과 끝을 비추리니, 이것을 이름하여 상음(想陰)이 다한 것이라 한다. 이 사람은 능히 번뇌의 혼탁을 초월하리라.' 고 하였다.

앙산이 위산 스님께 자신의 견처를 설명하기를 '만일 저로 하여금 스스로 살펴보라.' 하신다면, 이에 이르러서는 <원만한 지위도 없고, 또한 가히 끊을 것도 없습니다.>' 고 하자, 위산 스님이 이르되 '그대의 견처에 의하건대, 아직도 법에 머물러 있고, 또한 마음과 경계를 벗어나지 못했도다.' 고 하였다. 앙산이 이르기를 '<이미 원만한 지위도 없는데, 어디에 다시 마음과 경계가 있습니까?>' 고 하니, 위산이 말하기를 '아까부터 그대가 이러한 견해를 지었는데, 그렇지 않은가?' 라고 하니 앙산이 '그렇습니다.' 하였다. 위산 스님이 다시 이르기를 '만약 그러하다면, 이것이 마음과 경계의 법이니, 어찌 없다고 말할 수 있겠는가?' 하였다.

어떤 스님이 앙산 스님을 찾아오자, 앙산 스님이 그 스님에게 물었다. '마음이 경계를 좇아서 구르는 그 곳을 돌이켜 볼 때, 그 곳에도 여러 가지 사물이 있는가?'

그 스님이 대답하기를 '전혀 보지 않습니다.' 하였다.

이것은 마치 앞에 사물이 있는데, 손바닥으로 눈을 가리고 보지 않는 것과 같다. <사물을 그대로 두고 사물 속에서 상을 떠나야> 하는 것이다. 그러므로 앙산 스님이 이르기를 '믿음의 지위는 옳으나 수행의 지위는 옳지 않다.' 고 한 것이다.

경을 읽고, 선지식의 가르침을 받아 바른 이치를 알고 믿어 의심치 않게 되었으면, 그때부터 그 이치와 믿음에 의지하여 스스로 살펴야 한다. 이 살피는 일은 말과 언구를 떠나고, 법과 법 아님도 떠나서 보고 듣고 해야 한다.

'앉을 자리를 얻는다.' 는 것이 곧 바른 머무름인 진여공이고,

'옷을 걸친다.'는 사물과 사귀는 만행으로써 중도무심의 반야바라밀을 말한다.

만약 이 스님이 훌륭한 인위(因位)의 본색 납자였다면, 앙산 스님이 '산하대지 등을 생각하는 마음을 돌이켜보면 어떤가?' 하고 물었을 때, '갖가지로 분분하나 전혀 방해롭지 않습니다'라고 했을 것이다.

32. 응신 · 화신은 참이 아니다[應化非眞分]

본문

"수보리여, 만약 어떤 사람이 무량 아승지 세계를 가득 채운 칠보를 가지고 보시하고, 또 어떤 선남자 선여인으로서 보살심을 낸 자가 이 경을 지니거나 혹은 사구게 등을 받아 지니고, 읽고 외우며 남을 위해 연설하면, 그 복이 저것보다 수승하리라.

어떻게 남을 위해 연설하는가? 상을 취하지 않으며, 여여하여 움직이지 않느니라. 무슨 까닭인가?

일체의 함이 있는 법은
꿈 · 환상 · 물거품 · 그림자 같으며
이슬 같고 또한 번갯불 같으니
마땅히 이와 같이 관할지니라.

부처님께서 이 경을 설하여 마치시니, 장로 수보리와 모든 비구 · 비구니 · 우바새 · 우바이 · 일체 세간의 천 · 인 · 아수라가 부처님께서 설하신 바를 듣고, 모두 크게 기뻐하며 믿고 받아 지니며 받들어 행하니라.

수보리 약유인 만무량아승지세계 칠보지용보시 약유선
須菩提 若有人 滿無量阿僧祇世界 七寶持用布施 若有善

남자 선여인 발보살심자 지어차경 내지사구게등 수지독
男子 善女人 發菩薩心者 持於此經 乃至四句偈等 受持讀

송 위인연설 기복승피 운하위인연설 불취어상 여여부동
誦 爲人演說 其福勝彼 云何爲人演說 不取於相 如如不動

하이고
何以故

일체유위법
一切有爲法

여몽환포영
如夢幻泡影

여로역여전
如露亦如電

응작여시관
應作如是觀

불설시경이 장로 수보리 급제비구 비구니 우바새 우바이
佛說是經已 長老 須菩提 及諸比丘 比丘尼 優婆塞 優婆夷

일체세간 천 · 인 · 아수라 문불소설 개대환희 신수봉행
一切世間 天 · 人 · 阿修羅 聞佛所說 皆大歡喜 信受奉行

본문 주해

세존께서 '어떻게 남을 위해 연설하는가? 상을 취하지 않으며 여여하게 부동하느니라.' 하셨다.

이 말은 여여부동(如如不動)한 곳에서 연설하는 것을 말한다. 여여부동한 것은 곧 진여자성의 성품이며, 진여자성 대용으로 연설하는 것을 말한다.

자성의 지(知)는 대상을 절(絶)하여 불촉사이지(不觸事而知 : 사물에 촉하지 않고도 앎), 부대연이조(不對緣而照 : 대상을 연하지 않고도 비춤)하는 언제나 일체사물을 빠짐없이 낱낱이 비추어 보고, 아는 전일적(全一的) 지혜이며 비대상적인 자연지·절대지이다. 어떠한 한정도 규구(規矩 : 치수·모양 등 기준이나 표준이 되는 것)도 없고, 작위도 없다.

그리하여 '대상의 유·무에 관계없이 언제나 요요(了了)히 삼라만상을 자견(自見)·자지(自知)하는 무분별의 지(知)이다.

개개의 사물에 나아가서도 언제나 법계전체를 포괄하는 지혜와 정신으로 상응한다. 이러한 진여본체의 체·용으로 인하여 개개 사물의 운동은 상호내포적인 전일(全一)운동이 되고 만법이 그물망 조직의 일체(一體)가 되는 것이다.

하나 가운데 일체가 있고, 한 티끌이 시방세계를 품고 있으며, 개체·부분은 언제, 어디서나 자기 분수따라 세계를 함축하고, 또 표현하고 있는 것이다.

이름이라는 상대적 지견도, 형상이라는 경계도, 개체라는 국소도 넘어서서 '소리가 있을 때'도 듣지만, '소리가 없을 때'도 또한 듣는다.

이러한 일진본체의 불가사의한 지혜와 능력을 자기것으로 하여 쓰는 것이 부처의 경지이다.

증도가에서 말했다.

> 종취도 통하고 설법도 통함이여
> 선정과 지혜가 두렷이 밝아 공에도 막히지 않도다
> **宗亦通說亦通** 종역통설역통
> **定慧圓明不滯空** 정혜원명불체공

종(宗)이란 자성을 분명하게 깨달아 중도를 성취한 것으로, 자기 자신의 깨달음이다. 설(說)이란 남을 위해 교화해 주는 것이다. '설법도 통한다.'는 것은 깨달아 얻은 종취(宗趣)의 근본에서 설법을 하기 때문에 진여대용에서 벗어남이 없는 것을 말한다. 그러므로 폭포가 쏟아지듯이 설법하여도 설법한 바도 없고 설법한 법도 없으며 중생도 보지 않는다.

정(定)은 진여의 청정부동이고 혜(慧)는 그 청정부동 가운데에서 가없이 작용하는 지혜이다. 그리하여 그 정과 혜가 두루 원만하게 밝아 진리에도 집착하지 않고 훤칠히 벗어난 무애자재한 경지에서 무변중생을 교화한다.

그러면 팔만장경과 이 경의 종취인 진여자성은 어디에 있으며, 그것을 깨달아 진여대용을 일으키려면 어떻게 해야 할 것인가?

도천 선사의 게송을 함허 스님이 풀어서 말했다.

'날마다 쓰는 행주좌와(行住坐臥)와 성내고, 기뻐하고, 옳고, 그름을 따지는 것은 필경 누구의 은혜를 받은 것인가? 요컨대 모두가 이것과 떨어져 있는 것이 아니니 다만 이것이여, 당당하게 얼굴을 보고 규모를 나타내고, 분명하고 원만하게 이루어 비할 격조가 없도다. 비록 그러하나 이것이라고 하는 앎을 짓지 말지니, 만약 이것이라는 앎을 지으면, 곧바로 이것이 눈 속의 부스러기라. 이것이라는 앎을 짓지 않아야 바야흐로 여여하게 계합할 수 있으니, 비유하면 시원한 연못은 사면에서 어디로든지 들어갈 수 있으나, 또한 맹렬한 화염 덩어리에는 사면으로 들어갈 수 없음과 같도다. 4구게의 오묘한 문이 참으로 여기에 있으니 지금 모두 설파했노라.'

사람들은 이것을 쓸 줄 모르고 날날이 자신의 의근(意根) 아래 두고 헤아려서 복탁(卜度)한다. 경에서 일체 유위법이 모두 꿈 같고 허깨비 같다는 것은 이것을 말하는 것이다.

정(定)이 되지 않으면 결코 혜(慧)가 나오지 않는다. 일진본체의 지혜는 정(定) 가운데에서 나오는 것이다.

부처든, 공이든, 중도든, 진리든 간에 집착하면 정(定)이 아니고, 자연히 혜(慧)는 불발이다.

2승은 공에 집착하여 빠져 나올 줄을 모르고, 불법에 집착하는 사람은 언구와 글자 속을 헤맨다.

공을 말하면 공을 붙들고 놓지 않는다. 다시 공을 타파하고자 유를 말하면, 이번에는 유에 집착하여 놓을 줄을 모른다. 그리하여 이번에는 유도 공도 다 놓아 버리도록 중도를 말하면, 또 중도에 집착한다.

부처님께서는 이러한 종종의 법상(法相)들이 모두 허망한 것임을 말하면서 4구게를 지님으로써 법의 실상을 바르게 볼 것을 말한다. 집착을 떠난 무소득의 마음이 바르게 머무르는 것이고, 이 바르게 머무르는 마음만이 보리로 나아가는 길이며, 무량아승지

세계를 가득 채운 칠보의 보시보다 그 공덕이 비할 수 없이 수승함을 말한다.

'마땅히 이와 같이 관할지니라.'고 하는 것은 얻을 것이 있는 마음으로 보는 상은 모두 허망한 것임을 알라는 뜻인 동시에 얻을 것이 없는 마음, 집착이 없는 사람, 머무는 바가 없는 마음, 텅 빈 무심으로 사물을 볼 것을 말한 것이다.

지극한 도(道)는 상(相)도 없고, 말도 없고, 생각도 없다. 그러므로 신심명에 이르기를 '말과 생각으로는 상응할 수 없나니, 말과 생각을 끊으면 통하지 않는 것이 없느니라.' 하였다. 집착하는 마음이 없으면, 말과 생각으로 헤아리지 않고, 헤아리지 않으면 상을 취하지 않고, 상을 취하지 않으면 바로 공적(空寂)하여 청정한 마음이니, 이것이 『금강경』의 종취이고 4구게이다. 쉬고 또 쉬어서 청정한 마음이 진여일심에 계합하면 이것이 도피안이다.

부처님께서 49년 동안 갖가지 시설과 방편으로 말씀하신 것은 오직 이 하나의 일일 뿐, 다른 것이 아니다. 색 · 수 · 상 · 행 · 식과 정토(淨土) · 예토(穢土)와 유 · 공 · 중도와 4제(四諦), 12인연법과 4상(四相)과 유위 · 무위와 일체법이 모두 중생의 병에 따라 시설한 약처방의 방편시설이다. 중생의 병은 곧 무명으로 분별하는 심의식이지만, 이것을 통하지 않고는 부처님의 가르침을 납득할 수가 없다. 그러므로 중생의 심의식에 의지하여 법신본체를 설명해 준다. 그러나 언어문자는 진리를 온전하게 말해줄 수도 없고, 또한 진리 그 자체도 아니다.

무명 심의식의 대변자인 말은 일찌기 진리를 온전하게 깨달은 적이 없었고, 언어문자의 체계 또한 주체 · 객체구조의 양변조직으로 양변이 없는 진리 · 법신과는 통할 수가 없다. 그러므로 설사 부처의 말이라 해도 듣고 알았으면 곧 바로 문자와 생각을 잊어 정(定)을 얻고, 그 정(定) 가운데에서 자기자신이 직접 진여법신과 계합해야 하는 것이다. 부처님이 손가락으로 달을 가리킬 때, 그 손가락이 가리키는 곳의 달을 보아야지 손가락에 머물러서는 안 된다. 말과 글귀에 매달려 그것을 지키고 있어서는 독을 마신 것과 같아서 죽은 시체밖에 되지 못한다.

부대사가 게송으로 말했다.

별 눈병 등불 허깨비 같은 것은
모두 무상함을 비유한 것이니
유루(有漏)의 심의식으로 인과를 닦아본들
누가 말하는가 오래간다고
위태롭고 무르기가 물거품 이슬같고
구름 그림자 번개 빛과 같으니
설사 8만 겁을 지나더라도
끝내 공망(空亡)에 떨어짐이니라

如星翳燈幻 여성예등환
皆爲喩無常 개위유무상
漏識修因果 루식수인과
誰言得久長 수언득구장
危脆同泡露 위취동포로
如雲影電光 여운영전광
饒經八萬劫 요경팔만겁
終是落空亡 종시낙공망

어떤 스님이 남양혜충(南陽慧忠) 국사에게 물었다.
"어떤 것이 본신 노사나(本身盧舍那)입니까?"
"나에게 저 물병을 가지고 오너라."
그 스님이 물병을 가지고 오자 국사가 말했다.
"도로 있던 자리에 갖다 놓아라."
그 스님이 다시 물었다.
"어떤 것이 본신 노사나입니까?"
"옛 부처가 지나간 지 오래다."

국사가 '나에게 물병을 가지고 오너라.' 하자 그 스님은 물병을 들고 국사에게로 갔다. 이때 물병을 들고 가면서 자기가 질문했던 본신 노사나를 깨달아야 된다. 그 스님이 의심을 일으켜 국사에게 물었던 것도, 국사의 말을 들을 줄 알았던 것도, 그리고 물병을 손에 잡아 들었던 것도, 걸음을 옮겨 국사 앞으로 다가갔던 것도 그와 한몸인 본신 노사나의 몸과 힘과 지혜로 그럴 수 있었던 것이다. 그 스님이 밖으로 경계를 찾아 헤매는 마음을 쉬고 행주좌와 하는 곳에서 안으로 살필 때, 본신 노사나는 나타나지 않는 곳이 없다. 색·수·상·행·식과 일체 만법 가운데에서 움직이는 것이 모두 무념·무주·무상의 일진본체인 것이다.

어느 날 석상(石霜)이 도오(道吾) 스님께 물었다.
"어떤 것이 눈에 닿는 것마다 보리입니까?"
이때 도오 스님은 한 사미를 불러 '물병에 물을 채워라.' 하고는 한참 묵묵히 있다가 도리어 석상에게 물었다.
"그대는 아까 무엇을 물었지?"
석상이 무엇이라고 말하려는 순간, 도오 스님이 곧바로 일어나

방장으로 돌아가 버리자, 석상은 이에 깨달은 바가 있었다. 도오스님이 처음 말로써 방편을 쓴 것을 격신구(隔身句)라 하고, 나중에 말없이 방장으로 돌아간 것을 포신구(抛身句)라고 한다.

격신구란 범부를 교화할 때, 말이 아니면 납득시킬 수 없으므로 부득이 말을 하지만, 본분의 뜻을 아는 사람들끼리는 말이 오히려 서로 통함을 가로막기 때문에 격신구라고 한다.

포신구란 말을 버림으로써 말과 생각이 끊어진 본분의 경지를 나타내 보이는 것을 말한다. 바로 청정부동인 진여자성의 경지이다.

『금강경』의 참뜻이 귀결하는 곳이 바로 이곳이다. 형상도 없고, 생각도 없고, 가고 옴도 없고, 나지도 않고 멸하지도 않는 이 근본에서 우주의 삼라만상과 천변만화와 팔만 사천 인생이 전개되는 것이다.

말법시대에는 〈안으로 자기 마음을 살피는〉 지혜로운 사람이 희소하다. 사람들은 그저 눈에 보이는 형상과 귀에 들리는 이름을 쫓아 〈밖으로 치달릴 뿐〉, 그 눈에 보이는 형상과 귀에 들리는 이름은 대상위에 현행한 자기 마음의 무명습기(無明習氣)들이고, 그것들이 만들어낸 허망상(虛妄相)들인 줄을 알지 못한다.

현실세계에서 범부들이 인식하는 갖가지의 법상(法相 : 天地萬有의 모양)들은 범부들이 제각기 대상에 연(緣)하여 〈번뇌망상으로 지어서 인식하는 주관적인 상들〉 이어서 진실과는 전혀 상응하지 못하는 것이다.

6근(六根 : 눈 · 귀 · 코 · 혀 · 몸 · 의근 등 감각지각기관)과 6경(六境 : 6근의 대상 경계)의 상응, 그리고 그 가운데에서 생기하는 6진(六塵 : 法相)에 대해서 전말을 자세히 살피고, 그 이치를 알고자 하는 지혜로운 사람이 드물다.

그저 형상과 이름을 쫓아 다니면서 잡아 쥐려고만 할 뿐 마음과 대상과 법상에 대해서 그 '참'과 '거짓'을 진지하고 세밀하게 생각해보는 당연하고 필수적인 절차를 누락하고 있는 것이다.

탐·지·치·만·의·악견(貪·瞋·癡·慢·疑·惡見) 등 무명번뇌의 습기(習氣)들과 무명의 언어문자로 훈습(熏習)된 명언습기(名言習氣 : 개념을 형성하고 느끼는 마음의 요소들)들은 대상에 현행하여 경계를 양변적(兩邊的 : 2분법)으로 인식함으로써 모든 것을 아·인(我·人), 시·비(是·非), 호·오(好·惡), 전·후(前·後), 상·하(上·下) 등으로 분열시키게 된다.

그런데 문제는 말법중생들이 이들 현상적 양변의 미분전 일진본체(未分前 一眞本體)를 알고 행하는 지혜가 없다보니 자연히 양변은 조화롭게 통합되지 못하고 서로 다투게 된다. 서로 분열·대립·충돌하고 끝내는 서로 상대를 파괴하기에 이르게 된다.

말법시대는 이러한 대립·충돌이 최고조에 달하고 그 파괴적 작용이 자연과 인간 자신들에게 심각한 해악을 끼치며 더욱이 멀지않은 미래에 발생할 여러형태의 재앙을 두려운 마음으로 예측하지 않을 수 없는 지경이 되고 말았다.

이러한 시점에 금강경은 말법 중생계가 당면하고 있는 위기를 타개해 줄 참으로 소중하고 시의적절한 가르침과 수행을 담고 있는 것이다.

금강경의 종지(宗旨)
『진여공의 체(體)와 용(用)』

가장 완전하고 절대적인 것은 '공'이라야 한다. '공'이라야 시간적으로 영원불멸이고, 공간적으로 무한할 수 있다. '공'이라야 무아(無我)·무상(無相)이어서 분열이 없고, 대립 충돌없이 전체를 하나로 아우러고 통합하게 된다.

'공'이라야 자성(自性)이 청정하고, 열반묘심(涅槃妙心)일 수 있으며 절대적인 힘과 지혜와 정신으로 일체중생을 완성의 경지 – 진여공 자체에 귀합(歸合) 시킬 수 있다.

그리하여 '공'과 그의 현실 전개를 '진공묘유(眞空妙有)'라 하고, 그 체·용, 정·혜를 다음과 같이 정리할 수 있을 것이다.

- 현실세계 일체만법의 기저에서 작용하고 있는 절대적이고 보편적인 진실이다.
- 진공은 무아·무상(無我·無相)이지만 현실세계 삼라만상의 절대적인 체(體)이고, 용(用)이다.

- 진공은 조화 · 통합을 지향하는 완전지(完全智)이다.
- 개체의 자각을 일깨우면서 이끌어가는 향상의 구심력(求心力)이자, 최종 합일처(合一處)
- 적정열반(寂靜涅槃)의 지복묘체(至福妙體)
- 불생불멸의 영원한 진실

진여공(眞如空)은 현상세계 일체만유(一切萬有-모든 존재 현상)의 <궁극적인 진실재(眞實在)>이다.

그리하여 어떠한 개체도, 국소(局所)도 차별없이 포섭하여 우주 삼라만상을 전일적(全一的), 통합적으로 주재하는 <절대적 힘이고, 원리>이다.

진여공은 시간적으로는 영원하고, 공간적으로는 무한하며 일체법을 비국소적(非局所的)으로 포괄하는 <완전지(完全智)>이다. 생사우비고뇌(生死憂悲苦惱)가 없는 지복(至福)의 정명본체(精明本體-오묘하고 밝은 근본체)이다.

이러한 진여의 최종목표는 일체중생의 무명심의식을 깨끗이 맑혀서 자신(진여)의 참 성품에 합일시키는 것으로 진여자성이 그 구심력이자 구심체이다.

이와같이 <영원불멸>, <절대적 · 전일적인 힘과 원리>, <완전지(完全智)>의 <지복정명체(至福精明體)>가 각자의 마음바탕에 온전히 있는 것이다.

이 진여공의 체 · 용은 절대적인 힘이고, 참 성품이고 위없는 지혜이어서 3계6도(三界六道)의 어느 곳에 가더라도 즉각 지복의 이상세계를 구현전개한다. 절대적인 힘과 절대적인 지혜와 절대청정의 참 성품은 어떠한 시공간적 단절도, 어떠한 번뇌도 그리하여 어떠한 불완전한 세계도 용납하지 않는다.

구지화상(具指和尙)이 손가락 하나를 세웠을 때 그 손가락을 세운 것은 진여공의 힘과 지혜이다.

그리고 이때 진여공은 구지화상의 손가락 한개만 세운 것이 아니라 동시에 이 우주속 일체만법 하나 하나에 변재(遍在)하면서 작용하고 있었다. 그리하여 구지화상이 세워보인 손가락에는 일체만유를 동시에 낱낱이 비추어 보면서 알고 전일적(全一的)으로 작용하는 진여공의 지혜가 우주전체를 짜넣고 있었던 것이다. 우주 전체가 손가락 하나에 있는 것이다. 이처럼 진여공은 대상적이 아닌, 전체적인 지혜와 계획으로 깊은 의미를 담아 사물 하나하나에 전체 우주를 짜 넣고 있는 것이다. 진여자성은 온 우주를 한 몸에 싣고 있으면서 삼라만상을 한 눈에 보고 아는데 이것을 대주혜해(大珠慧海) 스님은 견성상(見性常)이라 했고, 굉지정각(宏智正覺) 스님은 이것을 풀이하여 '사물을 촉(觸)하지 않고도 알며, 대상을 연(緣)하지 않고도 비추는' 자성의 조견(照見)의 지혜라고 하였다. 이것은 진여자성의 비대상적인 지혜인데, 현대물리학의 비국소원리(非局所原理), 전일원리(全一原理) 등이 바로 이에 해당된다.

'나와 너'를 비롯한 갖가지 차별현상의 기저(基低)에는 '나와 너'의 구분이 없는 누구에게나 똑같은 평등무사(平等無私)한 전체적이고 통일적인 원리-보편적 진리라고 하는 절대적 가치가 있다. 진여공이 그것인데 이것이 우주 삼라만상의 궁극적 진실로서 누구나 반드시 깨달아야 할 기본가치이다. 우리가 일상으로 만나는 갖가지 차별상들–일체의 사물들은 근본진실이 다양한 인연에 상응하여 전개된 현상들이기 때문에 근본진실을 알지 못한채 형상만으로 분별해 가지고는 사물의 '참'에 나아갈 수 없고 '참'의 지복(至福)세계를 향유할 수 없기 때문이다. 뿐만 아니라 범부의 전도망상(顚到妄想)은 근본진실에 무지한 채 사물을 형상만으로 분별하기 때문에 생기게 되며, 4상(我·人·衆生·壽者相)과 탐진치악견(貪瞋癡惡見)등 악심소(惡心所–번뇌)는 모두 이로부터 파생되고 계속해서 3계6도(三界六道)와 생사우비고뇌(生死憂悲苦惱)의 고통바다에 윤회하며 떠돌게 된다.

그러므로 우리는 궁극적 진실인『진여』를 잘 이해하고, 의심없이 믿어야 하며, 나아가 진여를 깨닫지 않으면 안된다. 그래야만 전도망상의 고해를 벗어나고, 진여자성의 위없는 지혜와 공덕과 복(福)을 내안에 완성하여 남을 위해서도 다함없이 베풀게 된다.

정혜불이의
최상승법문 **금 강 경**

불기 2554(2010)년 6월 10일 인쇄
불기 2554(2010)년 6월 14일 발행
글 쓴 이 : 고 목
발 행 처 : (주)돌실판 미르아이
등록번호 : 제536-2000-000001호
등록일자 : 2007년 4월 3일
전 화 : 055-355-9122
경남 밀양시 삼문동 235-18
금액 17,000원

ISBN : 978-89-94252-02-5-93220

저자 연락처 : 055-353-6142, 010-2356-6142